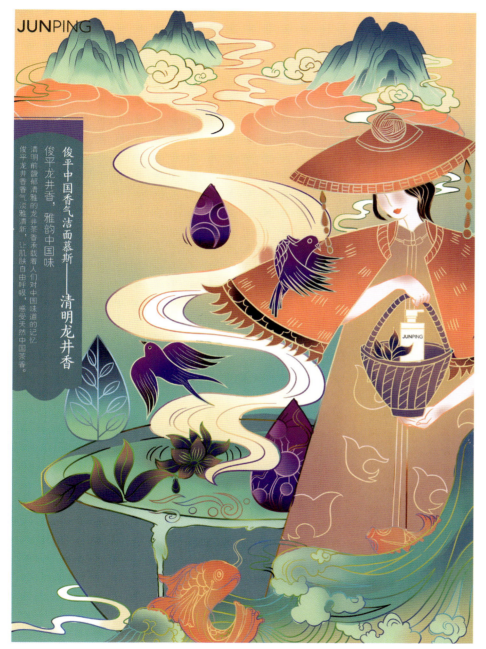

俊平中国香气洁面慕斯广告

非常可乐广告

中国联通广告

XP pen 广告

"十四五"普通高等教育规划教材

高等院校艺术与设计类专业"互联网+"创新规划教材

广告策划与创意
（第3版）

刘刚田　田园　张辉　邹晶晶　焦子云　编著

内 容 简 介

本书系统地阐述了广告策划与创意的理论和方法等专业知识，以广告策划领域新知识、新技术、新方法的应用为基点，通过实例由浅入深地讲解广告策划与创意。全书共 15 章，第 1 章介绍了广告策划与创意的基本理论知识；第 2 章至第 15 章分别介绍了广告策划的过程、广告策划的程序、广告媒体策划、广告战略策划、广告创意策划、广告策略策划、广告预算策划、广告要素表达、广告创意技法、广告文案设计、广告效果测定、广告策划书、CI 策划、广告策划书案例。各章根据广告学学科的特点，分别配以相应的实例加以解释和介绍。本书结合教学实践，图文并茂，具有较强的可读性与实用性。

本书适用于高等院校广告设计、艺术设计等学科的工作者，可作为相关专业的研究人员、教师、高校学生的教材和参考书，也可作为广大从事广告设计人士的培训教材或工具参考书。

图书在版编目 (CIP) 数据

广告策划与创意 / 刘刚田等编著. —3 版. —北京：北京大学出版社，2024.3
高等院校艺术与设计类专业"互联网 +"创新规划教材
ISBN 978-7-301-34948-9

Ⅰ. ①广… Ⅱ. ①刘… Ⅲ. ①广告学—高等学校—教材 Ⅳ. ① F713.81

中国国家版本馆 CIP 数据核字 (2024) 第 062709 号

书　　　名	广告策划与创意（第 3 版） GUANGGAO CEHUA YU CHUANGYI（DI-SAN BAN）
著作责任者	刘刚田　等 编著
策 划 编 辑	孙　明
责 任 编 辑	史美琪
数 字 编 辑	金常伟
封 面 设 计	成朝晖
标 准 书 号	ISBN 978-7-301-34948-9
出 版 发 行	北京大学出版社
地　　　址	北京市海淀区成府路 205 号　100871
网　　　址	http://www.pup.cn　新浪微博：@ 北京大学出版社
电 子 邮 箱	编辑部 pup6@pup.cn　总编室 zpup@pup.cn
电　　　话	邮购部 010-62752015　发行部 010-62750672　编辑部 010-62750667
印 刷 者	三河市北燕印装有限公司
经 销 者	新华书店
	889 毫米 ×1194 毫米　16 开本　19.25 印张　彩插 3　580 千字 2012 年 10 月第 1 版　2019 年 4 月第 2 版 2024 年 3 月第 3 版　2024 年 3 月第 1 次印刷
定　　　价	59.00 元

未经许可，不得以任何方式复制或抄袭本书之部分或全部内容。
版权所有，侵权必究
举报电话：010-62752024　电子邮箱：fd@pup.cn
图书如有印装质量问题，请与出版部联系，电话：010-62756370

爱华仕箱包广告

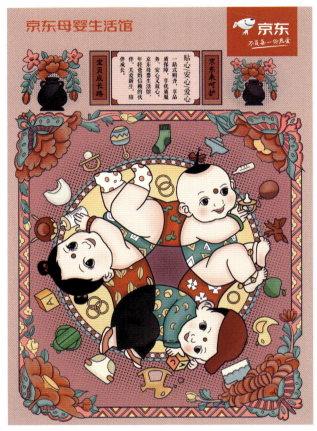

京东母婴生活馆广告

第3版前言

在新媒体快速发展的时代背景下,广告设计行业迅猛发展,形势变化日新月异。传统广告形式不再满足人们日益增长的生活、艺术和精神文化需求,人们渴望广告创意更加有趣、态度鲜明、情感真挚、具有人文精神的互动体验。新的需求与数字媒体融合,推动广告策划与创意呈现多元化,孕育出触动人心、体验性强的广告作品。广告策划与创意成为广告学界热门话题,业界关注的焦点。创意被誉为广告的生命和灵魂,是创造成就与财富的源泉,其重要性不可忽视。创意魅力无穷,能将无形转化为有形,让受众久久难忘;提高品牌忠诚度,推动购买率,创造附加值;也能让产品焕发新生机,使无名品牌脱颖而出。优秀广告创意融合科学与艺术,统一真实性与假设性,广告独特的美学特征决定其真与美的和谐一致。

本书在编撰的过程中,认真贯彻党的二十大精神和教育方针,落实立德树人根本任务,传承和发扬中华优秀传统文化,增强学生文化自信。本书通过广告策划与创意的教学,培养学生的爱国情怀、社会责任感和创新精神,并融入课程思政的理念,巧妙地把文化涵育与广告作品相结合,让学生在学习广告策划与创意的过程中,不仅掌握专业知识与技能,更重要的是树立正确的世界观、人生观和价值观。

本书以广告实践为基础,结合广告艺术特征和科学依据,强调广告策划与创意传播真实信息,旨在探索理论与实践相结合的教学研究新思路,将抽象创意理论与具体视觉形象、案例分析联系起来,激发读者想象力和创造力。本书注重理论与应用结合,聚焦市场销售领域的广告策划与创意应用,满足市场需求;突出知识结构、要点和深度,贴近实践需求,弘扬大国工匠精神,培养学生创新能力和科学信息素养,使学生技能熟练、思想升华。

本书特色在于理论与实践并重,从抽象到具象,再从具象到抽象,体现系统性、科学性、直观性和应用性;着重分析广告获奖作品,使读者理解、掌握广告策划与创意的原理,了解不同的广告风格,培养创造能力和创新意识;引用成功案例,采用设计案例教学法,将社会实践与课堂学习结合,对学生具有一定的积极指导作用。

本书由河南科技大学教师团队编写，第1、14章由刘刚田教授编写；第2、3、7章由田园编写；第4、5、6章由焦子云编写；第8、9、10章由邹晶晶编写；第11、12、13、15章由张辉编写。全书由刘刚田统稿。

本书在编写出版过程中还得到了北京大学出版社编辑的热情支持和大力帮助，使本书编写工作顺利完成，在此致以衷心的感谢。书中涉及的案例图片仅作为教学范例使用，版权归原作者及著作权人所有，在此也对他们表示感谢。

广告创意正处于不断发展变化之中，由于作者的学识有限，加之编写时间仓促，书中错误和不妥之处在所难免，欢迎广大读者和专家、学者批评指正。

刘刚田
2024年1月

目 录

第 1 章 广告策划与创意概述 / 1

    1.1 广告策划概述 / 3

    1.2 广告创意的定义 / 10

    1.3 广告创意的原则及表现策略 / 12

    1.4 广告创意的过程 / 16

    单元训练和作业 / 19

第 2 章 广告策划的过程 / 22

    2.1 广告策划的核心 / 23

    2.2 广告策划的特性和原则 / 25

    2.3 广告策划的理论依据 / 27

    2.4 广告策划的内容 / 30

    单元训练和作业 / 38

第 3 章 广告策划的程序 / 41

    3.1 广告策划的类型 / 42

    3.2 广告策划的基本模式 / 50

    3.3 广告策划的阶段 / 52

    3.4 广告策划的流程 / 53

    单元训练和作业 / 59

第 4 章 广告媒体策划 / 61

    4.1 广告媒体概述 / 62

4.2　广告媒体的种类及特征 / 64

  4.3　新媒体广告及特征 / 71

  4.4　广告媒体策划的流程与选择 / 73

  单元训练和作业 / 76

第 5 章　广告战略策划 / 78

  5.1　广告战略策划的概念及主要内容 / 79

  5.2　广告战略策划与广告市场的关系 / 81

  5.3　广告战略策划与提高认知度的手段 / 85

  5.4　广告战略的选择与常见问题分析 / 89

  单元训练和作业 / 93

第 6 章　广告创意策划 / 95

  6.1　广告创意的基本角度 / 97

  6.2　广告创意的特征与内容 / 100

  6.3　广告创意的流程 / 103

  6.4　广告创意的方法与评价 / 107

  单元训练和作业 / 115

第 7 章　广告策略策划 / 118

  7.1　广告创意与定位策略 / 119

  7.2　广告的市场策略 / 123

  7.3　广告的实施策略 / 126

  7.4　广告创意的视觉表现策略 / 129

  单元训练和作业 / 131

第 8 章　广告预算策划 / 134

  8.1　广告目的与广告预算的关系 / 135

  8.2　广告预算的内容 / 138

  8.3　广告预算的方法 / 141

  8.4　广告预算的分配 / 146

  单元训练和作业 / 148

第 9 章　广告要素表达 / 151

9.1　广告要素概述 / 152

9.2　广告要素的表现方式 / 154

9.3　广告要素的表达特征 / 163

9.4　中国广告作品创意表达 / 168

单元训练和作业 / 169

第 10 章　广告创意技法 / 171

10.1　广告创意思维 / 172

10.2　广告创意技法中的形象思维 / 175

10.3　广告创意的视觉表现技法 / 179

10.4　广告创意技法的培养 / 185

单元训练和作业 / 188

第 11 章　广告文案设计 / 191

11.1　广告文案的概念 / 192

11.2　广告文案的创意 / 195

11.3　广告文案的写作 / 200

11.4　广告文案的视觉、听觉表现 / 207

单元训练和作业 / 212

第 12 章　广告效果测定 / 215

12.1　广告效果测定的含义和作用 / 217

12.2　广告效果测定的内容和程序 / 221

12.3　广告效果测定的要求和标准 / 222

12.4　广告效果测定的方法 / 223

单元训练和作业 / 231

第 13 章　广告策划书 / 235

13.1　广告策划书概述 / 236

13.2　广告策划书的内容 / 238

13.3 广告策划书的创意 / 240

13.4 广告策划书的撰写 / 242

单元训练和作业 / 251

第14章 CI策划 / 253

14.1 CI概论 / 254

14.2 CI构成 / 255

14.3 CI设计要素 / 260

14.4 CI策划手册的设计与制作 / 260

14.5 CI管理 / 262

14.6 CI评价的指标和方法 / 263

14.7 "四季花城"CI策划案例 / 267

单元训练和作业 / 276

第15章 广告策划书案例 / 279

15.1 品牌描述 / 280

15.2 市场环境分析 / 281

15.3 目标对象分析 / 283

15.4 营销提案 / 284

15.5 创意设计提案 / 286

15.6 媒介提案 / 289

15.7 广告预算 / 291

单元训练和作业 / 294

参考文献 / 300

【资源索引】

第 1 章　广告策划与创意概述

课前训练

训练内容：每位学生至少要确定一种商品为训练对象，通过广告定位分析后，在 A4 纸上将创意以文字的形式有效地表达出来，可附相关产品或服务说明书等。

训练要求和目标

要求：学生从不同媒介中，了解广告策划与创意的经典作品并进行分析。

目标：掌握广告策划与创意的基本概念、特征、作用、原则，并能将所学的知识应用于具体的广告策划运作、分析和管理过程中。通过本章的学习，为下一步学好广告策划与创意的具体课程，掌握广告策划与创意的应用程序，以及提高广告策划能力打下坚实的基础。

本章要点

(1) 广告策划在广告活动中占有极其重要的地位及基本的概念。

(2) 广告的内容与程序。

(3) 广告创意的定义。

(4) 广告创意的原则。

(5) 广告创意的表现策略。

(6) 广告创意的过程。

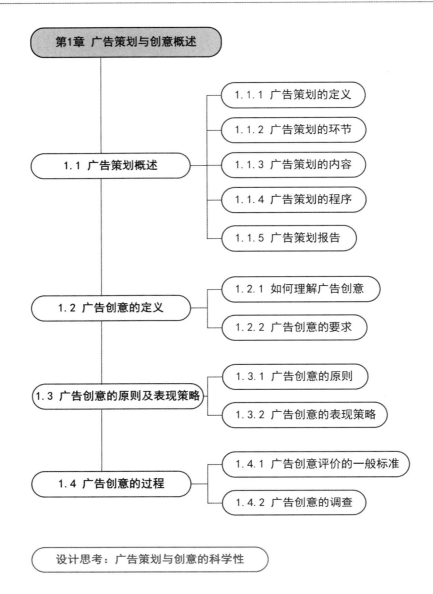

引言

在现代广告运作体制中,创意是广告的生命和灵魂。没有优秀的广告创意,广告战略和主题就难免千篇一律,广告表现也就容易被消费者厌烦或忽略。广告公司依靠精彩而突出的创意进行宣传,也常要求应聘人员提出创意方案来测试其才能,广告创意的重要性不言而喻。

广告创意是什么?确切来讲,广告创意是广告主与消费者沟通和对话的桥梁。广告创意与经济、文化和艺术密不可分,与社会学、传播学、心理学等人文学科和科技发展都有不同程度的重要关系。因此,思维方式对广告创意具有重要的指导意义。从总体上讲,优秀的广告创意都具有一些共同特点,这就构成了广告创意的主要特征,把握其主要特征乃是广告从业人员入门所必需的。

1.1 广告策划概述

广告策划在广告活动中占有极其重要的地位，其成功与否直接关系着企业产品的销售，以及产品在消费者心目中的印象。要想取得广告活动的成功，必须经过精心的广告策划。可见，广告策划是广告活动中不可缺少的关键一环。

广告策划的目的在于统筹企业的广告活动、宣传企业的产品、树立产品的品牌形象，并节约广告费用、提高广告效益，最后以消费者购买产品为终极目标。此外，广告策划还为企业提供信息咨询服务，为企业的生产和新产品开发提供建议。它有利于改善企业的经营管理，提高企业的竞争力。

1.1.1 广告策划的定义

从 20 世纪 50 年代开始，西欧、北美国家经济蓬勃发展，市场供过于求，企业市场观念出现了革命性"突破"，企业为满足消费者的需求，开始借助有关学者、调研人员及广告公司进行广泛的市场调研，特别是消费者动机和行为的调研，广告策划在此基础上产生。广告策划的概念可以表述如下：它是以消费者动机和行为的调研为起点，包括这些调研及在此基础上制订广告计划和广告策略的整个过程。

(1) 广告策划是一种现代广告的思想、观念和哲学，是消费者观念的一种表现。要保证广告活动成功，其策划者要充分考虑企业目的和营销目标，更要充分了解和研究消费者的需要、动机和行为，并在此基础上全面筹划广告的目标、创意策略、媒介策略，以及考虑广告的推出和效果测定等。

(2) 广告策划本质上是一种运用脑力的理性行为，包括广告计划和决策工作，都是集思广益的脑力劳动。因此，在许多人看来，广告策划很复杂，不易把握和操作。

(3) 广告策划是一种程序，更是一幅蓝图，它能保证广告活动的一切必要的决策都是经过合理有效的顺序而形成的。在前一步骤尚未决策时，下一步骤的行动是不能进行的。

(4) 广告策划是针对企业未来情况所做的当前决策，即广告策划的出发点是现在，落脚点是未来。无视长远利益的广告活动无法称为广告策划。

1.1.2 广告策划的环节

广告策划是以广告战略指导思想为基础，对广告活动涉及的几个主要环节的战略要点做出全局性谋划，以形成企业广告战略方案的大体构想。广告策划主要体现在 3 个环节，即广告任务的确定、广告方案的设计、广告传播及媒体的选择。

1. 广告任务的确定

广告任务的确定是广告战略方案形成的首要环节，是对广告战略指导思想的具体化，它要解决广告内容、广告对象、广告目标等几个问题。

(1) 广告内容主要是明确广告的诉求范围与诉求重点。所谓诉求，就是通过广告传播来促使消费者认知和行动。广告诉求的范围有商品广告诉求、劳务广告诉求、观念广告诉求、公共关系广告诉求等；广告诉求的重点是指在广告诉求范围内突出宣传的内容，比如商品广告诉求，可以突出宣传商品的新功能、效果、优质原料或生产工艺等。广告诉求范围和诉求重点在广告活动中很有必要，这是因为在一定时期内的广告活动要宣传的东西很多，但必须选择，只能重点宣传某一方面的内容，随着客观条件的改变，宣传内容再做转变。如果传达的信息杂乱过多，广告效果只会适得其反。明确广告内容，是进一步确定广告目标、选择广告媒体、提出广告设计方案、确定广告策略等事项的先决条件。

(2) 广告对象，即广告目标的受众。广告的主要效果体现在与其产品销售或消费有关的那部分人身上。企业为了提高广告活动的有效性，必须明确广告宣传的目标受众。广告策划者可以根据目标受众的社会心理特征来确定广告的形式和媒体，运用合适的广告策略，使目标受众成为广告宣传的主要接收者，从而提高广告宣传的实际效果。

(3) 广告目标，即广告要达到什么目的，尽管在广告战略指导思想中已经明确广告主要目标，但还是比较抽象的，在广告战略方案中应把这个目标具体化。广告目标同企业的目标、营销目标是一个有机的整体，广告目标是市场营销的目标之一，而营销目标又是企业的目标之一。如果企业的目标是赚取利润，那么，营销目标就是扩大市场占有率。广告只是企业促销的手段之一。

广告虽有最终目标，但不同的企业，或同一个企业在不同的时期，由于广告任务的不同，广告目标的具体要求也不同。

广告目标的具体要求可归纳为以下3种类型。

(1) 创牌广告目标。这类广告的目的在于开发新产品和开拓新市场，它通过对产品的性能、特点和用途的宣传介绍，提高消费者对产品的认识程度，其中着重要求提高消费者对新产品的知名度、理解度和厂牌商标的记忆度。

(2) 保牌广告目标。这类广告的目的在于巩固已有市场阵地，并在此基础上深入开发潜在市场和刺激购买需求。它主要通过连续广告的形式，加深消费者对已有商品的认识，使现有消费者养成消费习惯，潜在消费者产生兴趣和购买欲望。广告诉求的重点是保持消费者对广告产品的好感、偏爱和信心。

(3) 竞争广告目标。此类广告的目的在于加强产品的宣传竞争，提高市场竞争能力。广告诉求的另一个重点是宣传本产品与其他同类产品相比的优异之处，使消费者了解本产品能给他们带来什么好处，以增强偏爱度并指名选购。广告目标应当有具体衡量广告效果的指标体系，如销售增长额的百分比、市场占有率的提高幅度、企业形象的衡量指标、知名度、理解度、视听率、记忆率、偏爱率等。有了这样的指标体系，才可能对战略策划的效果进行测定，才可能确定广告战略策划的部署与实施。

2. 广告方案的设计

广告任务确定以后，要进行广告方案的设计，使用受众能够感受的有效形式，并对广告活动形式进行总体构思。它着重解决以下两个问题。

(1) 如何引发受众的反应——确立广告主题。主题是广告的中心思想和灵魂，是贯穿其他设计要素，使各要素有机地组合成一则完整的广告作品的关键。在广告的战略方案中确定广告主题，能使广告的具体设计同广告的目标和诉求相一致，从而保证广告宣传达到预期的效果。一则广告必须鲜明地、突出地表现广告的主题，才能使受众在第一时间明白这则广告的意图。

(2) 如何实现期望效果——选择广告艺术形式。广告是一种形象化的信息沟通手段，广告中的信息通过广告的艺术形式对受众产生强有力的吸引。因此，艺术形式的选择至关重要，直接影响最终的广告效应是否达到预期效果。

3. 广告传播及媒体的选择

广告活动从本质上讲是一种信息传播活动，即通过一定的信息传播形式，将广告信息由广告主传递给广告受众。在广告传播的战略方案中，一般包含以下几个问题。

(1) 确定传播范围。传播范围直接影响着广告目标受众接收广告信息的可能性和有效程度，也影响着广告战略目标的实现程度。所以，在广告战略方案中，应根据广告的战略目标和目标受众的实际情况，大致确定广告在规划期内的传播范围，这是选择广告传播媒体和传播方式的重要前提，也是确定广告预算的重要前提。

(2) 选择传播方式。广告的信息只有依靠一定的传播媒体才能达到一定的覆盖面和渗透度。

(3) 安排传播节奏。人们对信息的接收有一种节奏感，同一种信息按同一种频率不断地输送，其接收效果就会递减。因此，在广告传播活动中，应按照传播活动的客观规律，合理地安排好各种传播媒体的不同传播节奏，这样才能有效地提高广告的传播效果。

所谓广告策划，即是对广告活动的整体计划，是为提出广告决策、实施广告决策、测定广告决策而进行的预先的研讨和规划。广告策划作为一种科学的广告管理活动，必须解决广告应该"说什么""对谁说""怎样说""说的效果如何"等一系列重大问题。因此，广告策划具有以下特征。

(1) 广告策划是一种指导性活动。美国哈佛企业管理丛书编写委员会认为："策划是针对未来要发生的事情做当前的决策。"广告策划有别于写、画、制作等具体的广告业务，它对这些具体的广告业务提出基本原则和战略策略，对广告活动进行预先的思考和规划，并体现于制订的广告计划之中。

(2) 广告策划是有针对性的活动。任何广告活动都应当针对特定的广告目标，讲究投入产出，强调广告效益，力争实际效果。广告效益既包括企业产品销售的经济效果，也包括企业形象、品牌形象等方面的效果；既包括近期可见的效果，也包括远期的潜在效果。

(3) 广告策划是系统性的活动。广告策划的系统性使广告活动的各个环节和各个要素互相协调、互相依存、互相促进，在本质上具有统一性。各种广告策略系统组合、科学安排、合理运用，使之具有严密的系统性，才能防止广告策略之间、广告媒介之间的互相矛盾、互相冲突的现象，并克服广告活动中的随意性和盲目性，从而取得较好的社会效益和经济效益。成功的广告策划必然体现指导性、针对性和系统性。科学的广告策划与广告活动密不可分，是一个完整的有机统一体。

1.1.3 广告策划的内容

广告策划的内容主要有广告市场调研、市场认识与细分、产品认识与定位、广告战略的策划、广告媒体渠道策划、广告推进程序策划和广告效果评估这7项内容。

1. 广告市场调研

广告市场调研是广告策划与创意的基础，主要是以商品营销活动为中心展开的，围绕市场供求关系进行。市场调研的主要内容包括广告环境调查、广告主企业经营情况调查、产品情况调查、市场竞争性调查及消费者调查。广告主通过深入细致的调查，了解市场信息，把握市场动态，研究消费者的需求方向和心理偏好，并且了解其产品在人们心目中的实际地位和形象，收集大量的、第一手的信息资料。

2. 市场认识与细分

现代广告与现代市场紧密相连，对市场的深入认识和细分是广告策划的一项重要内容。通过市场认识与细分，就可以保住主要市场，拓展周边市场，抢占空白市场，避开竞争激烈的市场，使广告投入的每一分钱都得到最大限度的利用。

3. 产品认识与定位

广告策划的一个重要课题是要使广告产品在人们心目中确立一个适当的、不可替代的位置，从而区别于其他同类产品，给消费者留下值得购买的印象。因此，在了解了本企业及其产品在社会上的实际形象后，要继续深入研究和分析本企业及其产品的各类特征。如产品的特点、产品的文化价值、产品的识别标志等，并以此进行产品定位和广告定位，为广告策划与创意指明方向。

4. 广告战略的策划

广告战略从宏观上规范和指导着广告活动的各个环节，包括以下4个方面的内容。

(1) 广告战略思想是积极进取，还是高效集中；是长期渗透，还是稳健持重或消极保守，不同的战略思想会对广告战略起不同的作用。

(2) 广告战略目标，即根据产品销售战略确定广告目标，决定做什么广告，达到什么目的。

(3) 广告战略设计，即确定广告战略方案，可以从市场、内容、时间、空间、优势、消费者心理、传播范围、媒体渠道、进攻性等多角度进行设计。

(4) 广告经费预算，一般应根据营销情况、广告目标、竞争对手等因素进行合理的预算分配。

5. 广告媒体渠道策划

广告媒体渠道策划是现代广告策划的重要内容，对广告宣传的得失成败有重要的影响。选择广告媒体应充分考虑媒体的性质、特点、地位、作用、媒体的传播数量和质量、受众对媒体的态度、媒体的传播对象及媒体的传播费用等因素，并根据广告目标、广告对象、广告预算等进行综合分析与权衡。

6. 广告推进程序策划

广告推进程序策划主要包括后期的广告表现和广告的实施与发布。它们是广告最终影响消费者、产生实效的关键所在，也是广告策略的具体运用。广告实施策略主要包括广告市场策略、广告促销策略和广告心理策略。广告发布策略主要包括发布时机策略和发布频率策略。

7. 广告效果评估

广告效果评估是广告策划的最后环节和内容，也是广告主最关心的部分。通过评估可以判断广告活动的传播效果，为下次广告策划提供参考依据。

1.1.4 广告策划的程序

广告策划是一项复杂的系统工程，必须遵照一定的步骤和程序，有张有弛、按部就班地进行。当一家广告公司接受委托进行广告策划时，一般可以按照以下步骤进行策划工作。

1. 成立广告策划小组

广告策划工作需要集合各方面的人士进行集体决策，因此，首先要成立一个广告策划小组，负责广告策划的具体工作。一般而言，策划小组应由以下人员组成。

(1) 业务主管，又称 AE 人才，一般是由总经理、副总经理或业务部经理、创作总监、策划部经理等人担任。在广告公司里，业务主管是沟通广告公司和广告主的中介。一方面，他代表广告公司，与广告主洽谈广告业务；另一方面，他又代表广告主监督广告公司一切活动的开展。业务主管的水平是衡量一个广告公司策划能力的重要标准之一。

(2) 策划人员，一般由策划部的正副主管和业务骨干承担，主要负责编拟广告计划。

(3) 文稿撰写人员，专门负责撰写各种广告文稿，包括广告正文、标题、新闻稿，甚至产品说明书等。文稿撰写人员应该能够精确地领悟策划小组的集体意图，具有很强的文字表达能力。

(4) 美术设计人员，专门负责进行各种视觉形象的设计。除了广播广告外，任何一类广告都需要美术设计。美术设计人员是策划小组的重要成员，他们必须具有很强的领悟能力和将策划意图转化为画面的能力。

(5) 市场调研人员，能进行复杂的市场行情调研，并能写出精辟的市场调研报告。

(6) 媒体联络人员，要求熟悉各种媒体的优势、缺陷、刊播价格，并且与媒体公司保持良好的关系，能够按照广告战略方案，争取到所需要的广告版面或播出时间。

(7) 公关人员，能够为广告公司创造融洽、和谐的公众关系氛围，获得有关方面的支持和帮助；同时，能够从公关角度提供建议。

在广告策划小组中，业务主管、策划人员和美术设计人员是策划小组的中坚力量。

2. 向有关部门下达任务

经过广告策划小组的初步协商，按照广告主的要求向媒体部、策划部、设计制作部等有关部门下达任务。

如广告策划小组为了了解市场、产品、消费者、竞争者的情况，就要根据广告主的广告目标，向市场调研部门下达市场调研任务，以确保后期的广告策划行之有效。

3. 进行具体的策划工作

（具体内容略）

4. 写广告策划报告

广告策划报告的基本内容见 1.2.5 一节中的说明。

5. 向客户递交广告策划报告并由其审核

美国广告学者威廉·博伦认为，广告策划报告是广告公司给广告客户的一份作战计划。因此广告策划报告必须经过广告主的认可，方可进入制作、发布等实施阶段。若广告主不认可，则必须重新修改，直到广告主满意方可定稿，进入执行阶段。

6. 将策划意图交职能部门实施

最终实施策划意图的职能部门有设计制作部和媒体部。设计制作部将广告创意转化为可视、可听的广告作品。媒体部则按策划书的要求购买媒体的时间和空间。此时，广告策划小组仍存在，主要是对策划出的广告战略方案的实施情况进行监督和修正，同时安排市场调研部测定广告效果。

1.1.5 广告策划报告

1. 营销环境分析

(1) 企业市场营销环境中宏观的制约因素：①企业目标市场所处区域的宏观经济形势；②市场的政治、法律背景；③市场的文化背景。

(2) 企业市场营销环境中微观的制约因素：①企业的供应商与企业的关系；②产品营销中间商与企业的关系。

(3) 市场概况：①市场的规模；②市场的构成；③市场构成的特性。

(4) 营销环境分析总结：①机会与威胁；②优势与劣势；③重点问题。

2. 消费者分析

(1) 消费者的总体消费态势：①现有的消费时尚；②各种消费者的消费行为。

(2) 现有消费者分析：①现有消费群体的构成；②现有消费者的消费行为；③现有消费者的态度。

(3) 潜在消费者：①潜在消费者的特性；②潜在消费者现在的购买行为；③潜在消费者被吸引的可能性。

(4) 消费者分析的总结：①现有消费者；②潜在消费者；③目标消费者。

3. 产品分析

(1) 产品特征分析：①产品的性能；②产品的质量；③产品的价格；④产品的材质；⑤产品的生产工艺；⑥产品的外观与包装；⑦与同类产品的比较。

(2) 产品生命周期分析：①产品生命周期的主要标志；②产品处于什么样的生命周期；③企业对产品生命周期的认知。

(3) 产品的品牌形象分析：①企业赋予产品的形象；②消费者对产品形象的认知。

(4) 产品定位分析：①产品的预期定位；②消费者对产品定位的认知；③产品定位的效果。

(5) 产品分析的总结：①产品特性；②产品的生命周期；③产品的形象；④产品定位。

4. 企业和竞争对手的竞争状况分析

(1) 企业在竞争中的地位：①市场占有率；②消费者认知；③企业自身的资源和目标。

(2) 企业的竞争对手：①主要的竞争对手是谁；②竞争对手的基本情况；③竞争对手的优势与劣势；④竞争对手的策略。

(3) 企业与竞争对手的比较：①机会与威胁；②优势与劣势；③主要问题。

5. 企业与竞争对手的广告分析

(1) 企业和竞争对手以往的广告活动的概况：①开展的时间；②开展的目的；③投入的费用；④主要内容。

(2) 企业和竞争对手以往广告的目标市场策略：①广告活动针对什么样的目标市场进行；②目标市场的特性如何；③有何合理之处；④有何不合理之处。

(3) 企业和竞争对手的产品定位策略。

(4) 企业和竞争对手以往的广告诉求策略：①诉求对象是谁；②诉求重点如何；③诉求方法如何。

(5) 企业和竞争对手以往的广告表现策略：①广告主题如何，有何合理之处，有何不合理之处；②广告创意如何，有何优势，有何不足。

(6) 企业和竞争对手以往的广告媒介策略：①媒介组合如何，有何合理之处，有何不合理之处；②广告发布的频率如何，有何优势，有何不足。

(7) 广告效果：①广告在消费者认知方面有何效果；②广告在改变消费者态度方面有何效果；③广告在影响消费者行为方面有何效果；④广告在直接促销方面有何效果；⑤广告在其他方面有何效果；⑥广告投入的效益如何。

(8) 总结：①竞争对手在广告方面的优势；②企业自身在广告方面的优势；③企业以往广告中应该继续保持的内容；④企业以往广告突出的劣势。

6. 广告的目标

(1) 企业提出的目标。

(2) 根据市场情况可以达到的目标。

(3) 对广告目标的表述。

7. 目标市场策略

(1) 对企业原来市场的分析与评价：①企业所面对的市场；②对企业现有市场的评价。

(2) 市场细分：①市场细分的标准；②各个细分市场的特性；③对各个细分市场的评估；④对企业最有价值的细分市场。

(3) 企业的目标市场策略：①目标市场选择的依据；②目标市场选择的策略。

8. 产品定位策略

(1) 对企业以往定位策略的分析：①企业以往的产品定位；②定位的效果；③对以往定位的评价。

(2) 产品定位策略：①进行新的产品定位的必要性；②对产品定位的表述；③新的定位的依据与优势。

9. 广告诉求策略

(1) 广告的诉求对象：①诉求对象的表述；②诉求对象的特性与需求。

(2) 广告的诉求重点：①对诉求对象需求的分析；②对所有广告信息的分析；③广告诉求重点的表述。

(3) 诉求方法策略：①诉求方法的表述；②诉求方法的依据。

10. 广告表现策略

(1) 广告主题的策略：①对广告主题的表述；②广告主题的依据。

(2) 广告创意的策略：①广告创意的核心内容；②广告创意的说明。

(3) 广告表现的其他内容：①广告表现的风格；②不同媒介的广告表现；③广告表现的材质。

11. 广告媒介策略

(1) 对媒介策略的总体表述。

(2) 媒介的地域。

(3) 媒介的类型。

(4) 媒介的选择：①媒介选择的依据；②选择的主要媒介；③选用的媒介简介。

(5) 媒介组合策略。

(6) 广告发布时机策略。

(7) 广告发布频率策略。

12. 广告目标

(具体内容略)

13. 广告时间

(1) 在各目标市场的开始时间。

(2) 广告活动的结束时间。

(3) 广告活动的持续时间。

14. 广告的目标市场

(具体内容略)

15. 广告的诉求对象

(具体内容略)

16. 广告的诉求重点

(具体内容略)

17. 广告表现

(1) 广告的主题。

(2) 广告的创意。

(3) 各媒介的广告表现：①平面设计；②文案；③电视广告分镜头脚本。

(4) 各媒介广告的规格。

(5) 各媒介广告的制作要求。

18. 广告发布计划

(1) 广告发布的媒介。

(2) 各媒介广告的规格。

(3) 广告媒介发布排期表。

19. 其他活动计划

(1) 促销活动计划。

(2) 公共关系活动计划。

(3) 其他活动计划。

20. 广告费用预算

(1) 广告的策划创意费用。

(2) 广告设计费用。

(3) 广告制作费用。

(4) 广告媒介费用。

(5) 其他活动所需要的费用。

(6) 机动费用。

(7) 费用总额。

21. 广告效果的预测

(1) 广告主题测试。

(2) 广告创意测试。

(3) 广告文案测试。

(4) 广告作品测试。

22. 广告效果的监控

(1) 广告媒介发布的监控。

(2) 广告效果的测定。

1.2　广告创意的定义

在信息时代，广告载体多样化，各种广告琳琅满目，那么广告受众能记住多少呢？据统计，电视台每天播出的广告中，一般居民每人最多只收看3%，看后能留下点印象的只占1%，能在24小时内被记住的仅占0.05%。因此，要争取受众记住广告并相信其真实性的关键就在于广告的创意，只有富有创意的广告才有可能吸引受众的注意力。

1.2.1　如何理解广告创意

关于广告创意的含义，学者和广告专家往往有不同的说法。我们应当从以下几个方面理解创意。

1. 从广告战略、策略上理解创意

当前广告业界较流行的看法是创意与品牌战略、策略有紧密的相关性。创意有大小，而策略有对错。在一个广告项目的运作中，有策略但若无创意，品牌的跳跃就无法实现，创意是品牌跳跃最珍贵的基因。唯有使创意和策略处于良好的互动状态，体现于广告运作的各个环节，才有可能取得良好的广告效果。平成广告公司持此观点，成功运作"果冻布丁喜之郎"的广告，使喜之郎从一个年销售额不到5000万元的地方品牌，发展壮大成市场占有率达80%以上的全国性品牌。可见，在市场激烈的品牌竞争中，广告起到了重要的作用。

喜之郎的广告把着眼点落在了它给人们带来的情感享受上。这种情感享受的不断积累，便形成了喜之郎广告特有的价值观——亲情无价。运用策略创意，以及价值观来整合不同广告片的表现形式，使得喜之郎每年不断翻新的电视广告万变不离其宗。针对不同的人群，具体产品不同，表现内容也有差异，但由于价值观的坚持及广告的重复强调，逐步使品牌形象在消费者心目中丰满起来，并占据了牢固的位置。

从战略、策略上理解广告创意，其含义相当宽泛，大至广告战略目标、广告主题、广告表现、广告媒介，小至广告语言、广告色彩，都可用有无创意或创意优劣来评价。

2. 从广告活动特征上理解创意

从广告活动特征上理解，创意是以艺术创作为主要内容的广告活动，以塑造广告艺术形象为其主要特征。这种理解有一定的道理，但过度扩展了广告创意外延，容易使人们对其产生误解，对广告创意本身也缺乏明确界定。

首先，广告活动中的创意与一般的文学艺术创作有根本性差别。它受市场环境和广告战略方案的制约，只能创造性地表现某一限定的广告主题。广告创意所塑造的广告艺术形象，追求的是以最简练的形式和手法去鲜明地宣传企业、产品，从而有效地与消费者沟通，并影响消费者。

其次，广告创意不同于一般的广告计划或宣传。它是一种创造性的思维活动，必须创造适合广告主题的意境，必须构思表达广告主题的最佳、最具代表性的艺术形象。

1.2.2 广告创意的要求

创意必须进行艺术形象的构思，但不能仅限于此。对于那些具有强艺术表现力和高超文字技巧的广告作品，人们的注意力往往集中于艺术欣赏，却忽略了广告信息。那么，究竟什么是广告创意？如何加以界定才算科学、准确、适当？严格地说，广告创意其实是表现广告主题的、能有效与受众沟通的艺术构思，本书大多运用这种定义。

广告创意的要求如下。

1. 广告创意必须紧密围绕和全力表现广告主题

广告创意与广告主题策划有不可分割的密切联系。两者都是创造性的思维活动，但广告主题策划要选择、确定广告的中心思想或要说明其基本观念，广告创意则是把该中心思想或基本观念通过一定的艺术构思表现出来。广告创意的前提是必须先有广告主题，没有明确的广告主题，就谈不上广告创意的开展。简而言之，广告主题策划侧重解决广告"说什么"的问题，而广告创意则将着眼点更多地放在了广告"怎么说"的层面上。

2. 广告创意必须是能与受众有效沟通的艺术构思

艺术构思的基本特征是具有创造性和艺术美。孙悟空、林黛玉即为艺术构思所创造的、具有不朽生命的文学人物；《梁祝》《二泉映月》即为艺术构思所产生的、动人心弦的音乐名曲。广告创意就是要创造出能与受众有效沟通的形象和意境，使广告内容与广告形式达到完美的统一，去感染受众并引发共鸣。

3. 广告创意是广告制作的前提

广告制作是把创意构思出的表现主题的形象、意境通过艺术手段鲜活地体现出来。广告作品是广告内容与形式的有机组合，是广告创意的具体表现。广告创意是对广告主题如何形象化、艺术化表现出来的思考，广告制作则是把创意思考的成果具体化、物质化，直至完成作品的加工过程。没有广告创意就谈不上广告制作，而广告创意则需要通过广告制作来具体表现。

由上可见，广告创意的含义包括两个要点：①必须以广告主题为核心，必须紧扣广告主题；②必须是能与受众有效沟通的艺术构思。广告创意是把广告主题这种抽象的思想和概念，构思成某种形象或情深意切的艺术境界，从而创造出向消费者展现的作品。也就是说，要构想广告信息应通过什么样的艺术形式才能准确有效地传达给目标受众，并在传达过程中收到预期的广告效果。

总之，从广告创意与广告主题、广告制作、广告作品、广告效果等的关系来看，都在不同程度上说明：广告创意是表现广告主题的、能有效与受众沟通的艺术构思。

1.3 广告创意的原则及表现策略

现代广告创意是科学理念指导下的创造性活动，既要打破常规，追求新颖和独特，又要立足于产品或服务、消费者、竞争者等方面的需要。在广告发展的历史进程中，很多广告人以他们的广告实践和他们的心血和智慧，为人们留下了许多经验和教训；当代形形色色的广告活动，也在成功或失败后促使人们进一步探讨广告的规律和原则。原则即是从无数事实中提炼、概括出的人类智慧结晶，是一种明确的并且可以留存和共享的"客观知识"。广告原则的提炼和积累，是人类广告活动进步的体现，也是发展广告教育、造就广告人才的必然要求。了解和掌握广告创意的原则及表现策略，是在广告活动中少走弯路和取得实效的重要途径。

1.3.1 广告创意的原则

广告创意的科学性原则和艺术性原则，是广告活动取得成功的关键。

1. 广告创意的科学性原则

在新的时代，科学技术为人们提供了更优越的创意手段和条件，也对人们提出了更新更高的要求。广告创意应从消费者出发，以调查研究为基础，了解相关的自然科学、人文科学知识。

罗瑟·瑞夫斯在《实效的广告——USP》一书中，尖锐地批评广告缺乏理论基础，只处于随意性很大的经验状态，力主广告必须以科学原则去"创造世界"。创意的成功与否，"实效"是判断的基础。因此，怎样创作"实效"的广告及怎样评估"实效"，就成了瑞夫斯创意哲学的重要内容。与它相对应的是通过使用事实数据原则来创作实效的广告。通过测试、审核、调查，可以得到统计图表数字，从而评估广告时效。它的标准是量度的指标，诸如"广告渗透率""吸引使用率"等。

瑞夫斯坚信广告的科学性，但他并不是把原则和感觉截然分开，而是认为原则与感觉应相互作用、相互渗透。他说："当你必须面临二者必居其一的时候，最好的目标还是把感觉融入诉求中去。"

被广告大师伯恩巴克视为自己的广告偶像的詹姆斯·韦伯·扬认为：产生创意，应当博闻强识，努力地收集、积累资料；分析、重组各种相互关系；深入地观察体验人们的需求、品位、偏好、渴望及其风俗与禁忌，从哲学、人类学、社会学、心理学及经济学的高度去理解人生；通过研究实际的案例来领会创意的主旨。

韦伯·扬相信规律、法则，相信经过训练的心智能迅速敏锐地产生判断相关性的能力，这与把"创造力"看成自然的恩赐的观点是截然相反的。他重视调查、统计、分析等"可测度"的因素，尤其重视对"品质"因素的把握。因此，他特别关注在统计上完全相同的对象之间的差异，强调取得心理学、社会学意义上的"地图"。

在当今，科学性体现于创意和广告活动的每个环节。不仅在创意策略上，而且在媒体的混合使用上，科学性的调查工作的重要性也被业界广泛认同。美国广告专家威廉·阿伦斯为了突出当今广告的科学性，突出说明科技与广告的结合，在《当代广告学》这本著作中特意新辟了一个栏目：科技点滴。这个栏目的话题涉及无线通信、演示技术、电子预印技术、高分辨率电视、媒体策划软件、直接营销技术等。

2. 广告创意的艺术性原则

任何一件有生命力的广告佳作，都必然具有某种触动人心、给消费者带来美感或愉悦的艺术魅力。广告创意的艺术性原则就是让广告具有感染消费者的魅力，从而达到有效沟通的创意原则。

广告创意的艺术性原则，可谓与中国传统文化的"为人生而艺术"一脉相通。广告是人与人沟通、交流的活动，艺术是人性、人心、人情的巧妙显现，真正具有艺术性的广告，才能产生独特的魅力，能有效地与消费者进行沟通。

3. 广告创意的关联性原则

所谓关联性原则，是指广告创意必须与商品或服务、广告的目标对象、企业竞争者有所关联。关联性是广告的根本要求，也是广告与其他艺术形式相区别的本质特征。广告归根结底是要宣传商品，是商品营销策略的组成部分。因此，广告要以营销策略为核心，体现宣传主题的需要。

关联性原则从理论上理解起来并不难，但在实际运作中却需要认真把握。需要注意以下几点。

（1）广告与产品相关联，要清晰地传达产品的功能和概念。经常有一些广告的创意，在"吸引眼球"上做得足够好，结果却是使公众记住一些广告中的附加因素，如明星的表演、画面的情节等，而对产品的宣传主题印象模糊，造成了广告资源的浪费。

（2）广告与消费者相关联，要顾及消费者的需求和感受。如今的广告受众对广告的策略和表现手法都很熟悉，对广告的真实性会产生质疑，抵制华而不实的包装和哗众取宠的推销术。同时，跨国营销中的文化差异对广告提出了更高的要求，要更慎重地选择沟通的语言，更准确地把握消费需求的热点。

（3）广告与竞争者相关联，体现有针对性的宣传策略。广告是营销战的重要内容。在某个特定时期，同类产品的广告战总是围绕一个焦点，或是概念（如纯净水是否有害健康），或是功效（如一次补钙好还是多次补钙好），或是技术（电视机采用的新技术），或是价格（谁更便宜和优惠）等展开，这种竞争对广告创意的要求是反应迅速、针对性强。

关联性原则启示人们，面对一个广告任务的时候，应该真诚负责，了解产品、爱上产品、成为内行，取得与广告主平等的对话资格，站在广告主和产品的利益上去施展创造性才华。

4. 广告创意的原创性原则

（1）原创性原则的含义。所谓原创性原则，就是广告创意要打破常规、出人意料、具有与众不同的吸引力。原创性是广告创意本质属性的体现，也是广告取得成功的重要因素。原创性能最大限度地保证广告吸引受众的注意。广告行业是一个创新的行业，即使是著名的品牌或有过骄人战绩的广告，也需要不断追求创新、超越自己、超越对手，否则就会失去广告的活力。

（2）原创性原则的应用。广告的原创性表现为在概念和形式上对传统的颠覆，跳出既定的模式，寻求创新。创新并不等于同原有的一切"唱反调"，创新的关键是找到真正有价值的"新"，如新的定位、新的主张、新的形式等。广告的原创性是相对于以下几个方面而言的。

① 市场的常规。客户在品牌经营中，对产品所面对的市场状况会形成一些常规性的看法，例如产品特定的目标消费者群体已经明确，拉动销售量的手段就是降价，某类产品的广告没必要选择大众媒体等。在这些常规性的观点里，确实有些是宝贵的经验，但也存在保守的思想，突破这些思想限制，就是

一片新天地。比如，七喜饮料的非可乐定位就是针对市场传统的，它并没有改变产品特性，而是改变了人们对产品的认识，在竞争中为自己赢得了一席之地。

② 消费者的常规。消费者往往是以自己的生活经验和观念来筛选广告信息的，他们固守自己的信条，例如，便宜没好货、家用电器功能越全越好、化妆品是纯天然的好、打折的商品都是过时的。消费者的这些观念，有的恰恰是从广告宣传中获得的，它们不是不可改变的。

③ 广告的常规。广告表现手法的雷同和接近，是广告人思维的趋同和创造力贫乏的结果。广告的常规如：洗发水、牙膏等日用品重在展示其使用效果；汽车广告要放在专业杂志上述说性能；等等，在表现手法上的雷同就更多。形成广告常规的结果是：广告经验性增多，风险性减弱，受众熟悉了广告的套路，对广告麻木或厌烦，对信息的记忆容易产生混淆。

5. 广告创意的震撼性原则

(1) 震撼性原则的含义。所谓广告的震撼性来自广告主题的思想深度和广告表现的形式力度。广告主题要反映生活的哲理和智慧，对人们关心和感兴趣的生活现象表达出独特的态度，引发人的思考，触动人的情感，使人在震惊、反思和回味中记住并重视产品的信息。

(2) 震撼性原则的应用。震撼性的广告往往也带有一定的风险，震撼的主题和概念会破坏人的心理平衡，让人心生不安。这样的手法的确能引起人的重视，恐惧性诉求一旦突破了这种底线，就不能产生积极的影响。有测试显示，有震撼性的广告不一定是效果最好的，体现策略性才是创意的根本。

6. 广告创意的可执行性原则

(1) 可执行性原则的含义。所谓可执行性原则，就是广告创意要具有在制作流程中得到实施的可能性以及经费投入的许可性。可执行性是广告创意目的得以最终实现的重要条件。可执行性涉及两方面问题：①想法在制作过程中能否得到完整的实现；②在时间和经费上是否允许将想法实现出来。对创意的执行能力是衡量广告公司专业水平的重要标准。创意要考虑经费和时间因素。没有充足的经费和时间作保证，想法是不现实的。假如确实存在这两方面的问题，就没有必要强求，立足现有的条件做创意，才是符合实际的明智选择。

(2) 可执行性原则的应用。可执行性原则要求广告人在创意过程中，要做好自我检测、团队沟通和保证制作水准等几个环节的事情。在创意产生之后，要针对创意可执行性进行自我检测，以便提案能够顺利通过。创意阶段的团队沟通，主要是向制作人员征询意见，请他们从制作的角度判断广告作品的效果，了解广告在制作中可能遇到的障碍以及解决的方法等。制作是广告流程中的重要环节，创意的完美实现还包括在执行中的认真负责，不能认为创意出色，制作差一点没有关系。这样只会导致作品简陋粗糙，广告效果大打折扣。因此，要保证制作水准。

1.3.2 广告创意的表现策略

医术讲究"对症下药"，广告创意亦然。只有针对在处理广告信息过程中可能面临的一系列问题，并就这些问题在创意中做出针对性处理，创意才真正具有价值，创意才能有助于信息的有效传播，获得预期的社会效应和经济效应。因此，在创意过程中必须针对如下几个方面的问题进行思考。

1. 对不同的信息受众应有不同的策略

不同年龄、性别、职业、文化程度、社会地位的人，有不同的心理特征、理解能力和爱好、兴趣。只有首先明确设计是针对哪一个层面和范围的信息受众，然后采用他们能够并愿意接受的语言方式，创造他们喜爱的视觉形式，才能有效地将信息予以传播。例如，针对儿童的广告视觉传播，创意应先考虑如何塑造可亲近的氛围，如何注入对儿童最有吸引力的内容。据此要求，在画面处理上就应努力追求一种稚趣、活泼和欢快的情调，在信息内容的诉求方式上应力求直观、浅显易懂，甚至还要考虑家长的心理反应，以获得他们的支持，从而帮助实现信息的传达。

2. 对不同的信息类别应采用不同的策略

各种复杂的信息内容归纳起来可分为两大类别：①以商品销售和市场竞争为目的的商业信息；②关于社会教育的科技文化信息。不同类别的信息实现的社会效果截然不同，所以在策略上也不能完全一样。前者允许有适当服从于商业目的的艺术加工和包装修饰，重在塑造"醒目""突出""鲜明"和刺激消费的吸引力，使受众"必须"接收；后者有时则应尊重受众的选择，并将重点放在准确、客观、详尽、完整和有现场感、深刻性和启发性上。

3. 对不同的时代、社会环境应采用不同的策略

不同的时代、社会环境有不同的传播条件，包括政治、文化、风俗、人情世态、生产经济、科学文化等因素。必须充分考虑这些因素并利用其中对信息传播有利的条件、机会，回避其局限性进行创意设计，努力将不利因素转化为优势因素，传播才具有效果。不同的社会环境、时代背景等因素直接影响着视觉设计，广告主必须做出策略性反应，才能有效地进行信息传播。

4. 对不同的传播竞争应采用不同的策略

在创意之前，应先对竞争对手进行研究，做到知己知彼，然后采用相应对策，才能使设计脱颖而出。如设计一则路牌广告就得先考察、研究这一信息媒介所处地段的其他比邻广告，如果它们的设计风格都趋于细腻、复杂，可能就应以简约取胜；如果它们的表现多是写实的摄影表现形式，也许采用抽象的表现形式或具有涂鸦韵味的手绘风格更能使设计鹤立鸡群。这是一个研究对手又研究自己的分析过程，扬己之长、击彼之短，创造差异是创意表现的主要原则。

5. 根据不同媒体和条件采用不同的策略

任何信息设计最终都要体现在不同的媒体和材料之上，不同媒体形式、不同的媒介材料均有其表现上的优势和劣势。创意必须考虑如何充分发挥其优势因素和工艺特色，回避其局限。如设计户外的广告牌，其制作工艺迫使在塑造画面形象时，需考虑观众的观察方式和规律，还要考虑加工材料和实施的可行性。

6. 根据不同的时机采用不同的策略

视觉设计的目的是传播广告信息，创意必须考虑广告传播的主题。不同的阶段有不同的诉求重点，设计也应因此而采用不同的手段和形式，采用不同的视觉形象作为画面主体。把握步骤，不失时机地进行信息传播是创意的任务之一。如在彩色摄影技术还未普及之时，运用彩色摄影图像的表现形式，给人的印象是先进、新颖，但有时黑白图像似乎更具韵味。同样的东西，不同的形式体现出的内涵、寓意就不一样。

7. 根据不同的主题内容采用不同的策略

策略可使创意得以充分显示。一个主题内容的背后连着许多相关因素，创意必须对这些因素进行全面、综合的分析，采用与之相适的表现形式和手段，才能完整、准确、有效地传达信息。如广告传播设计就必须采用与该产品市场定位、企业个性、商品特征、商品属性、品质等相一致的诉求策略。公益性、文化性的广告设计应体现与社会发展需要一致的思想、态度。

8. 根据不同的环境和场所采用不同的策略

许多信息媒介已成为人们生活环境的一部分，同时，不同的公共场所对广告的传播效果也有不同程度的影响，创意必须结合这些因素进行考虑并制定相应对策。比如，设计公路边的路牌广告，在创意设计时应考虑到如何让人们在高速行驶中也能清楚而准确地获得信息；对处于休闲场所和娱乐场所的广告进行设计，就必须考虑广告和环境氛围的协调，不能让观众产生反感情绪和排斥心理。

总之，创意必须结合丰富的内容进行策略性思考和设计定位，才可能获得成功。制定策略的过程也是一个联想、分析的过程，广告的视觉创意和传播需要凭经验和创造力去想象。制定策略受到公众对象、市场及传播活动中诸多条件因素的影响，创意策略必须准确、明晰地体现设计定位和诉求主题，通常采用"差异"和"逆反"的方法。创造差异要针对不同的对象和主题采用不同的表现手段和形式，与竞争对手保持差异；而逆反策略就是逆常规思维和形式而设计，广告视觉创意必须采用新颖独特的形式，利用观众的好奇心，引导观众阅读。不同广告媒介，其视觉表现形式和切入方式也会大不相同。

1.4 广告创意的过程

按照广告大师韦伯·扬的观点，广告创意的过程犹如"魔岛浮现"。"魔岛"其实是海中长年积累、悄然浮出水面的珊瑚形成的。创意也是这样，由广告人的各种经验、阅历、知识、敏感度等积累而成，特别要进行创造性思维训练，避免雷同，摆脱模仿。在广告铺天盖地、竞争强手如林的情况下，要显出特色且取得成功，简单构思是绝对不够的。

从宽泛的意义上来说，广告创意的依据是创意者平时一点一滴所积累起来的全部知识和创意过程中可能获得的所有知识，以及创意者本人的智力水平和直觉反应灵敏度。严格来说，事实和框架是创意的依据。"框架"是由广告策划总体规划所确定的，诸如广告对象的确定、广告战略的总体思路、产品的定位以及媒介选择等。创意只能依照框架的限定，沿着战略的方向进行。

"事实"是客观存在的，比如市场情报、消费者资料、有关本产品的各种真实情况等，都是创意者所必须尊重的事实。没有瞄准目标的广告和丧失真实性的广告，均会导致广告的失败。有的广告学专家强调"事实是广告的生命"，在事实和框架的基础上，创意者应充分激发自身的创造潜能，在联想中发挥创造力。

一个创意就是一个意念，这个意念是否创新，取决于不同的时空和文化环境。创意者的创作设计是有目的的，任务是利用创作元素，想出在特定时空产生预期效果的创意；而专业创意者的技巧不单是想出创新的意念（盲目为创新而创新是很多新手的通病），更重要的是想出"适用"的意念，达到目标而又不失其创新性。

创意过程是一个发现独特观念，并将现有概念以新的方式重新进行组合的循序渐进的过程。遵循创意过程，人们可以提高自己潜能和交叉联想、选取优秀创意的能力。

人们需要一个能适应许多不同环境的模式。几十年来，人们提出了多种有关创意过程的模式。Frank Alexander Armstrong 在他的著作《创意寻踪》一书中，把创意过程分为 5 个阶段：第 1 阶段是评估形势，第 2 阶段是明确问题，第 3 阶段是利用潜意识，第 4 阶段是产生构思，第 5 阶段是判断最佳构思。通过这 5 个阶段，有效的构思、最佳的创意就可能得到变化。

Hal Stebbins 在国际广告协会世界大会上，在以《创意的课题——世界的文稿哲学》为题的讲演中，谈到创意产生的 7 个阶段。

(1) 导向阶段——事实的发现、问题点的提出。
(2) 准备阶段——收集贴切的资料。
(3) 分析阶段——关联素材的分析。
(4) 假说阶段——为了最终选出最佳构思,准备几个假说。
(5) 孵化阶段——为了模仿头脑中灵感产生的过程,将各种知识事先储存起来。
(6) 综合阶段——判定作为结果产生的构思。
(7) 决定阶段——综合各种知识短片。

罗杰·冯·奥克的四步创意模式是当今许多跻身美国 100 强的广告公司所采用的模式,这种模式为事实型思维方式和价值型思维方式的人提供了同样的灵活性。按照他的模式,每个创意者在创意过程的不同阶段仿佛都在扮演不同的角色:探险家、艺术家、法官或战士。

(1) 探险家——寻找新的信息,关注异常模式。
(2) 艺术家——试验并应用各种方法,寻找独特的创意。
(3) 法官——评估试验结果,判断哪种构思最实用。
(4) 战士——克服一切干扰、艰难、险阻、障碍,直至实现创意概念。

上述创意过程虽然大致相同,但每种模式又各有特点。

对广告创意进行评价,是使创意更趋完善的重要手段,也是促使广告收到预期效果的关键措施。广告创意的评价就好比一个过滤器,它能够过滤掉低劣的、平庸的创意,让优秀的、有价值的创意得以通过和执行,使其充分体现广告战略和广告主题,从而提升广告传播的效果。

1.4.1 广告创意评价的一般标准

广告创意虽然没有具体的方程式,却要遵循一些共同的原则。国际广告协会(AA)曾为广告制定了 5 条标准,简称"5P"。

(1) Pleasure:要给消费者愉悦的感觉。
(2) Progress:要有首创、革新、改进。
(3) Problem:要能为消费者解决难题。
(4) Promise:要有承诺。
(5) Potential:要有潜在的推销力。

国外广告界还提出成功的广告必须具备的 5 个要素,即"5I"。

(1) Idea:明确的主题。
(2) Immediate Impact:直接的即时印象。
(3) Interest:生活的趣味。
(4) Information:完整的信息。
(5) Impulsion:强烈的推动力。

从传播学的角度看,创意的过程其实也就是编码的过程,广告作品是广告传播者对所要传播信息的一种编码。广告活动的传播效果如何,取决于受众对广告作品理解的程度如何。能够实现广告预期目标的,能够体现广告整体战略和策划意图的,也就是能够给广告主带来最终利益的创意就是优秀的创意。广告学者路盛章教授撰写的《广告作品的创意、表现与效果》一文,提出 5 条创意标准,在此基础上,本书综合各家观点增加一条,形成 6 条广告创意的评价标准,具体内容如下。

(1) 创意的主题应符合总体营销战略和广告战略，有直接的目标指向。如果创意的主题背离了总体战略，那么再好的创意作品也是徒劳的、无效的，其结果只会导致广告费的损失和浪费，投入越多，浪费越大。

(2) 冲击力强。冲击力，就是引起受众注意的能力。这是一切广告作品获得成功的前提条件。广告首先要取得目标对象的注目和参与，为此广告作品必须具备在视觉、听觉以及心理上的冲击力，要能够让观众受到震撼，使他们注意到该广告作品的存在，否则一切都无从谈起。

以30秒的电视广告为例，电视观众基本上都是在被动状态下观看广告的，再加上每条电视广告的时间又极为短暂，所以，如果不能在5秒内把观众的目光吸引到广告上来，广告创意与制作的一切努力就都是白费。所以，电视广告一般都在开头的5秒狠下功夫。

(3) 创意新颖。创意即点子、立意、构思，它是一件广告作品的灵魂。如果一条电视广告的开头只是靠声音或视觉的刺激把观众的注意力吸引过来，但是接下来却没有什么新招，没有好的点子，总是老一套（如洗发、护发用品总是事先告诉你一个"秘密"，然后就慢动作甩头发，或是连念3遍的顺口溜），观众还是会再次转移视线，继续干自己的事情。所以单凭开始几秒暂时把观众吸引过来是不能持久的，最主要的还是要靠巧妙的创意，让观众折服。

(4) 趣味性强。广告是否有趣、是否有意思，决定着观众今后是否愿意再看这条广告。这条标准虽然很高，但是很重要。因为广告只有让人记住才能发挥作用，而要让人记住，一个重要的条件就是适当的重复，否则一般人是很难形成记忆的。枯燥无味的东西反复出现时，人们就会反感或躲避，所以广告必须有趣、好玩、耐看。

(5) 信息鲜明。广告信息能否准确到位，是衡量广告作品是否优秀的重要标准，因为传达信息是广告的根本价值所在。有的广告或展示俊男靓女，或云集大腕明星，但究竟是卖皮鞋还是卖袜子，是卖西装还是卖手表，让人难以分辨。必须强调的是，广告为引人注意而采取的种种艺术手段和技巧绝不是目的，它们不能干扰主要信息的传达，更不能喧宾夺主。

(6) 富有感染力。感染力就是广告唤起行动的能力。当然这是一项综合性的标准。这项标准看似抽象，但实际上是完全可以感受得到的。优秀的广告应当具备一种内在的力量，有一种持久的张力，能让人心动，给人一种鼓舞或激励，决不能只满足于广告作品外在的表现形式，而应该注重挖掘与创造影响受众行动的力量。

广告创意受创意人员心志因素的影响很大，因而很难用数量关系精确地表示评价结果，即使在实验测试中，数量关系也只能表明某种趋势或某种限度。这种情况给把握标准带来一定的难度。在上述6条标准中，第1条标准由广告策划者的主观认识而定，一般容易把握。其余5条标准则主要由该创意在消费者意识中的影响来决定，因而评价者把握这些标准时，一定要用消费者的眼光来衡量。比如，信息是否鲜明、突出，可以通过对视听众产生印象的深刻程度、产生印象的记忆保留时间及引起注意所用的时间等方面的预测来确定。创意是否新颖独特，构思是否与众不同，可以通过对视听众感兴趣的程度，重复视听时的情绪观察，以及与其他创意的构想进行横向比较等方面的预测来确定。

1.4.2 广告创意的调查

创意研究是广告发布前后所做的有关广告效果的测试和调查，在广告设计和制作的各个阶段，同样也应该实施有效的创意研究，这自然会涉及创意调查的应用问题。日本学者植条则夫的著作《广告文稿策略》中谈到了创意调查的应用问题。其内容涉及创意概念的研究、广告作品的完成和广告作品的创意调查。

(1) 概念测试。广告概念是广告表现的基本要素,通过概念测试所要了解的是消费者能否接受所创造出来的新概念。在讨论概念时可以准备几个成文的概念,通过访谈或集中测试来评价这些概念的优劣。然后进一步综合分析,判断概念是否符合消费者的个性、心理、习惯,进而从中选择更有效的概念。概念测试有时候关系到整个创意的成败。

(2) 电视脚本测试。电视脚本测试方法是指电视广告表现的概念在脚本阶段听取消费者的评价。在同一概念下,可以有几种脚本。电视脚本测试也可以通过小组访谈或集中进行测试。

(3) 音乐效果测试。在电视广告和广播广告的设计与制作中,音乐要素是其可供调度的资源之一,在传播效果方面是其他要素所不能取代的。在效果测试中,预先准备好一段音乐或一位歌手作为某种评判标准和测试的内容,还应该好好考虑有关音乐和歌手的形象与商品的吻合度、音乐与歌手的协调等问题。根据效果测试,对音乐做出修改和调整会很有效。

(4) 广告作品的创意调查。广告作品的创意调查主要分为平面广告测试和电视广告测试。报纸和杂志等平面广告的测试也可以称为事先测试,根据测试结果进行广告表现上的调整。电视广告测试一般通过小组访谈的形式,也可以通过集中测试对电视广告的趣味结构和内容整合进行评价,还可以通过现场测试对电视广告进行理解度的测试。通过测试,可以了解观众在观看电视的经历、兴趣、理解的内容、观众的表情变化和积极性的程度等,从而检验电视广告的效果。当然,也会根据反馈信息做出相应的修改和调整。

创意调查工作是进行创意时的一项科学性的工作,其根本目的在于为创意人员提供有用的资料和可供创意的依据,以此评价创意的优劣。因此,创意人员首先要重视创意调查,并且善于利用创意调查的结果来有针对性地开展工作。如此复杂的工作要依靠具有营销和调查能力的广告公司、广告主或其他相关机构来完成,而且,在调查中需要有大量的经费。因此,创意人员在无法实施这样大规模调查的时候,一方面要尽可能地依赖其他机构,如购买有关市场调研的资料等;另一方面要注意倾听身边人和消费者的声音,尽可能地在创意过程中掌握更多的信息,保持客观务实的态度。

单元训练和作业

【一汽大众全新探歌国内宣传广告】

1. 优秀案例赏析

(1) 如图1.1所示,探歌是一汽大众推出的首款SUV车型,"探"意为"探索未知,探本溯源",象征年轻人自信无畏、开拓进取、追寻梦想的精神;"歌"为"活力之歌,且行且歌",象征年轻人率性自然、秀出真我、乐享生活的态度。结合现代年轻人的生活,选择职场和休闲两种场景,将象征休

图1.1 一汽大众宣传海报

闲、音乐的便携播放器和代表探索、控制的鼠标替换为探歌SUV，通过巧妙的视觉语言诠释探歌与新生代年轻消费者"探索未知，且行且歌"的生活态度。

(2) 如图1.2所示，这套系列作品是2022年第14届大学生广告设计大赛一等奖作品《人生三喜》，该作品借用了中国传统中的人生三喜的文化概念，以金榜题名、洞房花烛、喜得贵子这三件人生喜事为事件场景，巧妙地使非常可乐的经典瓶型结合中国传统文化中的状元郎、新娘、胖娃娃形象来进行创意海报设计，突出非常时刻，以及非常可乐的产品广告主题。文字"娃哈哈非常可乐见证中国人的每一个人生时刻"深刻强调了产品与消费者密切的陪伴关系，拉近与消费者的心理距离。这套海报使用了近年来流行的国潮风格，色彩上也大胆使用具有中国特色的中国红，在突出中国传统文化的同时宣传产品，是一套非常优秀的宣传海报。

图1.2　娃哈哈非常可乐宣传海报《人生三喜》

2. 课题内容

课题时间：4课时。

教学方式：列举现实生活中不同媒介的广告策划作品，启发大家研究和讨论广告策划书的写作练习。

要点提示：重点掌握广告策划与创意的基本概念和理论。

教学要求：通过分析实际生活中的广告策划作品，掌握广告策划与创意的基本内容，包括广告策划的概念、内容及程序，广告创意的概念、原则、过程、评价及表现策略。

训练目的：使学生初步掌握广告策划与创意的相关基础理论知识，能够积极主动地从策划的角度研究和探讨广告策划书，从而加强对广告理论知识的运用。

3. 其他作业

了解本章涉及的概念和定义。

(1) 什么是广告策划？如何理解广告策划？
(2) 广告策划具有哪些意义？
(3) 简述市场营销组合下广告策划的作用。
(4) 广告策划有哪些特征？
(5) 广告策划应遵循哪些原则？

(6) 广告创意的定义是什么？

(7) 如何理解广告创意的表现策略？

4. 理论思考

本课程要求理论教学的同时，进行同步配套的实训教学，目的是通过实训，使学生全面掌握广告策划书的结构、内容、特点及形成过程。其要求如下。

(1) 明确广告策划书是和广告环节紧密相连的。

(2) 广告策划必须有一定的组织。模拟广告公司，成立广告小组。

(3) 结果形式：书面文字稿＋PPT演示稿＋初步作品或故事板。

(4) 监督检查：教师要定期监督检查。

(5) 评估：广告公司代表陈述，进行项目论证说明；评委观摩与听讲解；评委提出问题；评委根据要求为方案打分。

(6) 任课教师根据质量进行考评，给出成绩，作为期末综合成绩的一部分。

5. 相关知识链接

金卓，伊永华，李梦黎. 广告设计与创意[M]. 南京：南京出版社，2022.

孟克难. 广告策划与创意[M]. 北京：清华大学出版社，2021.

第 2 章　广告策划的过程

课前训练

训练内容：以 OPPO 手机广告为例，分析该品牌广告策划方案：他们为什么做广告？他们对什么人做广告？他们将要传递的信息及选取的传播渠道是怎样的？目前市场获得的结果怎样？

训练要求和目标

要求：通过分析使学生明白广告策划不是一项简单的工作，它需要根据复杂的资料，调查并判断什么是适当的信息、谁是合理的受众、何时是适当的时机等，是一项颇具复杂性的需要最优化处理、统筹安排的工作。

目标：要求学生通过本章的学习能够理解广告策划的 8 项核心内容，了解广告策划与传播学、市场学的关系，熟悉广告策划的基本内容，掌握对实际广告策划案例内容的分析方法。

本章要点

(1) 广告策划的核心内涵。

(2) 广告策划的特性和原则。

(3) 广告策划的理论依据。

(4) 广告策划的内容。

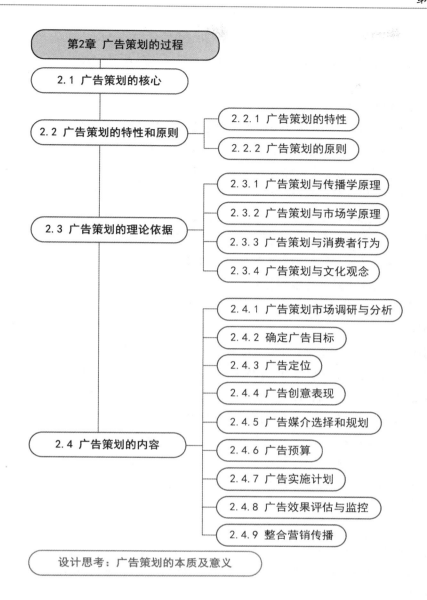

引言

广告策划是广告活动的核心环节，目的在于对整体广告活动进行战略决策。广告策划以科学、客观的市场调研为基础选择企业广告目标，正确地制订计划和编制预算，并以富于创造性的定位策略、诉求策略、表现策略和媒体策略为核心内容，使广告能以最合适的内容，在最合适的时机，以最恰当的方式投放到事先确定的目标市场，从而最大限度地发挥广告的说服效果。广告策划集谋略与科学程序于一身。一个完整的广告策划周期由数个不同阶段组成，不同阶段策划工作的对象、内容、目标均有所不同。根据这种不同，对广告策划运作过程加以把握，有助于抓住核心，突出重点，明确各个阶段不同方面的特殊性，保证策划工作有条不紊地进行。

2.1 广告策划的核心

严格来说，广告策划应该称为"广告策划活动"，它是一个动态的过程，在此过程中要完成一系列的决策，包括确立广告目标、广告对象、广告战略、广告主题、广告策略、广告创意、广告媒体、广告评估等。

通俗来说，也就是要解决广告"对谁说""说什么""如何说""说的效果如何"等一系列重要问题。而这些重要问题是否能被合理解决，决定着广告的成败。因而在进行广告策划时，树立以下观念是非常必要的。

以下是广告策划的核心内涵。

(1) 策划是广告活动科学化、规范化的标志。广告活动策划就是对广告的整体战略与策略的运筹规划，是对于提出广告决策、实施广告决策、检验广告决策全过程作预先的考虑与设想，策划能否成功直接关系到投放广告的回报率。美国最早实行广告策划制度，随后许多商品经济发达的国家都建立了以策划为主体、以创意为中心的广告策划管理体制。1986年，中国广告界首次提出广告策划的概念，促使人们重新认识广告工作的性质及作用，广告工作由此开始走上向客户提供全面服务的新阶段。

(2) 广告策划有其特定的科学而规范的程序，在复杂而长期的广告实践中，广告工作者总结出一种程序模式，内容包括市场调研与预测、广告决策、广告预算控制、媒介选择、广告创作、广告发布、广告效果测定等。广告策划的目标，就是根据广告活动的实际需要，依照广告程序，对广告活动的全过程进行规划设计，制订广告计划，安排工作日程和工作进度。各个计划要视新情况、新问题予以相应调整，方能保证其效果。

(3) 广告策划应该提出广告（活动）的总体战略，其最终目的是应用于实际，指导广告活动的操作过程。广告在真实的基础上，允许以艺术的手法进行加工创造，使之更具表现力，产生理想的宣传效果。因而广告策划必须遵循可操作性原则，使策划的环节明确，步骤具体，方法可行。

(4) 广告策划以市场调研为依据，良好的市场调研为广告策划提供了市场环境、消费心理、竞争对手等方面的重要信息。广告市场调研是人们为解决某项产品的营销问题而有意识地对市场进行具体的了解、认识市场的运行状况和运行机制的过程和工作。它作为一种手段，服从于整个营销战略目的。广告市场调研的目的具有层次性和多样性，既有服从于营销目的的总体性目的，又有适应市场调研需要的具体性目的。

(5) 广告的诉求策略、定位策略、表现策略和媒介策略是广告策划的核心内容。广告策略是将产品和服务以有效的方法与步骤，传达给目标市场，以促进销售的最高指导原则。广告策略的制定建立在行销策略架构下，其目的在于配合行销策略，将产品与公司形象和品牌进行正确的整合，并通过传播渠道，针对目标市场进行有效沟通。

(6) 广告策划的结果以广告策划文本的方式来体现。广告策划在对其运作过程的每一部分做出分析和评估，并制订出相应的实施计划后，最后要形成一个纲领式的总结文件，通常称为广告策划书。广告策划书是根据广告策划结果而写的，是提供给广告主审核的广告活动的策略性指导文件，为广告活动提供了运行的蓝图与规范。

(7) 广告效果的测定方法与标准应该在广告策划中预先设定。广告效果具有累积性和复合性两大特点，它的主要测定方向通常是广告传播效果的测定和广告销售效果的测定。广告的社会效果同样重要，只有取得良好的社会效果，广告的经济效果才能长久持续。针对具体的广告内容，其效果的测定方法和标准的设定必须完整地体现在广告策划之中。

(8) 进行广告策划的目的是追求广告进程的合理化和广告效果的最大化。进程的合理化，就是广告活动要符合市场的现实情况并且能够适应市场的发展。效果的最大化，就是广告策划要提供能够产生最佳广告效果的策略和方案。进行广告策划时，要从消费者和企业两方面的利益出发，认真进行经济核算，选择最优方案，使企业乐于使用，消费者也乐于接受。一般来说，好的广告策划可以使广告产生3个方面的经济效果：创造需求、树立品牌、减少流通费用。同时，广告既是一种经济现象，又是一种文化现象，因而也要讲求社会效益。

2.2 广告策划的特性和原则

2.2.1 广告策划的特性

广告策划作为企业营销和管理活动的一种，它本身有自己的特殊规律，如果漠视这些规律，策划活动往往很难取得成功。以下是广告策划所具有的一些特性。

1. 目的性

无论何种策划都是有一定的目的性的，策划的过程即是减少无序和不确定性的过程。策划的目的就是要求通过策划，围绕某一活动的特定目标这个中心，努力把各个要素、各项工作从无序转化为有序，从而使活动顺利圆满地完成，以达到事先拟定的目标。策划必须始终围绕目标展开，当目标发生变化时，策划方案也必须做出相应的调整。

广告策划需要针对特定的用户，运用心理的与生理的、感官的与理智的、直接的与间接的、近期效用的与未来收益的种种广告手段，解决用户迫切要了解、关心、感兴趣的问题，以充分调动其需求欲望。

2. 超前性

策划是对将来的活动和事件事先谋划的工作，因而具有超前性。马克思曾高度评价人类的超前性思维，他说：虽然人类最优秀的建筑师也得惊叹蜜蜂建造蜂巢的艺术，但是，即使是拙劣的工匠，在建筑房子之前，脑子里也已经有了房子的图形及结构。策划是一项立足现实、面向未来的活动，超前性是策划的重要特征之一。

3. 程序性

广告策划是按一定的程序进行的。因为非程序性的策划有很大的随机性，所以为了保证策划方案的合理性和高成功率，现代策划就不可避免地趋向程序化。程序性的策划是在科学理论的指导下，依照严格的程序进行的。尽管这些程序要耗费更多的时间和精力，但却能有效地减少策划的失误。例如，在实施广告感官策略时，按照商品不同的生命周期、商品进入市场的次序和时机、用户接收商品信息时的认识规律和心理反应规律，有计划分步骤地实施，使人们自然而然地接受商品广告带来的感官刺激，从而加深印象，并为广告宣传所感染、所说服。因此，策划的程序性能保障策划的合理性和高成功率。

4. 创造性

策划是创造性的思维活动。策划的过程其实就是创造性思维发挥的过程，或者说是创造性思维与策划活动的结合过程。创造性思维是策划生命力的源泉，它贯穿策划活动的方方面面和策划过程的始终。

5. 整体性、统一性

一个完整的策划过程包括：调查研究、目标定位、理念设计、资源整合、形象塑造、实战操作、过程监理、微调修整、总结提高等。在策划活动中，要使所策划的工作或活动的各个组成部分、各个子系统相互协调、统一，要有目的地保持总体的最优化。格式塔心理学认为：整体大于部分之和，即把整体作为一个系统去考虑，其收效远远大于单独考虑孤立的事物。在现代社会这样复杂的动态大系统中，必须有一个合理的整体性策划，才能把各方面活动有机组合起来。例如，太保[中国太平洋保险（集团）股份有限公司]车险新产品上市"整合推广计划"，如图2.1所示。

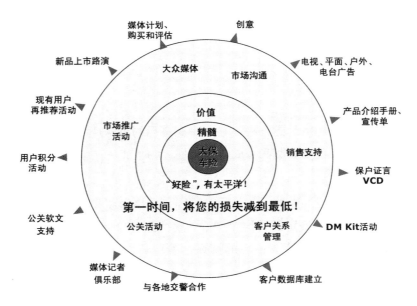

图 2.1　太保车险新产品上市"整合推广计划"

6. 现实可行性

策划的现实可行性要求策划者一定要尽可能多地掌握各种现实情况，包括有利的和不利的因素，然后再进行客观分析，这样的策划才是合理可行的。

任何一个广告都应讲究投入产出，讲究实际效果，讲究广告预期目标的实现。这些实际效果，既包括能够用货币加以计算的效果，也包括不能用货币加以计算的效果；既包括近期的可见的效果，也包括远期的尚不显露的潜在效果。

7. 调适性

市场的环境在变，人们的心态和生活方式也在变，僵硬机械的策划显然是行不通的。在复杂变动的情况下，策划应该在保持一定的稳定性的同时，根据环境的变化，不断进行调整和变动。调适性与现实可行性是相互配套的。

2.2.2　广告策划的原则

广告策划是一个有着特殊规律的系统工程，也是一种创造性的思维活动过程。不同类型的广告在策划上会有很大差异，但其中也有一些基本原则需要共同遵守。

1. 合法性原则

合法性是指广告活动从形式到内容，都要符合所在地或所在国的法律制度。就我国而言，广告活动不仅要符合我国的各项法律法规，更要符合社会主义市场经济和"两个文明"建设的总体要求。有些国家和民族的风俗习惯和宗教信仰很独特，广告活动不能与之相抵触，否则不仅不会有好的宣传效果，还可能会引发严重后果。

2. 真实性原则

真实是广告的生命。真实不仅是对企业的利益负责，更是对消费者的利益负责。无论什么时代、什么场合、什么媒体、什么商品，不真实的广告只能失去社会公众的信任和支持，无论其设计多么巧妙，都逃脱不了失败的命运。获得准确的广告信息是确保广告策划真实性的重要因素。

3. 目的性原则

广告策划必须确定活动的主要目标，为达成目标而采取相应的战略战术，合理配置资源，避免无的放矢。广告策划是具有针对性的活动。它是把广告学的基本原理运用到具体广告活动中去，使广告能"准确、独特、及时、有效、经济"地传播信息。它是从特定的企业和商品入手，针对特定的用户，运用各种有效的广告手段，明确地宣传产品。

4. 整体性原则

整体性也称为统一性，就是以系统的观点将广告策划活动作为一个有机整体来考虑，从系统的整体与部分、部分与部分之间相互依存、相互制约的关系中，揭示系统的特征和运动规律，以实现广告策划的最优化。整体性既要保持策划与营销整体的一致性，又要保持广告策划活动自身整体的一致性。它从系统的概念出发，坚持广告策划活动的整体性和全局性。

5. 效益性原则

广告活动作为企业经营活动的一部分，是以追求效益为目的的活动，必须服从于企业的发展目标，讲求效益。效益原则是广告策划所必须遵从的一项基本原则。广告效益包括经济效益、社会效益和心理效益。广告投入要注重经济效益，使产出大于投入；同时要注重社会效益，顾大局，识整体。

6. 艺术性原则

广告策划应在真实的基础上进行加工创造，使之具有一定的艺术性。那些集娱乐与传播信息于一体的广告总能吸引很多消费者，激起人的情感浪花。那些枯燥、呆板、干瘪无味的广告不会给人以美感，只是一种资源浪费。当然，在广告策划活动中，也要适当运用现代科学技术成果和有助决策的方法论来对广告策划效果进行优化。

7. 可操作性原则

一切广告策划的最终目的都是应用于实际，指导广告活动的操作过程。因而广告策划必须遵循可操作性原则，使策划的环节明确、步骤具体、方法可行。广告策划的可操作性原则，具体指两方面的内容：一是广告宣传活动的计划性；二是广告制作事务的计划性。

广告策划者应在计划选择之前，对达到策划目标的可能性、可靠性、价值性和效益性等方面进行分析、预测和评估。可行性分析的内容包括决策目标的可行性、实现目标的内外条件的可行性、对各个环节的实施方案的相互配合和协调的可行性、社会效益和经济效益的可行性。同时，广告策划活动已经由经验型向科学化、决策化方向转变发展，需要各行业的专家和人才参与，绝非一人所能完成，而在广告策划活动的操作过程中也需要重视团队的协作。

2.3 广告策划的理论依据

2.3.1 广告策划与传播学原理

广告是一种非常典型的传播行为，广告主和广告策划者是广告的传播者，广告信息是广告传播的主要内容，刊播广告的各种媒介是广告传播的媒介，而接触广告的媒介受众则是广告传播的受众。广告信息通过各种媒介传播给受众，并对他们产生不同程度的作用的过程，就是一个完整的传播过程。

1. 传播的构成

传播是个人与个人之间，或个人与团体之间，或团体与团体之间同时做的事，而不是一方对另一方做的事。从传播的角度而言，广告主与广告代理公司（制作公司）、广告媒体公司进行合作，并不意味着广告活动就能大功告成，只有在消费者参与进来后，广告才能成为完整的活动。广告传播过程的核心概念有经验、思想、符号、标志等，必须使接收者能够解读，并做出积极的反应。

2. 广告信息的传播

信息以物理刺激的形式作用于人们的感觉器官，而后这些信息又被传送到大脑，从而产生各种心理活动。这一传播过程可以分为两个环节来阐述：第一环节是从物理过程到神经过程的转化，第二环节是从神经过程到心理过程的转化。信息可以按知识领域分成生物的、经济的、心理的、工程的等类型。信息也可以按物理特性分成视觉的、听觉的、嗅觉的、触觉的等类型。

3. 广告传播基本环节

广告传播流程的基本要素共有 8 个：信源、编码过程、信号、传播渠道（信道）、译码过程、受众、反馈、噪声，其中信源和受众是传播过程的参与者；信号和传播渠道是参与者借助的传播物体；编码过程、译码过程和反馈是传播过程的功能；噪声是妨碍传播效果的因素。

4. 广告的传播功能

传播功能是广告最基本的功能。作为一种独特的传播形式，广告具有 4 种基本的传播功能：促进功能、劝服功能、增强功能和提示功能。

2.3.2 广告策划与市场学原理

广告活动不是一项孤立的活动，而是市场营销观念下的活动。它的每一项活动、每一个策略都是在充分研究促销组合、产品计划组合、销售渠道组合以及价格组合的基础上产生的。

1. 市场营销

"市场营销"一词译自英文"Marketing"，该词在英语里有双重含义：一是指一种经济行为、实践活动，即企业从适应和满足市场需求出发，开发产品和劳务，制定价格，宣传、销售产品和劳务，收集消费者的反映而从事的一切企业活动；二是指一门科学，即以市场营销活动为研究对象的科学，它是从卖方的角度，作为供给一方来研究如何适应市场需求，如何使产品具有吸引力、价格合理、购买方便，以及使买方满意，从而提高企业的市场占有率和经济效益的科学。

2. 广告策划与市场营销

现代的广告活动，有两个重要的理论支柱：一是传播理论，二是市场营销理论。

市场营销是运用系统工程的方法，综合运用各种可能的市场营销策略和手段，实现企业的最佳经济效益，达到经营的最佳目标。

3. 广告策划与产品生命周期

广告是整个营销策略中的一环。复杂多变的广告活动过程会呈现出一种周而复始的螺旋式上升的历程。这个历程，就是广告的活动周期或广告的生命周期。商业广告是以商品性能为基础的，广告的生命周期也必然以商品的生命周期为依据。因为，广告主要是以表现商品的特性、促进商品的销售为宗旨的。如果离开了表现商品的特性（即满足消费者需求的特性）这一核心，广告本身也就失去了存在的意义。这里只简单地将广告周期分为 3 个阶段：引入期、成长与成熟期、保持期。

4. 广告策划与广告主的市场营销策略

(1) 市场营销策略的概念。市场营销策略是业务单位期望在目标市场实现市场营销目标所遵循的主要原则，包括：市场营销总费用，市场营销因素组合，市场营销资源配置的基本决策。

（2）市场营销策略决定着广告策划的核心内容——广告策略。广告策划是根据广告主的营销策略，对广告活动战略与策略进行的前瞻性规划。因此，必须以广告主的营销策略为基本前提，广告策略必须完全符合广告主的营销策略。

（3）广告策划对市场营销策略的能动作用。

2.3.3 广告策划与消费者行为

广告是市场营销者和目标消费群体进行沟通的手段，广告策划者既要了解市场营销者的策略，又要使市场营销者的信息准确地传达给消费者。

1. 消费者行为构成

以消费者的生活方式而言，消费者的生活方式往往会反映在消费者的心理需要上。生活方式主要由活动、兴趣、意见和社会因素决定。

消费者以自己的生活方式为基础，建立其生活目标，抱着各种欲望，把可以满足需求目标所属的商品纳入，使信息与生活方式融为一体。商品通过信息的传播与人们的生活方式联系在一起发生作用。

2. 消费者类型分析

根据消费者进行决策时的特点，可以把消费者分为以下4种类型。

（1）经济型消费者。这些人往往做一些理智的决策，从经济上进行理智的考虑。这样的消费者将不得不去了解所有可供选择的产品，确切地罗列出所有这些选择的优点和缺点，并找到一个最好的选择。然而，消费者往往不能掌握充分的信息，或足够精确的信息，甚至没有产生一个完美的足够的动机。

（2）被动型消费者。这种消费者与经济型消费者正好相反，在消费方面易受自我兴趣和市场促销的影响。他们被认为是冲动和非理性的消费者，容易在广告宣传和各种引导因素的影响下产生被动的购买行为。

（3）认知型消费者。这类消费者积极地寻找并接受所需要的产品或服务，以不断丰富他们的生活。认知型消费者总是关注品牌信息和购物地点的信息，采取优先信息策略。与经济型消费者对比而言，认知型消费者仅仅去寻找关于选择的足够的信息，做出一个令人满意的选择。他们可能会通过走捷径的方式使决策过程简化。

（4）情绪型消费者。情绪型消费者在购买一种东西时，往往基于情绪的决策，他们在购买之前并不把主要的精力放在收集有关产品的信息上，而把主要的精力放在当前的心情和情感上。这并不意味着情绪型消费者的购买行为不是理智的决定，相反，情绪上满意的购买也许恰恰是最好的购买决策。他们购买一种东西常常是由于感觉较好，会受到情感倾向的广告的影响。

3. 消费者购买过程与关心点

关心点就是指消费者对于本产品或服务的关心焦点或关心重点。关心点是一种心理现象。在消费过程中，消费者的购买行为、消费行为往往会受到关心点的支配。从心理学的角度分析，关心点与人的知觉选择性有关，可以视为人的知觉在特定的消费内容和消费方式上的集中。它是由消费者的需求、经验、兴趣、利害关系等因素决定的。

4. 消费者行为研究对广告策划的意义

消费行为原理对广告策划的作用体现在：消费者自身的特性为广告策划中的目标市场和诉求对象策略提供依据；消费者的需求购买动机为广告策划的诉求重点和诉求方法策略提供依据；消费者具体的购买行为，为广告策划抓住消费者行为中的机会点进行有助于销售的广告活动提供依据；在影响消费者行为的多种因素中，广告是一个相当重要的因素，它对消费者的行为具有一定的影响乃至引导作用。

2.3.4 广告策划与文化观念

"文化"是指在群体经历中产生的代代相传的共同的思维与信仰方式。它是一个社会的思维方式以及适用于其成员的知识、信仰、习俗和技能。

1. 广告是重要的文化现象

广告的本质是推销，其目的是商业性的，但广告的表现形式却具有文化性，它是一定社会文化的产物。由于广告人、广告受众是具有一定社会文化习俗的人，因此不同民族的社会哲学观念、思维模式、文化心理、伦理道德、风俗习惯、社会制度乃至宗教信仰等，都不可避免地会对广告产生影响，从而形成了某个民族或国家的广告风格，广告本身也是一种文化。广告除了具有商业性外，其内涵还体现了广告主及广告制作者对生活的理解及价值观念。

2. 广告文化的基本功能

广告文化作为现代文化的一个有机组成部分，在满足人类需要和适应社会发展的过程中，发挥着自身特有的功能。在特定历史文化背景下从功能角度来考察广告文化，能很好地理解广告文化的本质特征。

3. 广告策划中的文化表现

物质层面的表现：广告创作所表现的物质层面的传统文化包括器物、历史人物、艺术作品等方面。
精神层面的表现：广告是一种文化传播活动，影响至今的传统文化也必然在广告创作活动中体现出来。

2.4 广告策划的内容

广告策划是对整个广告活动的运筹规划，是一种优先的、提前的指导性活动，根据广告主的营销战略和策略要求，在市场调研预测的基础上，对广告活动的战略和策略进行整体的运筹和规划。广告策划一般有两种：一种是单独对一个或几个广告的策划；另一种是系统性的，具有较大规模的，根据不同广告目标而做的一连串不同广告活动的策划。

由于广告策划要对整个广告活动进行全面的策划，所以其内容千头万绪，主要包括市场分析、广告目标、广告定位、广告创意表现、广告媒介、广告预算、广告实施计划，以及广告效果评估与监控等。这些内容彼此之间密切联系，相互影响又相互制约。虽然本书对这些内容进行了分别论述，但在实际策划活动中，必须将它们连贯地串联起来，才能使广告活动按策划的内容有条不紊地顺利实施。

2.4.1 广告策划市场调研与分析

市场调研是广告公司、工商企业或媒介单位等从事广告活动的机构，以产品营销活动为中心，为了了解市场信息、制定广告方案、提供广告设计资料和检查广告效果而进行的调查活动。在广告活动中，市场调研的全过程，是通过收集产品从生产到消费全过程的有关资料并加以分析研究，确定广告对象、广告诉求重点、广告表现手法和广告活动的策略等。

广告市场分析基于市场调研，通过一系列的定量和定性分析得出广告主和竞争对手及其产品在市场中的地位，为后续的策划工作提供依据。市场分析的主要内容包括营销环境分析、企业经营情况分析、产品分析、市场竞争性分析以及消费者分析，通过深入细致的调查分析，了解市场信息，把握市场动态，研究消费者的需求方向和心理偏好，并且明确广告主及其产品在人们心目中的实际地位和形象。

1. 市场调研的内容与方法

(1) 市场环境调查。市场环境调查是以一定的地区为对象，有计划地收集有关人口、政治、经济、文化和风土人情等情况。一般而言，专业广告公司或媒介单位应以日常广告活动场所及区域为对象，定期收集与更新资料，为广告主制订广告计划、提供基础资料。企业的广告或销售部门也应以其产品销售地区为对象，对自己的产品销售市场进行系统了解和调查，为企业制定广告策略或为委托广告代理部门提供基础资料。

(2) 广告主企业经营情况调查。对于广告公司而言，对委托其代理广告业务的广告主的情况进行摸底调查是很有必要的。这有两方面的好处：①可以避免因广告主企业在信誉、经营等方面的问题而使自己蒙受损失；②可以为制定广告决策提供依据。

广告主企业经营情况调查的目的，还在于通过对广告主的历史和现状、规模及行业特点、行业竞争能力的调查，有的放矢地实施广告策略，强化广告诉求。广告主企业经营情况调查的主要内容包括企业历史、设施和技术水平、人员素质、经营状况和管理水平、经营措施等。

(3) 产品情况调查。在进行某项产品的广告宣传活动时，除了要在日常注意收集有关产品的广告资料外，还要有计划地对该产品进行全面系统的调查，以确定产品的销售重点和诉求重点。

产品调查的主要内容有产品生产情况、产品外观、产品系统和类别、产品利益、产品生命周期和配套服务等。

(4) 市场竞争性调查。广告产品的市场竞争性调查的重点是广告产品的供求历史和现状，以及同类产品的销售情况。这些内容是制定广告策划的重要依据。

(5) 消费者调查。市场调研中的消费者包括工商企业用户和社会个体消费者。广告主可以通过对消费者购买行为的调查，来研究消费者的物质需要、购买方式和购买决策，为确定广告目标和广告策略提供依据。

市场调研的方法分为普查法、抽查法和建立联络点法，这3种方法各有优点，也各有缺陷，必须根据实际需要来确定采用何种方法。市场调研的具体方法有访问法、邮寄问卷法、电话询问法和召开座谈会等多种形式。根据实际需要，可到专业部门、企业、文献单位、媒介单位、广告企业和消费者中进行调查，并收集有关资料。

2. 市场分析

市场调研所获得的资料在经过整理、编辑分类和制成相应的表格之后，就进入市场调研活动的下一阶段——市场分析。市场分析包括两方面的内容：市场环境分析和市场销售形势分析。市场分析对广告活动是非常重要的，可以为广告决策提供依据。

(1) 市场环境分析。市场环境分析是对市场环境调查中所获得的有关资料进行系统分析。主要包括人口分析、文化分析和政治经济形势分析3项内容。市场环境是制约市场营销的重要因素，它可以决定一个产品广告宣传的成败，因此认真地做好市场环境因素分析，对搞好广告宣传是非常重要的。

(2) 市场销售形势分析。这项分析是针对市场竞争性调查所获得的资料进行的。其主要目的是分析广告产品及其竞争产品的市场状况、各自的竞争策略，从而为产品的市场定位和广告策划提供决策依据。市场容量分析，包括市场的现有容量及发展趋势；广告产品的竞争力分析，包括广告产品的生产规模、技术水平、市场渠道、市场占有份额和促销政策与手段；市场政策分析，包括竞争产品促销政策实施效果和广告产品在广告前的促销政策效果。这样，通过对市场竞争因素的全面分析和衡量，可以找出广告产品和竞争产品各自的长处和短处，从而可以在广告策划中以己之长制人之短，取得良好的市场效益。

3. 市场预测

市场预测的目的是掌握市场的动向和供求变化规律，为广告策划提供科学的依据。广告产品市场预测的内容，主要是根据市场分析结果，对广告产品的潜在力量进行估量，对其市场前景进行预测，以便衡量广告的发布价值。在必要时，还必须对宏观的社会经济发展趋势和前景进行预测，从而估量经济形势对广告产品的整体市场的影响。市场预测的方法一般有人员评定法、统计分析法、趋势评定法和需要联测法等几种。市场预测针对的目标是消费者和潜在市场。而对潜在市场的预测则是由对消费者需要的预测推导已开发市场和待开发市场的销售状况和销售趋势。

4. 广告策划市场调研报告的撰写

市场调研报告，或称市场研究报告、市场建议书，是广告文案写作的一个要件。撰写市场调研报告时，要力求条理清楚、言简意赅、易读好懂。

(1) 市场调研报告的格式。市场调研报告一般包括标题、目录、概述、正文、结论与建议、附件等几部分。

(2) 市场调研报告的内容。说明调查目的及所要解决的问题；介绍市场背景资料；说明分析的方法，如样本的抽取，资料的收集、整理、分析技术等；说明调研数据及其分析；提出论点，即摆出自己的观点和看法；说明所提观点和看法的基本理由；提出解决问题可供选择的建议、方案和步骤；预测可能遇到的风险及应对策略。

2.4.2 确立广告目标

1. 广告目标的概念

广告目标是广告传播活动整体计划的指引，目标确定后，才能开始确定广告信息传达的内容、广告媒体的选择、广告时间的安排、广告投放量等，以便所进行的广告活动能达到预期的目标。

2. 广告目标的类型

(1) 按产品在不同的产品生命周期进行划分，可以分为引入期的告知信息型广告目标、成长期的说服受众型广告目标、成熟期的保持品牌型广告目标和衰退期的提醒型广告目标。

(2) 按目标的不同层次划分，广告目标可以分为总目标和分目标，总目标是从全局和总体上反映广告主所追求的目标和指标；分目标是总目标在广告活动各方面的具体目标，如广告目标可以分解为产品销售目标、企业形象目标、信息传播目标、预算目标等。

(3) 按目标所涉及的范围划分，可以分为外部目标、内部目标、发展目标、竞争目标、质量目标、广告效果目标。外部目标如市场目标，包括市场占有率、市场覆盖面、广告对象；内部目标指与广告活动本身有关的目标，如广告预算目标，包括投入与产出的目标、销售量目标、销售额目标、利润率目标等；发展目标，包括树立产品和企业形象、扩大知名度和美誉度、保证企业生存和发展等；竞争目标，包括与主要竞争对手相比较的广告投放量、媒体投资占有率、广告出现频率、总收视率等；质量目标，包括广告传播的创意、文案、制作等；广告效果目标，包括广告的传播效果、销售效果等。

(4) 按目标所涉及的内容划分，可以分为产品销售目标、企业形象目标、信息传播目标。产品销售目标，指广告活动促使消费者产生对某种产品购买行为的目标；企业形象目标，指树立企业形象，提高企业整体知名度和美誉度的目标；信息传播目标，指规定广告信息在传播过程中对消费者产生影响所需要的程度的目标。

(5) 按目标的重要程度划分，可以分为主要目标和次要目标。主要目标涉及全局，是广告活动的重点，要全力以赴。绝对不可放弃主要目标，而追求次要目标。在一定条件下，为了整体利益，在广告传播中宁愿放弃次要目标，也要保证主要目标的实现。

(6) 按目标的期限划分，可以分为长期目标、中期目标和短期目标。目标一经确立，就必须确定实现目标的标准和期限，以使目标可以控制和执行。例如，广告传播 3 个月，产品知名度达到 70% 等。若某项目标无法计量，则应采用"项目进度表"的方式表明目标实现的程度。

3. 影响广告目标制定的因素

广告活动要制定出正确合适的广告目标，就必须系统地分析和全面地考虑影响目标制定的因素。这些因素包括企业经营战略、产品的供求状况以及生命周期、市场环境、广告对象。

(1) 企业经营战略。广告的最终目的是销售产品。由此可见，广告是为了企业经营服务的。企业经营战略不同，相对应的广告目标也会不同。当企业采取长期渗透战略时就要制定长期的广告目标，而且还要制定各个相关阶段的短期目标来确保长期目标的实现，运用多种广告形式传播企业和品牌形象。然而当企业采取集中式经营战略时，广告目标多为短期目标，在短时间内运用各种广告传播手段和方法，达到预期效果。

(2) 产品的供求状况以及生命周期。市场上的商品供求关系主要有供不应求、供过于求、供求平衡 3 种类型，针对不同的情况制定不同的广告目标。如果商品供不应求，说明市场需求量大，这时企业应该把广告目标定在塑造企业和品牌形象上；而对于供过于求的情况，企业应该先分析产品滞销的原因，再针对原因制定解决滞销问题的广告目标；当市场供求平衡时，企业广告目标应该定在激发市场、扩大市场需求上。

(3) 市场环境。企业产品销售是处于市场环境下的，因此市场环境的变动会影响到广告目标的制定。市场环境是自变量，广告目标是因变量。广告目标应该针对产品在市场中发展的不同情况而制定，根据市场环境的改变而做出调整。市场环境包括：宏观环境如人口、经济、政治与法律、自然物质环境、社会文化和科技；微观环境如供应者、竞争对手、营销中介、最终顾客、投资者和公众。这些都直接或间接地影响产品在市场中的发展。所以在制定广告目标的时候，应该建立在对市场环境充分分析的基础上。

(4) 广告对象。广告对象也称为目标受众，广告只有针对目标受众才会起到传播和销售产品的作用，所以广告对象对于广告目标的制定有重要的影响。策划时常以产品的认知度、广告的回响率、品牌知名度和消费者行为态度的转变作为广告活动的目标。消费者的购买行为一般要经历认知、了解、信任、行动这个基本过程，这也为广告目标的制定提供了方向。

4. 广告目标的设定

广告主通常根据企业经营的各种环境、营销的目标、产品所处生命周期和供求情况，以及广告对象的特点来制定广告目标。制定的广告目标应具体化和数量化，能够考核。也可以理解为广告目标要指标化。

2.4.3 广告定位

1. 广告定位的基本原则

所谓的广告定位是指广告主通过广告活动，使企业或品牌在消费者心目中确定位置的一种方法。广告定位是现代广告理论和实践中极为重要的观念，是广告主与广告公司根据社会既定群体对某种产品属性的重视程度，把自己的广告产品投入到某一市场位置，使其在特定的时间、地点，对某一阶层的目标消费者出售，以利于与其他厂家产品竞争。它的目的就是要在广告宣传中，为企业和产品创造一定的特色，树立独特的市场形象，从而满足目标消费者的某种需要和偏爱，为促进企业产品销售服务。

广告主应该寻找消费者心中的阶梯，站在消费者的角度，重新对产品定位，将产品定位和确立消费者合二为一，在对消费群体进行细分的基础上确立目标消费者，并在其心中寻找产品最有利于被接收的信息。

由于受经济、社会、心理等各因素的影响，消费者的消费需求呈现出千差万别、纷繁复杂的情况，但从总体上看，各种需求之间又存在着共性。消费者的行为受消费者心理活动支配，按照心理学"刺激—认识"的理论，客观的刺激可以使消费者心理产生主观的认识，从而认同产品。所以要为广告主题定位，必须先研究受众心理。

2. 广告定位的策略

（1）市场定位策略，即把产品宣传的对象定在最有利的目标市场上。通过整合市场，寻找到市场的空隙，找出符合产品特性的基本顾客类型，确定目标受众。可根据消费者的地域特点、文化背景、经济状况、心理特点等，进行市场的细致划分。策划和创作相应的广告，才能有效地影响目标受众。

例如，宝洁号称"没有打不响的品牌"，这源自宝洁成功的市场细分理念。以洗发水为例，宝洁有飘柔、潘婷、海飞丝三大品牌，每种品牌各具特色，占领各自的市场。海飞丝的个性在于"头屑去无踪，秀发更出众"（图2.2）；飘柔突出"飘逸柔顺"（图2.3）；潘婷则强调"营养头发，更健康更亮泽"（图2.4）。三大品牌的市场个性鲜明，消费群体需求划分明确，消费者可根据自己的需要选择。这种细分，避开了自己同类商品的竞争，强有力地占领了市场。

图2.2 海飞丝宣传广告

图2.3 飘柔宣传广告

图 2.4 潘婷宣传广告

（2）产品定位策略，即最大限度地挖掘产品自身特点，把最能代表该产品的特性、品质、内涵等信息作为宣传的形象定位。可以从以下方面入手，如产品的特色定位、文化定位、质量定位、价格定位、服务定位等。通过突出自身优势，树立品牌独特鲜明的形象，来赢得市场和企业发展。

在奶制品竞争激烈的环境下，各种品牌可谓八仙过海，各显其能。"健康的牛"伊利牛奶广告（图2.5）充分体现了伊利品牌的定位策略是"健康的牛，运动出好奶"。此定位的优势是抓住了产品原材料的特点，从奶的源头上做文章。充分挖掘消费者追求健康、新鲜、优质奶的心态，从而抢先占领了奶制品市场，赢得了良好的市场效益。

图 2.5 伊利纯牛奶广告——"健康的牛"篇

这则轻松、有趣的广告主要传达了两个要点：一是强调伊利品牌得天独厚的"天然"资产；二是力求与竞争对手和同类品牌产生明显的区别。

（3）观念定位策略，是指在广告策划过程中，通过分析消费者的心理，赋予产品一种全新的观念。这种观念要既符合产品特性，又迎合消费者的心理，这样才能突出自身优势，从一种更高层次上打败对手。这里融入更多的是思想、道德、情感和观念等。

例如脑白金的孝心和传统观念定位，使该产品在保健品市场上独占鳌头。广告语有"今年孝敬咱爸妈，送礼还送脑白金"。中国是一个节日和庆典比较多的国家，自古以来，民间就有互相送礼表示祝贺的风俗习惯。把脑白金定位成一种礼品，并且是一种能带给人健康的礼品，极力宣传送礼更要送健康的理念。这个"送礼"观念定位恰好顺应了中国的传统。同时，中国自古就有孝敬父母的传统美德。脑白金增加孝心观念的策略，是其他竞争者所不具备的。

（4）企业形象定位策略。企业形象定位策略把定位的重点放在如何凸显企业的形象和树立一个什么样的企业形象上。通过注入某种文化、某种感情、某种内涵于企业形象中，形成独特的品牌差异。真正

图 2.6 伊利"地球盒伙人"宣传广告

【伊利"地球盒伙人"宣传广告】

成功的企业形象,是恰到好处地把握住时代脉搏,击中人类共同的感动与追求。定位可以从企业文化的角度、企业情感的角度、企业信誉的角度、企业特色的角度来树立企业的形象。

2023年4月22日是第54个世界地球日,伊利借这次世界地球日联合Discovery探索频道,携手腾讯音乐推出了伊利奶盒回收计划,呼吁民众一起关注并参与环境保护活动。同时推出广告短片,邀请消费者一起成为地球的"盒伙人",共同打造人类更美好的家园。此次广告活动,从大自然中汲取灵感,从每个人出发,通过每一次的回收,为地球环保作出贡献。伊利也借此推出"地球盒伙人"系列的特别礼盒,号召更多的消费者关注地球环保,了解世界地球日(图2.6)。

(5) 品牌定位策略,即把定位的着眼点落在扩大和宣传品牌上。目前的市场竞争已进入了同质化时代,很多同类商品使消费者无法从简单的识别中辨别优劣。正如人们很难说出可口可乐和百事可乐哪个更好喝些。企业之间的竞争就在于品牌的竞争。消费者有时购买商品就是选择自己喜爱的品牌。

广告策划时可以通过求先定位、求新定位、空隙定位、竞争定位等手段,在第一时间树立起自己的品牌,建立起自己的消费群。成功的广告定位策略能帮助企业在激烈的竞争中处于不败之地,能够赋予竞争者所不具备的优势,赢得特定且稳定的消费者,确立产品在消费者心目中与众不同的位置。因此,在广告策划中,应准确把握广告定位。

3. 广告定位的作用

(1) 广告宣传的基准。企业的产品宣传要借助广告,而广告活动必须定位。科学的广告定位对于广告战略的实施与实现,会带来积极的、有效的作用,而失误的广告定位必然给企业带来损失。

(2) 有利于进一步巩固产品和企业形象定位。企业在产品设计开发生产过程中,根据客观现实的需要,必然为自己产品所针对的目标市场进行产品定位,以确定企业生产经营的方向;企业形象定位又是企业根据自身实际所开展的企业经营意识、企业行为表现和企业外观特征的综合,在客观上能够促进企业产品的销售。无论是产品定位还是企业形象定位,都要借助于准确的广告定位来加以巩固和促进。

(3) 说服消费者的关键。一件商品能否真正促成消费者的购买行为,首先就要看广告定位是否准确,在现代社会中,消费者对商品的购买,不仅是对产品功能和价格的选择,更是对企业精神、经营管理作风、企业服务水准的全面选择,而企业形象定位优良与否,又是消费者选择的依据之一,优良的企业形象定位,必然使消费者对产品产生信任,促进商品的销售。

(4) 有利于商品识别。在现代营销市场中,广告主在广告定位中所突出的是自己品牌的与众不同,使消费者认牌选购。广告定位所提供给消费者的信息,其中很多为本品牌特有性质、功能的信息,有利于实现商品识别。广告定位告诉消费者"同类产品的有用性",更告诉消费者"本品牌产品的与众不同性"。

(5) 广告表现和广告评价的基础。在广告活动中,必须以广告定位为基础进行广告视听觉表现,广告表现要以广告定位为目标与导向,体现广告定位思维逻辑。一则广告的好与坏、优与劣,要以表现定位情况来进行分析和评价。评价广告,首先要依据广告是否表现出准确的广告定位思想,是否比较准确地表现出广告定位的主题,准确的广告定位既是广告表现的基础与基准,又是广告评价的前提之一。

(6) 有助于企业经营管理科学化。广告作为企业行为中的重要内容之一，是企业战略目标实现的重要手段，广告定位是企业经营管理中不可缺少的重要组成部分，科学的企业经营管理有助于准确地进行广告定位，而准确的广告定位在促进企业营销目标实现的同时，又反过来促进企业管理的科学化和规范化。

4. 广告定位的具体内容

广告定位主要有实体定位和观念定位两大类。实体定位就是在广告宣传中突出产品的新价值，强调本品牌与同类产品的不同之处，以及能够给消费者带来的更大利益，它可以分为市场定位、品名定位、品质定位、价格定位和功效定位；观念定位是在广告中突出宣传品牌产品新的意义和新的价值取向，引导消费者的心理定式，重塑消费者的习惯心理，树立新的价值观念，引导市场消费的变化或发展趋向，它在具体应用上分为逆向定位和是非定位两种。

2.4.4 广告创意表现

广告创意表现是广告策划的重点。首先是广告主题的确立，在此基础上进行广告创意，将广告主题生动形象地表现出来。创意的确定是广告表现的重要环节。广告表现即广告的设计制作，它直接关系到广告作品的优劣。广告的创意既要创新，也要能够创造良好的效益。广告的水准必须立足于市场，必须在经受市场的考验后才会得到进步和提高。广告创意活动所带来的效果必须达到广告目标所提出的要求。因此，必须将广告的产品、服务和广告目标结合起来通盘考虑，通过一定的方法，适应广告对象的要求，从而提炼出广告主题，构思出广告创意。同时，也要研究确定广告表现策略，通过对各种广告媒体、表现方式、地区时机等的选择，作为实现目标的手段。

2.4.5 广告媒介选择和规划

广告活动最基本的功能即广告信息的传递，选择广告信息传递的媒介，是广告运作中最重要的环节之一，也是广告媒介策略需要解决的问题。广告活动是有价的传播活动，广告预算是有限的。因此，要在有限的费用里得到比较理想的传播效益，关键就在于运用好广告媒介。广告媒介策略主要包括媒体的选择、广告发布日程和方式的确定等内容，它是针对既定的广告目标，在一定的预算约束条件下利用各种媒体的选择、组合和发布策略，把广告信息有效地传达给市场目标受众而进行的策划和安排。媒介只有针对特定广告活动有效与无效的区别。媒介之间不同的特性是不能相互替代的。事实上广告媒介的选择与规划是技术也是艺术，成功的媒介策略就是在分析目标顾客特点、产品特点和媒体特点的基础上求得三者的统一，进而实现目标顾客的针对性、表现形式的适宜性和广告开支的经济性。

2.4.6 广告预算

广告是种付费活动，广告界盛传："花的广告费一半浪费掉了，但却不知道是哪一半。"如果不对广告活动进行科学合理的预算，浪费的将不只是一半的广告费。广告预算就是广告公司对广告活动所需费用的计划和匡算。它规定在一定的广告时期内，从事广告活动所需的经费总额、使用范围和使用方法。准确地制定广告预算是广告策划的重要内容之一，是企业广告活动得以顺利展开的保证。广告预算的制定会受到各方面因素的制约，如产品生命周期、竞争对手、广告媒介、发布频率及产品的可替代性等。

广告的作用在于将产品的需求曲线向上移动。企业追求预算效率的最大化，所以制定广告预算时应考虑以下因素：产品不同生命周期的不同策略、市场份额大小和消费者基础的不同、竞争的力度和市场宣传的强度不同、产品替代性的不同情况等。

2.4.7　广告实施计划

这是广告策划在上述各主要内容的基础上，为广告活动的顺利实施而制定的具体措施和手段。针对广告实施的每一个步骤、每一个层次、每一项宣传，都规定了具体的实施办法。其中较为重要的是广告时间的选择和广告区域的选择，这二者都与媒介发布的具体实施有着密切关系，可以说是媒介策略的具体化。策略是达成某种目的所采用的方法和手段，广告策略是为了达成企业营销目的而采用的广告方法和手段。广告策略一定要先消化广告主的营销目的、营销策略，因为广告是营销的手段之一，广告策略是营销策略的延伸。广告策略的把握主要是对广告目标策略、广告定位策略、广告表现策略、广告预算策略、广告媒介策略和广告创意的方法与技巧的把握。

2.4.8　广告效果评估与监控

为了增加广告的有效性，会在广告活动中甚至广告活动前，进行广告效果的评估与监控。通过广告效果的评估，可以了解到消费者对整个广告活动的反应，对广告主题是否突出、诉求是否准确有效及媒体组合是否合理等做出科学判断，从而使有关当事人对广告效果做到心中有数。传播效果作为广告效果的核心应该受到重视。

广告效果的评估与监控不能仅仅局限在销售效果上，还要考虑广告对整个社会的文化、道德、伦理等方面造成的影响。

2.4.9　整合营销传播

随着整合营销传播的作用越来越受到营销和广告人士的认同，广告主为了能在爆炸的媒体环境中追求产品的统一声音，希望广告公司同时也能承担起整合的传播功能。现代广告公司逐步向整合传播公司转型，在承担原先的工作任务的同时，强调将其他的传播方法，如人员推销、直销营销、公共关系、销售促进等与广告结合，产生协同作用。其内容一般包括收集资料和细分消费者、确定营销目标、传播策略思考、传播整合、接触管理以及效果测量。

单元训练和作业

1. 优秀案例赏析

（1）项目背景。

推广目标：京东联合故宫博物院、故宫中国节共启贺岁活动，推出京东 × 故宫超级 IP 日，让品牌与消费者一起进"宫"过年。

目标人群：即将迎接 2020 新年的所有消费者人群。

推广主题：故宫中国节，京东有礼了。

推广周期：2019年年末至2020年年初。

（2）案例分析。

如图2.7所示，中国北京紫禁城在2020年迎来了建成600年，京东借此机会发布了具有浓郁东方文化特色的《福瑞迎春》广告宣传片，主线以"龙、鹤、鹿、象、凤"5种吉祥动物结合万福东来、千里江山、鹤鹿同春、太平有象、有凤来仪的传统文化典故，再加上与京东吉祥物JOY的巧妙搭档，使600年来守护紫禁城的瑞兽演绎了一段年味儿十足的东方神话。

【京东×故宫中国节宣传广告】

图2.7　京东×故宫中国节宣传广告

2. 课题内容

课题时间：4课时。

教学方式：广告策划基础理论和实际广告案例相结合，鼓励学生从身边常见的广告中找到对应的广告策划理论，进行初步的策划性实践活动。

要点提示：重点掌握广告策划的特性、原则以及内容。

教学要求：通过理论学习和案例分析重点掌握广告策划的内容，包括市场分析、广告目标、广告定位、广告创意表现、广告媒介、广告预算、广告实施计划及广告效果评估与监控等内容的策划。

训练目的：使学生掌握进行初步广告策划活动的相关理论知识，能够主动从策划的角度对常见的广告进行深入分析和比较，从而加强对理论知识的理解。

3. 其他作业

（1）案例分析：千金市骨。

古代一个国王想用千金求一匹千里马，历时3年而不得。一位内侍进言："让我去为您找吧！"他3个月就找到了一匹千里马，但马已经死了，他以500金买下它的骨头，回来交给国王。国王大怒："我要活马，你却花500金买回一匹死马，该当何罪？"

内侍说："＿＿＿＿＿＿＿＿＿＿＿＿＿＿＿＿＿＿＿"

不到一年，就有3匹千里马送上门来。

补充内侍的话，并分析案例，找出策划的目标、策略及效果。

(2) 市场调研。

每2~4个人一组，针对"肯德基和麦当劳""中国联通和中国移动"两组竞争品牌进行市场调研分析，通过资料收集、市场调研、销售员走访、店面拍照等方式，整理出竞争品牌各自的定位和市场策略。

4. 理论思考

(1) 广告策划的本质是什么？

(2) 广告策划的意义表现在哪些方面？

(3) 进行广告策划必须遵循哪些原则？

(4) 简述消费者行为对广告策划的意义。

5. 相关知识链接

李东进，秦勇. 广告学[M]. 北京：人民邮电出版社，2022.

刘春雷，广告创意与设计：设计师必备广告策划手册[M]. 北京：化学工业出版社，2021.

第 3 章 广告策划的程序

课前训练

训练内容：根据第 2 章所学内容，以恒大冰泉广告为例，说明广告策划过程的各个内容，使学生明白广告策划是一种运动的状态，是遵照一定的步骤和程序进行运作的系统工程。

训练要求和目标

要求：理解广告策划是广告人对所要进行的广告活动在调查和分析的基础上，所进行的整体计划与安排。广告策划有其特定的程序，这种程序应该是科学、规范的，以保证广告策划不是漫无目的的设想和缺乏章法的随心所欲。

目标：了解不同类型的广告策划的特点和策划要点；熟悉影响广告策划效果的不同策划模式；掌握广告策划的全部流程，并能结合实际广告案例分析其广告流程。

本章要点

(1) 广告策划的类型。

(2) 广告策划的基本模式。

(3) 广告策划的阶段。

(4) 广告策划策略和计划的制订。

(5) 广告策划的流程。

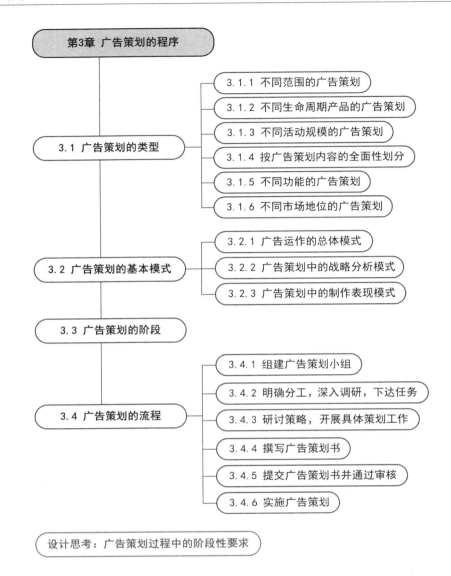

引言

广告策划的程序指广告策划过程的顺序与步骤。从原则上讲,广告策划的程序安排应从营销实际出发。在广告策划中,由于企业营销实际、产品的广告基础、广告活动的内容重点不同,广告策划的程序不可能千篇一律。因此,这里对广告策划程序的介绍,主要是就广告活动的一般规律而言的。

3.1 广告策划的类型

3.1.1 不同范围的广告策划

按照广告影响的范围和影响的深远程度,可以将广告分为广告运动和广告活动两个类型。

1. 广告运动策划与广告活动策划

广告运动：指广告主要基于长远发展的目的，在相当长的时期内按照一定的广告战略持续开展的所有有机联系的广告活动的总和。

广告活动：指广告主要为了实现短期的效益目标，在相对较短的时期内，按照一定的广告策略独立开展的单项广告活动。

广告运动和广告活动具有比较显著的区别。以农夫山泉为例，其旗下有多个主要产品，单水类就有多种系列产品，如农夫山泉饮用天然水、长白山·天然雪山矿泉水、适合婴幼儿饮用的天然水、农夫山泉锂水（含锂型）、饮用天然山泉水（泡茶用）、天然矿泉水（运动盖装）、天然矿泉水（玻璃瓶装）（图3.1）。针对这几种产品展开的一系列长期的广告活动，称为农夫山泉的广告运动。而每种产品各自的策划宣传营销活动则属于广告活动。

图3.1　农夫山泉系列产品

2. 广告运动策划

(1) 广告运动策划内容的要求。

① 前期市场调研与分析要全面、细致、深入。

② 在广告目标的制定上以长期目标为主，兼顾短期目标，既要突出主要目标，又要兼顾次要目标。同时，广告目标要能被划分为具体的广告活动目标。

例如，农夫山泉"阳光工程"6年广告运动目标。

总目标：继续借体育、借奥运推广"农夫山泉"的品牌。

分目标：传达"一分钱"活动。由"申奥"变为为贫困中小学校捐赠体育用品的信息，主要通过电视媒体让大中城市的多数人知道此活动，每年捐赠一定数额的体育器材，及时把受赠情况传达给消费者，通过这项活动使"农夫山泉"的美誉度达到一定指标。

③ 要根据不同广告对象的特点，分别采取有针对性的广告主题、诉求策略及表现手法等。

针对消费者——注重情理交融，晓之以理，动之以情。

针对经销商和零售商——以理性诉求为主。

针对社会公众——强调树立和提升企业形象。

针对不同地域——强调地域文化与风俗上的差别。

例如，方便面的广告，在湖南、四川地区策划时强调"辣"，而在上海、广州地区策划时强调"鲜"。

④ 要针对具体情况进行媒介的选择与组合。

⑤ 广告预算要有全局观念，要懂得统筹规划、合理使用，尤其要注意为可能的市场变化留有一定的余地。

⑥ 广告运动的规模越大，范围越广，越要加大广告运动效果评估和监控的力度。

(2) 广告运动策划运作的要求。

① 策划中要有全局观念，协调好各方面、各环节的关系。

② 广告运动策划要有很强的可调试性，能及时根据环境变化做出调整。

③ 广告运动策划还要有一定的前瞻性。

④ 发挥团队精神。

⑤ 要注重与广告主的沟通。

3. 广告活动策划

广告活动的优势包括灵活机动、针对性强、简便易行、见效较快等。

(1) 广告活动策划的注意点。

① 广告活动的目标应与企业长期的营销总目标一致。

② 要注意与企业整体广告运动彼此之间的协调。

③ 充分发挥广告人的创造性思维。

(2) 广告活动策划过程中的执行要点。

① 需求沟通：通过与客户的不断沟通了解客户的真实需求。

② 目的实现指标：客户想通过活动实现什么目标或目的。

③ 实现手段：活动形式的确认及关键目标实现手段的计划。

④ 内容与手段结合：对应各种道具、程序的业务内容与会议内容，避免出现载体无法反映内容的尴尬。

⑤ 资源整合供应：活动形式确认后，资源整合性服务机构需要对各相关单元的资源供应能力进行评估和选择。

⑥ 活动亮点和卖点：针对不同客户的不同需求突出亮点和卖点，促进项目的价值最大化。

3.1.2 不同生命周期产品的广告策划

产品处在不同的发展阶段，它的工艺成熟程度、消费者的心理需求、市场竞争状况和市场营销策略都有不同的特点，因此，广告目标、重点、媒介选择和广告实施策略也应有所不同。

产品的生命周期是指产品从上市到衰退的整个过程。大多数产品在市场上都要经过引入期（导入期或投入期）、成长期、成熟期、衰退期4个阶段。

1. 引入期的广告策略

(1) 引入期的市场特点。引入期是产品进入市场的第一个阶段，其主要特点如下。

① 目标市场上的消费者还不了解产品的功能。

② 产品的品牌还没有给消费者留下任何印象，消费者对新产品还比较陌生，缺乏全面的了解和信任。

③ 产品的销售量增长缓慢，普及率很低、生产批量小，销售缓慢。

④ 企业可能无利可图。由于前期投入较大（如产品的研制费用、开发费用、材料成本及销售网络的建设费用等），生产费用和营销费用较高，企业基本上无利可图。

⑤ 同类产品较少，市场竞争环境较为宽松。

(2) 引入期广告目标。根据该阶段市场特点，广告宣传的目的是使消费者产生新的需要，执行开拓市场的战略，引导广大消费者了解产品，并开始试用产品。

(3) 引入期的广告策略。

① 进行充分的广告宣传。

② 广告内容以介绍产品的新特征、新用途为主，使消费者对新产品有所认识，从而引起兴趣，产生信任感。

2. 成长期的广告策略

(1) 成长期的市场特点。

① 产品的产量和销量迅速上升，利润大量增加。

② 产品在目标市场已有一定的知名度。

③ 产品的销售网络基本建成。

④ 市场竞争加剧。

(2) 成长期的广告目标。

巩固已有的市场，扩大市场潜力，引导消费者认牌选购，最大限度地占有市场份额。

(3) 成长期的广告策略。

① 由宣传产品的基本特点到重点宣传品牌和商标转变。

② 采取适当的优惠酬宾、有奖销售等促销手段，与广告宣传配合，进一步鼓动消费者的消费热情，吸引更多的消费者。

③ 实施"差别化广告策略"。针对竞争对手的挑战，展开"差别化策略"，强调产品的特色，突出产品的优越性及与其他同类产品的差异性，使消费者对产品的辨认和印象加强，以应对竞争。

④ 开展打假以应对竞争。

3. 成熟期的广告策略

(1) 成熟期的市场特点。

① 产品销量、企业利润达到最大化。

② 竞争达到白热化。此时，企业的广告费用和广告宣传第二次达到高峰。

(2) 成熟期的广告目标。

尽可能地吸引和稳定消费者，维持产品的市场占有率，并有效应对竞争。

(3) 成熟期的广告策略。

① 更加突出商标宣传。

② 宣传的重点在于提高服务质量、降低价格等优惠政策。利用这些策略吸引更多顾客继续购买产品。

③ 进一步采取"差别化策略"。广告诉求必须具有强有力的说服力，突出本产品同其他品牌同类产品的差异性和优越性，强调产品与同类产品相比带给消费者的额外利益，同时，企业应抓住该阶段产品销量大、成本低的有利时机改进产品性能，提高产品竞争能力。

④ 产品宣传与企业宣传相结合。使产品和企业形象根植于消费者心中，为下一个新产品上市做铺垫工作。

4. 衰退期的广告策略

(1) 衰退期的市场特点。

由于同类新产品的出现、消费方式的改变、技术进步等因素，原来很热门的产品，最后也不得不从市场上退出来，此时产品进入衰退期。

① 产品的销售量、需求量和利润率急剧下降。

② 这时许多竞争对手纷纷转产，即使增加产品的广告投入，市场也不会得到明显改善。

(2) 衰退期的广告目标。

重点放在维持产品市场上，采用延续市场的手段，保持产品的销售量或延缓销售量的下降。最好能保持产品的销售量，如不能则尽力延缓销售量的下降。

(3) 衰退期的广告策略。

① 广告策略以"提醒式"广告为主。大幅度削减广告费用，减少到保持坚定忠诚者需求的水平。

② 广告的诉求重点应该是产品的销前和售后服务，以保持企业荣誉，稳定产品的晚期使用者及保守者，同时对仍在使用老产品的消费者提供良好的服务，使他们得到实惠。

③ 开发新产品来替代老产品。企业应该开发新产品，或者进行品牌延伸，将成功的品牌策略引用到新产品上。

3.1.3 不同活动规模的广告策划

1. 整体广告活动策划

整体广告活动是指多个按照统一的目标与计划开展的广告活动，是多个相关联广告活动的总和形成的广告系列，又称广告运动对整体广告活动的策划。

整体策划在统筹企业广告活动、集中力量树立产品品牌形象方面具有重要的意义。整体广告活动策划具有规模大、持续时间长、内容复杂、难度高等特点。例如，2019年10月1日是中华人民共和国成立70周年纪念日，伊利借势联合《中国日报》推出了7款大国时刻限量装纯牛奶，使用精美的插画来描绘国庆献礼片《我和我的祖国》中的7个故事（图3.2）。开国大典、惊世一爆、女排夺冠、香港回归、北京奥运、神舟飞天、阅兵护航这些具有特殊意义的"大国时刻"限量装成为电影的精美"周边"。伊利品牌和该电影，两者在传播声量上互相成就。同时，品牌还推出多款配套的新潮周边产品，精致绝美的设计吸引了众多年轻群体。

伊利这次广告策划目的就是扩大品牌产品的辐射圈，借品牌和电影IP的影响力，提升伊利"大国时刻"传播声量，并传达伊利品牌正能量的积极正面形象。这次的广告策划呈现出几代消费者的爱国情怀，并引起人们强烈的情感共鸣，人们在为祖国的骄傲时刻喝彩的同时，也加深了对伊利良好的品牌印象。伊利还联合《中国日报》，通过多种平台扩大品牌的传播圈和辐射范围。

2. 单项广告活动策划

单项广告策划是指按照单一目标开展的某一项具体广告活动。单项广告活动策划具有规模小、持续时间短、内容简单、难度小等特点，例如旅游节、美食节等活动的策划。

3.1.4 按广告策划内容的全面性划分

图3.2 伊利宣传广告

【伊利宣传广告】

1. 战略型广告策划

战略型广告策划指企业发展的广告战略规划，涉及范围较广，规模较大，时间周期较长且投资也较大。战略型广告策划是企业经营发展战略的一个重要组成部分，只有制定出一个科学的广告战略规划，企业的广告目标才会明确，广告活动才会更有针对性和实效性。

2. 战术型广告策划

战术型广告策划指企业针对细分市场和某些产品在一定时期内进行的广告活动所制定的广告规划，是在广告战略的指导下进行的具体广告活动的执行计划。不同地方的风俗民情是不同的，这就需要企业针对不同地区的人们制定适合他们的广告。

3. 单一型广告策划

单一型广告策划指企业针对某一目标市场和某一产品在一定时间里进行广告活动所制订的广告执行计划，是对战术型广告策划的进一步细分化。例如，到了夏天，由于天气炎热，冷饮等商品销售紧俏，所以每当快到夏天的时候，人们总能看到冷饮的广告络绎不绝，但是一到冬天就消失得无影无踪，这就是单一型广告策划。

3.1.5 不同功能的广告策划

1. 促销广告策划

促销广告策划是指在较短的时期内投入较多的广告费，以创造消费者需要，为直接促进销售而进行的广告策划。促销广告策划的要点如下。

（1）设定量化的目标。

（2）必须提供一个能够打动人心的"刺激"，并以生动的形式表现出来。

（3）要以促销活动为中心。

（4）要注意时机的选择和广告媒体的使用。

2. 形象广告策划

形象广告是指企业长时期内持续投入稳定费用进行宣传，逐渐使企业或品牌形象为受众所认可，达到树立形象、增强信任的目的。

（1）品牌形象策划的要点。

① 在长时期内，产品的品牌名、包装、价格及每一则广告的风格都必须服务于某一统一的形象。
② 广告目标定位准确是品牌脱颖而出的保证。
③ 注意分析研究消费者的心理需求和形象消费情况。
④ 一个经久不衰的品牌形象需要一种精神内涵。

(2) 企业形象广告策划的要点。
① 主要着眼于长远规划，应持续不断地坚持下去。
② 广告应该与企业的 CI、公共关系、促销活动等相配合，才能取得相得益彰的效果。
③ 既要准确地、完整地、快速地传达企业的信息，又要注意各方信息的反馈。

3. 观念广告策划

观念广告策划就是意图改变或树立人们的某种观念而进行的广告。在一段较长的时间内持续投入稳定费用，逐渐使所要传播的观念为受众所接受，一是改变某种偏见而建立某种观念，二是逐渐培养起某种新观念。

观念广告策划的要点如下。

(1) 要对所倡导的观念有深入的了解，包括社会背景、核心主张、结果等。例如，要对"绿色食品"的观念进行广告策划，首先要了解什么是"绿色食品"，它有什么科技支撑，它是如何风行的，等等。
(2) 观念广告活动持续时间长、见效慢，要确定长期稳定的广告预算策略。
(3) 在创意表现上切忌刻板说教，要以情动人。
(4) 目标难以量化，需要定性的认识，因此，对观念广告的效果评估要有正确的认识。
(5) 转变或培养观念是长期的，广告策划应该分阶段实施，不可急于求成。

4. 解决问题广告策划

解决问题广告策划是在短时间内集中投入较多费用，为直接解决广告主面临的紧迫问题而进行的广告策划。解决问题广告策划的注意点如下。

(1) 要深入了解问题的实质。
(2) 要以解决问题为导向。
(3) 要运用恰当的诉求方式。
(4) 要遵循道德性原则。

5. 竞争性广告策划

竞争性广告主要是指比较广告，分直接比较与间接比较两种。竞争性广告策划的要点如下。

(1) 真实性原则。
(2) 可比性原则。

6. 应变性广告策划

应变性广告策划是配合危机公关的一种手段，旨在重塑企业形象、澄清事实、向公众致歉等。

(1) 危机的主要类型。
① 公害（环境污染）问题而引起的危机。
② 意外灾难性事件而引起的危机。
③ 次货或劣货而引起的危机。
④ 反宣传事件而引起的危机。

(2) 应变性广告策划的要点。
① 原来进行的广告计划要及时撤换，尤其是那些与危机事实相悖的广告论调。

② 要反应迅速。
③ 要注意内部沟通，统一口径。
④ 要以诚待人。
⑤ 要"对症下药"。

例如，2008年北京奥运会，耐克公司与刘翔签订了高达400万元人民币的广告赞助合同，2008年8月18日，刘翔退赛，面对突发事件，耐克在事发后短短的12个小时内就推出了新广告（图3.3）其反应之迅捷，令人称道。

图3.3 耐克广告

7. 事件性广告策划

事件性广告策划通常是借助话题，甚至制造话题，吸引众多的参与者，引发媒体的争相报道和大众的口耳相传，在短时间内炒热某一事件，实现高效的传播效果和迅速提升知名度。

(1) 事件的类型。根据事件产生的原因，可分为自发的重大事件和人为事件。

(2) 事件性广告策划的要点。

① 事件必须与所要塑造的企业形象或促销的产品相吻合、相协调。
② 事件既要吸引人、有趣，又不能故弄玄虚、哗众取宠、流于庸俗，要有品位。
③ 要遵守相关的法律规定。
④ 要善于把握事件性广告的时机。
⑤ 要认准目标对象。
⑥ 事件性广告效果的巩固。

3.1.6 不同市场地位的广告策划

1. 市场领导者的广告策划

(1) 市场领导者的竞争策略。

① 扩大整个市场需求。
② 保护市场占有率。
③ 扩大市场占有率。

(2) 市场领导者广告策划的要点。

① 领导者要保持现有的市场地位，就需要不断地宣传最初的产品概念。
② 用潜在顾客的话来建立并巩固领导地位，而不能用自己的话。
③ 根据竞争对手的广告攻势，做出适当的反应，决不让竞争者有机可乘。
④ 生产多个品牌以压制竞争品牌，多品牌的力量来自各个品牌定位的单一性。

2. 市场挑战者的广告策划

(1) 市场挑战者的竞争策略。

① 正面进攻——在产品、广告、价格等方面进行直接的较量。
② 侧翼进攻——集中力量填补竞争对手在现有市场上无法覆盖的缺口。
③ 包围进攻——向市场提供竞争对手所能供应的一切，甚至还要多。

④ 迂回进攻——绕过对手，转向较为容易进入的市场发动进攻。
⑤ 游击式进攻——向不同的地区发动小规模、断续的攻击，加强干扰，巩固永久性市场份额。

(2) 市场挑战者广告策划的要点。
① 与竞争策略相对应，广告策划首先也要明确竞争对手。
② 根据进攻策略进行广告策划。

3. 市场追随者的广告策划

(1) 市场追随者竞争策略。
① 紧随市场新趋势，在尽可能多的细分市场和营销组合领域模仿领先者。
② 保持距离，但又在主要市场和产品创新、一般价格水平和分销上追随领先者。
③ 有选择地追随，可能具有完全的创新性，避免直接竞争。

(2) 市场追随者广告策划的要点。
① 核心问题是走一条不会引起竞争性报复的发展路线，避免发生持久广告战。
② 可以在价格、产品、分销等多方面模仿领先者，但广告策略一定要突出差异性。

3.2 广告策划的基本模式

3.2.1 广告运作的总体模式

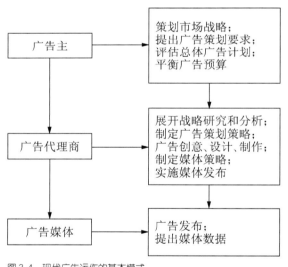

图 3.4 现代广告运作的基本模式

现代广告运作的基本模式如图 3.4 所示。

(1) 广告主是广告的发起者，他们依据自身营销的需要发起广告，并且承担广告目标、广告进程、广告费用的总体计划和管理任务。

(2) 广告代理商是广告的策划者，他们受广告主的委托，依据广告主的要求，负责制定广告策略、制订广告运动和广告活动的具体计划、创意设计广告作品并且提交广告媒介发布。

(3) 广告媒体是广告的发布者，他们主要承担将广告信息传达给广告客体的任务。

在"广告主—广告代理商—广告媒体"的运作链条上，现代广告展开了"发起—发展策略—执行"的运作过程。广告运作是一个动态的过程，是一个业务展开需要环环相扣的过程，也是一个可以根据广告主的要求，增删业务展开的环节的流程。在这个运作过程中，广告主、广告代理商、广告媒体将会表现出各自鲜明的功能和充分的配合。

3.2.2 广告策划中的战略分析模式

当接收委托，开始接触一种产品或服务，并围绕它展开调研时，广告的战略分析就开始了。广告策划中的战略分析模式如图 3.5 所示。

1. 环境分析

广告的策略分析要从环境分析入手。环境会对企业营销和广告策划有框定性的、渗透性的甚至是决定性的影响。比如,经济萧条使消费者预算收缩、奢侈品销售额下降;网络技术的发展对销售通路产生影响;人口结构老化提供新的市场需求;环境意识要求企业和产品有新的绿色形象;等等。

环境分析的重点在于判断环境中哪种趋势会对策划产生至关重要的影响,以便寻找企业可利用的机会,及时规避风险。

2. 竞争分析

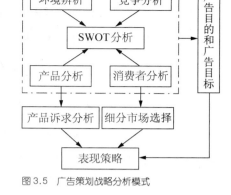

图3.5 广告策划战略分析模式

产品总是归属于某个市场范围。市场竞争分析的目的是认清所处市场中的格局,确定竞争对手范围,并分析竞争对手的长处和短处,从而为挖掘和完善自己的优点提供方向。

市场格局是由众多的参与者相互作用而形成的。从广义上说,可以包括直接竞争对手、进入者、替代者、消费者、销售商。任何一方的战略调整和实力变化,都会使市场格局发生变化。

3. 产品分析和产品诉求分析

了解一个企业可以从企业产品与市场的沿革入手。掌握了体现在产品上的企业的竞争力——企业的核心能力,可以从本质上理解企业的营销意图,把握广告战略的方向。

在产品与企业分析中,对产品的看法应该是立体的。

(1) 这里所指的产品既包括基本的产品或服务,也包括售前、售中、售后所提供的服务。

(2) 考察产品所处的生命周期,使广告战略切实为产品营销服务。

(3) 将单独的产品放在企业的产品组合中进行综合考虑,明晰产品在企业产品队伍中应承担的角色和功能,了解产品所能获得的营销支持,从而使广告战略和企业的营销思路相吻合。

4. 消费者分析和细分市场选择

消费者分析的主要目的有两个:一个是了解消费者的购买潜力和生活形态,捕捉到属于本产品或品牌的消费者;另一个是了解本产品或品牌的消费者的购买习惯和媒体接触偏好。从操作的难度来说,完成前者需要花费的精力是比较大的。

消费者分析有很多不同的角度,比如有地理细分法、人口统计细分法、消费过程中的细分法、消费心理和生活方式细分法等。细分市场的选择反映了细分市场的消费者需求、市场竞争强度、企业竞争优势之间的三角关系,其目的就是寻求三者之间的匹配,完成企业的抉择,以保持与环境的和谐。

在市场中捕捉自己的消费者通常采用的方法是市场细分法。市场细分法是以消费者正在或打算寻找的东西为标准,将一个较大的、复杂多样的市场分解成较小的、具有共性的细分市场,从而提供针对性的产品、服务和广告诉求。

5. SWOT 分析

在以上各部分分析的基础上,可以将以前的许多分析进行总结,并最后以SWOT分析的思路做一个简洁的总结分析。SWOT分析的目的是确认组织的当前战略与其优势(Strength)、劣势(Weakness)、机会(Opportunity)和威胁(Threat),并寻找以下结论。

(1) 在产品和企业现有的条件下,如何最优地利用自己的优势条件。

(2) 为了更好地对新出现的竞争做出反应,必须对产品或服务采取哪些调整。

(3) 与以上两个问题相配合,必须采取哪些广告行动。

只有回答了这几个问题，SWOT 分析才算结束。

6. 广告目的和广告目标

制定广告目的和广告目标是继分析之后，为了明确广告活动的任务，使广告策划的方向有所保障，而设定的一个工作环节。广告目的是指广告活动的大方向，而广告目标则是在目的基础上，以具体的数字来量化说明广告目的，使得广告策划能够依据具体的任务，有理、有据、有效地完成广告任务。

7. 广告的表现策略

广告的表现策略的制定在广告策划过程中是一个承上启下的环节。在完成了策略分析的基础上，需要完成广告作品的创意、设计、制作，为了使广告作品与策划思路的要求保持一致，制定表现策略，对诉求风格、创意、设计、制作的原则进行制定和说明是十分必要的。

3.2.3 广告策划中的制作表现模式

广告策划中的制作表现模式如图 3.6 所示。

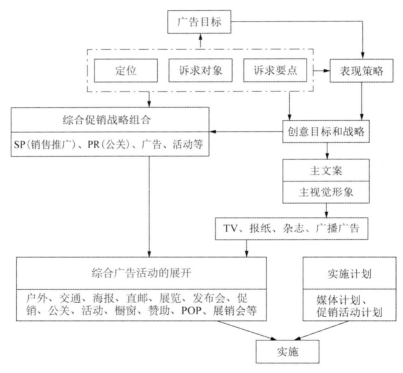

图 3.6 广告策划中的制作表现模式

在广告策划过程中，基于明确的广告目标基础可以发展出合理的广告创意。而这种展现表现策略的创意原则，将在后续广告策划活动中分别引领综合促销战略以及大众媒体广告的展开。

3.3 广告策划的阶段

广告策划集谋略与科学程序于一身。一个广告策划的完整过程，通常业务涵盖面广、执行难度大、工作量也比较大，需要配备完善的工作队伍。因此，可以把一个完整的广告策划周期划分为多个阶段，通过阶段性的工作对整个广告策划运作过程加以把握，更有助于抓住中心，突出重点，明确各个阶段不同方面的特殊性，保证策划工作有条不紊地进行。

通常情况下，一个规范的广告策划过程可分为组织准备、市场调研、战略规划、制订计划、实施与总结 5 个阶段。

1. 组织准备阶段

(1) 成立广告策划小组。策划小组应由客户主管、策划创意、文稿撰写、设计制作、摄影摄像、市场调研及媒介公关等方面的人员组成。

(2) 规定工作任务，安排时间进程。

2. 市场调研阶段

广告调研是广告策划的前提与基础。这一阶段主要是进行市场调研与分析研究，根据市场调研所取得的资料进行分析研究。

(1) 调查、搜集市场信息和相关资料。其中包括企业产品的历史、现状、特点及营销状况，品牌及产品调查、品牌形象调查，消费者的需求、动机及购买能力，市场的社会经济环境，对产品的容量及竞争者状况调查等内容。

(2) 分析、研究相关资料数据。对调查、搜集的全部资料和数据进行归纳、总结、分析、研究，根据市场调研资料和分析研究结果写出市场调研报告，要求能够描述现状，揭示趋势，为企业营销和广告决策的制定提供参考依据。

3. 战略规划阶段

战略规划是整个广告的核心与主体，主要对广告活动的整体过程和具体环节进行决策和计划。

(1) 在前期市场调研、分析研究的基础上，作出决定性、战略性选择，包括制定广告战略，确定广告目标、广告重点、广告地区等。

(2) 进行战略规划。以策划创意人员为中心，根据目标市场策略确定广告的定位策略和诉求策略，进而发展出广告创意和表现策略，提出合理的媒体组合策略、促销组合策略等。

(3) 这一阶段的规划还涉及广告机会的选择、广告计划的制订以及有关广告预算的确定和策划报告的写作等。

4. 制订计划阶段

(1) 把战略规划用具体、系统的形式加以规范，要确定广告运作的时间和空间范围，还要对媒体的选择和运用做出限定，包括用怎样的媒体组合比较合理；广告的频率如何；需要多少经费预算才能支持这样的频率；等等。

(2) 编写广告策划文本，即策划书。策划书既是策划成果的集中体现，也是策划人员向客户说明并争取广告业务的文本依据，因而必须经过认真修改与审定之后才能完成。

(3) 与客户进一步沟通，并对策划阐释说明，最后就广告策划方案达成一致意见。

5. 实施与总结阶段

(1) 执行并实施广告决策与计划，同时对实施过程进行监控。

(2) 评估与总结。对广告发布后的传播效果和促销效果进行测定评估。

3.4 广告策划的流程

广告策划的程序是指广告策划工作应遵循的步骤和方法。广告策划是一项科学活动，必须按照一定的步骤和程序进行。广告策划实际上属于营销战术的范畴，精心策划出的广告计划，会产生具有竞争力的战术。广告策划的基本作业流程如图 3.7 所示。

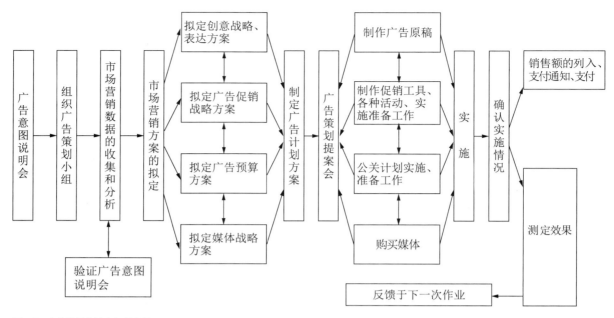

图 3.7 广告策划的基本作业流程

3.4.1 组建广告策划小组

一般情况下，广告策划小组在调查工作开展前成立，具体负责某一特定广告的策划工作。一个策划小组以 3～6 人为宜。除了核心的策划小组，最好还能够有一个外围的支持小组，为策划小组提供咨询与资料等。广告策划小组需要集聚多方面的人才，一般包括以下人员。

1. 业务主管

业务主管是广告策划活动的中心，一般由业务部门经理、创作总监或副总经理甚至总经理担任。

一方面，他们代表公司深入了解客户，与客户洽谈广告业务，同时参与广告目标及策略的制定；另一方面，他们又代表客户，把上述的详细信息传递给公司的制作人员，并监督广告活动的开展。因此，对业务主管的知识储备和素质有较高的要求。

2. 策划人员

专门负责广告策划工作，主要负责编拟广告计划。策划人员要有统筹全局的能力，归纳整理各种意见与建议，编拟成具体计划，并推行实施。

3. 文案创作人员

专门负责撰写各类广告文案，包括标题、正文、新闻稿及说明书等。文案创作人员要有较强的营销思维和撰写文字的能力，能够将广告信息通过文案销售给广告对象。

4. 美术指导和设计人员

他们在策划小组中担当着极为重要的角色，专门负责各种视觉形象的设计。媒体上发布的广告，只有在艺术视觉效果方面有突出的表现，才能在第一时间吸引消费者。

5. 摄影人员

负责提供美术设计人员所需要的各种摄影资料素材。

6. 市场调研人员

负责市场的信息收集、调查和分析，写出市场调研报告，提供给策划小组参考。

7. 媒体联络人员

媒体联络人员要熟悉每一种广告的优势劣势、刊播价格、传播效果等，并且与媒体有良好的业务关系，能够向主要的媒体争取到广告版面或播出时间。

8. 公共关系人员

负责公共活动的组织和执行，能协调有关方面的公共关系以获得支持和帮助，并且要能够提出公共关系建议。

广告策划小组详细的人员分工保证了整个广告策划过程能够有条不紊地顺利进行。以业务主管为中心，组织各方面的专业人员组成广告策划小组，是完成广告策划工作的主体，也是广告策划工作的第一个环节。

广告策划的主体是广告策划小组而非个人，策划的效果必须由广告策划团队的运作来保证。广告策划的多人协作并不是人员数量的简单叠加，而是根据不同内容和环节的需要，寻求在知识技能经验等方面的最佳组合。

3.4.2 明确分工，深入调研，下达任务

根据广告客户提出的要求，策划小组初步规划出广告策划活动的大致工作任务，再进行分工，并向有关部门下达任务。

1. 内部项目说明会：介绍客户情况，传达客户的意图、想法

第一步是要充分掌握有关信息资料，如了解市场状况、目标消费者的基本情况、企业产品的生产与开发等。

（1）市场调研、搜集信息和相关材料。立足于与消费者的良好沟通，有选择地吸取营销调查的相关成果，或者通过直接调查获得第一手资料，或者通过其他间接途径搜集有关信息，最大限度地占有相关材料。

（2）研究和分析相关资料。对所得的材料进行整理、归类，剔除多余信息，将有用信息总结分析，制定出真实确凿的数据报告，为进一步制定策略提供依据。

2. 拟订工作计划并向有关部门下达任务

确定广告任务与工作计划，进行各部门任务分工。

需要落实任务分工的部门主要有市场部、媒体部、策划部、设计制作部等。例如，为了了解产品在市场上的情况以及消费者和竞争者的状况，广告策划小组要向市场部下达市场调研的任务，以保证整个广告策划的有效进行。

3.4.3 研讨策略，开展具体策划工作

在得到有关信息资料之后，要在此基础上进行消化，着手拟定广告战略，确定广告目标。以此为起点和方向，对品牌策略、广告主题、广告媒体战略和广告创意表现战略等，以及与之相配合的其他营销策略进行决策和筹划。

1. 广告战略

广告战略是指企业为了实现一定的经营目标，通过对企业内部条件与外部环境的调查分析，在把握广告活动规律的基础上，制定出对广告活动具有全局性和长期指导意义的决策。广告战略具有全局性、长期性、方向性、平衡性和指导性的特点，是广告规划期内广告活动的核心，所有其他有关内容都是围绕这一中心展开的。其核心内容是广告策略。

2. 广告策略

广告策略是广告策划者在广告信息传播过程中，为实现广告战略目标所采取的对策和应用的方式方法与特殊手段。广告策略可划分为产品策略、广告市场策略、广告发布时机策略、广告媒体策略、广告表现策略、广告促销和活动策略等。

3. 广告目标

提出和确定合适的广告目标是企业广告战略的核心部分，其他的一些策略构想，则是实现广告目标的战术措施。需要注意的是，在此过程中一定既要重视对有关资料的分析研究，还应多进行集体讨论，充分利用大家的智慧。

4. 广告创意与表现策略

广告创意与表现策略是以策划创意人员为中心，结合相关人员对广告战略目标加以分析，根据广告战略确定广告的定位策略、诉求策略，进而确定广告的创意和表现策略，根据产品、市场及广告特征提出合理的媒介组合策略、其他传播策略等。它是整个广告策划的核心运作阶段，也是广告策划的主体。

5. 广告媒介策略

(1) 媒介选择与组合：首先对媒介形态及具体时间（空间）进行选择，然后进行科学合理的媒介组合。

(2) 媒介排期与购买：确定发布广告信息的具体媒体、时段、频次、价格等。

6. 其他活动策略

(1) 公共关系策略。企业通过开展公关活动，维持或促进与政府、公众等的关系。

(2) 销售促进策略。企业通过某些促销手段，带动产品的销售，保持竞争的主动性。

(3) 其他活动策略。企业通过事件营销、信息发布会、示范、表演、馈赠等手段与消费者进行的营销沟通。

7. 广告策划方案制订

一般包括以下内容。

(1) 拟定广告主题。

(2) 进行广告语的创作。

(3) 确定广告表现形式。

(4) 选择广告媒体。

(5) 广告预算与效果评价。

3.4.4 撰写广告策划书

各部门完成既定的工作任务后，策划人员将根据研讨的结论进行收集整理工作，把各部门提出的原始方案重新梳理归纳，编制成完整的广告策划书。

广告策划书是广告策划过程中所决定的策略、方法、部署及步骤的书面体现。撰写广告策划书目的是给广告活动提供一个行动大纲，对复杂的广告活动的进程和广告行动予以协调。广告策划书没有标准格式，但是在实际撰写过程中，其内容可以依照策划的流程，按以下纲目依次撰写。

(1) 前言。主要阐明广告目的，说明广告策划的任务和目标。广告公司各部门和广告主一看这部分的内容，就可以对整个广告策划的主要内容有所了解。

(2) 市场环境分析、产品分析和消费者分析。

(3) 广告定位和广告目标。

(4) 目标消费者和目标受众的确定。

(5) 广告表现。

(6) 媒介策略。

(7) 广告预算分配。

(8) 广告效果预测及安排实施广告效果测定。

以上是广告策划书的主要内容，但不是唯一的格式，广告策划小组在撰写广告策划书时，既要考虑其实用性和科学性，还应采用广告主容易接受的形式作为广告策划书的主要表现手段。

3.4.5　提交广告策划书并通过审核

这部分的工作内容主要包括召开提案会、修改策划方案。美国广告专家威廉·博伦认为，广告策划书是广告代理（广告公司）给客户（广告主）的一份作战计划。

要使广告客户采纳接受广告策划，就必须重视参加向广告客户说明介绍广告策划的决策构想的提案会。一定要充分准备，必要时可在公司内部进行彩排，以便发现不足，精益求精。

广告提案是广告策划的有效阐述形式，简单地说，广告提案就是运用口头说明的方式，以视听媒介为手段，将广告策划书的重点呈现给广告主的一种形式。采用面对面的口头报告，可以充分利用人际传播的特点，形成双向沟通，使广告主更易理解广告策划书的背景和要点，广告策划的结果也就更具有说服性，加上采用一些辅助手段，可以使得纯文字的广告策划书形象、具体。

在提案会上，广告主可能会提出一些新的要求或者对广告策划提案提出修改建议，这就需要策划小组根据客户的反馈及时修订广告策划书，待双方达成一致后，将其提交给广告主审核。

3.4.6　实施广告策划

将广告策划意图交各个职能部门实施，并监督实施情况、评估广告效果。内容包括媒体选择与落实、广告效果的监测与调整。

广告策划书提交客户审核认可后，交职能部门实施，包括组织广告作品的设计、制造和发布。按照广告策划书的要求购买媒体的时间（空间），同时针对所购买媒体的要求对广告作品（文字、图片、视频等）进行设计、制作。此时，广告策划小组依然监督各职能部门的具体实施过程，针对实施中出现的问题进行及时的修正和解决，并着手安排广告效果的测定等。

总之，科学而周密的广告规划再加上具体的行动，是达成广告策划最终目标的基础。表3-1直观地给出了一般广告策划活动的具体程序，它分为5个阶段，共41个步骤。

表 3-1 一般广告策划活动的具体程序

阶 段	步 骤	具 体 内 容
组织准备	1	组建广告策划小组；
	2	策划小组制定工作时间表；
	3	经协商向各部门具体工作人员下达任务
市场调研	4	对产品进行分析，明确产品定位；
	5	对同类产品进行分析，明确竞争对象；
	6	对市场进行分析，明确市场目标；
	7	对市场发展机会进行分析，明确潜在市场在何处；
	8	对消费者进行分析，明确广告对象；
	9	对企业指标进行分析，明确销售策略；
	10	撰写市场调研分析报告
战略规划	11	确定广告目标和广告指标；
	12	明确广告目的和重点；
	13	确定广告战略；
	14	制定最佳推销综合方案；
	15	明确创意观念、广告创意要点；
	16	决定广告表现战略；
	17	决定广告内容；
	18	确定广告文案方案；
	19	决定广告预算；
	20	确定广告地区；
	21	确定广告媒体策略；
	22	确定广告时间；
	23	确定广告单位数量
制订计划	24	制订实现广告计划的不同方案；
	25	对不同广告计划方案进行评估；
	26	决定最佳广告计划方案；
	27	广泛征求意见，取得广告负责人的认可；
	28	撰写广告策划书；
	29	召开客户参加的广告策划提案会；
	30	根据客户的反馈修订策划书；
	31	向客户递交广告策划书并由其审核
实施与总结	32	落实广告媒体；
	33	制作广告作品；
	34	检查广告作品的质量，进行评议或修改；
	35	将完成的广告作品送媒体刊登或播放；
	36	搜集广告信息反馈；
	37	对实施中出现的问题进行及时修正和解决；
	38	评定广告效果；
	39	总结经验教训；
	40	再次进行市场调研；
	41	制订新的广告计划

单元训练和作业

1. 优秀案例赏析

如图 3.8 所示，2023 年 1 月 9 日，京东发布了以兔子 IP 为创意的兔年视频广告《寻兔之旅》，短片使用了真人结合动漫的拍摄形式来展现穿梭在现实与虚拟世界的各种场景，小女孩到处寻找可爱的兔子精灵，兔子就像生活中的惊喜一般无处不在。该品牌借助统一化的多种兔子形象，使消费者轻松获取广告所传达的寓意，强化了"兔年"品牌活动概念。

如图 3.9 所示，京东通过"寻兔"这一有趣的广告主题传达生活中遇见的美好与惊喜，通过生动的故事自然地推出京东年货好物的品牌活动，表达了京东陪伴消费者开启新一年的美好生活。

【京东《寻兔之旅》宣传广告】

图 3.8 京东《寻兔之旅》　　　　　　　　　　　　　　图 3.9 京东兔年宣传海报

2. 课题内容

课题时间：4 课时。

教学方式：以讲授为主，理论与实践相结合，结合市场案例等实际问题布置作业，适当组织课堂讨论。

要点提示：掌握广告策划的类型，熟悉广告策划的程序，了解策划过程中的阶段性要求。

教学要求：通过理论学习和案例分析重点掌握广告策划的阶段和程序。

训练目的：锻炼学生的实践能力，特别是要在市场调研和广告策略制定方面有一定的实战经验。

3. 其他作业

(1) 某地的一家超市连锁商店要在社区开业了，请你考虑或揣摩其短期的广告策略要点（可假设），并在此基础上，拟定开业典礼当天的商场现场广告活动计划。

(2) 选择一个知名品牌的男性香水，收集其相关资料，并针对情人节做一个促销广告策划，那么它的广告策划要分为哪几个阶段？分别包括哪些内容？具体程序是什么？

4. 理论思考

(1) 广告策划有哪些类型?

(2) 如何理解广告的阶段性运作和整体运作?

(3) 广告策划中的战略分析模式是什么?

(4) 广告策划程序中哪些部分是最重要的,为什么?

(5) 概述广告策划的流程。

5. 相关知识链接

徐刚. 广告理论与实务教程[M]. 北京:科学出版社,2016.

郑建鹏,张小平. 广告策划与创意[M]. 北京:中国传媒大学出版社,2018.

第4章 广告媒体策划

课前训练

训练内容:请大家思考,在日常生活中会在什么场合接触到什么类型的广告。学生自由发言,并说明在这些五花八门的广告中,哪些广告给你印象最深刻,为什么?

训练注意事项:本训练题目的答案是多样的,建议学生畅所欲言,说出各自理解的广告类型。

训练要求和目标

要求:学生从生活当中发现广告的多种形态及特点。

目标:根据不同的广告宣传目的,科学合理地制订广告媒体计划,准确选择广告媒体并开展广告媒体战略,从而发挥它们的传播优势,增强广告效益。

本章要点

(1) 广告媒体的作用。

(2) 广告媒体的种类及特征。

(3) 广告媒体的评价指标。

(4) 影响广告媒体选择的因素。

(5) 广告媒体的组合运用。

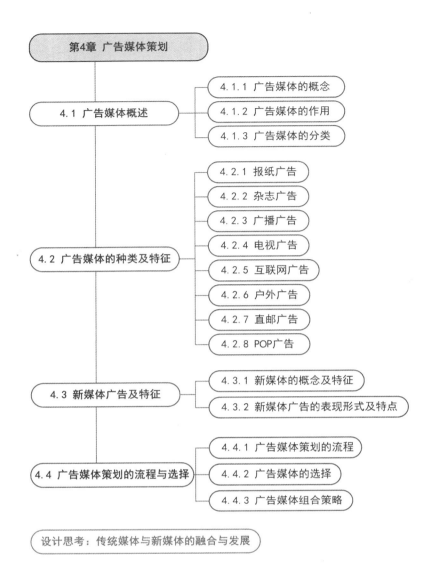

引言

广告活动与传播密切相关,而传播活动是通过广告媒体来实现的。发挥不同广告媒体的优势,可以及时、准确、巧妙地把有关信息传递给目标消费者。广告借助于媒体可以传播,反过来又给各类媒体造成一定的影响。正确地选择与组合媒体,是广告活动取得成功的重要因素之一。

4.1　广告媒体概述

广告媒体是动态的,并永远在改变当中。不断有新的报纸杂志、广播与电视媒体为满足受众不断变化的需求而频频改版、设置新栏目。当今任何可以传递信息的媒介都可以用来发布广告,广告形式不断推陈出新,自媒体时代大众也参与进来。面对如此纷繁复杂、变幻莫测的广告媒体世界,首先要弄清楚的问题是什么是广告媒体?

4.1.1 广告媒体的概念

广告宣传必须通过能与广告宣传对象的视觉、听觉或其他感官相联系的物质，借助这些物质所固有的吸引力和适应性及其普遍的传播作用，使广告力求准确、传播广远、深入人心。这种物质被称为"媒体"。

广告媒体就是指在广告活动中负责把商品与劳务信息传递给目标受众的物质载体，即能够被用以向消费者传递广告信息的中介物。任何一种事物，只要加上广告信息，都可以成为广告活动的载体，即广告媒体。所以广泛地讲，凡是能在广告主与广告对象之间起媒介和载体作用的物质，都可以称为广告媒体。

从上述广告媒体的定义中，可以明确以下几方面的内容。

（1）广告信息是指广告主所要传达的主要内容，包括商品信息、服务信息、劳务信息、观念信息等。

商品信息是商品广告中最主要的内容。这类广告的主要作用是使消费者能及时了解某种商品信息。劳务信息包括各种非商品形式买卖或半商品形式买卖的服务性活动的信息。例如，文娱活动、旅游服务及信息咨询服务等行业的经营项目。观念信息是指通过广告活动倡导某种意识，使消费者从态度上信任某一企业，在感情上偏爱某种品牌，从而树立一种有利于广告主的消费观念。

全面理解广告所传递的信息内容，有助于更好地进行媒体选择，从而更充分地发挥广告的作用。

（2）媒体作为信息传递、交流的工具和手段，在广告信息传播中起着极为重要的作用。

传播媒体大致有两种含义：①它指信息传递的载体、中介物、渠道、工具或技术手段，比如文字、计算机等；②它指从事信息的采集加工制作和传播的社会组织，即传媒机构，比如出版社、电视台等。这两种含义指示的对象和领域是不同的，但无论哪一种意义上的媒体，都是社会信息系统不可缺少的重要环节和要素。

媒体这个概念并不像看上去那么简单，在没有引入传播媒体理念之前，传媒便早已存在，如击鼓传讯、烽烟、驿站等古已有之的传递信息的方式，因为它们都是人们传播能力的延伸。

充分理解媒介的特性，有助于准确把握广告媒体的实质，合理地开发和利用不同媒体的多种功能。

（3）凡能在广告主与广告对象之间起媒介和载体作用的物质都可以称为广告媒体。这表明广告媒体是一种不断变化的物质。

广告媒体是传播广告信息的中介物，是连接广告主与消费者的一座桥梁。现代科技的高速发展为广告提供了用之不竭的传播手段。除了大众传播媒体之外，凡是可视、可听、可触、可摸、可嗅的媒体都可以作为广告媒体。广告媒体的市场是动态的，现存的媒体不断地改变自身以适应需要，而新的媒体也正不断出现。

4.1.2 广告媒体的作用

广告和媒体相互依存。广告的信息无法脱离广告媒体而单独存在；媒体机构的资金支持来自广告收入。这种相互依存的关系会促进双方的发展。

广告在媒体的帮助作用下才能更好地发挥效力。广告媒体的作用表现在以下4个方面。

（1）广告媒体规范了现代广告的主要传播模式。广告的策略、定位分析、创意、文案一起构成了广告活动的主要体系。

（2）广告媒体可以定位广告市场。广告媒体在选择和组合上，如版面大小、时段长短、刊播的次数、媒介传播时机等，都对广告的运行进行了准确把握。

（3）广告媒体决定广告是否能够达到目的。

（4）广告媒体决定广告效果。

4.1.3 广告媒体的分类

广告媒体的范围很广，它随着人类社会的发展及社会科技的进步而不断变化发展。

常用的分类方法是按照其传播途径来划分的。目前，我国使用的广告媒体可以归纳为以下 13 类：报纸类、杂志类、电视类、广播类、邮递类、户外类、交通类、录像类、电子类、店铺类、包装类、书籍类、网络类。

这些常用的广告媒体还可以依照不同的标准进行再归纳和再分类。

(1) 从媒体的受众面分，可分为大众媒体和小众媒体。大众媒体有报纸、杂志、电视、广播、互联网等。小众媒体有楼宇电视、交通广告等。

(2) 从表现形式可以分为印刷媒体、电子媒体等。印刷媒体包括报纸、杂志、说明书、挂历、传单、直邮广告等。电子媒体包括电视、广播、互联网、LED 广告牌等。

(3) 从功能感受可以分为视觉媒体、听觉媒体和视听结合媒体。视觉媒体包括报纸、杂志、传单、招贴、橱窗布置、户外广告等。听觉媒体包括无线电广播、有线广播、电话等。视听媒体包括电视、电影、网络信息、戏剧、小品等。

(4) 从影响范围上，可以分为国际性广告媒体、全国性广告媒体和地方性广告媒体。国际性广告媒体，如面向全球的报纸杂志，以多种文字印刷发行至世界各地，又如卫星电路传播（国际频道）、商品展览会以及展销会等。全国性广告媒体，如国家电视台、全国性报刊等。地方性广告媒体，如省市地区的电视台、报纸等。

(5) 从与广告主的关系来分，可分为间接媒体和专用媒体（或称租用媒体与自用媒体）。间接媒体指广告主通过租赁、购买等方式间接利用的媒体。专用媒体指属于广告主所有，并能为广告主直接使用的媒体。

(6) 从广告在媒体中展露的时间上，可分为长期性媒体、短期性媒体、瞬时性媒体。长期性媒体包括产品说明书、产品包装、厂牌、商标、挂历等。短期性媒体包括海报、橱窗、广告牌、报纸等。瞬时性媒体包括广播、电视、幻灯机、电影等。

(7) 从广告的传播内容可分为综合性媒体和单一性媒体。综合性媒体指能够同时传播多种广告信息内容的媒体，如报纸、杂志、广播、电视等。单一性媒体指只能传播某一种或某一方面的广告信息内容的媒体，如包装、橱窗、霓虹灯等。

了解媒体的分类，一方面可以在选择广告媒体时，更准确地把握其特点；另一方面可以根据所要宣传的商品的特点、宣传的广告内容及表现手法与同一类媒体进行比较，以选出最佳广告媒体。

4.2 广告媒体的种类及特征

由于广告媒体类型的不同，以及传送、接收的时空差异，广告信息的传播效果差异明显。因此，了解不同广告媒体的优势与不足，把握各种媒体的特性，直接关系到广告策划活动的成败。

党的二十大报告强调，坚持为人民服务、为社会主义服务。广告媒体必须要符合时代的发展，满足人民的需要，服务人民、服务社会。

4.2.1 报纸广告

报纸是最古老的广告媒体之一，它与杂志、广播、电视共同被称为现代四大媒体。

报纸广告(Newspaper Advertising)是指刊登在报纸上的广告。虽然新媒体层出不穷，但因其具备许多难以取代的优秀属性，所以目前报纸仍是世界上公认的最主要的广告媒体。

1. 报纸广告的特征

(1) 覆盖面广，读者广泛。报纸种类很多，发行面广，阅读者多。

(2) 传播快速，时效性强。报纸一般是当日发行，其印刷和销售速度非常快，具有很强的时效性。经验证明，报纸广告在达成快速销售上，有其独有的价值。

(3) 每日发行，连续性强。广告利用报纸每日发行，具有连续性的特点，可发挥重复性和渐变性，吸引读者，加深印象。

(4) 形式灵活，费用低廉，经济性强。报纸广告制作简易，形式灵活，方便经济，对大多数中小广告主来说是很实际的选择。

2. 报纸广告的局限性

(1) 时效性短。必须连续地重复刊登，才能逐渐强化读者的感知意识。

(2) 干扰信息多。报纸上的广告内容五花八门，包罗万象。若读者事先没有既定的目标或广告本身表现方式不突出新颖，广告往往会被人们忽视。这就要求广告主要在限定的版面内，用独特的效果吸引读者，才不会被忽略。此外，对众多的小广告进行分类编排，便于读者查找阅读。

(3) 印刷质量较差。由于纸张材料和技术设施以及价格的限制，报纸广告的印刷质量普遍显得粗糙，一定程度上影响了广告的视觉效果。虽然现在套色的报纸广告众多，但仍无法与其他印刷类广告媒体相比较。

3. 报纸广告的类型和形式

报纸广告的分类，按办报方针分为政治性报纸、商业性报纸、企业服务性报纸；按报纸内容分为综合性报纸与专业性报纸；按影响范围分为国际性报纸、全国性报纸、地方性报纸；按出版时间分为日报、早报、午报、晚报、周报。

报纸广告的一般形式：普通广告、分类广告、公告、软文广告、报纸夹页广告。

4.2.2 杂志广告

杂志广告(Magazine Advertising)是刊登在杂志上的广告。它不像报纸以新闻为主，内容上具有较强的专业性、知识性和趣味性，所以各类杂志的读者群比较明确，使之成为专业商品广告的良好媒介。杂志广告独有的特性，使其获得了"广告媒体中的贵族"的称号。

杂志广告的版面划分，常见的规格有全页、1/2页、1/3页、2/3页、1/4页、1/8页、封二、封三、封底、跨页等。

1. 杂志广告的特征

(1) 对象明确，针对性强。在专业性杂志固定的读者层面，进行关联产品的广告宣传。例如，在时尚杂志上刊登化妆品、服装广告；在医药类杂志上刊登医药器械广告；等等。

(2) 可读性强，保存周期长。杂志可供读者长时间反复阅读并传阅，这就增加了杂志广告的阅读者，使得杂志广告的覆盖率增加。同时，杂志装订成册，便于保存，有利于广告长时间发挥作用。

(3) 印刷精致，视觉效果强。杂志的编辑精细，印刷精美，图文并茂，使读者在阅读时获得一种高尚的艺术享受。广告作品印制精致，集中刊登一种内容的广告，比较醒目、突出，有利于吸引读者仔细阅读欣赏。

（4）发行量大，发行面广。许多杂志具有全国性影响或世界性影响。运用这一优势进行广告宣传，杂志广告无疑占有优势。

（5）内容精细，编排空间灵活。杂志广告携带的信息量丰富，广告内容精细，阅读对象文化水平普遍较高。杂志篇幅多，空间大，广告编排灵活，可以突出广告内容，激发读者的阅读兴趣。

2. 杂志广告的局限性

（1）出版周期长，时效性差。杂志的出版周期长，广告信息不易及时传递。杂志广告的功效是延续的和持续的，而非及时的和快捷的，这使得杂志广告的时效性没有报纸快速。

（2）发行范围局限。由于杂志的阅读人群相对集中、单一，容易失去潜在消费群体。特别是适用面广的商品和服务，单纯使用杂志广告媒体显然是不够全面的。

4.2.3 广播广告

广播是一种用电波向大众传播信息、提供服务和娱乐的声音媒体。广播广告是指通过广播媒体传播的听觉广告，通常运用播音语言，或其他语言形式，如对话、小品、相声，或语言与音乐、音响相配合的形式来表现其内容。广播广告一般在广告节目中播出，或利用各类节目的间隙播出。

1. 广播广告的特征

（1）传播及时，时效性强。广播能够及时地把信息传送给听众，一方面是信息转换较简便，另一方面是接收信息较方便。所以，广播几乎不受截稿时间的限制，可以随时播出刚刚发生或正在发生的新闻。

（2）范围广泛，传播率高。广播广告的覆盖面大，不受时间、空间的影响。只要有语言感知能力和一定的理解能力，任何人都可以成为广播听众。

（3）声情并茂，亲切感人。广播通过播音员抑扬顿挫、声情并茂的播音，使听众在"声"的愉悦中产生共鸣，在"情"的氛围中被影响，从而产生较强的传播效果。这种无限的遐想意境，是真实的视听媒体也无法超越的。

（4）制作灵活方便，成本低廉。广播节目的制作不需要太多的道具、设备，节目形式可以根据需要随时做调整，灵活性较大，对于广告节目的制作和播出，都是非常有利的。另外，较其他广告媒体来说，广播广告信息量大，收费标准较低。我国广播广告的价格只相当于电视广告价格的1/10，是一种经济实惠的广告媒体。

（5）流动感与兼作性。很少有人在大街上，边走路边拿着报纸看；更没有人在大街上，边走路边捧着电视看，但有人在大街上，边走路边听广播，这就是广播媒体的流动感。

广播的兼作性表现在，一方面广播携带方便，便携收音机、带收音功能的手机都可以使用；另一方面，广播是传送声音的媒体，只需要耳朵来听，不会影响人体任何部位和器官的功能和运动。所以，人们就可以在各种状态下收听广播。

2. 广播广告的局限性

（1）转瞬即逝，保存性差。广播的声音看不到摸不着，其宣传过程转瞬即逝，给人的印象不够深刻，又无字可寻，就无法补救，因此广播广告大多采用多次重复的方式加强人们的印象。

（2）听众分散，随意性强。广播的频率众多，内容丰富庞杂。人们听广播大多是不经意的，带有很大随意性。因此广播广告的听众就会比较分散，针对性也不强。

3. 广播广告的几种类型

（1）普通广告。普通广告即正常播放的广告，分为黄金时间广告、非黄金时间广告和随时插播广告。

黄金时间广告为甲级收费，主要安排在听众收听率最高的时间播出，如早、中、晚饭前后的固定时间。非黄金时间广告为乙级收费标准，大多在听众不怎么集中的时间播出，如凌晨、上班后和深夜。随时插播广告的时间则相对较为游移不定，因而费用较低，属丙级收费。

（2）特约广告。由广告客户特别约定播出的广告主要有两种：①必须严格按照广告客户的要求在规定时间里播出，如我们经常在广播中听到"×××提醒您准确对时"，这类广告比较独立，前后没有其他广告影响，效果强烈，但收费也较高；②由广告客户选定在某些听众比较喜欢的精彩节目中播出，听众多而集中，针对性较强，效果好，因此收费比较高。

（3）赞助广告。由客户赞助广播电台举办节目或组织社会活动，在节目中插播客户的产品广告或厂名、店名。赞助广告一般不收或少收广告费。

（4）专栏广告。由广播电台安排固定时间广播专栏节目，并插播广告，如药品专栏广告、农机产品专栏广告、文化活动专栏广告，使有关的广告对象能按时收听。

4.2.4 电视广告

电视媒体虽然在几大媒体中发展历程最短，但是它是一种特殊的传播媒体。电视媒体能充分利用各种艺术表现手法，集时间艺术、空间艺术和综合艺术形式于一身，声形兼备，视听结合，具有极强的感染力。

电视广告是一种以电视媒体传播的广告，是电子广告的一种形式。电视广告发展至今，各式各样的产品皆能经由电视广告进行宣传，备受广告客户的青睐。

1. 电视广告的特征

（1）视听兼备，效果独到。电视是透过视觉和听觉向受众传递产品形态、使用方法、使用效果等信息的，形式丰富多彩，能创造出最佳效果。它需要受众整块时间精力的投入，因此，电视广告的传播效果相对报纸、广播要更加强烈。

（2）覆盖率高，宣传广泛。我国电视节目综合人口覆盖率在2021年底已达到99.66%，如此高的覆盖率让其他广告媒体望尘莫及。因此在电视上做广告，信息的宣传范围非常广泛。

（3）印象深刻，保存性强。很多人认为电视广告不具有保存性。但也有人认为电视给人很强的直观效果，既然报纸的内容可以记住，电视广告每晚都播，也具有保存性，即保存在人们的印象之中。

2. 电视广告的局限性

（1）针对性不强，专注度差。电视广告常是无固定目标的广泛传播，观看电视的人层次多样，兴趣不一。人们对在电视节目中播放广告的态度大不相同，有人认为可以了解一定的市场信息和产品资讯，但更多人认为是一种干扰，导致大多数人对电视广告的专注度较差。

（2）制作时间长，成本高。电视广告需要团队策划制作，花费的时间较长，工时费昂贵，不是一般中小企业可以承担的。

3. 电视广告的表现形式

（1）演员直接陈述式。这种形式指一个演员直面镜头，向观众真诚地介绍产品或服务。在这种形式里，演员是关键。如何选用演员，怎么设定场景和对白，就要看广告的诉求对象是谁，根据商品的用途和特点而定。

（2）名人推荐式。利用名人的社会影响来扩大广告产品的知名度。名人推荐式的关键取决于对名人的选择，况且名人的声望就是本钱，就要付高额资金作为酬劳。

(3) 情节式。这是一种类似短剧的形式。情节中引入产品广告，让产品的性能、特点随情节的展开而得到说明。目前我国电视广告中这类形式逐渐增多，表明了电视广告工作者制作水平和创意的提高，同时也反映了大众在接收商品信息的同时也需要美的享受。

(4) 动画式。动画式广告在产品内部构造的图解方面占有优势，许多生活中不熟知的原理（如机械原理等），利用动画来进行图解就变得一目了然。目前，随着电视技术的迅猛发展，三维动画也被引入了电视广告的行列，强烈的立体感、逼真的效果，使人仿佛置身其中，但三维动画制作复杂，时间很长，技术性高，且制作费用高，令中小企业不敢问津。

(5) 音乐式。音乐式广告主要以一段乐曲或广告歌配合产品服务画面。音乐式电视广告适合表现一种服务观念、企业宗旨，或对观众所熟悉的品牌、企业进行形象上的提升。音乐式电视广告一定要画面优美、曲调动听且富有特色，使人百看不厌，百听不烦，这样才能达到预期的效果。

(6) 字幕式。字幕式广告是以字幕为主，配旁白的电视广告表现形式。它在前些年比较普遍，是电视广告中最原始初级的表现形式。但由于其制作简单、方便灵活、费用低廉，目前仍不时地出现在电视屏幕上。这种广告适合销售预告、服务预告和启事等，在感情色彩方面有时甚至不如广播广告。

电视广告的表现形式很多，每种形式各有特点，所以一则优秀的电视广告往往是各种形式的综合运用，不管采用什么形式，都要从产品的内容出发，形式为内容服务，否则将会造成喧宾夺主或给人以华而不实和牵强之感。

4.2.5 互联网广告

互联网在短短数年内迅速普及，作为"第五传媒"，它对传统媒体形成了强有力的冲击，也给广告带来了发展的机遇。

互联网广告，就是在网络上做的电子广告。要构成互联网广告媒体，应当满足3个本质的特征：①采用网络信息技术，这是互联网广告媒体的技术基础；②利用网络作为广告信息发布和互动沟通的平台和载体，这是互联网广告媒体的载体特征；③除了具有一般广告媒体的通用特征外，还具有优于传统广告媒体的崭新特征，这是互联网广告媒体之所以成为广告媒体的行业特征。

1. 互联网广告媒体的特征

与传统媒体相比，互联网广告具有得天独厚的优势，这是实施现代营销媒体战略的重要部分。

(1) 自由的传播时间。互联网可以轻易做到随时发布、即时滚动发布各类新闻。互联网传播具有可往复性。错过的信息、节目在互联网上可以轻松检索出来，这是传统媒体无法比拟的。

(2) 无限的传播空间。互联网的传播空间无地域、无疆界，信息海量，也是任何传统媒体无可比拟的。通过网络传递和交流信息，不需要纸张，不需要印刷、投递，也不需要广播电视节目发射时的昂贵而复杂的设备，它将信息拨号入网，在通信线路上进行自由传送，既方便快捷，又节省成本。

(3) 高度的综合能力。它将各类媒体的性能综合，同时又具备了大众传播媒体的优点。互动媒体既有印刷媒体的可保存性和可查阅性，又具有电子媒体的新鲜性和及时性，还具有自身的图文阅读性和音像视听性。

(4) 多元的传播方式。传统媒体的传播方式通常是单向的，而互联网媒体的信息传播具有很强的交互性。网民与网站之间、网民与网民之间可以通过BBS、聊天室、网络电话等多种工具即时沟通，实现互动，针对新闻内容也可以随时开展讨论，甚至可以举行网络会议。传播方式有：①多媒体传播；②个性化传播。在网上，人们可以订阅自己喜欢看的新闻类别、定制自己喜爱的页面风格。诸如此类，网络媒体显得特别善解人意，能够提供各种个性化的服务。

2. 互联网广告媒体的不足

(1) 缺乏严谨性。目前国内网站发布新闻，比较普遍的现象是重数量，不重质量，以至于在导向的把握、事实的把握和语言文字的运用上谬误连连，令人对网络新闻的真实性、公信力产生怀疑。

(2) 缺乏深刻性。目前多数的互联网媒体，尚未形成一支训练有素的网络新闻采编队伍，有深度、有力度的报道少。

(3) 缺乏权威性。网络上信息纷繁，真实性存在很大的疑问，而且，正是因为网络的平民化，网民素质参差不齐，发表的言论也就难辨是非对错。

3. 互联网广告的表现形式

从广告形式上来看，互联网广告可以分为如下几类。

(1) 网幅广告。网幅广告是以GIF、JPG、Flash等格式建立的图像文件，定位在网页中大多用来表现广告内容，还可产生交互性，增强表现力。

(2) 文本链接广告。文本链接广告以一排文字作为一个广告，单击可进入相应的广告页面。这是一种对浏览者干扰最少，但却较为有效的网络广告形式。

(3) 电子邮件广告。电子邮件广告具有针对性强、费用低廉的特点，且广告内容不受限制。

(4) 赞助式广告。赞助式广告的形式多种多样，在传统的网络广告之外，给予广告主更多的选择。其中，广告与网页内容的结合可以说是赞助式广告的一种。

(5) 插播式广告（弹出式广告）。访客在请求登录网页时强制插入一个广告页面或弹出广告窗口。它们有点类似于电视广告，会打断正常节目的播放，强迫人们观看，它们的出现没有任何征兆。

(6) Rich Media。一般指使用浏览器插件或其他脚本语言、Java语言等编写的具有复杂视觉效果和交互功能的网络广告，能表现更多、更精彩的广告内容。

除此以外还有一些新型互联网广告，包括视频广告、路演广告、巨幅连播广告、翻页广告、祝贺广告等。互联网虽是一个全新的广告媒体，但它的广告形式多样，传播速度快，是中小企业发展壮大的有效途径。

4.2.6 户外广告

户外广告（Out Door，OD）是现存最早的广告形式之一，是指在城市道路、公路、铁路两侧，城市轨道交通线路的地面部分，河湖管理范围和广场、建筑物、交通工具上发布的广告。它几乎将所有存在于室外的各种媒体都包括在内。

户外广告的分类比较复杂，一般来讲，大多数学者将户外广告分为路牌类、招贴类、灯箱类、交通设施类、电子类、充气类、飞行器类等。

1. 户外广告媒体的特征

(1) 视觉冲击力强。户外广告的面积大、色彩鲜艳、主题鲜明、设计新颖，具有形象、生动、鲜明的特点，这些都使得户外广告的视觉张力扩大。

(2) 易接收和记忆。户外广告不具有强迫性，多是不经意间给受众以视觉刺激，信息容易被认知和接收。户外广告的形象突出，容易吸引行人的注意力，并且宣传内容、广告语等简单明确、容易记忆。

(3) 广告发布周期长。户外广告一般都有固定的场地设施，发布的期限一般以一年或半年为单位，周期较长，能造成区域性印象的累积效果。

(4) 形式自由，成本低。户外广告由于媒体的丰富性，创作空间非常广阔，手法表现上也没有太多约束，这就使它的传播形式比其他广告媒体更加自由、丰富。不同的户外广告媒体虽然价格不同，但是它的成本可以说是所有媒体中最低的。

(5) 户外广告与周围环境和谐相处，既起到产品宣传和引导消费的作用，又起到美化环境的作用。

户外广告的这些特征，还决定了它在树立企业形象方面具有相当的优势。

2. 户外广告媒体的局限

户外广告所处的特殊的环境和自身的条件限制，使得它有一些不足之处，具体表现如下。

(1) 接收对象无法选择，也不易为观者提供仔细浏览的机会，因此户外广告尽管巨大醒目，但都是力求简单，有时甚至是仅有品牌名称或商标符号。

(2) 宣传范围有限。由于户外广告牌大多位置固定，覆盖面不会很大，宣传区域较小，因此设置时需特别注意地点的选择，一般多设立在人口密度大、流动性强的地方。

(3) 宣传画面容易破损。户外的风吹日晒，再加之一些人为因素或不可控因素，户外广告的宣传画面容易破损，造成信息传递不全面，时间效果不长久。

4.2.7 直邮广告

直邮广告（Direct Mail Advertising，DM）是通过邮政系统直接传递广告信息的一种媒体广告。它与其他媒体最大的不同是以明确的信件形式把信息传送到指定的消费者手中。但从实际情况来看，有些直邮广告是在活动现场直接派发给消费者的。直邮广告的主要形式包括商业信函、（邮政）明信片、产品目录、企业宣传册、DM杂志、广告单页等。

1. 直邮广告媒体的特征

(1) 对象明确，准确发行。它可以选择确定的广告受众，具有很强的针对性。发行渠道确定建立之后，直邮广告效果直接，发行范围准确，避免造成浪费。

(2) 形式灵活。直邮广告的发行形式、内容、篇幅不拘一格，自由掌控。发行周期非常灵活，可以作为产生即时效果的短期广告，也可以作为经常性的长期广告。

(3) 信息反馈及时。直邮广告摆脱了中间商的控制和时间拖沓，信息反馈真实快速，有利于买卖双方更好地沟通。

(4) 费用低廉。由于印刷技术的普遍运用，以及直邮广告的批量印制，使得它的广告费用较之其他大众传播媒体非常低廉。再加上有的放矢地投递，避免了盲目的铺张浪费，其费用可以说是低之又低。

2. 直邮广告媒体的不足与注意事项

虽然直邮广告价格低廉，优势明显，但是在投递过程中由于地址不详、中途过滤等各样的原因导致到达率不高。也有很多消费者认为直邮广告是垃圾广告，影响人们的正常工作与生活而产生抵触心理，拒绝接收与查看。

直邮广告在设计和使用时需注意：直邮广告的文稿一定要写得诚恳亲切。在寄送时，先不要贸然大规模寄送，应根据最初的信息反馈，再做决定。

4.2.8 POP广告

POP广告（Point Of Purchase Advertising）又称售点广告或销售现场广告。稍加注释，就是"商品交易场所的终端广告，它将购买据点外所有大众媒体广告的累计效果浓缩在贩卖场所，做最有效、最直接的演出。它能代替推销员传递顾客想要知道的商品情报、生活情报,是帮助顾客方便购物的广告"。

POP 广告可以具体化为大型吊旗、展示架、贩卖台、装饰贴纸、价目表、海报、橱窗展示卡等。

POP 广告根据形式以及放置位置的不同,会产生不同的效果。按照 POP 广告的设计形式和功能,可分为壁面类、悬挂类、陈列类、摆放类和橱窗式、动态式等类型。

1. POP 广告的功能

POP 广告的最终目的是促进产品的销售,但作为能参与购销活动的广告媒体,其具有新颖与特殊的功能。

(1) 唤起潜在意识,引发购买动机。POP 广告的现场展示,可以唤起媒介早期已做的宣传,恢复消费者的潜在记忆,从而加强其购买动机,促进购买。

(2) 塑造新型推销员。POP 广告有"无声销售员""最忠实的推销员"之美誉。经常使用 POP 广告的环境是超市,当消费者面对诸多商品无从下手时,POP 广告忠实地向消费者提供商品的优点、内容、质量与使用方法等信息,吸引并促成其购买。

(3) 促成终端销售。有效的 POP 广告应针对消费者的关心点进行诉求和解答,解除消费者疑虑,最终产生购买行为。

(4) 升华企业的形象。POP 广告在各种场合反复地出现,可以提高企业信誉和知名度,树立和提升企业形象,增进企业和消费者关系,使企业获得良好的社会效应与经济效益。

2. POP 广告的作用

POP 广告虽起源于超级市场,但由于它具有很高的经济价值,对于任何经营形式的商业场所,都具有传递信息、招揽顾客、促销商品的作用;又具有提高商品形象、企业知名度、企业商品市场竞争力的作用;又能对销售场所和环境起到一定的美化作用。

以上是常见的现代广告媒体的种类与特点。既然广告媒体的种类繁多,特色明显,在广告实践活动中,广告主以及广告代理公司就要根据各种广告媒体的类别和特征进行媒体选择与系统组合。这一过程的核心是通过最低的投入、最恰当的媒体,达到最佳的广告传播效果。

4.3 新媒体广告及特征

中国的广告市场无比巨大,近几年来,以数字技术和双向互动为特征的新媒体已深入社会生活的方方面面,新媒体广告也以火爆之势迅猛发展,其占有的广告份额逐年递增,对传统媒体产生了强烈的冲击和影响。

4.3.1 新媒体的概念及特征

1. 新媒体的概念

新媒体是相对于传统媒体而言的,它是一个不断变化的概念。新媒体可以定义为"互动式数字化复合媒体"。

新媒体是一种以个性为指向的分众媒体,传播模式是窄传播,是一种信息的发送者与信息的接收者之间具有充分互动性的复合型多媒体;新媒体是一种跨越国界的全球化媒体,个人也能够像跨国公司一样有机会拓展全球市场,信息以最低的成本让无数人共享。

2. 新媒体的特征

(1) 消解性。一是新媒体消解了传统媒介之间的界限，网络媒体实际上是包含了多种媒体形式的综合型媒体；二是新媒体消解了地域及社会关系之间的边界，消解了信息发送者与接收者之间的边界。

(2) 交互性。网络诞生以来，媒体传播的互动性大大加强，传者与受者之间可实现即时互动和角色转换。

(3) 跨时空性。例如，通过网络可以超越现实时空限制，认识不同地域的人们，也可以知道更多的信息。

(4) 大众性。新媒体是向公众开放的平台，可以实现资源的共享。

4.3.2 新媒体广告的表现形式及特点

以新媒体为传播载体的广告叫作新媒体广告，它具有新媒体的所有特征。新媒体广告在国际上更通行的叫法是互动广告（Interactive Advertising）。

在传播学领域里，传统媒体环境下的广告传播是一种单向传播，消费者只能被动接收。在新媒体环境中，传播的通道是非线性的；传播的载体是多元的。这时候，广告作为一种传播的通道和载体，在新媒体环境中也必然会呈现出新的、有别于以往的内容和形式。

1. LED 户外新媒体广告

目前，以 LED 彩屏媒体为主的户外新媒体广告投放，包括户外视频、户外投影、户外触摸等多种形式。LED 彩屏的户外新媒体，以与众不同的传播介质和地理位置、丰富的色彩、生动的表现力，塑造了其独特而时尚的媒体价值。其到达率仅次于户外大牌。这些设置于城市时尚地段的户外新媒体广告，与行人停留、浏览习惯相吻合，从而使其接触率和留意度大增。其包含的户外互动因素，也非常吸引人气、提升媒体价值。

2. 移动电视广告

以楼宇电视、移动车载电视、移动地铁电视等为主要表现形式，通过移动电视节目的包装设计来增加受众，便于广告投放，让消费者无论何时何地都被广告信息覆盖。

3. 手机广告

手机通过短信和彩信的方式发送广告，被认为是最精准的广告投放方式之一。手机集多媒体、移动性、随身性、私密性、交互性、定向传播、定向记录、即时反馈等特色于一身，是一种比较理想的新型媒体。它是到目前为止所有媒体形式中最具普及性、便捷性，并具有一定强制性的平台，发展空间巨大。智能手机的普及，使手机媒体成为普通人在日常生活中获得广告信息的重要手段。

4. 电子邮件、MSN 及 QQ 广告

这种广告通过向用户发送带有广告的电子邮件和在 MSN 及 QQ 登录窗口、聊天窗口嵌入广告信息，来达到广告的传播效果，用户可以向广告提供者主动订阅。这类广告针对性强、费用低廉，包含了丰富的广告内容。

5. 网络游戏广告

网络游戏广告把广告预先设计在互动游戏中，是一种嵌入式广告。以不同的形式对产品或品牌进行宣传。目前在我国主要有游戏道具广告、游戏场景广告、游戏公告广告和游戏参与式广告等几种形式。

广告行业以新媒体形式为依托，新媒体也利用了广告的传播效应，促进了自己的发展。新媒体广告与广告新媒体、未来的广告行业与媒体世界紧密联系，共同传播，并发展获益。

4.4 广告媒体策划的流程与选择

广告媒体策划是指在广告活动推出之前，针对媒体的选择、媒体的刊播时间及广告量在各媒体上的分布等做出的通盘性计划，其中最重要的是广告媒体的选择。

4.4.1 广告媒体策划的流程

1. 广告媒体调查分析阶段

这一阶段主要搜集足够的情报，加以分析、整理，供拟定媒体目标时参考。分析的主要内容包括整体市场分析、自身商品分析、消费者研究、竞争状态分析等。

2. 拟定媒体阶段

媒体目标的设定通常以广告信息基础目标市场的情形作为决策依据。包括媒体的性质、特点和地位作用，受众对媒体的态度分析，媒体的广告成本分析等。经由数量化目标的设定，一方面能预估广告的传播效果，另一方面可以作为开展媒体策划的依据。

3. 拟定媒体战略阶段

本阶段将上个阶段拟定的目标转化为具体可行的方案，主要包括目标消费者的设定，广告传播时间与范围的选择等，并根据上述分析决定媒体的组合及时间安排。

4. 执行媒体计划和媒体购买阶段

本阶段包括与广告主签订媒体费用支付合同，购买广告媒体的版面、时间与空间，推出广告等方面。

5. 评估执行结果阶段

评估的内容包括执行进度、执行效果、信息反馈以及对传播效果做出评价。评估的结果将作为下次广告活动的参考依据。

4.4.2 广告媒体的选择

广告媒体的选择，需要对商品的特性、目标顾客、媒体效率等因素认真分析、仔细研究直至掌握后，才能选择一个好的媒体，策划出一则好广告。这不仅能为企业节省大量的广告费用，而且会有事半功倍的效果。

1. 广告媒体的评价指标

广告媒体作用的评价主要根据媒体播出后产生的市场反馈效果。这涉及一些具体的评价指标，这些指标直接影响广告的成本费用和最终效果。

(1) 覆盖率，指广告媒体传播的范围，包括覆盖地区和覆盖人数两方面。例如，中央台覆盖的地区是全国，地方台覆盖的地区是某个地方；电子媒体覆盖人数用视听人数表示，印刷媒体覆盖人数用阅读率表示。

(2) 接触率，指广告发布后，接触到的人数与覆盖区域内总人数的比率。接触率越高，媒体的可选择性越强。接触率=受众／覆盖区域内总人数×100%。

(3) 毛感点，指广告在各媒体的接触率的总和，即广告媒体的总效果。它的作用在于，既可以明确表示每则广告的效果，又可将不同广告的效果以及同一广告的不同推出效果相加，测算出广告活动的总效果。

(4) 重复率，指每个接收到广告信息的人，看到同一广告的次数。重复率=毛感点／接触率×100%。

(5) 有效到达率，指目标受众在指定时间段内（通常指一个星期或一个月）接触媒体的人均次数或户均次数。这一指标可以解决的重要问题是：到底要投放多少次广告才有效？

(6) 广告千人成本，指一则广告信息到达每1000个受众所花费的成本。千人成本=广告费／到达人数×1000。

2. 影响广告媒体选择的因素

广告媒体可以根据广告产品定位策略和市场策略，进行选择或搭配使用，其目的在于以最低的投入取得最大的广告效益。为产品广告选择合适的媒体要有系统的思想，从策略上整体把握。总之，媒体选择应从广告整体的效果出发，思考媒体如何为创意提供最佳的舞台与空间，使广告对消费者产生最佳说服的效果；同时也要从避免品牌形象及广告效果被稀释的角度，思考媒体在选择与使用上应注意的问题。

具体而言，广告媒体的选择主要受以下几种因素的影响。

(1) 商品种类特性因素。商品的种类特性决定了广告适用的媒体类别。如经久耐用的消费品需向消费者做详细的文字说明，以告知其结构、性能、使用规范等，可选择报纸杂志、说明书等作为广告媒体；规格式样繁多的日用品、时装等，适宜采用声像兼备的广告媒体，向消费者直观形象地展示商品的性能、用途和效果，电视广告就成为其首选。

(2) 广告诉求特性因素。不同的商品广告诉求都要通过选择特定的一种或多种媒体加以表现。针对特定的广告诉求，就不同的媒体类别对创意的承载能力和所能提供的价值进行全面评估，来选择合适的媒体。一般而言，就权威性、新闻性诉求来说，报纸最为适合，因为其以传达真实新闻为主，具有较高权威性；如果是示范性诉求，则具有画面和文字说明功能的电视比较适合；对于娱乐性的广告诉求，电视和网络媒体所提供的娱乐性功能及创意为最佳。

(3) 目标消费者因素。任何商品的广告传播都针对具体的消费对象，由媒体为广告与消费者最终接触提供渠道，对其进行信息的传播与说服。目标消费者决定了广告所需的媒体匹配，而合适的媒体匹配，将有利于对产品的主动关心者充分获取所需信息和品牌刺激。

同时，各媒体受到传播特性的限制，各有不同的传播对象和传播范围。比如，各地的晚报与日常生活紧密相关，颇受当地家庭的青睐，所以，针对普通家庭的消费性商品，选择晚报刊登广告效果不错。

(4) 媒体效率因素。媒体效率也是影响媒体选择的一个重要因素。一切营销战略的确定、广告目标的制定、创意的形成直至最后的表现，最终只有借助媒体才能加以展现和得到回报。好的媒体策略只有结合较高的媒体效率才能发挥最佳效果。

(5) 竞争策略因素。无论该商品进入市场时是处于引入期、成长期、成熟期，还是衰退期，它的广告传播都会在各媒体上面临不同品牌的挑战。通过对竞争品牌在媒体选择上的分析，可以了解它们企图接触的对象阶层，也可以了解它们在媒体选择上的习惯，然后根据自身情况针对竞争品牌选择合适的媒体，采取有效的媒体应对措施。

(6) 广告预算成本因素。广告是有偿的宣传活动，并且是费用很高的信息传播手段。不同的广告媒体，收费也存在差异，广告主应该从自己的支付能力出发，确定预算，再结合上述的因素，选择广告费用与自己期望最终广告效果相适应的媒体。

由上可见，产品的广告媒体选择涉及产品自身、创意设计、广告传播、媒体特性、社会人文、市场营销等许多方面。必须将各种相关因素综合起来加以整体考虑。媒体选择的过程是一个复杂的系统工程，需要用系统化的思想从策略上整体把握，并加以整合，才有可能在激烈的市场竞争中为产品建立起有效的广告传播。

4.4.3 广告媒体组合策略

广告的宣传活动是一个复杂的运作过程，在一定时间、空间内，有目的、有计划地利用多种媒体来开展广告活动，能够充分发挥各类广告媒体的优势，将广告信息传播给更多的目标消费者，从而增强广告的接触率和有效到达率，取得最佳的广告效果。

1. 媒体组合的作用

采用媒体组合的形式，一方面可以扩大媒体对消费者的影响力。组合的媒体之间可以取长补短，相互协调，增强广告的效果，同时扩大影响范围，提高产品的品牌普及率，抢占市场先机。另一方面，媒体的组合运用可以更加全面地发挥媒体功效，形成强劲的广告宣传力度，既可以加强产品的市场竞争性，也可以加强消费者对产品的印象。另外，还可以延长媒体的功效，提高媒体频率，不至于出现由于产品广告信息的中断或残缺，而造成消费者对产品或品牌的淡忘。

2. 媒体组合策略的类型

广告媒体的组合可以分为集中的媒体组合策略（Concentrated Media Mix）和分散的媒体组合策略（Assorted Media Mix）。

(1) 集中的媒体组合策略是指广告主集中在一种媒体上发布广告，它主要集中影响被特别细分的受众。集中的媒体组合策略能创造出品牌易于被大众接受的氛围，尤其对于那些接触媒体有限的受众。

其优点在于：①使广告主在一种媒体中相对于竞争对手占主要地位；②使消费者尤其是接触媒体范围狭窄的受众更加熟悉品牌；③激发消费者对产品或品牌的忠诚度；④集中购买媒体可以获得大的折扣。

(2) 分散的媒体组合策略是指选择多种媒体到达目标受众。这种策略对那些有着多样市场细分的产品或服务来说更加有效，可以通过不同的媒体对不同的目标受众传达不同的信息。

其优点在于：①能向不同的目标受众传达关于产品或品牌的各种独特利益；②不同媒体的不同信息到达同一目标受众，可以加强其对信息理解的效果；③运用多样的媒体策略，可以增加广告信息的到达率；④有可能到达那些接触不同媒体的受众。

但是，分散的媒体组合策略也有缺点：不同的媒体需要不同的创意和制作效果，可能导致成本增加，增大制作费用，有可能影响其他重要目标的实现。

运用多种媒体推出广告时，要善于筹划，深入分析媒体组合所产生的效果，并进行优化，使组合的媒体能够发挥整体效应。

3. 媒体组合要注意的问题

(1) 要能覆盖大多数的目标消费者。把选中的媒体排在一起，将覆盖域相加，看是否能把大多数目标消费者纳入广告影响的范围之内，即媒体能否有效地触及广告的目标对象。

(2) 选取媒体影响力的集中点。媒体的影响力主要体现在两个方面：一方面是量，指的是媒体覆盖面的广度，即接触广告的人数越多，影响力越大；另一方面是质，指的是针对目标消费者进行说服的深度，即媒体在说服力方面的效果。组合后的媒体，其影响力会有重合。重合的地方应是企业的重点目标消费者，要以增加对重点目标消费者的影响力为着眼点，确定媒体购买的投入方向，避免浪费。

(3) 与企业整体信息交流的联系。企业要实现营销目标，也要运用营销策略，进行多种营销策略手段的组合。广告的媒体组合要与营销策略组合保持一致，要符合整合营销传播的要求，还要注意与企业公共关系战略相互配合，善于运用各种媒体，发挥整体效用。

总之，广告媒体的策划选择作为整个广告宣传策划活动中的重要环节，承担着重要的任务，也带有一定的原则性和方法性。广告媒体选择得恰当与否，直接关系着整个广告策划活动的效果，更是广告决策成功与否的关键。因此，广告媒体的选择应当引起广告主和广告代理机构的重视。

单元训练和作业

1. 优秀案例赏析

野马汽车轰动上市的媒体组合

20世纪60年代美国福特汽车公司生产了一款名为"野马"的汽车，这款车一经推出，一年内就销售了41万辆，纯利润11亿美元。当时，购买野马汽车的人打破了美国的历史最高纪录，顾客简直到了十分疯狂的地步。不到一年的时间，野马汽车风行整个美国，连商店里出售的墨镜、帽子、玩具等都贴上了野马的商标。

为什么野马汽车如此受欢迎呢？得从该公司的总经理亚科卡说起。1962年，亚科卡担任福特汽车分公司经理后就想策划、生产一种受顾客喜爱的新车型，他从大量调查材料中发现未来的10年是年轻人的世界。于是，他将未来的新车型定位为：款式新、性能好、能载4人、车子较轻、价钱便宜，以及车型独树一帜、车身容易辨认、容易操作，既像跑车还要胜过跑车，以吸引年轻人。

亚科卡非常重视广告策划和宣传，为了推出新产品，他委托沃尔特·汤姆森广告公司为新车型进行了一系列广告策划。其实施步骤大致如下。

(1) 组织汽车大赛。在汽车正式投放市场的前4天，公司邀请各报纸的编辑到场，并借给每人一辆野马新型汽车，组织他们参加野马大赛，并邀请100名记者亲临现场采访，以充分证实野马汽车的可靠性能。几百家报刊都在版面的显著位置报道了野马大赛的盛况和照片，借助新闻力量造成轰动效应。

(2) 采用纸媒广告。在新车型上市前一天，根据媒体选择计划，让2600家报纸用整版篇幅刊登野马汽车广告。广告画面：一部白色野马汽车在奔驰。大标题："真想不到"。副标题：售价2368美元。这一步主要用以提升产品知名度，进而为提升市场占有率打基础。

在有影响的《时代》周刊和《新闻周刊》杂志上刊登广告画面，广告标题都是："真想不到"。

(3) 采用电视广告。从野马汽车上市开始，各大电视台天天不断地播放野马汽车的广告，展开电视广告攻势。采用电视媒体广告的主要目的是扩大广告宣传的覆盖面，进一步提升知名度，达到家喻户晓的目标。

(4) 选择最引人注目的停车场，竖立巨型广告牌，上面写着"野马栏"，既引起停车者的注意，又引起社会公众的关注。

(5) 在美国各地客流量最大、最繁忙的 15 个飞机场，以及 200 多家度假酒店的门厅里陈列野马汽车，通过这种实物广告形式，进一步激发消费者的购买欲。

(6) 采用直邮形式，向全国各地几百万小汽车用户寄送广告宣传品，直接与消费者建立联系。

上述分 6 步实施的广告活动，可谓铺天盖地、排山倒海，仅在一周之内，野马轰动整个美国，风行一时。据说，野马上市第一天就有 400 多万人涌到福特代理店购买。通过这一系列媒体广告活动，原来年销 5000 辆的计划，被远远超出，实际年销 418812 辆。在野马汽车开始销售之后的头两年，公司就获得纯利润 11 亿美元。亚科卡由于这一显赫成绩被视为传奇式人物，被誉为"野马车之父"。而给亚科卡带来奇迹的正是媒体组合策略。

2. 课题内容

以某品牌洗发水、化妆品或手机产品为主题，拟写一份广告媒体计划书（推荐品牌参考：飘柔、海飞丝、玉兰油、华为）。

课题时间：4 课时。

教学方式：分析现实生活中不同类型产品的广告媒体计划书，启发大家研究和讨论广告媒体的选择与策划，并进行相关的写作练习。

要点提示：要注意针对限定的产品类型选择适合的广告媒体。

教学要求：①突出产品的特性，准确分析媒体种类特性，适当、合理地进行媒体的组合策划；②收集并参考列出品牌的相关媒体计划书格式；③字数在 5000 字以内，A4 纸打印、装订。

训练目的：通过市场调研分析产品的市场定位、产品特征等，准确地选择适合的媒体或者媒体组合的形式，掌握相关的媒体策划方法。

3. 其他作业

认真收看一个小时的电视节目，记录下广告的数量，以及其中每条广告的时间长度。你认为在这一小时的电视节目中，哪些广告吸引力较强，哪些广告吸引力较差。

运用所学知识，说明电视广告的时间长短的价值，并分析广告主在什么情况下可以选择长广告，什么情况下可以选择短广告，它们分别可以达到什么样的广告目的。

4. 理论思考

(1) 根据相关商品的媒体广告，分析不同商品选择广告媒体的原因。

(2) 根据已知的媒体组合的方式类型，列举 3 种具体的媒体组合形式，并分析其优缺点。

(3) 查阅课外资料，结合相关广告媒体知识，分析在当今的广告市场发展中，不同媒体的发展趋势，以及如何将传统媒体与新媒体结合运用。

5. 相关知识链接

李锋，王智鸿. 影视广告创意研究 [M]. 长春：吉林大学出版社，2018.

杨正昱. 广告策划 [M]. 北京：北京工业大学出版社，2020.

第 5 章　广告战略策划

课前训练

训练内容：运用理论与实践相结合的方法，通过实践性教学，指导学生进行广告战略策划的训练，让学生学会分析产品、分析市场、分析竞争对手和目标消费人群；学会制定广告策略，编写广告策划书；提高广告策划创意的能力。

训练注意事项：建议每位学生了解广告设计过程中的战略策划。

训练要求和目标

要求：广告策划的中心任务是以尽可能少的经费达到最佳的广告效果，做好广告策划的前提条件就是要对各种市场情况了如指掌，让消费者了解企业的产品，对企业形成积极认可的态度，最终提高企业的销售业绩。因此，广告战略策划是学习广告策划与创意课程的一项重要内容。

目标：熟悉不同条件下的广告策略定制，形成完整的理论体系架构，初步学会分析案例，能紧密联系实际，解决实际问题。掌握广告战略策划的基本概念、内容、作用、分类和步骤，并能将所学的知识应用于具体广告策划运作、分析和管理过程中。

本章要点

(1) 广告战略策划的概念及主要内容。

(2) 广告战略策划与广告市场的关系。

(3) 广告战略策划与提高认知度的手段。

(4) 广告战略的选择与常见问题分析。

(5) 广告战略策划目标的确定。

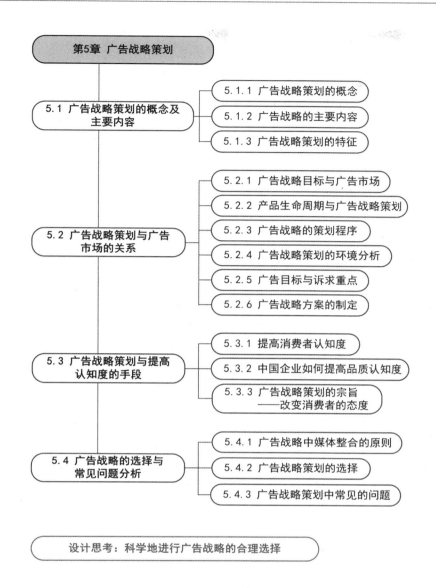

引言

广告的成功与否,关键在于广告策划。在现代商品经济活动中,市场情况极为复杂,做好广告策划的前提条件就是要对各种市场情况了如指掌。通过广告,让消费者了解企业的产品,对企业形成积极认可的态度,最终提高企业的销售业绩。广告策划已经成为企业实践科学经营管理的重要组成部分。广告战略策划是指对整个广告活动指导思想、目的、原则的宏观运筹与谋划。

广告战略策划是广告策划的中心,是决定广告活动成败的关键。一方面,广告战略是企业营销战略在广告活动中的体现;另一方面,广告战略又是广告策划活动的纲领。它对广告推进程序策划、广告媒体策划、广告创意等都具有统率作用和指导意义。

5.1 广告战略策划的概念及主要内容

广告策划是广告制胜的关键。在实际操作环境下,如果不能准确把握广告战略与广告策略的内涵及关系,必然会导致整个广告策划失败。鉴于此,有必要把广告战略与广告策略区别开来,掌握各自运用的要领。

5.1.1 广告战略策划的概念

广告战略策划是指对整个广告活动指导思想、目的、原则的宏观运筹与谋划。广告战略是指在一定时期内指导广告活动的带有全局性的宏观谋略，或者说它是一定时期内广告活动的指导思想和总体方案。

广告战略目标是广告活动所要达到的预期目的。广告目标的确立要符合营销目标。首先细分市场，选定目标市场，然后确定量化、细化的具体广告目标。它是企业经营战略的一个重要的组成部分，是企业为实现其经营目标而对其规划期内的广告活动拟定的指导思想和总体设计，是根据市场分析、受众分析和企业、产品分析所获得的资料，为实现广告各目标而制定出全局性和长远性的广告活动原则和策略。

5.1.2 广告战略的主要内容

1. 广告战略的内容

(1) 广告目标，即通过广告战略的实施所要达到的预期广告效果。
(2) 广告对象，即广告受众。
(3) 广告诉求重点，即要突出宣传的重点。
(4) 广告表现，即将广告诉求转化为生动活泼、具体实在的广告作品的过程。
(5) 广告媒介，即广告信息的物质载体。

2. 广告战略的类型

广告战略是企业为了适应千变万化的市场环境而在广告活动中所采取的宣传策略。由于企业及其产品类型不同，所采取的广告战略也各不相同。

3. 广告战略的作用

(1) 有助于提高企业的市场占有量。站在竞争的角度看企业的生命力，产品的市场占有量自然成为它的重要标志，而广告战略在实现各阶段广告目标、保证市场旺盛方面起着无可替代的作用。

(2) 有利于企业自身的发展。现代企业管理包括生产管理、销售管理、行政管理和信息管理。成功的广告战略非常注重企业管理的整体协调，通过市场调研分析和广告反馈，克服消极因素，拓宽销售渠道，不断提高企业的管理能力。

具体来说，广告战略对企业主要有以下几个作用。

① 加快生产技术的进步和规模化经营。企业通过广告活动，获取市场信息，加强产品开发与更新改造，扩大适销产品的生产规模，提高生产能力。加强对生产过程的管理，节约能源，降低消耗，以达到降低产品价格的目的。

② 增强企业行政管理能力，充分发挥人才作用。企业面对竞争，必须要求内部的行政管理机构和人员精简强干，工作效率高而运作有序，更好地协调企业内部各有关部门的整体运转。企业因宣传吸引人才不断加入而使管理资源得到优化组合，不断扩充人才资源的新生力量，从而为企业的整体发展创造良好的条件。

③ 提高企业的信息收集和信息处理能力，来增强企业决策能力。广告战略中每个策略和目标的形成都来源于信息的综合结果，因此，企业在实施广告战略的同时，也必然要增强对其他方面的信息管理能力，减少决策上的短期行为。

(3) 树立企业形象，提高企业知名度。广告战略意义下的广告不但向市场有效地传播产品信息，而且不断向广大社会公众施加影响力，灌输企业的文化理念，从而在社会中树立起良好的企业形象，扩大企业的知名度，于无形中创造品牌的价值。良好形象的确立和知名度的提高势必增进受众对企业的好感和信赖感，然后移情于产品。当某个品牌发生了深远的社会影响时，其无形价值比有形价值还要高。

（4）为企业实现各阶段的广告目标提供保证。正确的广告战略不但对企业的广告活动具有长期的、全面的指导意义，而且是以正确的经营战略为基础的一种决策。正确的广告战略是实现各阶段广告目标的保证。一是提供了信息上的保证；二是提供了策略上的保证；三是提供了方向上的保证。

（5）可以最大限度地有效利用广告经费。成功的广告战略对怎样分配、使用、节约经费去配合每个广告计划的重点、目标、运作，都要进行周详的谋划。从而合理使用广告费，降低成本，使有限的经费得到有计划的预算和管理，协调开展整个广告活动。

5.1.3 广告战略策划的特征

1. 全局性

广告战略策划是对整个广告活动总的指导思想和整体方案的谋划、确定，因此有明显的全局性，体现在以下方面。

（1）服务于企业营销战略。广告战略是企业营销战略的一部分，它既要体现企业营销总体构思的战略意图，又要服从于企业营销战略，并创造性地为企业营销战略服务。

（2）着眼于广告活动的全部环节。广告战略作为对广告活动的整体规划和总体设计，本身就是一项系统工程。它研究广告活动在整体上应持什么态度、坚持什么原则、把握什么方向，统率广告活动的各个环节，并贯穿始终。

2. 指导性

在广告策划过程中，广告推进程序策划、广告媒体策划都是操作性、实践性极强的环节，而广告战略策划所要解决的是整体广告策划的指导思想和方针的问题，它对广告策划的实践性环节提供了宏观指导，能使广告活动有的放矢、有章可循。

3. 对抗性

广告是商品经济的产物。商品经济的显著特征之一就是竞争。因而广告战略策划必须考虑竞争因素，针对主要竞争对手的广告意图，制定出针对性强的抗衡对策。所谓"知己知彼"，体现的就是对抗性。

4. 目标性

广告活动总是有着明确的目标。广告战略策划要解决广告活动中的主要矛盾，以保证广告目标的实现。因此，广告战略策划不能脱离广告目标这一中心。

5. 稳定性

广告战略是在市场调研的基础上，经过分析研究制定的，对整个广告活动具有牵一发而动全身的指导作用。广告战略在一定时期内具有相对的稳定性，不能随意改变。

5.2 广告战略策划与广告市场的关系

5.2.1 广告战略目标与广告市场

广告战略目标是广告活动所要达到的预期目的。广告战略目标的确立要符合营销目标。首先细分市场，选定目标市场，然后确定量化、细化的具体广告目标。

1. 市场细分与目标市场选定

市场细分是市场的划分，即以消费者的需求为立足点，根据消费者购买行为、购买习惯等方面的差异，将消费者总体市场进行归类，分割为若干项类似的消费者群，其中每一个消费者群就是一个子市场。

(1) 市场细分的定义。首先，它把市场从单一整体看成多元异质的分割体，这更符合当今消费市场的特点。其次，它体现了市场竞争从主要是价格竞争转向产品差异性竞争、服务多样化竞争。最后，由于细分市场的出现，就有了运用目标市场与广告策略组合的前提条件。

(2) 市场细分的标准。

① 地理因素（地理区域、人口密度）。

② 人口因素（年龄、性别、民族、文化、职业、家庭）。

③ 心理因素（个性、生活方式）。

④ 行为因素（利益细分、购买时机、购买频率、用户身份、品牌信任度）。

(3) 市场细分的作用。

① 有助于将广告诉求重点对准广告目标。

② 有助于确定最好的广告对象。

③ 有助于广告定位与广告创作。

④ 有助于提高广告的效益。

2. 确定广告战略目标

广告战略目标按内容分为以下几类。

产品推广目标：注意知名度、广告覆盖面、接受率。

市场扩展目标：注重形象、改变消费观念。

销售增长目标：注重刺激欲望。

企业形象目标：注重美誉度、公关、沟通目标顾客。

3. 产品生命周期分析

产品生命周期是指产品在市场上营销的延续时间，具体是指产品从投放市场到最后被淘汰的全过程。典型的产品生命周期包括4个阶段：投入期、成长期、成熟期和衰退期。

图5.1的产品生命周期分析图表明，在产品周期的第一阶段为投入期，又称介绍期，是指新产品经过了开发设计和试制阶段转入小批量生产，投入到市场进行试销的阶段。第二阶段为成长期，又称增长

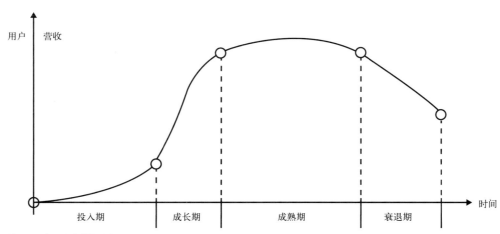

图5.1 产品生命周期分析图

期,是指产品经过引入期开始为市场接收,大量上市,扩大销售阶段。第三阶段为成熟期,是指产品已占有一定的市场份额,销量大而稳定,但增长率已不如增长期。第四阶段为衰退期,又称滞销期,是指产品已经老化,不能适应市场的需要,市场上已有更新、更廉的产品,足以满足消费者的需要。

5.2.2 产品生命周期与广告战略策划

1. 投入期、成长期

在产品的投入期、成长期,新产品刚进入市场,产品的品质、功效、造型、结构等都尚未被消费者认识。这个阶段的广告应努力塑造产品的形象,充分全面地展示产品的性能、特点、用途、价格及使用方法,着重产品新观念的介绍、新用途的发展和消费者新习惯的培养,其目的是引导产品打入市场、唤起市场潜在需求、提高知名度,宜采用集中时间策略,即集中力量在短期内对目标市场进行突击性的广告攻势,以扩大影响。

2. 成熟期

在产品进入成熟期后,产品在市场上已为消费者广泛认识与接受,销售量稳步增长,利润已有保证。与此同时,同类产品也纷纷投入市场,竞争日趋激烈。尤其是在产品进入成熟期后,产品工艺稳定成熟,消费者已形成使用习惯,产品销售达到顶峰,新产品变成普及产品,同类产品竞争更为激烈。在这一阶段,广告的目标从介绍产品、提高知名度转到突出产品特色、建立产品与品牌形象、争创名牌上来。广告宣传对象主要针对产品的中期与中后期使用者,以巩固原有市场并开拓新市场,展开竞争性广告宣传,引导消费者认牌选购。广告诉求必须具有强有力的说服力,突出宣传厂牌与商标,巩固企业和产品的声誉,加深消费者对企业和产品的印象。

3. 衰退期

在产品进入衰退期之后,产品供求日益饱和,原有产品已逐渐变成老产品,其他新的产品已逐步进入市场。广告目标重点放在维持产品市场上,采用延续市场的手段,保持产品的销售量或延缓销售量的下降。适时运用广告提醒消费者,以长期、间隔、定时发布广告的方法,及时唤起注意,巩固习惯性购买。广告诉求重点应该突出产品的售前、售中和售后服务,保持企业荣誉,维持老用户和吸引后期新用户。影响广告目标制定的因素包括:①企业经营战略(渗透式与集中式);②商品供求状况及生命周期;③市场环境(4种);④广告对象。

5.2.3 广告战略的策划程序

不管选择哪种广告战略,它的基本内容及策划程序一般包括:①广告市场环境分析;②广告战略目标的确定;③广告战略方案的制定;④广告战略预算。

5.2.4 广告战略策划的环境分析

广告环境是指存在于广告传播活动周围特有的情况和条件的总和。它主要包括广告市场环境、企业环境、产品环境、消费者环境、媒介环境等。广告环境是决定广告活动、广告战略策划的重要因素之一,所以要很好地确定广告战略,就必须对广告环境进行正确的分析。

1. 广告市场环境的分析

广告市场环境的分析内容主要包括：①人口情况；②社会风尚分析；③政治经济环境分析；④市场竞争状况分析。

2. 企业环境分析

企业环境包括的内容很多，如企业视觉识别、品牌形象、技术形象、企业风气、经营者形象等。

3. 产品情况分析

为了准确确定产品的诉求重点，在进行广告战略策划和广告制作中要有计划地对该产品进行全面了解和分析。

4. 消费者情况分析

为了确定广告目标和广告策略，有必要对消费者的需求、消费方式及购买决策等情况进行分析。消费者情况分析是广告战略里最为关键的分析要点，包括：①消费者需求分析；②消费方式分析；③购买决策分析。

5.2.5 广告目标与诉求重点

广告诉求通过作用于受众的认知和情感的层面使受众的行为发生变化，因此作用于认知层面的理性诉求和作用于情感层面的感性诉求，就成为广告诉求两种最为基本的方法，在此基础上，产生了同时作用于受众的认知和情感的情理结合诉求策略。

1. 理性诉求

理性诉求指的是广告诉求定位于受众的理智动机，通过真实、准确、公正传达广告企业产品、服务的客观情况，使受众经过概念、判断、推理等思维过程，理智地做出决定。消费者不购买产品或不接受服务可能会受到理性诉求的影响。

2. 感性诉求

感性诉求指广告诉求定位于受众的情感动机，通过表现与广告企业、产品、服务相关的情绪与情感因素来传达广告信息，以此对受众的情绪与情感带来冲击，使他们产生购买产品或服务的欲望和行为。

感性诉求广告的内容特性如下。

(1) 爱情：其中包括爱情的真挚、坚定、永恒和爱情所赋予人们的幸福、快乐、忧伤等。

(2) 亲情：包括家庭之爱、亲人之爱及由此而来的幸福、快乐、思念、牵挂等。

(3) 乡情：包括与此相联系的对故乡往事的怀念、对故乡景物的怀念等。

(4) 同情：主要是对弱者和不幸者的同情，常常用于慈善机构的广告中。

(5) 恐惧：一些广告也常常使用恐惧诉求，通过描述某些使人感到不安、担心、恐惧的事件或这些事件发生的可能，引起受众对广告信息的特别关注，从而达到广告目的。

(6) 生活情趣：利用日常生活中大部分人都有切身感受的生活情趣进行诉求，也是许多感性诉求广告常用的手段，这些情趣包括悠闲、乐趣、幽默等。

(7) 个人的其他心理感受：比如对美好事物或未来生活的一种向往。

5.2.6 广告战略方案的制定

1. 市场广告战略制定

市场广告战略是以市场划分来进行广告活动的战略，这样有利于广告传播的针对性，如保健品广告信息向中老年人群传播。按广告目标市场的特点，可将市场广告战略分为同质市场广告战略、异质市场广告战略、集中市场广告战略。

(1) 同质市场广告战略，就是企业面对整个市场，通过广告媒体做同一主题内容的广告宣传。

(2) 异质市场广告战略是企业在一定时期内，针对细分的不同目标市场，运用不同的广告内容，针对不同的消费人群进行广告宣传。

(3) 集中市场广告战略指企业把广告宣传的力量集中在已细分的市场中一个或几个目标市场的战略。

2. 企业形象战略制定

提高企业美誉度的广告战略，要注重广告受众对广告主体的认知度、品牌识别度和市场忠诚度。侧重于消费者对企业的好感和信任，在消费者心中树立企业的良好形象，从而对产品的销售起到间接的推动作用，如多做捐款和公益广告，增加公共关系的力度等。

(1) 企业形象树立的最好方法之一是开展各种广告促销形式的活动，通常包括馈赠、奖励、文娱、服务、折价、公关、示范表演等活动。

(2) 馈赠广告。

(3) 公关性文艺活动广告。

(4) 体育赞助广告。

(5) 中奖广告。

3. 产品形象战略制定

产品形象的广告战略内容主要包括产品定位策略和产品生命周期策略。另外，还有新产品开发策略、产品包装和商标形象策略以及统一品牌和多品牌战略等。

(1) 产品定位策略的原则：由于不同的企业、不同的产品具有不同的特点与优势，广告产品定位到底运用哪种或哪几种策略，应进行具体分析。一般有以下几种选择方法：一是直接传播产品的特点和价值；二是让产品给消费者带来利益；三是明确产品的市场地位。产品定位策略还可分为效益定位策略和理念定位策略两大类。

(2) 产品生命周期策略：按照产品生命周期的原理，针对某一产品所处的产品生命周期的不同阶段，采取相应的广告策略，这就是产品生命周期广告策略。

4. 时空性广告战略策划

时空性广告战略也就是人们常说的时间性广告与区域性广告战略的简称。

(1) 时间性广告战略：按广告从第一次传播到结束期间的时间长短来划分的广告战略。它可分为长期广告战略、中期广告战略和短期广告战略。

(2) 区域性广告战略策划：按照市场区域大小所实行的广告战略策划。一般可分为局部区域广告战略策划和全球广告战略策划。实际上，它是市场战略的另一种表现形式，即以空间大小作为分类。

5.3 广告战略策划与提高认知度的手段

5.3.1 提高消费者认知度

1. 打破产品同质化

市场竞争越来越激烈造成产品同质化现象日益严重。产品本身没有区别，并不意味着消费者对品牌的品质认知度没有区别。消费者往往是根据他们所接收到的产品的所有信息，而做出一种主观的判断，甚至是一种偏差很大的判断。因此，完全可以通过改变消费者对产品品质的认知，来实现品牌的差异化。

2. 进行品牌定位

在给品牌进行定位时，一种常用的策略是把品牌与产品品质或特征相连，根据品质认知度进行定位。例如，海信空调是国内率先推出变频空调的品牌，在消费者的品质认知里面，变频意味着更高的技术，因此，海信空调将自己定位为"变频专家"。

对于很多产品来讲，品牌不同，品质认知度也是不同的。例如，海尔意味着更细致周到的服务，创维则意味着对健康的更多关怀。

3. 有利于企业采用溢价策略

当消费者对产品的品质认知度评价十分满意甚至佩服得五体投地时，就可以适当地提高价格，从而实现产品更大的溢价能力。

4. 进行品牌延伸的基础

如果某个品牌在某一市场表现良好，人们就会认为，在相关的市场上该品牌的质量也比较高，所谓的"爱屋及乌"就是这个道理。这也就为一个品牌的品牌延伸提供了捷径与可能。因此，一个品牌要进行品牌延伸，开发新的市场，就需要转嫁消费者对品牌已有市场产品的品质认知度。

5.3.2 中国企业如何提高品质认知度

1. 提高产品质量或服务水平

如果一个产品本身的质量不高，却想让消费者相信产品质量非常高，无疑是不可能的。即使在短时内可以蒙骗消费者，但是消费者很快就会察觉，这反而更会加剧品牌的危机。因此，要提高品质的认知度，第一步就是要不断地提高产品的质量或服务水平，提供更高品质的产品或服务，这是提升品质认知度的基础。

2. 提高消费者购买数量及频率的促销战术

(1) 积点有奖。

积点就是消费者购买产品，从而累计分数或收集凭证，分数或凭证可以兑换相应的礼品。比如集够了一定量的饮料瓶盖就可以兑换一瓶饮料。这是一种兼顾购买数量和频率的促销方式，通过为消费者设定一个有吸引力的目标，引导其在一定时间内把精力集中在推广品牌上，促进影响力的增长。积点促销需要一定的时间周期，因此适合消费周期短、购买频率高、量大的产品，比如纯净水。这种促销的重点是要做好奖品的设置及兑换工作，否则将影响促销效果。

(2) 抽奖活动。

抽奖活动利用大众的博彩心理，设置有吸引力的奖品，调动消费群体参与，从而提高购买量。在实操过程中，多使用即开即中或连环抽奖的形式。抽奖活动必须有一定的品牌知名度和固定消费群体，而且关键是奖品的设置，要在相关规定的范围内突出创意。

(3) 赠送礼品。

赠送礼品除了可以吸引新消费者的试用外，同样可以提高现有消费群体的购买数量，尤其是对于有一定知名度的品牌，效果更为显著。应该将礼品与品牌形象结合起来，加深对品牌的认知，从而巩固品牌在消费者心目中的地位。

(4) 价格折扣。

以价格折扣来提高销量的增长也是具有一定市场基础的品牌常运用的战术。价格折扣分为直接折扣和间接折扣两种，后者较为常用，而前者的运用应较为谨慎，否则将影响到正常价格的恢复。

间接折扣在这个阶段常用的形式有"买×××送×××"和特惠包装，两者都相当于变相降价，但是对价格都没有直接影响。前者方式灵活，送品不限；后者在形式上属于"加量不加价"，延长消费者的使用周期。

3. 提高品牌知名度、美誉度和市场占有率

当前，全国各个行业、各个省市都在实施名牌战略。其中，提高品牌知名度是名牌战略的一项重要内容。从品牌营销的角度看，提高品牌知名度的核心就是提高目标消费者对该品牌的知晓水平。

(1) 品牌知晓的概念。所谓品牌知晓，即目标消费者再认或回忆品牌名称及其所属产品类别的能力。例如，虽然"娃哈哈"这一品牌名称已家喻户晓，但如果消费者不能将其与纯净水相联系，娃哈哈纯净水的知名度就不高。

消费者的品牌知晓水平越高，品牌知名度越高。要提高品牌知名度，就是要提高潜在消费者对该品牌的知晓水平。

品牌知晓就其程度而言，有不同的水平。大致可分为品牌再认、品牌回忆、品牌浮现3种。其依次上升，呈金字塔状。

① 品牌再认：塔底。品牌再认是品牌知晓的最低水平，是指在有提示的情况下，能够鉴别出那些以前听说过的品牌名称。品牌再认虽是最低水平的品牌知晓，但对购买者的品牌选择却是非常重要的。

② 品牌回忆：塔腰。品牌回忆是品牌知晓的中级水平，即在没有任何提示的情况下，消费者能够回忆出某产品或某品牌。例如，说起空调你就会随口说出"格力""美的"等品牌。品牌回忆要求人们不仅听说或见过某产品或某品牌，而且对它要有一定的了解或比较深刻的印象。

③ 品牌浮现：塔顶。品牌浮现是品牌知晓的高级水平，即在品牌回忆中说出的第一个品牌就达到了品牌浮现的水平。一般说来，最先说出的品牌往往是在其心目中占第一位的品牌。只有很少品牌能够达到这个水平。

(2) 品牌知晓对品牌营销的价值。品牌知晓对品牌营销的价值主要表现在以下3个方面。

首先，品牌知晓有助于引起品牌喜爱。研究表明，品牌知晓水平与品牌喜爱程度大体一致，即知晓水平越高，喜爱程度越高。而人们对某一品牌的喜爱程度是影响其是否购买的一个重要因素。

其次，品牌知晓是品牌选择的基础。品牌再认对选购现场进行品牌决策尤为重要，人们购买之前会事先决定购买的品牌。未能达到品牌知晓的品牌通常就不能被选中，特别是品牌回忆对耐用消费品的品牌决策尤为重要。

最后，品牌知晓的最高水平——品牌浮现可直接引起购买。品牌浮现对日用消费品的品牌决策尤为重要，特别是消费者购买时，往往先想到哪个品牌就购买哪个品牌。

一项关于咖啡广告与市场占有率关系的研究表明，广告对市场占有率的影响不是直接的，而是通过知晓水平的影响间接实现的。知晓水平是直接影响市场占有率的重要因素。

(3) 提高品牌知名度的途径。一般来说，要提高品牌知名度，特别是新品牌的知名度，需在两个方面下功夫：一是广泛宣传品牌名称，二是建立品牌名称与产品类别的连接。当然，如果品牌名称已经明示其所属的产品类别（如旺旺雪饼），品牌营销人员的任务就相对简单了。另外，如果品牌名称，如"娃哈哈"已经家喻户晓，要提高娃哈哈纯净水的知名度，品牌营销人员的任务就是建立"娃哈哈"与纯净水的连接。

根据国外的品牌营销经验，可从以下几个方面来提高品牌知名度。

① 要提高品牌知名度，首先必须能引起人们对该品牌信息的注意。引人注目的方法虽然很多，但其关键是要标新立异、独具一格。

② 生动活泼、朗朗上口的广告语是提高品牌知名度的一个好方法，如"维维豆奶，欢乐开怀"，效果就很好。

③ 广泛宣传品牌符号，也是提高、保持品牌知名度的一个上等方法，图像生动、直观、形象，可以反映品牌寓意或产品特性，有助于品牌回忆。例如，人们可以由被咬一口的苹果想到苹果电脑，由3个菱形组成的图案想到三菱电器。

④ 同广告相比，公众宣传是提高品牌知名度的一个有效且花钱少的途径。这是因为人们对新闻事件更感兴趣，能够引起轰动。因此，想方设法在自己的品牌或产品上制造新闻，并争取媒体的宣传报道，是提高品牌知名度的一个理想方法。

⑤ 活动赞助是保持、提高品牌知名度的一个重要途径。但只有知名度达到一定程度的品牌才适合采取这种方式。

（4）提供信息。像新品发布上市介绍这样，以向目标沟通对象提供信息为目标的广告，叫作提供信息的广告，又称开拓性广告。这种广告的目的在于建立基本需求，即使市场需要某类产品，而不在于宣传介绍某种品牌。

（5）诱导购买。通过广告活动建立本企业的品牌偏好，改变顾客对本企业产品的态度，鼓励顾客放弃竞争者品牌转而购买本企业品牌，劝说顾客接受推销访问，诱导顾客立即购买。这就是诱导性（或说服性）广告，目的在于建立选择性需求，即使目标沟通对象从需要竞争对手的品牌转向需要本企业的品牌。

（6）使用提醒，即企业通过广告活动提醒消费者在不久的将来（或近期内）将用得着某产品（如秋季提醒人们不久将要穿御寒衣服），并提醒消费者可到何处购买该产品。以提醒、提示为目标的广告，称为提示广告。这种广告的目的在于使消费者在某种产品生命周期的成熟阶段仍能想起这种产品。例如，可口可乐公司在淡季耗费巨资在杂志上做彩色广告，其目的就是要提醒广大消费者，使他们时时刻刻不要忘记可口可乐。还有一种与此有关联的广告形式称为加强性广告，其目的在于使现有用户确信自己所做出的选择是正确的。例如，美国汽车制造商常常用广告描述其顾客对于他们已购买的汽车很满意，以加强其购买选择。

5.3.3　广告战略策划的宗旨——改变消费者的态度

1. 用双向沟通来代替单向沟通

不同的消费者的认知能力是不同的。针对知识水平较高、理解判断能力较强的消费者，广告应采用双向沟通较好，即把商品的优、劣两方面都告诉消费者，让他们感到广告的客观公正，由他们自己来拿主意。因为这些消费者普遍对自己的判断能力非常确信，不喜欢别人替自己做判断。但对判断力较差、知识面窄、依赖性较强的消费者，可采用单向沟通的方式。广告应明确指出商品的优势以及给使用者带来什么好处，直接劝告他们应该购买此产品。

2. 用感性诉求来代替理性诉求

消费者态度由认知、情感和行为倾向3种因素构成，其中感情成分在态度的改变上起主要的作用。消费者购买某一产品，往往并不一定都是从认知上先了解它的功能特性，而是从感情上对它有好感，看着它顺眼，有愉快的体验。因而广告如果能从消费者的感情入手，往往能取得意想不到的效果。如一则广告的画面是女儿为年迈的老母亲洗脚，孩童见此，转身端来一盆水，稚嫩地说："妈妈，您洗脚。"画面与语言的配合，烘托出一个感人的主题：献给母亲的爱。虽然整个广告只字未提产品的优点，但却给人以强烈的情感体验。这个广告巧妙地把对母亲的爱与产品相连，使消费者产生了感情上的共鸣，在其心中留下深刻美好的印象。因此，在广告有限的时空中以理服人地呈递信息，固然显得公正客观，但以情动人的方式，更容易感染消费者，打动他们的心。

【公益广告《妈妈洗脚》】

广告策划不仅具有科学性，还具有独特的艺术性。但无论广告信息呈现的方式如何，其基本原则都是要了解消费者的真正需求，找到消费者心理变化的新特点。这样才能有的放矢地找准广告诉求点，策划出成功的广告。

5.4 广告战略的选择与常见问题分析

5.4.1 广告策略中媒体整合的原则

众所周知，企业投放广告的最终目的是宣传产品知名度，促进消费者购买，提高销量，但是并非所有人都会接触到宣传产品的媒体，看到广告的消费者也并非都会成为潜在顾客。这就需要企业选择合理的媒体，并科学合理地投放优秀的广告。广告媒体在围绕产品受众接受心理的同时坚持走以销售为中心的道路，真正达到整合媒体、优化传播的效果。而在策略上，以整体协同、相互配合的战略发挥广告宣传职能。在多种媒体之间，根据实际情况"整合搭配"。

不同媒体之间的整合必须立足产品本身，才能称得上是成功的媒体整合。

1. 整合媒体，延展广度

不同媒体具有不同范围的局限性，因此，需要通过媒体整合来达到准确传播、增强广告效力、延展广度的目的。广告正面报道或传播得越广，产品的知名度、认知度就越高。

在高频率信息传播环境中，企业认识到不同媒体有不同的功能，对各种媒体的特性、优缺点都有一个理性的认知，并实现强大的媒体整合支持，使电视与平面媒体高效结合，硬性和软性广告优势互补，网络与声讯媒体得以有效互动。良好的舆论加上媒体的整合传播，延展了产品的广度，让受众更放心地接受产品，增强认知度，并帮助产品获得良好的美誉度。

2. 反复整合，深度传播

由于各种媒体覆盖的对象有时是反复的，因此，媒体整合兼顾覆盖的反复性特点跟进传播，增加广告的传播深度。消费者接触广告频率越高，对产品的闪亮点、新颖点、功效点、认知度就越高，消费的欲望就会空前高涨，最终促成购买。

3. 广告互补，相得益彰

集中多种广告媒介来传播同一产品或相关系列产品的广告内容，对受众来说，给企业带来的广告效果是相辅相成、互相补充的。由于不同媒体各有利弊，因此媒体整合还要兼顾取长补短、相得益彰的广告形式，帮助市场迅速实现盈利。

企业在选择广告媒体时，首先就应在确定目标顾客的基础上根据目标顾客接触媒体的习惯，选择合适的媒体及传递方式，使广告信息能够有效地覆盖企业的目标顾客。同时，尽可能使市场媒体得到营销整合，凸显广告为市场营销服务的职能。

合理选择广告媒体，制定具有导向性、针对性、独创性、实用性的广告策略，以有限的广告费用开支来获得最佳的广告效果。在保证广告效果的前提下，精打细算，合理选择，应是企业选择广告媒体的一个原则。

媒体选择与投放同时应做到重点市场重点投放、次重点市场有效投放，在战术上完成分割、包围、各个击破的战略动作，力争以最小的投入获取最佳的广告效果和经济效益，使广告传播作用的价值最大化。

总体来说，以市场作为媒体宣传导向的广告任务就是要进一步增强市场的竞争力，稳定经销商，迅速培育消费者对产品及品牌的购买忠诚度、信任度和美誉度，以此确保市场的稳健拓展，力争实现市场销售新突破、高提升的目标。

5.4.2 广告战略策划的选择

广告战略策划是以分析企业外部环境和内部因素为前提，以广告战略目标为核心，以实现广告目标为方向的，因此，广告战略应以企业实力、市场、产品和广告的实施4个方面的战略分析来选择。

1. 从企业发展方面选择广告战略

在市场经济大潮中，企业要获得生存和发展，必然涉及许多复杂情况，其中最突出的是时时处处都面对着激烈的竞争。

企业发展首先应"知己知彼"，即在与同行业的竞争中充分认识自身的实力，全面了解本企业在经济、技术、产品、设备等方面的优劣，把握竞争对手的实力，在充分调查和客观分析的基础上，明确本企业在同行业中的地位次序。处于不同地位次序的企业，其发展战略各不相同。

对于第一位次企业，广告战略重点应放在稳定优势商品市场占有率上，只要使优势商品建立了第一的稳固地位，其他非优势商品也可能因为社会心理作用而一样畅销。广告不必再重复宣传"我们是第一"，优势商品已经代替了这种宣传。此外，对其经营规模的宏大进行宣传也是必要的，可以加强人们的信任感和加深人们对企业优势的了解。对于第二位次企业，战略重点应放在把握广告时机和对新领域的宣传。此外，在广告的一些敏感因素方面要注重与低位次企业的协调，谨防它们变成第一位次企业的同盟。对于第三位次企业，广告战略重点应放在争取大众市场、迎合顾客需要、着力宣传自己的短期更新产品。此外，要注意暗示其与第一位次企业的同盟关系。对于第四位次企业，广告战略重点应放在对自己有利的某些特定市场环节上，或者足以发挥自己特长的某些特定有限区域内，切忌不顾自己的实际情况效仿高位次企业。

2. 从配合市场方面选择广告战略

市场的需求范围和需求目标具有多样性和变动性。任何企业的产品，都只能在一定范围的某种目标或某段时间内去满足市场需求，而不可能包揽市场的全部需求，因而产品和市场需求范围及需求目标之间必然产生配合关系。配合适宜，市场繁荣，企业实现利润；配合失误，则供需失调，企业受到损失。在确立产品与市场适宜的配合关系过程中，广告担负着重要职责，甚至足以决定得失成败，因此，广告策划时要善于洞察市场变化的预兆，注意市场周期变化效应，并据以选定广告战略。市场周期变化效应，是指随着某一产品在市场上供求关系的规律性变化所带来的循环往复的动态效应。比如，市场上某一产品的"旺季"和"淡季"、某类商品的"畅销"和"滞销"等，都有其变化规律，在周期变化中都有一定的转化预兆。广告战略的重点是要考虑如何抓住转化的时机，按照规律科学地预测市场趋势，使产品在最恰当、最有利的时机先人一步取得市场优势。

广告策划时要充分考虑市场需求范围的多样性和变动性，并据此选定相应的广告战略。市场需求范围是不断变动的，影响其变动的主要因素来自消费者。消费者的需求具有层次性，首先是基本需求层次，满足之后进入选择需求层次，同一需求层次的消费者，组成若干各具特点的购买者群体，这些群体的购买行为不断划分着市场需求范围。因此，广告战略策划一定要针对不同的需求范围而选择不同的广告战略。

3. 从产品生命周期方面选择广告战略

在产品投入期，由于其刚投放市场尚未引起消费者注意，因而在广告战略上要侧重于尽快在消费者头脑中建立良好的"产品第一印象"。

在成长期则与此不同，产品已经在市场上销售一段时间，其竞争对手相应就比较多，这时的广告战略要侧重于宣传产品的特点，并通过这种宣传巩固品牌的声誉，取得市场优势地位。因此，成长期内的广告在战略上必须考虑能最大限度地遏制仿制品。这种遏制，除了在广告经费、规模声势等方面下功夫，还要力求广告本身有一两手独特的东西，是竞争者或仿制者所无法借用的。产品能否稳步立足于市场，这时的广告战略策划具有关键性意义。

在产品成熟期，产品已进入旺销的阶段，消费者开始大量购买，广告的推销效果也较明显，容易"立竿见影"。这时的广告战略应侧重于劝说老顾客继续购买本产品，并劝说潜在消费者试用本产品，尽量通过广告挖掘潜力，扩大销售。这时的广告经费预算要精细，尽可能节省。让广告基本上维持这种旺销状态，是这一时期广告策划的基本战略。

产品成熟期的最后一段时间，接近衰退期，但尚未完全进入衰退期，一般称为"下坡期"。这一时期产品的竞争焦点已从功能、质量方面转移到价格、服务方面，因而广告战略的侧重点应放在宣传价格优惠和售后优质服务方面。这时候明智的广告战略策划是审时度势，如果本身是高位次企业，而且足以能够承受因降价而带来的利润损失，那么可以着重宣传价格优惠。如果本身与竞争对手相比是低位次企业，而且不能承受因降价而带来的利润损失，那么就应该转移阵地，伺机而动，另谋新策，而不要孤注一掷硬拼价格战。

在产品衰退期，产品已逐步失去市场，正在被其他产品取代，因而这一时期的广告战略，重点不能再放在宣传产品本身上，而应该着重宣传品牌，通过广告维护企业的良好形象，保持企业的良好声誉，等待新一代产品出现。广告战略制定者应该有一个明确的观念：广告战略是企业整个营销战略的一部分，从全局和整体上看，一种产品走向衰退，绝不是品牌也走向衰退，更不是企业走向衰退。相反，企业要利用这一品牌开发新产品，赢得将来的更大发展。

每一种产品都要经历从投入到衰退的各个阶段，这是客观经济规律。但是企业为了其经济效益，可以采取有效的措施来延长产品的生命周期。同时，广告战略也必须进行相应的选择。

4. 从广告的实施方面选择广告战略

广告的实施要受多种因素制约，企业本身的资源能力、位次高低、规模大小、活动范围及市场目标、产品特点等，都可能给广告实施造成限制。比如，一份广告策划十分优秀，但预算经费100万元，企业只能承受50万元，那么这份广告策划是无法实施的。因此，选择广告战略必须充分考虑其实施的现实可能性。常见的情况有以下3种。

(1) 产品生产周期较短，波动性较大，或者企业本身资源能力有限，活动范围不大，属低位次企业。这种情况下，广告实施要力争既省钱又便于控制，不宜采用长时间的大规模宣传措施。广告的实施结果不是在较大或较多的市场上去占有较小份额，而是要在较小的细分市场上或少数几个市场上获得较高的市场占有率，即以追求市场占有率为重点。据此，广告实施宜采用集中方式，即针对一个或少数几个细分市场，调动各种广告宣传方式与手段。与此相应的广告战略，应当是密集性战略。

(2) 小批量多品种生产的企业，必然实行多渠道销售，通过市场细分，每个目标小而具体，可以增加对市场情况的认识深度，根据每一个细分市场的特点，灵活机动地制订不同的市场营销计划。针对各个细分市场之间的差异。广告的实施要采用不同的宣传内容和主题以及不同的媒体与手段去迎合各种类型的消费者，以多种劝说方式推销多元化的产品。与此相应的广告战略，应当是差别性战略。

(3) 几乎是独家经营某产品的企业，或者是生产消费者选择性不大、需求弹性较小的产品（如日用品）的企业，或者是实力雄厚、竞争力较强的企业，它们推销大众化产品和处于成长期的生命周期较长的产品，其广告的实施一般采用统一的广告宣传内容与主题，只管需求的共同点，不管其差别点，而且在广告文字、形象方面力求大众化，选用大众媒体为主。与此相应的广告战略，应当是无差别性战略。

上述密集性、差别性、无差别性3种广告战略，都是从广告的实施方面着眼而选定的。比较而言，密集性战略适宜大型企业或有实力的中型企业采用，以求向经验性广告策划过渡。差别性战略涉及的宣传形式复杂，难以把握，但针对性强，效果明显，适应消费者需求个性化的总趋势，因而将越来越受到普遍重视。无差别性战略追求广告形象、广告口号，重点是长期稳定性、连续性、统一性，因而易于把握，但预算经费数目庞大，应变性也较差。

5.4.3 广告战略策划中常见的问题

1. 定位不准确或广告诉求主题过多

广告定位即广告给产品设定什么样的位置，突出宣传产品哪一方面的特点、功效及优势，能解决消费者哪些方面的问题等。广告应尽可能地创造出产品在市场上有别于竞争对手的独特定位。

广告要明确地告诉消费者产品优势与具体定位，提高效率、突出重点的同时还要节约成本。针对消费者的心理研究表明：人们在观看广告时只选择性地注意很小一部分与自己的需求或兴趣有某些联系的信息。所以，过于复杂的广告诉求很难有好的效果。

2. 广告策划缺乏创意、过分创意或盲目创意

不少广告策划平淡无奇、千篇一律，毫无创意可言，因此根本无法吸引消费者。创意被称为广告的灵魂，广告创意的生命在于"创"，一个好的创意可以提高消费者对广告的记忆度和关注度，最忌人云亦云，模仿抄袭。

相反，有些广告为了吸引消费者的注意力，过分创意，忽略了产品本身，以至于消费者记住了广告的故事、情节、表现手法，却忘记了产品，更不要谈产品的独特卖点和其他因素了。这样的广告出力不讨好，对企业来说更是致命的。事实上，广告创意应该与产品相吻合，并不是所有产品的广告都需要过度地吸引人注意。对于一些极度理性的产品，就应该采用理性诉求的广告手法。哗众取宠地吸引消费者注意力，只会浪费金钱和时间。比如，药品本身是一个理性产品，而且受众性很强，只有当消费者出现某种病症或者得到医生推荐的情况下，才会去注意该药品的广告，但现在很多药品类广告，企图用一些感性诉求的方式去影响消费者，却忽略了介绍产品本身的药效，得不偿失。

3. 广告策划与媒体策划不匹配

媒体是广告信息传播的载体。广告要通过一定的媒体才可以表现出来，在媒体选择上，要根据每种媒体的长处和短处，将两种或两种以上的媒体组合起来使用，发挥其优势，克服其弱点，才能使广告达到最佳效果。如果采用错误的媒体去传递广告信息，就无法将信息全面地传达给目标受众，说服目标消费者来购买产品的目的也不能实现。

在媒体投放上，也要注意时机的把握。在适当的时候做适当的事，时机把握不当，就会花大钱办小事。虽然不分时机的广告轰炸多少也能带动销售，但会造成广告成本的浪费。

单元训练和作业

1. 优秀案例赏析

花西子傣族印象系列：以花入妆，演绎东方大美。

如图 5.2、图 5.3 所示，2021 年，花西子以全新的"傣族印象"系列产品，向迪拜世博会提供东方彩妆及文化展示服务，向来自全球各地的友人展现中华民族之美。产品选取了傣族的经典花植——密蒙花、金钗石斛、七叶一枝花、莲花，以花养妆，复刻养颜古方，融合现代科技，打造妆养合一、内外兼修。这套傣族系列产品是对中国傣族灵美精神文化的探索，这是一种自然的、灵动的、自信的美。这份美，赋予传统时尚，从民族到世界，演绎中华民族的多元之美、传统工艺之美和意境之美。

【花西子"傣族印象"宣传广告】

图 5.2　花西子彩妆广告

图 5.3　花西子"傣族印象"系列产品

2. 课题内容

课题时间：4 课时。

教学方式：列举大量现实生活中各种媒介的广告策划案例，启发学生研究和讨论广告策划书的写作。

要点提示：重点掌握广告战略策划的内容和广告策划的创意办法。

教学要求：要求学生掌握基本的广告战略策划理论，熟悉不同条件下的广告营销策略，形成完整的理论体系架构；能紧密联系实际，初步学会分析案例，解决实际问题；能把理论学习融入对经济活动实践的研究和认识中，进一步提高分析、解决问题的能力和应用能力。

训练目的：主要讲授广告战略策划的基本理论、基本原理、基本策略和基本方法，使学生掌握广告策划与技巧，培养学生的创新能力和实践能力，为今后进一步学习和就业、创业打下坚实的理论基础，并能运用相关知识开展营销策划训练。通过理论教学与技能训练，培养学生创新精神，挖掘广告策划在学生就业、创业中的指导意义，让学生结合所学知识、运用市场学技能解决工作、生活中的实际问题。

3. 其他作业

欧莱雅公司的战略策略分析

(1) 概述。

依据欧莱雅公司在行业中的地位和影响分析其战略策略。简述公司的基本情况、历史沿革（主要归纳总结别人对该类题目的主要研究观点，500字左右）。

(2) 市场分析。

行业竞争的现状，市场容量。

主要经营的方式。

前5名的竞争对手。

(3) 欧莱雅的发展历程。

品牌历程划分及消费者购买行为分析。

消费群体分类分析。

(4) 市场定位与品牌定位。

如何细分市场，如何进行定位和目标市场选择，如何与竞争对手进行区分？

(5) 产品策略。

产品及产品组合采用何种策略？

(6) 分销渠道策略。

如何进行分销，有何特点？主要采用何种模式？如何管理营销中介？

(7) 价格策略。

采用何种价格策略，非价格策略应用情况如何？

(8) 促销策略与公共关系。

近3～5年主要采用哪些组合策略，最有影响的策略有哪些？

(9) 竞争策略。

主要采取何种竞争策略，有何优势？未来趋向如何？

(10) 主要结论与展望。

本次研究得出哪些主要结论，如进一步开展研究，还有哪些策略值得进一步研究？

4. 理论思考

(1) 消费者行为研究的内容主要有哪些？

(2) 简述产品成长期的市场特点、营销策略和广告策略。

5. 相关知识链接

李锰. 广告创意与策划 [M]. 哈尔滨：东北林业大学出版社，2019.

李东进，秦勇. 广告学 [M]. 北京：人民邮电出版社，2022.

第 6 章　广告创意策划

课前训练

训练内容：通过阶段式专题实验和相关的同步训练，引导学生掌握广告创意策划的基本原理和作业流程，指导学生运用理论知识分析问题，综合运用广告创意策划的具体方法与技巧解决问题，激发学生的创造性思维，使学生初步具有广告策划与创意的工作能力。

训练注意事项：建议每位学生根据主题目标，展开合理想象。

训练要求和目标

要求：学生了解广告创意的基本知识，熟悉广告创意的规律，掌握广告创意的原则和方法，具备相当的广告创意能力和独特的创新思维能力。

目标：通过本章的学习，使学生能够对广告创意的规律和原则有一定的了解，并且能够进行常规的广告创意活动，从而培养创新性、实用性广告人才。

本章要点

(1) 广告创意的基本角度。

(2) 广告创意的特征与内容。

(3) 广告创意的流程。

(4) 广告创意的方法。

(5) 广告创意的评价。

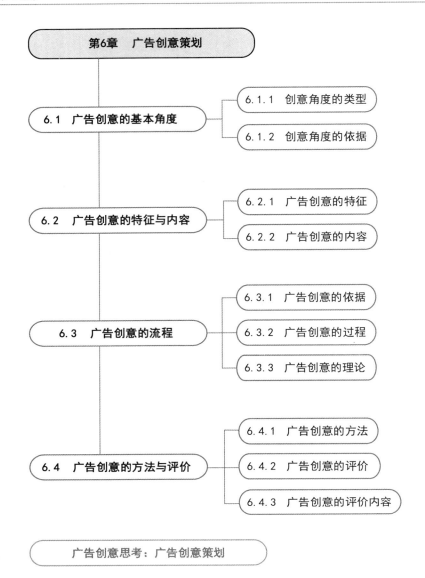

引言

创意是现代广告策划的灵魂与生命,在广告活动中具有举足轻重的作用。随着现代广告行业的发展,广告创意已成为现代广告学研究的重要课题。无论从广告战略的角度看,还是从广告创作的角度看,创意都是一种具有潜在号召力的活动。本章通过广告创意的含义、广告创意的角度、广告创意的特征与内容等关键点,全面揭示广告创意策划的过程。

当代市场经济条件下,广告已经深入人们日常生活的方方面面,而在每一个广告产生、传播之前,都必须经过细致缜密的广告策划。广告策划是策划者在充分考虑广告主、市场、受众等若干问题的基础上,有针对性地按照一定程序对广告活动的总体战略进行前瞻性计划的活动。当前,许多广告业发达的国家都建立了完善的广告运作体制,在这种体制下,广告策划成为主体,创意居于中心。缺乏创意的广告策划,广告主体就难以充分体现。因此,在广告界常以精彩的创意方案来展现广告人员的才华,广告创意在广告策划和广告活动中的重要性是不言而喻的。

6.1 广告创意的基本角度

广告创意是整个广告策划活动的中心环节，创意角度的选择直接影响了广告活动的成败。准确的创意角度是广告活动成功的良好开端和基本要求。反之，创意角度的偏差必然导致广告活动劳而无功，甚至失败。

6.1.1 创意角度的类型

创意角度可分为多种类型，常见的主要有以下 3 种类型。

(1) 广告策划者或设计者以自我为中心，从自身出发而选择的创意角度。这种创意角度把广告主、企业的产品及消费者的需求放在从属地位，一心想表现个人或团体的艺术才华，把广告当作艺术工具，把媒介或媒体当作展厅或表演舞台。从这个角度出发的广告创意，可能会产生较高的艺术价值和审美情趣，但更多的是给消费者一种纯艺术享受，至于能否吸引其产生购买行为，广告主的大笔广告投入能否产生预期的效果和回报，则难以确定。这种创意角度可能导致某个广告作品艺术表现手法的成功，同时也可能导致整个广告策划活动的失败。

(2) 以企业产品为中心，从生产厂家或销售商场的根本利益出发，站在经理、主管的立场上进行广告创意。这种广告创意致力于宣传本产品的真正价值，主要目的是向受众宣传产品的质量、功能、价格、特点。至于受众是否需要这些产品，消费者购买这些产品有什么好处，是否值得花钱购买等，则不得而知。确切地说，这种创意角度往往有利于该产品参加评优评奖活动，而不利于参加市场推销的竞争活动。例如现在很多电视产品促销广告一味强调"王婆卖瓜，自卖自夸"，忽视消费者的购买动机、购买利益，必然会招致消费者的反感。如果该产品不断地重复出现在目标市场内，敏感的消费者可能产生抵制心态，那么，由这类创意角度出发的广告活动必然会导致失败。

(3) 以消费者的需求利益为中心，从消费者的价值观念出发，站在消费者的立场上进行广告策划。这种广告创意的根本出发点是：如果消费者购买了产品，可以获得多少利益，可以得到多大的价值服务等。这类创意角度使消费者倍感亲切和温馨，主观上认为广告是同消费者站在同一立场上，为消费者谋取切身利益的，因而在心理上很容易产生"消费认同"感，也很容易接受广告宣传的观点和事实。这样，一旦他们经济条件允许并有实际需求，会毫不犹豫地选择购买，甚至有些勇敢的"探险者"，即使本无实际需要而为了夸示于人，也会率先购买试用。

因此，综合对这 3 种创意角度的理解，可以得出一个比较确切的表述：广告策划者或设计师在进行广告创意时，应保持与消费者完全一致的立场观点和观察角度。

6.1.2 创意角度的依据

从思维过程或制作流程上看，在进行广告创意之前，必须首先确定广告策划者或设计师的立场，以哪方面为出发点去设计，即广告的创意角度。广告创意作为一种承诺，它向消费者展示可获得的利益或实际价值，会因企业、产品的品质、功能、卖点、适应人群等不同而各有差别。但对其承诺的对象来说，却毫无例外，都是针对消费者和潜在消费者。从市场和销售的观念上来讲，广告创意的承诺对象是不能改变的。广告创意的内容要根据实际情况，在接受任务并与顾客沟通后再进行思维构想和灵感创造，而不是去套用模板。

创意角度不完全是心智的创造，也不是刹那间迸发的火花，而是基于一个广告人所必备的职业素质、理论修养和基本知识。因此，讨论创意角度的问题，必须进一步从理论上理解创意的依据，揭示其规律。

1. 增强品牌信任感

任何商业广告的最终目的都是吸引消费者的目光让其购买该产品。因此，首先要让消费者对该产品产生信任感，信任感的产生来源于广告宣传活动的诚意。如何才能让视听众感到广告宣传的诚意呢？最聪明的办法是，毫不隐讳地直接表明广告宣传的目的是销售。消费者如果对广告的宣传产生了"真诚""说实话"的感觉，就会在心理上接受广告的宣传，觉得广告宣传尊重他，没有欺骗愚弄他，进而对广告持一种"友好态度"，达到心理上的认同。

消费者本身是由社会各层中因某种需求而联系在一起的临时性的购买行为群体，他们除购买该产品之外，一般不会存在任何联系，尽管这一购买行为群体的性别、年龄、文化、职业等各不相同，但是他们都能敏感地意识到，广告就是为了让人们从口袋里掏钱买东西。美国DDB广告公司负责人伯恩巴克被广告界誉为当代最伟大的广告创意人物，他给后人留下一句名言："广告业界的任何人如果说他的目的不是销售，则他不是无知就是骗子。"因此，广告创意首先要考虑给消费者留下一个"真诚"的印象。

广告是为了销售，公开地承认这一点，就等于公开表明了广告的诚意。相反，玩弄花招，灌输虚假口号，诱使消费者接受"我们不是为了赚钱，而是为了给您服务"这类宣传而让他们花钱购买产品，是十分愚蠢的。部分消费者看到或听到这类隐瞒销售目的的广告时，会产生厌恶、反感的心理，会对产品的宣传和产品的品牌不信任，产生不购买的行为。所以，从理论上来说，为了向消费者表明诚意，获得消费者的支持，必须从消费者的立场出发确定广告的创意角度。

2. 强化销售信息

广告心理学的研究表明，每一则广告都有明确的目标，都要向消费者传达某种销售信息。例如，使消费者注意新的品牌，记住已有的品牌，说服消费者改变对某一品牌的态度。作为广告策划者或设计师，销售信息的表达必须符合各类目标所必须遵循的心理法则或规律，同时希望这种销售信息能够快速有效地指引或引导消费者，并使其产生心理上的共鸣，以达到广告宣传的目的。消费者在接收广告信息后，一般会产生如下心理过程。

(1) 引起注意。这种心理反应一般不易消失，它贯穿于广告心理过程的始终，是维持并保证其他心理反应进行和深化的前提条件。

(2) 产生兴趣。在广告所传达的销售信息产生之后，如果触及到消费者的"利益点"，他们会积极主动地去认知广告所宣传的内容，对广告的销售信息产生兴趣。这种兴趣会引导消费者去了解商品用途和效益。

(3) 衍生欲望。欲望是购买行为的原始动力。消费者因兴趣、爱好的推动，心理过程的发展，确认广告销售信息中的某个利益点，于是由兴趣演变为对产品的占有欲望，即对该点利益的需要。

(4) 坚定信念。消费者对产品产生需要感和强烈的占有欲望之后，接着进行购买决策的心理活动过程。在购买行为的心理决策过程中，消费者会理智地、冷静地、客观地分析评价广告销售信息的可信度，产品的优、缺点及购买行为所产生的利益程度。当他确认销售信息可靠，产品经济适用时，决定"应该买"或"可以买"。这时，购买欲望经过反复审慎的心理评价之后转变为信念，即对广告销售信息、产品品质及利益程度都建立了不再动摇的信念。

(5) 购买行为。在这一阶段，只要没有其他信息干扰和冲击已有的信念，那么这种信念会长时间保存。随着思想意识的稳固，消费者只要条件方便，即会产生购买行动。

从理论上来说，消费者比较重视销售信息的传达，它是视听众心理认知和心理评价的焦点。而销售信息又是广告创意内容的基本构成部分，因此，广告创意除了从内容上考虑外，也必须从消费者的角度考虑。

3. 激发购买欲望

消费者有了购买的需要和欲望，并不一定马上采取购买行为，也不是必然购买这种商品。在需求欲望和购买行为之间，还有一个"桥梁"，这就是价值比较过程。根据购买与销售原理研究，消费者的价值比较过程如下。

首先，消费者要知道商品的价格。价格是消费者为了取得某种商品或劳务所必须付出的金钱款额计算标准，不按价付款，就不能取得或不能全部取得该商品或劳务的承诺利益。了解市场价格，是为了计算出购买该商品或劳务要支付多少钱，即要付出多大的代价。

其次，消费者要知道购买了这一商品或劳务之后，它能给自身带来多大的利益和价值。价值在这里指带给购买者的利益的强度，价值是进行比较的结果，通过对一件商品与另一件商品的对比可以得出哪个更具有价值。每位消费者对商品的价值都有不一样的理解，比如在冬季，一件厚厚的羽绒服对生活在哈尔滨的居民来说非常有价值，而对广州的居民来说则可能根本用不着。因此，这种价值的相对性，主要由消费者比较评估而决定。

另外，消费者还要知道，购买这一商品或劳务后，自己能获得多少实际利益。这种实际利益的计算，实质上就是进行价值比较。在购买行为发生之前，消费者还要进行购买决策。消费者购买决策是指消费者在购买动机的支配下，从两件或两件以上的商品中选择一件满意商品的过程。一方面，对于商品或劳务提供给自己的价值做一个估算，另一方面对自己将支付的金钱也做一个价值估算。它是购买过程中最重要的组成部分，反映了消费者的购买动机。根据消费者的主观感受进行估算的结果，主要有以下3种。

(1) 按价格支付金钱的价值等于商品或劳务带来的利益。

(2) 按价格支付金钱的价值小于商品或劳务带来的利益。

(3) 按价格支付金钱的价值大于商品或劳务带来的利益。

4. 影响购买行为

消费者购买行为受消费者偏好、购买能力和购买意愿的影响，而消费者的购买偏好和购买意愿是由消费者的性格和对相关产品的态度共同决定的。从企业营销的总体战略来看，降低价格吸引消费者只是在某些场合下可用的临时性措施，而不是根本大计。俗话说"江山易改，本性难移"，可见性格一旦形成，就很难改变，而消费者对某产品的态度会随着消费者的认知程度的变化而变化。根本大计是通过企业的销售方式和产品特点保障消费者的购买利益得到切实兑现。而在消费者未发生购买行为之前，则只能通过广告宣传使消费者确信其购买利益必将兑现。在这里，广告的成功与否直接关系到消费者购买行为是否发生及发生的频率。

要使广告有效地影响消费者的购买行为，就应该使广告能有效地影响消费者的态度。消费者态度可分为以下3种。

(1) 以认知为基础的态度。根据相关事实而形成的态度。

(2) 以情感为基础的态度。根据感觉和价值观形成的态度。

(3) 以行为为基础的态度。根据人们对某一对象所表现出来的行为的观察而形成的态度。

以行为为基础的态度是一种尝试后的态度，并不是广告所要影响的，广告的作用是让没有使用过该产品的人来购买产品，是一种事前影响消费活动的行为。因此主要影响以认知为基础的态度和以情感为基础的态度。以认知为基础的态度的改变是要给消费者树立一种意识,即使消费者认为消费某种产品是合理且应该的。例如,奥利奥广告语"扭一扭,舔一舔,泡一泡"突出了产品的口感和互动性,通过形象化的语言让消费者更加深刻地体验到奥利奥的特点,增强了对品牌的认知和记忆。此外,奥利奥还创新地将饼干和音乐结合,设计了可播放音乐的饼干唱片,让消费者在品尝美食的同时,感受到品牌的趣味和创新,进一步加深了对品牌的印象和认知(图6.1)。

图6.1 奥利奥广告

6.2 广告创意的特征与内容

所谓广告创意的特征,指广告创意具有足以体现广告活动的某种规律性的共同特点。优秀的广告创意,就其对表现手法的设想而言,可有多种角度,但是就其创作目的和利益承诺对象而言,却只能有一种角度,即消费者的角度。这说明优秀的广告创意,有一个把握共性和表现个性的问题。

6.2.1 广告创意的特征

广告创意主要有4个特征。

1. 单纯主题构想

单纯主题构想是指整体创意完全围绕着一个主题进行构思,不允许多余的概念介入,以免造成干扰,冲淡主题效果或给人造成散乱的印象。单纯主题显得清晰、明了、鲜明、突出,容易给人留下深刻的印象,并有利于这种印象的长久保留。同时,它有利于在设计作品时提高技术成分的表现效率,使表现技法达到简洁明快的效果。

2. 新颖表现方式

新颖是精彩的必要前提。在广告宣传商品的优点和功能的同时,能给消费者的生活带来何种改观,能给消费者带来什么利益,所有这些,都必须通过一定的表现方式才能传递给受众。表现方式越精彩,其传达功能就越强烈,传达效果就越好,给受众的印象也就越深刻。从心理学角度来说,直觉刺激越强烈,印象就越深,记忆就越容易巩固。将生活中很寻常的事物,以精心设计的表现方式传达给别人,给人以崭新的感觉,使人难以忘怀,这是一切优秀广告创意都努力追求的。

3. 确切广告形象

任何广告作品都要确立一种广告形象，包括文字的、声音的、图形的形象。一方面，广告形象包含特定的传播内容和传播方式，使消费者轻易就可以识别，使竞争者无法模仿或不便模仿。另一方面，广告形象与其所宣传的产品或劳务必须相吻合，即广告创意所构想的广告形象在"性格"上要与广告策划中所确定的产品的"性格"相吻合。优秀的广告创意，总是力求让构想的广告形象既能淋漓尽致地表现产品的性格，又足以流传千家万户，妇孺皆知。广告形象构想的确定性和贴切性，是广告创意的重要特征。

4. 自然情感效应

优秀的广告创意，无一例外地避免用硬性的或牵强附会的推销表现去劝说消费者，而是力图在亲切感人的气氛中含蓄地劝说消费者，使其在欣喜愉快或感动的情绪中自然而然地接受广告宣传。在广告创意中，应对这种情感因素所引起的消费者的反应进行预先估计，还应对如何利用情感因素去最大限度地打动人心进行构想，这就是所谓的情感效应构想。情感效应构想要亲切自然，牵强附会无法打动人心，矫揉造作也会失去消费者的信任，导致"虚情假意"的负效应。合情合理、和谐自然的情感效应构想，是优秀广告创意的又一大特征。例如，全棉时代曾经发布过一个以母亲视角为主题的宣传片，其中的情感表达非常精准，话术非常规范。宣传片中，温馨的画面搭配上温柔的女声，生动地表达了妈妈对孩子的深深爱意，同时也传递了全棉时代与母亲一同陪伴孩子成长的核心理念。

很多品牌会选择以讲述暖心故事、主打温情牌的广告方式来打动消费者，自然而然地通过故事形式展现产品卖点。基于荣耀品牌的人文关怀属性和社会责任感，该品牌将大环境中的小细节作为切入点，以亲子关系为传播突破口。品牌通过观察，发现缺少陪伴的小孩总是希望能引起大人的注意，但他们的行为目的不止于此。随着儿童的成长，他们也会用自己的方式向父母表达爱意。该品牌从孩子的视角来呈现他们对于陪伴和爱的理解，同时展示荣耀系列手机注视屏幕减弱来电铃声的功能，以引发消费者的共鸣。

广告创意的四大特征是相辅相成的。对具体的某一广告创意过程来说，可能有某些特征比较突出，而另一些特征则比较隐蔽，但从广告创意的普遍规律性意义上来说，它们是相互联系、有机配合的，不能把它们分割开来。

6.2.2 广告创意的内容

讨论广告创意的内容，首先要对"广告内容""广告设计内容""广告创意内容"三者加以区分。广告内容是指具体的广告作品所宣传的内容，比如商品的名称、性能、功用、品质等，对消费者的益处以及价格、购买方式等有关销售的具体事项。不同的广告作品，其宣传推销的商品或劳务不同，广告内容也各不相同。广告内容所告知的具体事项是无法罗列穷举的。可以说，它触及社会生活的各个方面，几乎是包罗万象。

广告创意的内容是指有效沟通消费者的构想方案。由于目标市场的情况变化以及商品与消费者之间关联因素的变化，为了有效地沟通消费者，需要构想多种构思方案。广告创意的成果自然是千姿百态，异彩纷呈。但是，所有的优秀广告创意，就其内容来看，又都有同样的核心，即沟通消费者的构想方案。

对于如何有效沟通消费者的构想方案，可以从以下3个方面去理解。

1. 广告信息传递的方式

信息包含着对产品或劳务的真实介绍及对消费者的利益承诺等。广告创意将信息加工处理并构想有效的传播方案,最后经由广告作品和传播媒介送达消费者,实现沟通。对于某一个广告创意来说,只能选定某一标准下的某一个或几个信息目标,但是对于所有的广告创意来说,却必须对上述目标逐一进行考虑,因而上述的信息目标便成为广告创意的理论上的内容。

(1) 信息主题发掘。以调查素材为基础,提炼出一个凝聚性的意义核心,这个意义核心用最简洁的形式表达,表达所做的陈述在字面意义上要符合商品特点和消费者需求特性,陈述在深层意义上是利益承诺。

(2) 信息表达形象化。进行创造性艺术构思,塑造典型形象(包括视觉形象、听觉形象、文字形象等),并用以传达信息。

(3) 媒体适应措施。广告媒体确定之后,信息通过媒体进行传达,信息策划必须首先考虑如何适应媒体特性要求的问题。

(4) 信息传播策略。为了让消费者更好地理解和接收信息,必须考虑策略问题。根据目标市场情况,可选用理智性策略、情感性策略或者二者相结合的综合性策略。

2. 广告创意要素的巧妙组合

在广告初期获得大量的资讯材料之后,对这些资讯材料进行分析研究,便可得到市场原有的广告创意各种要素。各种要素之间存在各种各样的关系,这些关系把各种要素联系在一起,构成了现实的市场格局。比如,本产品正在行销,具有高品质,拥有喜爱高品质特性的顾客;另一同类产品虽无高品质,但具有多功能,拥有喜爱多功能特性的顾客。两种产品之间存在竞争关系,每种产品特性与它所拥有的顾客需求特点之间,存在和谐适应关系。为了取得竞争的优势地位,双方都力图打破现有的市场格局,比如改进产品,促使潜在消费者发生购买行为等,于是市场格局发生波动性变化,出现新格局。

市场格局的变化,除了受新的科学技术应用的影响,一般情况下还由市场各要素之间关系的变化而引起。因此,通过市场原有要素的重新组合而引发市场要素关系的变化,可以导致市场格局的波动性变化。

根据这个原理,广告创意就是要对市场原有各种要素进行重新组合,以及对市场原有要素间新关系的产生进行构想。比如,洗发水在市场上的功能主要是清洁、去污、去油等,而护发素的功能则是滋养、保护头发。广告创意师和产品开发者可以将这两个功能相结合,使得消费者能够在清洁头发的同时,也能够保护头发免受损伤,从而建立起全新的产品关系。这样的结合不仅提升了产品的价值,也使得消费者能够更加方便地获得头发护理的全方位解决方案,从而提升产品的竞争力。

3. 从创作角度理解广告创意

广告创作的观点认为,所有的广告策划活动,最终都必须落实到广告作品。广告作品的创作,必须考虑主题、方式、形象、情感等几个基本方面的要求,否则难以构成完整的广告作品,因此,广告创意作为广告创作的中心环节,其内容由以下几方面决定。

(1) 题材选择和主题构想。比如作为体育用品品牌的安踏,选择商品性格为题材,以专业运动员为切入点,在广告中展示不同运动场景下的安踏产品,如篮球鞋、跑步鞋、羽毛球鞋等,并突出其动感、舒适等特点。广告展示了运动员在比赛中穿着安踏鞋的精彩瞬间,彰显了安踏的品牌形象。

(2) 表现方式构想。必须突破常规、力求新颖,比如汽车品牌经常用创意广告来突出其品牌功能。大众汽车广告巧妙地运用视频播放器的元素,将视频进度条模拟成道路,通过声音和视觉的精准传递,将汽车的性能传达给消费者。在网站上,该广告的模拟声音和视觉效果优于实景广告,提供了更好的真实度体验。这个视频向消费者精准地传达该品牌汽车的性能,用声音和视觉呈现一支"真实"的广告。

(3) 广告形象构想。比如，河南省政府重点打造的宣传片——《老家河南》在中央电视台播出后，对河南省在全国旅游市场的开发和国际市场的影响力提升都起到非常积极的推动作用。在恢宏大气的音乐中，古都安阳、洛阳牡丹、龙门石窟、少林寺、云台山等一系列代表河南文化、中原风光的城市、景区依次展现，在该片的结尾处，"新乡万仙山"雄浑壮阔的太行风光给人留下了深刻的印象。

(4) 广告情感效应构想。利用节日进行情感的诉求表达是一种很普遍的广告形式。如科大讯飞的新春广告《A.I. 时间制造局》讲述家庭、时间与爱的故事，选取4种家庭关系，传递爱与陪伴。广告通过祖孙三代冲突，投射出代沟、隔代亲、家庭分工等社会问题，引发受众思考，传达人工智能产品高效工作学习、鼓励回归家庭的品牌理念，为品牌注入人情味，凸显品牌情感温度与人文关怀。

从广告创意的规律性来看，所有的广告创意在内容上都必须进行这4项构想。"信息策划"是构想方案，重新组合旧要素也是构想方案，总之方案越能有效地与消费者沟通越好。

6.3 广告创意的流程

现代广告创意应建立在广泛而准确的统计资料的基础上，再由广告人进行形象的再创造，即先确定说什么、对谁说，再确定如何说。具体地说，广告创意是内容与形式的统一体，它产生于广告公司内部营运流程的终端。这种分而合的广告创意模式，同计算机的运作模式一样，所有工作都是有序的、受人的理智控制的，因而又是能动的。它最明显的特征是人的智慧的联网，形成最有效的信息收集与分析系统。

6.3.1 广告创意的依据

广告创意是非常复杂的智力活动，其过程受主、客观等诸多因素的制约和影响。相对于广告人的其他因素，即商品、消费者和竞争对手广告，均为广告创意的客体，是广告人进行分析研究的对象，也是广告创意的依据。

当前社会对广告创意容易产生两种误解：一是误认为广告创意的产生只是简单地形成构思即可；二是误认为广告创意是单凭灵感、不可捉摸的主观臆想。

广告创意不是简单构思，它是整个广告策划系统工程的一个重要环节。它不仅要研究大量的市场调研资料，而且要与广告策划的其他环节相协调，同时还要运用广告学理论知识，了解类似环境下广告业界创意实践的历史等。特别是要进行创造性思维训练，避免抄袭与模仿，提高创新意识。在广告铺天盖地的情况下，要突出特色、取得成功，简单构思是绝对不够的。所以，从宽泛的意义上来说，广告创意的依据是创意者平时一点一滴所积累起来的全部知识和创意过程中所有可能获得的知识，以及创意者本人的综合素质与实践经验的积累。

广告创意不是主观臆想，而必须依照事实，不偏离广告策划的整体框架。从严格的意义上来说，事实和框架才是创意的依据。

"框架"是由广告策划总体规划确定的，诸如广告对象、广告战略的总体思路、产品的定位及广告预算方案等，构成了总的框架。广告创意应依照框架的限定，沿着战略大方向进行。单凭主观臆想，或许可能产生新奇的念头，但那是无缰的野马，任意狂奔，不可能成为某一特定广告活动的创意环节。

"事实"是客观存在的，比如市场情报、信息、消费者资料及有关本商品或劳务的各种真实情况等，都是创意所必须尊重的事实。离开事实虚谈广告创意，要么是主观臆想，无的放矢，要么是凭空捏造，损害广告的真实性。偏离目标的广告和失真的广告，其结果都会导致广告活动的失败。有的广告学专家甚至强调"事实是广告的生命"，可见对广告创意来说，以事实为依据是何等重要。

6.3.2 广告创意的过程

某种商品与其消费者之间的特性关联是创意过程中极其重要的因素。抓住了这种特性关联，就等于找到了说服、打动、吸引消费者和潜在消费者购买该商品的好办法，创意的好点子也会随之产生。广告创意的流程如图6.2所示。

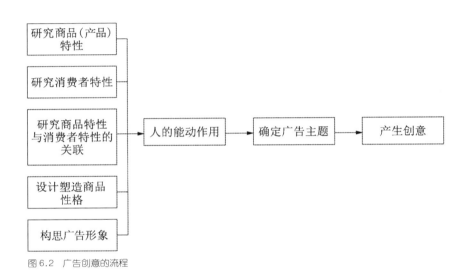

图6.2 广告创意的流程

1. 研究商品（产品）特性

创意过程对商品特性的研究，其兴趣和注意力不是放在对该商品的情况介绍上（如产地、型号、功能、操作方法或商品说明之类），而是要放在"它为消费者提供什么"这个问题上。

一般来说，商品有以下3类。

（1）提供维持人的肉体生存所必需的基本条件的商品，比如大米、面粉、土豆、鸡蛋、白菜等，就是这类商品。

（2）提供人们满足感的商品，比如戒指、耳环、领带，没有它们，人的生存丝毫不受威胁，它们也不能提供人体必需的养分。人们购买它们，是因为它们可以提供人的身份感或服饰方面的满足感。

（3）既提供生存必需的条件，又提供满足感的商品，比如一件高档衣服、一双高档皮鞋、一套装修舒适的住宅等，既可提供实用性功能，又可提供服饰上、身份上等方面的满足感。

这些说法表明，人们对一种商品能提供舒适感是时刻关心处处注意的，而且通常会对所接触的商品进行这些方面的评判。

对于上文所述的前两类商品，一般容易判断，难以判断的是第三类商品，尤其难于判断它们主要提供什么或对于某一类型的消费者主要能提供什么。而第三类商品恰好又占市场商品的大多数。所以创意过程中的困难，首先在这里表现出来。为了摆脱这种困境，仅从商品特性方面去研究，显然已经不够，必须研究消费者特性，以求获得印证或启示。

2. 研究消费者特性

这种研究的重要意义在于人们的生存必需条件差异较小，容易把握，而人们的满足感差异极大，很难把握。受众具有什么样的满足感，一方面受社会文化因素的制约，另一方面又受个人购买决策的制约。例如，《中国辣度》美食广告 IP 结合了中国人喜欢吃辣的特点，通过研究消费者特性，发掘了中国人对辣味的喜爱与情感共鸣，将其转化为品牌文化，推出了"中国辣度"关键词，并通过《中国辣度》美食广告 IP 的长线打造来呈现饿了么 × 口碑的中华饮食文化。在海报设计上，强调辣味的必要性和生活联系，突出手绘风格和生动演绎，体现了品牌情感温度和人情味（图 6.3）。

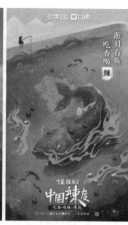

图 6.3 《中国辣度》海报

对于一种商品来说，研究消费者特性可以获得或确认某一种事实，根据这种事实，可以识别该商品最主要的可能顾客。"可能顾客"是指根据事实而预测将会发生购买行动的那些潜在消费者，"最主要的"是指购买行动会长时间多次发生。识别该商品最主要的潜在消费者，也就确定了广告创意主要针对这一群人去进行构思。广告创意所要考虑的不是沟通所有的消费者，而是沟通"最主要的潜在消费者"。

【广告片《中国辣度》】

3. 研究商品特性与消费者特性的关联

商品特性是复杂多变的，因为每一种商品都不是单从一个方面提供生存必需条件或满足感，而是从多方面提供生存必需条件和满足感。

4. 设计塑造商品性格

品牌个性是在品牌定位的基础上创造人格化、个性化的品牌形象，用以识别某个销售者或某群销售者的产品或服务，并使之与竞争对手的产品或服务相区别。它代表特定的生活方式、价值观与消费观念，目的是与目标消费者建立良好的情感关系。作为产品的感性形象，品牌个性所倡导的生活方式既要与产品的特色相适应，又要能引发目标消费者心理上、情感上的联想，如热情奔放、休闲安逸、浪漫情怀等，目的是激起消费者的购买欲望，此时的产品已不仅仅是某种具有自然属性的商品，而是一种有生命、有个性的东西，是消费者生活中的一个好朋友。一个品牌必须具备一定的内涵，否则它只是一个名称而已，不能带来其他的附加价值，也不能带来良好的经济效益，从而使品牌失去意义。

随着科技的进步和社会的发展，同质化的产品逐渐让消费者不再像过去那样只在乎产品的功能性，而是转向超出功能需要的感性价值，这就势必要求商家打好品牌这一战，让消费者对其品牌产生良好的印象，并成为该品牌的忠实消费者。因此，品牌的重要性日益彰显出来，企业的战略也随之转移到差异导向化的品牌传播上来，并期望通过广告宣传等手段建立良好的、有独特感性利益的品牌形象，以吸引消费者来购买。可口可乐品牌之所以百年不衰，就在于其对品牌的不断完善和不断注入新的血液，不论包装还是理念的塑造，皆随着社会的进步而改进。

品牌个性是适应市场发展趋势的企业核心竞争力。竞争战略必须从决定企业吸引力的竞争规律中产生。在任何行业，无论是在国内还是在国外，无论是生产一种产品还是提供一项服务，竞争规律都寓于5种力量之中，即新竞争者进入、替代品的威胁、买方的讨价还价能力、供方的讨价还价能力及现有竞争者之间的竞争。在传统意义上，这5种力量决定了企业的盈利能力，其原因是它们影响了行业内的价格、成本和企业所需要的投资，进而影响投资收益率。这5种力量更多地表现为物质性和地域性，即在某一地区范围内呈现某一商品的物质成本与价格优势或缺陷。显然，随着经济的发展和消费意识的改变，这5种力量的影响强度在慢慢削弱，企业转向以品牌获利的机会在迅速增大。在市场中，消费者从原来注重物质消费，转向注重物质与精神并重甚至精神第一，而且各个企业之间，由于技术生命周期的缩短使得产品之间并没有明显的区别，从而使消费者摒弃了理性而选择感性，并依据各企业的品牌吸引力去选购产品。由于品牌具有极强的市场穿透能力，从而使竞争力突破了物质性和地域性的局限。一旦一个企业拥有强势品牌的优势，传统的这5种力量的竞争就显得软弱无力或者微不足道。

5. 构思广告形象

商品特性是商品本身所固有的，是一种无法改变的事实。任何广告作品都要确立一种广告形象以区别于其他同类作品，包括文字、声音、图形等。广告形象包含着特定的信息和传播方式，是经过创造性的构想而确立的。一方面，广告形象必须是确定的、容易让消费者识别并使竞争者无法模仿的；另一方面，广告形象必须与其宣传的品牌特性相吻合。或者说，广告形象应成为表现品牌个性的形象。创意人员不能把商品性格变成商品特性的介绍翻版，而必须根据上述的关联关系，创造性地构想商品性格。商品性格应当能对消费者起暗示、引导的作用，是新颖独特的。优秀的广告创意能给特性普通的商品赋予独特鲜明的性格。

为了便于消费者认识和接受一种商品性格，需要把这种商品性格加以形象化，通过广告形象来揭示该商品能为消费者提供什么，哪些方面值得消费者关注等。因此，构想形象是广告创意过程中不可缺少的环节。

例如，在麦当劳广告的"婴儿"篇中，一个躺在摇篮里的很惹人喜欢的婴儿，一会儿笑逐颜开，一会儿哭哭啼啼。当摇篮悠起来靠近窗口的时候，这个婴儿就高兴地露出笑脸；当摇篮悠下来的时候该婴儿就哇哇大哭。这一过程反复持续了多次。这是怎么回事？当广告的镜头移向窗外的时候，我们才恍然大悟：原来婴儿是因为看到金黄色的"M"标识才欢笑起来。麦当劳的品牌个性体现在它那金色的双拱门标志。强化这个标识的吸引力，理所当然地成为麦当劳与消费者沟通的重点。

综上所述，现代广告创意流程是以市场为目标、以消费者为中心，为企业的战略目标服务的艺术表现手法。它是在广告策划全过程中确立和表达主题的创造性思维活动。构想形象完成后，广告设计制作人员便可以据此进行具体的技术操作，考虑作品的布局和艺术表现等问题，再进行新的组合，直到创意脱颖而出。

6.3.3 广告创意的理论

詹姆斯·韦伯·扬是举世公认的美国广告界泰斗。他从事广告工作60余年，不仅广告实务成就举世瞩目，而且专业研究深邃，著述甚多。他在1960年发表的《产生创意的方法》中提出了"产生创意的5个阶段"的著名理论。这一理论中所提出的"5个阶段"是：①收集原始资料；②消化资料；③深思熟虑，顺其自然，抛开问题，任其在潜意识中酝酿；④实际产生创意；⑤发展评估创意使其能够实际运用。

创意过程是客观的，无论进行多少项创意活动，都要经历大致相同的过程，因为创意者能力的差异，或者知识结构不同，可能某些环节会一闪而过，而某些环节却要花费很长时间。对创意过程只有加以描述，不能临时变换。创意过程有"客观性""单一性""描述的一致性"。

创意方法不是从客观性去考虑，而是从科学性、适用性、有效性方面去考虑。过程无所谓好坏，而方法则有优劣之分，可见创意方法带有很强的主观性。创意方法不限于一种，可以采用多种方法进行。另外，方法虽然也可以加以描述，但描述的结果却不一样。假设有10位创意人员，他们对创意过程的描述结果应该是大体一致的，而他们对创意方法的描述结果，却可能是各有一套，甚至是10种不同的结果。简单概括起来，创意方法有"主观性""多样性""描述的差别性"。

创意过程和创意方法还有一个重要区别：创意过程可以"遵循"，但不能"使用"，而创意方法则具有"可使用性"和"效果的可检验性"，在实际构思过程中应区别对待。

6.4 广告创意的方法与评价

詹姆斯·韦伯·扬认为："创意不仅是靠灵感而发生，纵使有了灵感，也是由于思考而获得的结果。"创意是从"现有的要素重新组合"而衍生出来的，创意并非天才的专利。

6.4.1 广告创意的方法

现代广告学趋于成熟，对广告创意方法的研究也比以前更加深入。然而，历史上的经典广告理论，引导许多人获得了广告事业的成功，并为广告理论新发展奠定了基础。

1. "五步骤"创意法

这种创意方法的要点如下。

(1) 收集原始资料，包括解决眼前问题的资料和平时不断积累储存的一般知识资料。

(2) 用心智去仔细检查这些资料。

(3) 深思熟虑，让心智的触角到处触试，把一件事反复从不同角度、用不同的见解和不同的方式加以观察；然后记录忽隐忽现的、不完整的创意片段；再使大脑处于完全轻松不问正事的娱乐状态，让心智在下意识中自然而然地"消化"材料，寻求相互关系并进行汇聚组合。

(4) 在一段休息和放松之后，创意产生。

(5) 认真工作，使新生的创意完善并最后形成；然后征询意见，完成适应性部分，把它发展成能够实际应用的创意。

心理学家在研究人的思维规律时，曾进行过开关电灯的实验，实验对人脑中新联系形成的神经动力机制进行了观察研究。结果证明，人有一种特殊形式的思维活动——想象。想象是在头脑中改造记忆中的形象而创造新形象的过程，也是对过去经验中已经形成的那些暂时联系的形象再进行新的结合的过程。这个过程，是由大脑皮层内部机能之间的相互作用促成的。

心理学研究还证明，在创造性思维过程中，新形象的产生带有突然性。在一段紧张工作之后适当休息或转换活动，可以使思路开阔，有利于想象的发挥和创造性假设的提出。

拿心理学研究的这些成果来评判詹姆斯·韦伯·扬的"五个阶段"理论，可以看出，他的理论不仅站在坚实的科学基础之上，深刻洞察人的创造思维能力的奥秘，而且密切结合广告创意的实际，深入创意的核心，令人信服地提出了一种组合旧要素产生新创意的有效方法。

"五步骤"创意法的价值，不仅在于它细致中肯地叙述了广告创意的一种有效方法，并且具有经典示范性质，更重要的是，它明确表达了一个思想："知识是杰出创意思想的基础，但不止于此，知识必须经过消化，最后以一种鲜活、崭新的相互关系与组合出现。"这一思想对于人们掌握正确的思想方法具有持久的、普遍的教育意义。

2. "二旧换一新"创意法

"二旧换一新"创意法严格来说并不是专门针对广告创意方法而提出的，它只是在研究人们心智作用对创意的影响时提出的一种构想。但是由于这一构想被描述为"创意的行动""解放的行动""以创造力击败习惯"，实际上对创意的构想和发展影响很大。可以理解为两个原有的相当普遍的概念，或者两种想法、两种情况甚至两个事件，将它们放在一起，甚至将两个完全相互抵触的想法放在一起，结果得到一个以前未曾考虑过或根本未曾想到的新组合，这个新组合就是"二旧换一新"的结果，它会导致一个创意的新构想。

鸡蛋，人们都非常熟悉。把它作为创意的元素可以形成怎样的组合？维珍航空公司的广告创意带给人们意外的惊喜：在飞机场的行李输送带上，与各种行李放置在一起的是一盘盘鸡蛋。一盘盘摆放整齐、完好无损的鸡蛋上粘贴着醒目的标签："由维珍航空托运。"在此，鸡蛋是易碎品的象征，易破的鸡蛋经过维珍航空公司飞机的长途飞行，最后毫无损伤地出现在行李输送带上，航空公司货物托运的安全可靠、值得信赖则不言而喻，这个创意让人过目不忘、印象深刻。在这个绝佳的创意中，易碎、不好搬动的鸡蛋与航空公司安全可靠的货物托运组合在一起，极好地凸显了广告主题，完成了利用人们几乎熟视无睹的元素形成让人耳目一新的广告创意的思维飞跃。

"二旧换一新"创意法的主要价值在于，能使创意者把各种不相关的甚至相抵触的事物经过冲突组合而产生另一个吸引人的创意构想。它的科学性同样可以从心理学关于想象和创造思维方面的研究成果中得到证实。

3. 水平思考法

英国心理学家狄波诺博士在进行管理心理学研究时，提出了"管理上的水平思考法"这一概念。其本意不是用于广告创意，而是用于管理。但是广告创意人员及广告学者发现，管理上的水平思考法在帮助产生广告创意新构想方面也有其独特作用，因而将其移植于广告创意方法，简称水平思考法。

（1）水平思考法简述

水平思考法不是单独孤立的思考方法，它是以垂直思考法为比较前提的。因此，理解水平思考法，一是要明确垂直思考法的含义，二是要时刻与垂直思考法加以对照比较。

传统逻辑上的思考法有其公认的明显特点，即思考的连续性、方向性。所谓连续性，是指思考从此状态开始直接进入相关的下一状态，循序渐进，直到把问题彻底想通为止，中间不允许中断，假如长时间还想不通，就沿着此思路长时间思考下去。所谓方向性，是指思考问题的思路或开始思考时所预定的框架不得在中途改变。运用水平思考法进行创意的关键是突破原有的思维原点，找到新的思维原点，也就是独特的销售主张（USP），如"百事可乐"的"Diet"可乐平面广告，"Diet"——低热量的概念被转化为"瘦身"的承诺。

当人们要在横向的广泛的面上或点上思考时，传统逻辑上的垂直思考法就不够用了，对那些不连续的多方向的思考来说，简直无能为力。这时就需要使用水平思考法。

(2) 水平思考法的要义主旨

水平思考法的要义是作"不连续思考""多方向思考"，寻求"突破"，即不必"彻底想通"，只求突破已有定型，想出在此以前并没有考虑到的可能会解决某一个问题的方法与途径，对新的和以前未探讨的关系或范围进行可能性探讨。

水平思考法的主旨在于补充垂直思考并特别导入不连续思考，以利于"再形成构想"。在许多情况下，创意人员的思考行为已经定型，这样将不利于再形成另外一些构想，因而也就会缺乏新的可充分使用的资讯。这种情况下继续进行传统的垂直思考，对创意的产生极为不利，必须特别导入不连续思考，即水平思考。此后，水平思考将避开那些旧构想而激发出一些新构想，这样在形成构想后，又使用传统的垂直思考法，将新构想加以拓展，直至完善创意。

(3) 水平思考的特点

水平思考与垂直思考的区别见表6-1。

表6-1 水平思考与垂直思考的区别

垂直思考	水平思考
选择性的	生生不息的
在假定有一个方向时思考才会移动	在没有任何方向时思考移动，以求产生出某个方向
分析性的	激发性的
按部就班的	可以跳来跳去的
每一步都必须正确	不必考虑这一问题
为了需要封闭某些途径时要使用否定	没有否定
要集中排除不相关者	欢迎不相关者闯入
遵循最可能的途径	探索最不可能的途径
类别、分类法和名称都是固定的	不必固定的
是无限的过程	是或然性的过程

(4) 激发水平思考的情况

在下面7种思维环境条件下，可以突破垂直思考的局限而激发水平思考。

① 对目前情况产生选择。

② 对目前假定进行挑战。

③ 着力创新。

④ 暂停判断一个时期。

⑤ 把一个普通方法反其道而行之。

⑥ 根据情况类推。

⑦ 采用脑力激荡。

(5) 水平思考法与垂直思考法的互补

不受常规约束，摆脱旧经验、旧意识的思考方式称为水平思考法。水平思考法能够产生有创见的想法，产生意想不到的新创意。它既有利于克服垂直思考法所引起的头脑中的偏执性及老经验、老观念等对思考的局限，又有利于突破定型，转变观念，获得新构想。但并不是排除垂直思考法，一旦运用水平思考法得到了一个创意，还要用垂直思考法继续下去。对于完整的广告创意来说，要充分认识两种思考法各自的特点作用，看到它们之间的互补关系，并利用其产生和发展创意。一旦通过水平思考法获得了某种满意的新构想，就要紧接着运用垂直思考法使这种新构想继续深入，得到发展并具体化、完善化。

4. "集脑会商思考"创意法

这种方法是管理决策的一种基本方法，运用于广告创意很有成效，故而也被作为广告创意的一个重要方法。这种方法的基本特点是，不是由某一个创意人员去单独思考构想，而是有目的地组织一批专家、学者、创意人员和有关人员，对广告创意主题进行集中讨论，面对面商量，是一次规模性的智力活动，但会商的具体题目和内容却不加任何限制。汲取与会人员的建议和意见，依靠集体智慧，最后形成创意构想，并加以发展完善。

参加会商的人员应当思维敏捷，头脑灵活，尤其要保持大脑的高度兴奋状态，全神贯注投入，每个人的构想都有可能对别人产生启发、导引和冲击作用，激荡起波澜，碰撞出火花。因此，"集脑会商思考"创意法也被形象地称为"头脑激荡法"或"头脑风暴法"。

集脑会商思考是一种规模性的智力活动，因而对所要解决的问题必须具体化，针对性强，探讨要深入，不允许作长时间的、散漫的马拉松式低效率思考。参加人员要有一定代表性，并能无拘无束地发言。会商会议上，鼓励参加人员阐述自己的意见，想法越独特越好，提倡在适当限度内标新立异。会商会议力求产生大量构想，越多越好。会后再由专人负责整理会议记录。形成结果后，可由创意负责人员直接归纳，改进他人的构想，通过启发、联想、补充后而产生新的好的创意；若条件尚未成熟，将本次会商结果带到下一次会商会议继续讨论，直至好的创意产生为止。

"集脑会商思考"创意法符合创意产生的规律。创意是一种艰巨的脑力劳动和复杂的心智活动，因而，最开始可能会经过长时间的反复构想，但当创意真正浮现时，又具有瞬时的、确切的爆发性。该创意法把开始的长时间的心智活动过程留给与会人员自己把握，而把短时的爆发的心智活动过程安排到会商会议上去。多位人员的思想火花汇聚在一起，自然容易产生集体智慧的光彩夺目的"结晶体"。

6.4.2　广告创意的评价

随着信息时代步伐的加快，一方面，新品迭出对商品信息的传播提出了更高要求；另一方面，信息手段更加丰富和便捷，使得商品信息传播方式的选择更加灵活，这就加强了广告业的地位。与此同时，也对广告业提出了更高的要求，其中核心的要求就是如何才能使自己的广告在广告满天飞的环境中凸显出来，并被真正的广告目标群体所认识，从而切实提高行销的效率和质量。这就要求广告的相关主体切实做好广告创意工作，广告创意的评价也就应运而生。对广告创意进行评价，是使其完善的重要手段，也是促使广告收到预期效果的关键措施。

1. 广告创意评价的意义

一个新的广告创意刚产生时，可能是不完整、不清晰的，需要对它进行修改和完善。在这个创意得到发展并趋于清晰、完善之后，创意活动就基本完成了，下一步工作将是付诸执行，即推出这个广告。

然而，在付诸执行之前，能不能保证这个已完成的创意质量及预期效果呢？这是一个投资方担心的问题，如果该创意低劣或者选择主题不当的话，执行后达不到预期理想效果，这是设计师、投资方、广告人都不愿意看到的结果。比如一些名人代言的广告，在推出市场不久后，由于名人本身的问题，导致受众的反感甚至厌恶，那就会给整个广告带来灾难性的后果。因此，对已完成的创意进行评价就显得十分重要了。这种评价等于是对已完成的创意再次进行审验，以确保其质量，避免低劣的创意可能带来的不良后果。形象地说，广告创意的评价好比配电房里的"保险丝"，一旦创意低劣，超出所能承受的负荷，"保险丝"中断，评价不予通过，创意便中止执行。

对创意的评价，实际上不仅是在完成创意之后才发生，对于创意人员来说，在整个创意过程中随时都可能进行评价性思考，当出现多个构想方案需要进行选择或组合时，尤其是如此。

首先在于广告创意的自身价值。抛开广告媒体、广告资金等广告物质性因素，人们比较一致的看法是：广告创意主宰着行销的效率和质量。引用著名的未来学家托夫勒的话，"主宰21世纪商业命脉的将是创意，因为资本的时代已经过去，创意的时代正在来临"。对于广告创意的含义来说是非常贴切的。其次，广告创意评价的意义在于其丰富的实践意义。现实中，征集广告创意、评选广告创意的活动层出不穷，广告主选择广告代理商时，也多是从考察广告代理商的广告创意、设计作品入手。然而在评判广告创意时，可能存在不完善的地方，往往又是仁者见仁，智者见智，缺乏有章可循的、具有说服力的评价模式。最后，广告创意评价的意义还在于其蕴藏的理论价值和实践意义。从广告理论上讲，广告创意是广告中最核心、最活跃，也是最能表现广告价值的因素；在实践意义中，对广告的评价无法避开对广告创意的评价，对广告创意的评价应该作为广告评价的重要组成部分，成为广告理论实践研究的重要课题。

在更大的范围内，也存在对广告创意进行评价的问题。一个创意付诸执行后，创意人员为了从其他创意中得到参考借鉴，也要对各个广告的创意进行评价。广告学研究者和广告人员从专业研究或知识扩展的角度出发，也要进行创意评价。最后，消费者也可能出于兴趣对广告创意进行评价。因此，创意评价的意义不仅在于对一个创意进行最后审验，还在于对更多广告创意的导向产生累积性的重要影响。

2. 广告创意评价的标准

要对广告创意进行正确的评价，必须建立一定的评价标准，建立创意评价标准是一项复杂的困难的工作。

首先，评价标准的统一性问题。从理论上来说，建立一个评价标准，并且能够得到大家的认可，对任何创意都可以适用，这是有可能实现的。然而在现实中不容易办到，因为每个人的思想观念、知识结构、职业类型、消费习惯、接受程度、心理状态、评价动机乃至兴趣爱好不同，对同一事物会有不同的看法。因此，从人们的主观因素出发，不可能有统一的评价标准体系。要想统一标准，必须根据一定的社会文化背景、相同的群体利益观念以及人们对动机和效果统一程度的推断规则等，"客观"地寻求人们评价标准方面的同一性或一致性，从而进行正确的评价。

其次，评价标准的科学性问题。一个评价标准体系要具备科学性，以下4点必须具备：①体系内的各项指标之间应该有内在相互联系，而不是孤立、零碎的堆积；②在整体上应与广告创意活动的原则和规律相吻合，不能离开创意活动的基本原则和规律特点另定标准；③该评价标准在使用时不会导致或引起知识上或含义上的混乱；④该评价标准使用起来是合理有效的，即用它去评价某个或某几个创意时，能够得出有意义的结果。

最后，评价标准的实用性问题。一种标准应该是评价者能够掌握和控制的。标准太烦琐，不容易掌握各项标准的覆盖范围和控制标准的使用界限，容易出现评价标准交叉使用的情况；标准太简略，不容易得出明确的评价结果。越优秀的创意和越低劣的创意越容易评价，而大量处于中间的创意就不容易评价。

目前用来评价创意的标准大致有以下几条：①主题符合总体战略；②主题集中突出；③构想新颖独特；④鲜明形象的商品性格；⑤妙语连珠的服务承诺；⑥情感诉求的冲击力。

由于广告创意受策划者和设计师的心智因素影响较大，因而使用这6条标准评价创意，也很难用数量关系的精确程度表示评价结果。即使在实验测试中，数量关系也只能表明某种趋势或某种限度，这给把握标准带来一定难度。通过具体分析可以得出，第一条标准由广告策划者的主观意识决定，一般容易把握。其余5条标准，则主要由该创意在消费者接受意识中的影响来决定，因此评价者把握这些标准，一定要有沟通和承诺的观念，一定要用消费者的眼光来衡量比较。比如，创意是否集中突出主题思想，可以通过对受众产生印象的深刻程度、产生印象的记忆保留时间的长短等方面的预测来确定。构想是否新颖独特，可以通过对受众感兴趣的程度、重复视听时的情绪观察，以及与其他创意的构想进行横向比较等方面的预测来确定。

故弄玄虚、哗众取宠的广告创意，虽然主观上想要博得受众欢心，想给人新颖独特的感觉，但实际上往往适得其反，给人一种肤浅、牵强的感觉。

优秀的广告创意除了要符合上述标准之外，还应在文化意蕴、借鉴创新、幽默风趣等方面进行不懈的努力。

6.4.3　广告创意的评价内容

1. 广告创意的文化意蕴

优秀的广告创意必须能对产品的文化内涵进行深层开发，从文化内涵的边际效应中寻找创意的切入点，使消费者得到最大的满足感。

创意文化首先以人的价值为核心，在满足人的生存需求、发展需求和享受需求的基础上进行文化的扩展。广告创意必须考虑最容易被接受、最易于切入的诉求内容和诉求方式。一般情况下，越具有民族特色的创意，会产生意想不到的感染力，越容易被本民族认可和接受。同时，创意的民族风格问题是一个复杂的问题，体现民族风格需要多角度、多层次的构想，需要进入较高的文化精神境界。中华民族的文化传统有深厚的根基，广告创意在体现民族风格方面，要讲究"传神"，即要充分体现中华民族的文化内涵，以真情去潜移默化地打动消费者。例如，麦当劳与上海美术电影制片厂合作的"史上第五部水墨动画"广告创意，可谓创意与文化的完美结合。上美影厂独特的水墨动画技艺，将麦当劳新品故事生动呈现，展现了中国文化的魅力，同时也引发了老少两代消费者的共鸣。该广告创意不仅在平面上勾勒了普通中国人的过年回家路，还巧妙地运用了梅花、喜鹊等中式元素，让广告更加具有情感共鸣和文化渗透的效果（图6.4）。

广告创意文化还必须创建产品的独特精神价值，这种价值观不仅是精神追求的反映，同时也是社会导向的反映。它应该鼓励人们奋发向上，追求更加美好的未来，促进社会的健康发展。如广告片《大唐漠北的最后一次转账》的精神价值在于强调银联云闪付的"使命"和"信仰"，通过历史题材所影射的深层次含义，展现了银联云闪付对消费者的使命和对"虽远必达，分文不差"的信仰，向观众传递正能量和信任价值观（图6.5）。近年来，广告创意文化还深入到企业文化建设中，许多企业借此树立独特的企业价值与形象。如中国移动秉承"沟通从心开始"，体现了中国移动致力于通过沟通连接人们的愿景，也传递了中国移动坚持服务的精神。海尔电器广告语"海尔，中国造"，表达了企业追求的民族精神。

广告创意策划中对文化意蕴的挖掘，不仅使广告宣传更具魅力，更加吸引人，而且提高了广告中精神文明的含量，使先进的文化价值观念与市场经济活动融为一体。如果广告只是真实可信地表达商品本身的个性与特征，仅仅做到了"广而告之"的目的，没有进一步满足消费者更深层次的需要，体现人的价值和精神的追求，就不能更好地引导消费者的购买行为。

图 6.4　麦当劳宣传广告《水墨画里的汉堡》　　图 6.5　广告片《大唐漠北的最后一次转账》

2. 广告创意的幽默

幽默是一种生活情趣，是一种生活艺术。广告中的幽默创意可以增添一种生活情趣，赋予广告创意丰富的内涵。无论是滑稽可笑、令人忍俊不禁的，还是含蓄巧妙、令人回味无穷的，都可以最大限度地吸引受众的注意。在令人向往的生活情趣中，商品的性格形象也同时深入人心。因此，幽默风格是评价广告创意的又一项较高的标准。要正确把握这一项标准，必须首先认清以下几点。

【麦当劳宣传广告《水墨画里的汉堡》】　【广告片《大唐漠北的最后一次转账》】

（1）幽默的本质特征。幽默是对生活进行观察概括后而采用深刻凝练的表现手法再现生活中的某种典型。它不仅具有巧妙、诙谐、风趣等特点，而且来源于生活，扎根于生活，具有长久的艺术生命力。创造幽默，从美学上讲，最基本的前提是使心灵摆脱与事物之间的功利关系，尽可能地使心灵处于放松和自由的状态。幽默的广告将创意主体的敏锐和巧思通过轻松诙谐的情节表现出来，使广告充满了浓郁的感情色彩和艺术的美感，从而淡化了广告直接的功利印象，让人们在艺术的感染和享受中潜移默化地接收广告的信息，达到自然传播的目的。

幽默的广告往往运用打破常规的艺术表现手法，以作品的原创性来震撼受众。在"百事可乐——冰天雪地篇"中，创作人员大胆运用了夸张的表现手法：男青年在冰天雪地里贪婪地饮用百事可乐，嘴唇因为低温而粘在可乐罐上，去看医生时发现与自己一样的大有人在，男女老少，连小狗也不例外。这种大胆的夸张，使广告别开生面，促销效果自然不言而喻。

（2）幽默的目的不仅是引起受众注意，更重要的是增添生活情趣，加深受众的印象，在轻松愉快的气氛中与消费者沟通交流，产生共鸣，以便将商品性格留在受众记忆之中。例如电动车的诞生得益于科技的进步，其具有环保、经济等优点，但作为新科技的它仍然不被大多数人看好。宝马广告从社会洞察出发，根据人们对电动车的质疑和担心，将人们以为的"电动车"描绘出来。广告诙谐有趣，表现产品的正面形象，用广告语"电动驾趣无忧开启"缓解人们的忧虑（图6.6）。

（3）幽默受一定的文化背景和风俗习惯的制约。在特定地区、民族和阶层，有与之相应的文化背景和风俗习惯，这种文化背景和风俗习惯的差异，影响了人们对幽默的理解。运用幽默表现方式要考虑受众的地区特点、民族特点、阶层特点，避免让人产生文化背景和风俗习惯上的抵触，防止产生副作用。

正如广告大师波迪斯所说："巧妙运用幽默，就没有卖不出去的东西。"幽默的广告能够引起受众对

图 6.6 宝马电动车广告——电池大得没地方坐

广告的注意,提高受众的广告接触率,使人们在一种轻松愉快的心境下完成对广告的商品或服务的认知、记忆、选择和决策的思维过程,促进受众对广告品牌形成良好的态度,形成一种娱乐性的消费文化,成为现代营销中有效的"软销"策略,在商业广告领域有极为广泛的应用价值。

3. 广告创意的借鉴与创新

创意就是推陈出新,它不是直接简单地创造一种物质或思想,而是在观念、行为和物质形式等方面的创新。在信息满天飞的今天,广告像空气一样存在于人们生活的每一个角落。广告设计师面对紧张的、源源不断的创意压力,想尽办法收集资料、寻找创意,激发创作灵感,同时运用创造性的思维方式,产生新的思维成果。然而优秀的广告都是以市场为基础、以创意为核心打动消费者的。选择最能反映产品本质的东西,提炼出具有促销力的艺术形象是创新的主要手段。有的广告平淡无奇,有的却表现独特,给人们留下深刻的印象。

广告创意应当力求创新,但是要求每一个创意都能创新,彻底避免模仿,这是不现实的。一方面,创意人员的知识、能力不同,不可能都达到创新这一水平线;另一方面,即使创造能力很强的创意人员,也不能保证每个创意都达到创新水平。

从科学技术和文化艺术的发展历史来看,模仿是有积极意义的。很多伟大的画家、音乐家、文学家并不是天生的,在他们最初学习时,总是模仿再模仿,最后才创造出伟大的作品,形成自己的独特风格。对广告创意来说,不能片面地、绝对地排斥和反对模仿。但是,不能一味地模仿,应该在合适的环境条件下,逐步探索新路子,创造新的作品。创造阶段的开始,意味着原有模仿阶段的结束。创造成功之后,又意味着新的模仿阶段的开始。遵循这样一条思路,才可真正产生新的创造性构想,也才能客观中肯地对广告创意进行评价。如李宁作为中国体育用品行业的领先品牌,在广告营销方面一直推陈出新。早期的"一切皆有可能"广告语在市场上大受欢迎,成为品牌经典代表。近年来,李宁也通过无人出镜的广告来彰显创意、审美,展现品牌气质,提升文化内涵。这种有情感、有洞察、有艺术感的广告形式,为李宁品牌的实力和形象加分。

单元训练和作业

1. 优秀案例赏析

案例一：数字故宫"带你畅游多宝阁，重现历史光华"（图6.7）。

【数字故宫"带你畅游多宝阁，重现历史光华"】

图 6.7 数字故宫"带你畅游多宝阁，重现历史光华"

（1）制作背景。

在故宫博物院与腾讯合作的 4 年时间里，双方进行了多项具有社会影响力的创新尝试，包括音乐、动漫、游戏等新文创形式。在传统文化核心价值和历史文化底蕴的方面，故宫博物院虽然凭借文创走出了一片天地，但仍面临着新的挑战。传统文化的推广并不是在现代设计中简单直接地使用传统元素，而是通过精准的设计将传统文化的意义传达给大众。腾讯公司一直致力于将中华优秀传统文化发扬光大。但面对故宫博物院庞大的数字资源，还需要进行更深层次的挖掘与应用。

（2）策划思路。

通过线上数字展览的方式，实现随时随地参观故宫，摒弃传统的目录分类法，将文物以纹样串联的方式作为线上数字展览的导览线索，从而解决"博物馆疲劳症"的问题。

（3）作品分析。

将传统文化与数字技术密切结合，以线上展览的形式，通过创造性的设计，让用户感受和体验中华优秀传统文化。在收集和查阅文物资料的过程中，发现文物表面的纹样有重合的元素，如龙纹、云纹、蝙蝠纹、花鸟纹等。以小程序作为创意载体，将这些具有代表性的纹样串联起来，引出更多的文物。当用户选择一种纹样开始探索时，这种纹样将引导用户浏览具有相同纹样的文物。每件文物都有两种纹样可供选择，让用户与文物的邂逅充满惊喜。用户的体验可随时停止，系统会根据用户的浏览轨迹生成专属的文物足迹图。借助技术手段，用户可以通过网络 360°全方位欣赏故宫博物院的珍贵文物，感受文物的魅力。

案例二：QQ20周年品牌宣传片《时光密码》(图6.8)。

图6.8 QQ20周年品牌宣传片《时光密码》

【QQ20周年品牌宣传片《时光密码》】

(1) 制作背景。

QQ从1999年研发上市,迄今已走过20多年。对于QQ而言,一开始仅仅是一款即时通信软件,并没有完整的商业模式,之后才通过游戏实现人群的转化和变现。随着微信的崛起,"80后"和"90后"用户慢慢转移到了微信阵地。对于QQ最重要的是,用户群体的流失成为QQ的生存危机。那么,如何减少用户流失,甚至回流,正是QQ的当务之急。

(2) 策划思路。

《时光密码》的品牌广告宣传片将目标受众锁定在"80后"和"90后",希望通过品牌广告的宣传,唤起"80后"和"90后"对QQ的集体记忆,从而推动QQ活跃用户,并实现一定的用户增长。

(3) 作品分析。

过去,品牌广告主要通过电视媒体传播,电视广告是品牌推广的主要方式。然而,随着移动互联网技术的不断发展和各类App的涌现,单纯依赖重复和"霸屏"的品牌宣传方式已经变得难以取得成效。相反,具备跨平台和传播特性的内容营销成为了一种低成本、高回报的新型传播方式。品牌广告与普通广告不同,它不仅能提升产品和品牌的知名度,还能够形成特定的品牌资产,持续为企业和产品增值。因此,《时光密码》的推出对保证用户留存和提升用户活跃度发挥了重要作用。

2. 课题内容

课题时间：4课时。

教学方式：从学生感兴趣的生活事例入手,引导学生感受广告策划的乐趣,学习全球十大著名广告策划案,启发大家研究和讨论广告创意策划在广告策划书中的重要作用及学习方法。

要点提示：重点掌握广告创意策划的要求和方法。

教学要求：通过实际项目和公司实习掌握广告创意策划原则,包括广告表现的策略、广告媒体选择、广告片、宣传片、促销海报及新包装方案等。

训练目的：理解广告创意策划内涵,掌握确定广告诉求重点的方法,了解广告创意策划的要求。重点、难点为确定广告诉求的方法。

3. 其他作业

华为系列品牌广告创意策划。

(1) 媒介分析。

(2) 该系列广告在诉求重点上的变化。

(3) 创意策略的由来、内容和格式。

(4) 广告诉求最佳点。

(5) 品牌策略与创意策略之间的关系。

4. 理论思考

(1) 学习中国十大经典广告策划案例创意设计的重要性和媒体实施方法。

(2) 查阅课外资料,讲述知名品牌的创意策略及策略的流程。

5. 相关知识链接

卫军英,顾杨丽. 现代广告策划:新媒体导向策略模式 [M]. 2 版. 北京:首都经济贸易大学出版社,2022.

尹彬. 广告策划 [M]. 2 版. 苏州:苏州大学出版社,2022.

金卓,伊永华,李梦黎. 广告设计与创意 [M]. 南京:南京出版社,2022.

刘春雷. 广告创意与设计:设计师必备广告策划手册 [M]. 北京:化学工业出版社,2021.

第 7 章 广告策略策划

课前训练

训练内容：消费者的行为以广告的策略和宣传诉求形式为指导，因此，合理的广告策略策划对广告信息的准确传达具有十分重要的意义。训练的主要内容是加深对广告策略策划的了解程度，从而把握广告策略的整体脉搏。

训练注意事项：建议每位学生了解广告策略策划的方法，以及如何利用广告不同策略的体现形式来引导受众行为。

训练要求和目标

要求：广告策略策划要以市场为导向，真正能够做出及时的适应性调整。要求学生通过本章的学习，能够梳理出广告策略策划的整体脉络和规律。

目标：了解广告策略策划的方案实施过程及所达到的效果。学习并掌握广告策略策划的具体方法。

本章要点

(1) 广告策划与定位策略。

(2) 广告的市场策略。

(3) 广告的实施策略。

(4) 广告创意的视觉表现策略。

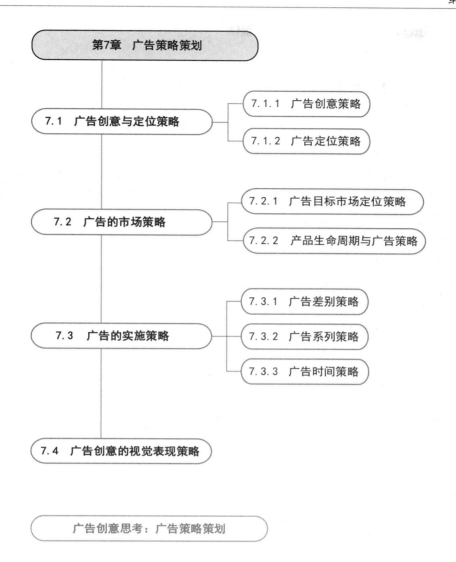

引言

广告策略是一种以市场为导向,以广告的传播媒介为依托,以宣传商品为重点,以明确的诉求对象为准则所进行的策划与设计活动。为了使广告的策略策划受受众认可,传达具有实质性的广告内涵,发挥广告宣传的真正价值,在广告创意与策划实施过程中,要考虑广告的创意策略、定位策略、市场策略、实施策略和视觉表现策略等。

7.1 广告创意与定位策略

如今,无论是广告商还是广告理论学者,对于广告创意与定位的关注和研究都非常重视。在广告创作过程当中,直接影响到最终传播效果的就是广告创意与定位这一环节。它是广告创作的开端,并决定了广告其他因素的选择。尽管广告创意与定位需要考虑诸多综合因素,但是它们也具有一般创意思维的许多重要特点,在现实的生活中,好的创意和定位可以创造出经典的广告,可以给商家带来巨大的经济效益。因此,对于广告创意与定位的探讨研究就显得十分必要。

7.1.1 广告创意策略

创意策略（Creative Strategy）是对产品或服务所能提供的利益或解决目标消费者问题的办法进行整理和分析，从而确定广告所要传达的目的。广告创意是使广告达到广告目的的创造性的想法、构思，在商业广告中能使广告达到促销的目的。它是决定广告设计水准高低的关键。

广告策划中的"创意"要根据市场营销组合策略、产品情况、目标消费者、市场情况确立。针对市场难题、竞争对手，根据整体广告策略，找寻一个"说服"目标消费者的"理由"，并把这个"理由"用视觉化的语言，通过视听表现来影响消费者的情感与行为，达到信息传播的目的，使消费者从广告中了解产品给他们带来的利益，从而促成购买行为。这个"理由"即为广告创意，它以企业市场营销策略、广告策略、市场竞争、产品定位、目标消费者的利益为依据，不是艺术家凭空臆造的表现形式所能达到的"创意"。广告创意贵在创新，只有新的创意、新的格调、新的表现手法才能吸引公众的注意，才能有不同凡响的心理说服力，加深和加强广告影响的深度和力度，给企业带来无限的经济价值。

设计师要有正确的广告创意观念。在创意过程中，应从研究产品入手，研究目标市场、目标消费者、竞争对手、市场难题，确定广告诉求主题、广告创意、表现形式。创意始终要围绕着产品、市场、目标消费者，只有有的放矢地进行有效的诉求分析，才能成为优秀的广告创意。设计师在思维上要突破常规和恒常心理定式，从点的思维转向发散性思维，善于由表及里、由此及彼地展开思维，学会用水平思维、垂直思维、正向思维与逆反思维，以使思路更开阔、更敏捷，在发散思维的同时把握住形象思维与逻辑思维的辩证规律，充分发挥想象力，使广告更加富有个性和独创性。

根据市场的变化，广告创意策略应进行相应的调整，符合产品在市场当中的定位，广告创意策略大致可分为5个方面。

1. 广告创意的目标策略

一个广告通常只能针对一个品牌，且还要针对该品牌的市场定位，因此也就决定了一个广告的策略往往也要针对一定范围内的消费者，只有这样才能做到目标明确、针对性强。目标过多、目标定位不够准确的广告策略往往会失败。

例如，妮维雅男士护肤品的广告针对男性观看广告的习惯和特点，采用了简洁有力的口号"无油无虑、冷净上场"，突出了产品的功能特点，直击了消费者的需求痛点，迅速吸引了其注意力。

2. 广告创意的传达策略

广告的文字、图形应避免含糊、过分抽象，要通过图形清晰准确地反映广告的主题，否则不利于信息的传达。总的来说，不但要体现广告画面的创意和显著的视觉冲击力，还要讲究广告创意的有效传达。

3. 广告创意的诉求策略

广告往往要在有限的版面空间、时间中传播更多的信息，因此，决定了广告创意诉求的重点为该商品的主要特征，把主要特征、特色、差异性通过简洁、明确、感人的视觉形象表现出来，使其强化，以达到有效传达的目的。

4. 广告创意的个性策略

广告创意策略在宣传商品的同时，还应赋予企业品牌个性，树立和打造品牌的形象，逐渐提升品牌的定位，使品牌与众不同，以求在消费者的头脑中留下深刻的印象。

5. 广告创意的品牌策略

广告创意策略要把商品品牌的认知列入重要的位置，并强化商品的名称、牌号，对于转瞬即逝的视听媒体广告，通过多样的方式强化，适时出现、适当重复，以强化公众对其品牌深刻的印象。

7.1.2 广告定位策略

广告定位策略是指在众多的产品机会中，寻找具有竞争力和差别化的产品特点，配合适宜的广告宣传手段，使产品在目标消费者心中占据理想的位置。广告定位的正确与否直接影响整个策划的最终成败，是最能体现策划者水平和能力的关键环节。谁能挖掘到消费者的潜在需求，确定恰当的定位，谁就能在激烈的竞争中取胜。广告定位策略的构成概括起来有以下几方面。

1. 市场定位策略

市场定位策略即把产品宣传的对象定在最有利的目标市场上。要依据市场细分的原则，找出符合产品特性的基本顾客类型，确定自己的目标消费者。通过整合市场，寻找到市场的空隙，找出符合产品特性的基本顾客类型，确定目标受众。可根据消费者的地域特点、文化背景、经济状况、心理特点等，进行市场的细致划分，策划和创作相应的广告，才能有效地影响目标受众。在广告定位中，如果市场定位失误，整个广告活动就会失败。反之，市场定位准确，那么广告诉求就能发挥促销作用。

例如，海澜之家最初定位于"男人的衣柜""一年逛两次海澜之家"，早期就锁定了目标客户群体，并深入了解这类群体的心理需求，提供了精准的宣传和服务。此外，瓜子二手车开创了二手车直卖网这一品类，并给予精准的命名，提高了品牌的知名度和市场渗透力。另外，该品牌通过广告语"没有中间商赚差价"，告知用户平台没有中介，不收中介费，实现了买卖双方的双赢局面，直击用户的需求痛点。

2. 产品定位策略

产品定位策略即最大限度地挖掘产品自身的特点，把最能代表该产品的特性、品质、内涵等作为宣传的形象定位，可以从以下方面入手，如产品的特色定位、文化定位、质量定位、价格定位、服务定位等，通过突出自身优势，树立品牌独特鲜明的形象，赢得市场和企业发展。

例如，蔚来汽车的品牌定位是提供优异用户服务，强调换电服务，降低用户充电时长，以展现蔚来品牌独有的产品力。蔚来品牌结合中国传统节日春节，创造出独特的新年符号——"满电"。游子漂泊在外，"电量"总会不足，而家就如同"换电站"一般，让用户在新年期间感受到蔚来科技与人文的关怀。广告片以真实用户故事为背景，以品牌特性、原创音乐和群像访谈为基础，让用户产生归属感，参与到品牌共创中。这一产品定位策略有效地将蔚来品牌与中国传统文化结合，为蔚来营造了更加亲近、温情的形象，同时增加了用户的黏性，提高了品牌的认知度（图7.1）

【蔚来新年广告片《那路》：家是让你"满电"的地方】

图7.1 蔚来新年广告片《那路》：家是让你"满电"的地方

3. 观念定位策略

观念定位策略指在广告策划过程中，通过分析公众的心理，赋予产品一种全新的观念。这种观念既要符合产品特性，又要迎合消费者的心理，才能突出自身优势，从更高层次上打败对手。这里融入更多的是一种思想、道德、情感和观念等。

例如，沃尔沃汽车的核心理念是"安全始终如一"。自沃尔沃成立以来，安全一直是其发展的重要基石。公司始终坚持将人身安全作为设计和生产的首要考虑因素，推出了大量前瞻性的安全发明，获得了全球广泛的认可和信任。沃尔沃的创始人曾明确表示，无论做任何事情，安全始终是沃尔沃的基本原则。沃尔沃的安全理念不仅融入了产品、服务、运营和企业责任行为中，而且还在实现人类安全方面投入了大量资金和资源。沃尔沃每一辆汽车都不仅代表着文化和种族间的和谐共生，更代表着人与人、人与汽车、人与自然环境的和谐共生，这一理念也使得沃尔沃的每一款产品都具有自己独特的魅力（图7.2）。

【沃尔沃碰撞测试加入女性标准，40余年研究数据向全行业无偿公开】

图7.2　沃尔沃碰撞测试加入女性标准，40余年研究数据向全行业无偿公开

4. 企业形象定位策略

企业形象定位策略是指把定位的重点放在如何凸显企业的形象和树立一个什么样的企业形象上。通过注入某种文化、某种感情、某种内涵于企业形象之中，形成独特的品牌差异。真正成功的企业形象，是恰到好处地把握时代脉搏，击中人类共同的感动与追求。树立企业的形象可以从企业文化、企业情感、企业信誉、企业特色的角度来定位。

例如，百雀羚广告以"草本护肤的化妆品"为主题，搭配"天然不刺激"的广告语，成功渗透到消费者心智，推动销量大幅增长，如今已成为国内护肤品市场的佼佼者，被全球权威品牌评估机构列入"2022全球最有价值的50个化妆品和个人护理品牌"排行榜中的第14名，超越了多个国际品牌。

又如，联想标识中的"科技创造自由"深刻地体现了联想的企业价值观——注重以科技为基础，该品牌通过创新为顾客创造更大的价值，用生动富有内涵的话语表述，让人回味。惠普公司也以崇尚科技为重要部分，其标识中的"invent"表达了"创造"的意义，而广告中的"惠普科技，成就梦想"则弘扬了企业文化。

5. 品牌定位策略

品牌定位策略即把定位的着眼点落在扩大和宣传品牌上，将创新、审美、活力、安全的品牌价值传递给消费者，增强消费者的品牌认知度。目前的市场竞争已进入了同质化时代，很多同类商品使消费者无法从简单的识别中辨别出优劣。正如人们很难说出可口可乐和百事可乐哪个更好喝些。企业之间的竞争就在于品牌的竞争，谁抢先树立了自己的品牌，就抢先赢得了商机。消费者有时购买商品就是选择自己所喜爱的品牌。

可以通过求先定位、求新定位、空隙定位、竞争定位等手段来第一时间树立起自己的品牌，建立自己的消费群。例如，海尔、李宁、华为都有自己的品牌特色，人们购买商品就是选择这个品牌。

成功的广告定位策略能帮助企业在激烈的竞争中处于不败之地，能够赋予竞争者所不具备的优势，赢得特定而且稳定的消费者，树立产品在消费者心目中的与众不同的位置。因此，在广告策划中，应准确把握广告定位。

7.2 广告的市场策略

广告的市场策略应以市场为导向，根据市场的变化及时做出相应的调整，才能使广告的宣传达到实质性的效果。广告的市场策略主要包括3个具体内容：广告目标市场定位策略、广告促销策略和广告心理策略。

7.2.1 广告目标市场定位策略

所谓目标市场定位策略，就是企业为自己的产品选定范围和目标，满足一部分人的需要的方法。任何企业，无论其规模如何，都不可能满足所有顾客的要求，而只能为自己的产品选定一个或几个目标市场，这就是所谓的市场定位。企业的目标市场定位不同，销售策略不同，广告策略也不一样。目标市场是广告宣传有计划地向指定市场进行传播活动的对象。因此，在制定广告策略时，必须依据企业目标市场的特点，来规定广告对象、广告目标、媒介选择、诉求重点和诉求方式等。

1. 细分市场策略

按消费者的需求和满足程度来分，商品市场有同质市场与异质市场两类。同质市场是消费者对商品的需求有较多共性、消费弹性小、受广告影响不大的商品市场。一些生活必需品就是属于这一类型。异质市场则与同质市场相反，它是指顾客对同类产品的品质和特性具有不同的要求、强调商品的个性、消费弹性较大、受广告的影响也较多的商品市场。绝大多数商品市场都属于异质市场。在满足消费者需求时，不仅要考虑其生理上的需求，还要考虑其心理上的需求。生理上的需求有一定的限度，心理上的需求则是变幻莫测的。因此，在同类商品市场上，企业可以依据消费者生理和心理上的需求，以及企业自身的经营条件，先将市场细分成许多子市场，再依据目标市场的特点，制定企业的营销策略，并采取相应的广告策略。由于市场可以细分，在市场经营和广告宣传中就可以运用不同的策略手段，争取不同的消费者。依据市场来制定销售策略，一般可分为无差别市场策略、差别市场策略和集中市场策略三大类。

（1）无差别市场广告策略。无差别市场广告策略是在一定时间内，运用各种媒介搭配组合向同一个大的目标市场做同一主题内容的广告宣传。这种策略一般应用在产品引入期与成长期初期，或产品供不应求、市场上没有竞争对手或竞争不激烈的时期，是一种经常采用的广告策略。它有利于运用各种媒介宣传统一的广告内容，迅速提高产品的知名度，以达到创牌目的。

（2）差别广告市场策略。差别广告市场策略则是企业在一定时期内，针对细分的目标市场，运用不同的媒介组合，做不同内容的广告宣传。这种策略能够较好地满足不同消费者的需求，有利于企业提高产品的知名度，突出产品的优异性能，增强消费者对企业的信任感，从而达到扩大销售的目的。这是在产品进入成长期后期和成熟期后常用的广告策略。这时，产品竞争激烈，市场需求分化较突出。由于市场分化，各目标市场具有不同的特点，所以广告设计、主题构思、媒介组合、广告发布等也都各不相同。

（3）集中市场广告策略。集中市场广告策略是企业把广告宣传的力量集中在已细分的市场中一个或几个目标的策略。此时，企业的目标并不是在较大的市场中占有小的份额，而是在较小的细分市场中占有较大的份额。因此，广告也只集中在一个或几个目标市场上。采取集中市场策略的企业，一般是本身资源有限的中小型企业，为了发挥优势、集中力量，只挑选对自己有利的、力所能及的较小市场作为目标市场。

例如，美团跑腿广告的目标市场定位是年轻人和都市白领等繁忙的人群，服务的宗旨就是为客户节约时间、提供便利。基于这一目标市场，美团跑腿推出了一系列具有时效性的广告，例如"一小时全城送"和"关键时刻忘带东西"等主题。生动有趣的情境演绎和简洁明了的语言表达，突出了美团跑腿在紧急时刻的迅捷服务和高效能力，同时也传达了品牌靠谱、专业的形象（图7.3）。

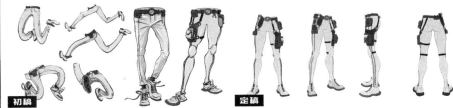

图7.3 美团跑腿：我是你的腿

【美团跑腿：我是你的腿1】 【美团跑腿：我是你的腿2】

这3种广告策略既可独立运用，也可综合利用，灵活掌握，主要视企业的基本情况而定。

2. 广告促销策略

广告促销策略是一种紧密结合市场营销而采取的广告策略，它不仅告知消费者购买商品的获益情况，以说服其购买，而且结合市场营销的其他手段，给予消费者更多的附加利益，以吸引消费者对广告的兴趣，在短期内收到即效性广告效果，有力地促进商品销售。广告促销策略包括馈赠、文娱、服务、折价、公共关系等促销手段的运用。馈赠广告是一种奖励性广告，其形式很多，如广告赠券等。食品、饮料和日用品的广告多用此法，优待方法多采用折价购买或附赠小件物品。这种方法既可以扩大销售，又可以检测广告的阅读率。除广告赠券外，广告与商品样品赠送配合也是一种介绍商品的有效方法，但费用很高。文娱广告也是广告促销的常用策略，如出资赞助文艺节目和电视剧、广播剧的制作等。公益广告是把公益活动和广告活动结合起来的广告策略，通过关心公益、关心公共关系，开展为社会服务活动，争取民心，树立企业形象，从而增强广告的效果，能给人一种企业利润取之于社会、用之于社会的好感。

党的二十大报告提出，坚持以人民为中心的创作导向。公益广告要推出更多增强人民精神力量的优秀作品，表现人民群众对美好生活的向往，引发其情感共鸣。

3. 广告心理策略

广告的作用与人们的心理活动密切相关，而广告的促销心理策略，则是运用心理学的原理来策划广告，引导人们顺利地完成消费心理过程，使广告取得成功。消费者从接触广告到产生购买是一系列的心理变化过程，且这个过程是环环相扣、逐级递进的。国外广告学家将这个过程分为5个阶段，即注意（Attention）、兴趣（Interest）、欲望（Desire）、记忆（Memory）、行动（Action），又称AIDMA阶段。具体过程包括：诉求诸多的感觉，唤起受众的注意；赋予新奇的特色，激发受众的兴趣；确立坚实的信念，刺激人们的欲望；创造美好的印象，加强人们的记忆。广告活动中常用的心理学原理有心理需要策略、唤起注意策略、联想与兴趣策略、增强记忆策略、促使购买策略等。

（1）心理需要策略。心理需要策略是人们进行实践活动的原动力。人们之所以购买这种商品，而不购买别的商品，就是由于这种商品能够满足他们的某种需要。广告的促销活动不但要告诉人们有关商品的知识，而且要说明这种商品是符合他们需要的。当人们认为这种商品符合他们的某种需要时，他们才会购买。成功的广告，就是首先掌握人们的需要，并针对人们的需要确立广告诉求的重点并设计广告内容。需要是广告诉求定位的主要依据。同一个商品，它有许多属性，而只有那些最能满足消费者需要的诉求定位才能导致购买行为，使广告获得成功。消费者不仅对商品的使用价值有所要求，而且要求获得心理上的满足。广告要同时掌握人们对商品实用价值和心理价值的需要，才能获得成功。同时，广告还必须能引起需要和刺激需要，通过对潜在需要的激发，使消费者产生物质欲求，并加强其信心，排除障碍，促使购买。这也是现在所说的广告指导消费的作用。

(2) 唤起注意策略。唤起注意策略是广告成功的基础。引起注意的广告手法有：①增大刺激强度，如采用鲜明的色彩、醒目突出的图案和文字、富有动感的画面、特殊的音响等；②突出刺激元素间的对比，如动静对比、虚实对比、色彩对比、节奏对比等；③增强刺激物感染力，即在广告设计中采用新奇独特的构思、生动活泼的形式、引人关心的题材和选择适当的时间、空间等。广告若不能引起注意，肯定要失败。因为注意是人们接触广告的开端，只有注意了广告，才能谈得上对广告内容的理解。在广告设计中有意识地唤起消费者的注意，是广告的重要心理策略。广告引起人们注意的方法有多种，主要是扩大空间面积、延长广告时间、突出广告色彩、增强广告的艺术性和使广告具有动态感等。

(3) 联想与兴趣策略。联想能够使人们扩大和加强对事物的认识，引起对事物的兴趣，使消费者产生愉悦的情绪，对形成购买动机和促成购买行为有重要影响。兴趣的产生基于两点：一是由强烈的刺激引起；二是由内心的需求引起。欲望常由兴趣引起，兴趣常由欲望而增强。广告的时间和篇幅都是有限的，仅靠直接印象取得的广告效果也是有限的。只有通过各种手段激发有益的联想，才能加强刺激的深度和广度。这是有意识地增强广告效果的重要手段。在广告中，主要运用接近联想、连续联想、相似联想、对比联想、记忆联想和颜色联想等手段。

(4) 增强记忆策略。广告运用记忆原理，使人们在购买时能记起广告内容，并起到指导选购的作用。广告是一种间接的促销手段，消费者从接触广告到实地购买有时间和空间的限制。广告要不断反复，并通过多种媒介组合宣传，增强消费者对广告品牌的记忆率和认识率。要考虑不同的广告对象的记忆特点来策划广告，要尽可能按需要的、注意的、有趣的、形象的、活动的、联想的、易于理解的和反复的要求来设计广告，容易给人留下深刻的印象。

(5) 促使购买策略。利用广告策略促使消费者购买商品的关键在于把握广告的诉求重点，诉求是指外界事物促使人们从认知到行动的心理活动。广告诉求是告诉人们有哪些需要，如何去满足，并促使他们去为满足需要而购买商品。促成购买是广告成败的最关键一步，虽是一步之差，但却可以使所做的一切努力前功尽弃。广告诉求一般有知觉诉求、理性诉求、情感诉求和观念诉求等多种。广告心理策略实质上就是对这些诉求的灵活运用。

薇姿润泉保湿系列的广告不得不说是一个典型的案例。一位女性的脸部侧面特写占据整个画面，大量的水从眉毛顺着脸庞往下流，眼睛里透露出担忧、恐惧的复杂情绪。广告语："皮肤每天丢失1/2升水分，润泉保湿日霜一整天补充并锁住皮肤的水分。"并配有使用前和使用后的皮肤断面比较图。这则广告让人触目惊心。当你知道脸上的水分像瀑布一样流失时，你简直坐立难安。这时产生的恐慌感和急迫感起着放大和增强内驱力信号（缺水）的作用，并与之合并而成为驱策你行动（购买）的强大动机。

7.2.2 产品生命周期与广告策略

广告的最终目的是促进产品的销售。对企业而言，企业与消费者的关系是通过产品来沟通的，产品有没有吸引力，能不能满足消费者的需要，是企业经营成败的关键。但从一定的时间来看，绝大多数产品都有其产生、发展、消亡的过程,即产品的生命周期。任何一种产品通常都有生命周期,只是周期长短不同。不同生命周期产品的广告策略在本书 3.1.2 中已进行了讲解,此处不再赘述。

7.3 广告的实施策略

广告的实施策略是针对广告以市场为导向,在具体创意、策划与实施过程中的表现方式。其主要包括广告差别策略、系列策略和时间策略等。

7.3.1 广告差别策略

广告差别策略是以发现差别和突出差别为手段、充分显示广告主企业和产品特点的一种宣传策略,包括产品差别策略、劳务差别策略和企业差别策略这 3 方面内容。

1. 产品差别策略

它是突出产品的功能差别、品质差别、价格差别、品种差别、包装差别和销售服务差别的广告宣传策略。因为产品的上述差别可以是新旧产品之间的差别,也可以是同类产品之间的差别,因此,广告的产品差别策略是具有竞争性的。运用广告差别策略时,首先要发现该产品的功效差别,在设计制作广告作品时要突出它的功效差别,给予消费者能够获得某种利益的鲜明印象。

例如,在饮用水领域,不同品牌之间的产品差别策略可以从多个维度进行分析。依云饮用水注重高端社交价值和自我高品质生活品位的设定;椰树矿泉水则突出健康和长寿等特点;娃哈哈纯净水则注重物美价廉和便捷性。每个品牌的差别策略都有不同的目标市场和营销定位,可以通过不同的品质、价格、情绪和功能等方面来满足消费者的需求。

2. 劳务差别策略

它的基本原理与产品差别相同,主要是突出和显示同类劳务中的差别性,从而说明本企业的服务能给消费者带来更多的方便与得益。

3. 企业差别策略

企业差别策略主要包括企业设备差别、技术差别、管理水平差别、服务措施差别和企业环境差别等在内的各项内容。

产品差别策略、劳务差别策略和企业差别策略是在实践中运用较多、效果也较好的差别策略。此外,心理差别策略和观念形态差别策略等也较为常用。

7.3.2 广告系列策略

广告系列策略是企业在广告计划期内连续地、有计划地发布有统一设计形式或内容的系列广告,达到不断加深广告印象,增强广告效果的目的。在时间与空间上连续出现主题及风格相同的广告,其目的是加强品牌在消费者心中的印象。广告系列策略主要有形式系列策略、主题系列策略、功效系列策略和产品系列策略等。

1. 形式系列策略

形式系列策略是指在一定时期内有计划地发布多项设计形式相同但内容有所改变的广告策略。设计形式相对固定,有利于加深消费者对广告的印象,增加企业的知名度,便于在众多的广告中分辨出本企业的广告。这种策略的运用，适宜于内容更新快、发布频率高的广告，如旅游广告、文娱广告、交通广告和食品广告等。

2. 主题系列策略

主题系列策略是企业在发布广告时依据每一时期的广告目标市场的特点和市场营销策略的需要，不断变换广告主题，以适应不同的广告对象的心理欲求的策略。

例如，华为P系列将重点放在提升用户摄影体验和品牌形象上，通过不同的创意和故事，如"瞬间，定格视界的角度"和"拍出不一样的自己"，吸引年轻用户和时尚人士。同时，通过在不同的渠道和媒体上推出宣传广告，包括社交媒体、电视、户外广告和线下活动，华为P系列得到了广泛的曝光和市场认可。华为P系列的宣传语有华为P1icon：用智慧演绎至美；华为P2：以行践言；华为P6：美，是一种态度；华为P7：君子如兰；华为P8：似水流年；华为P9icon：瞬间，定格视界的角度；华为P10：人像摄影大师；华为P20：眼界大开；华为P30：未来影像；华为P40：超感知影像；华为P50：万象新生；华为P60：因美而生，聚光而来。

3. 功效系列策略

功效系列策略是通过多则广告逐步深入强调商品功效的广告策略。这种策略或是运用不同的商品观念来体现商品的多种用途；或是在多则广告中的每一则都强调一种功效，使消费者易于理解和记忆；或者结合市场形势的变化在不同时期突出宣传商品的某一用途，起立竿见影的促销作用。

4. 产品系列策略

产品系列策略是为了适应和配合企业系列产品的经营要求而实施的广告策略。产品系列策略密切结合系列产品的营销特点进行，由于系列产品具有种类多、声势大、连带性强的特点，因而在广告中可以灵活运用。

在实际的广告策划和操作中，形式系列策略和主题系列策略应用较为广泛，尤其是形式系列策略。而功效系列策略在宣扬诉求点要单一的广告时代一般较少用，因为一个品牌过多宣传不同的功效会给消费者品牌模糊的印象。产品系列策略是当企业生产众多的产品，每个产品在宣传时都要用到的策略。

7.3.3 广告时间策略

广告时间策略就是对广告发布的时间和频度作出统一的、合理的安排。广告时间策略的制定要受广告产品的生命周期阶段、广告的竞争状况、企业的营销策略、市场竞争等多种因素的制约。一般而言，即效性广告要求发布时间集中、时限性强、频度起伏大。迟效性广告则要求广告时间发布均衡、时限从容、频度波动小。广告的时间策略是否运用得当，对广告的效果有很大影响。广告的时间策略在时限运用上主要有集中时间策略、均衡时间策略、季节时间策略、节假日时间策略、黄金时段策略5种；在频度上有固定频度和变动频度两种基本形式。

1. 集中时间策略

集中时间策略主要是集中力量在短时期内对目标市场进行突击性的广告攻势，其目的在于集中优势，在短时间内迅速造成广告声势，扩大广告的影响，迅速提高产品或企业的声誉。这种策略适用于新产品投入市场前后、新企业开张前后、流行性商品上市前后或广告竞争激烈时，以及商品销售量急剧下降时。运用此策略时，一般运用媒介组合方式，掀起广告高潮。

2. 均衡时间策略

均衡时间策略是有计划地反复对目标市场进行广告投放的策略，其目的是持续地加深消费者对商品或企业的印象，保持潜在消费者的记忆，挖掘市场潜力，扩大商品的知名度。在运用均衡广告策略时一定要注意广告表现的变化，不断给人以新鲜感，而不要长期地重复同一广告内容，广告的频度也要疏密有致，不要给人单调感。

3. 季节时间策略

季节时间策略主要用于季节性强的商品，一般在销售旺季到来之前就要开展广告活动，为销售旺季的到来做好信息准备和心理准备。在销售旺季，广告活动达到高峰，而旺季一过，广告便可停止。这类广告策略要求掌握好季节性商品的变化规律。过早开展广告活动，会造成广告费的浪费，而过迟开展则会延误时机，直接影响商品销售。

4. 节假日时间策略

节假日时间策略是零售企业和服务行业常用的广告时间策略。一般在节假日前数天便开展广告活动，而节假日一到，广告即停止。这类广告要求有特色，把品种、价格、服务时间以及异乎寻常之处的信息突出地、迅速地和及时地告诉消费者。

5. 黄金时段策略

在电视广告媒体中存在着黄金时段的情况，尤其在电视作为主流媒体的时代，如何使用电视媒体的黄金时段，显得特别重要。黄金时段应该选择产品宣传的黄金时段，而不是电视收视率的黄金时间。电视媒体的黄金时段一般指19：00至21：00，在这段时间电视的收视率较高，人们往往在投放广告时只考虑收视率，而忽视了产品的目标群体以及潜在顾客群体的多少占总收视人口的比重。

例如，以手机品牌小米为例，其在黄金时段投放广告，通过短视频广告和社交媒体广告吸引年轻用户。在短视频广告中，小米以轻松幽默的方式展示了其手机的功能和特点，吸引年轻人的关注。同时，在社交媒体上，小米也积极参与话题讨论和用户互动，提高品牌知名度和用户黏性。此外，小米也利用微信、抖音等热门应用的广告投放功能，在用户活跃的时间段进行投放，以增加广告曝光率和点击率，提高广告效果。通过黄金时段的精准投放和创意策略，小米成功地吸引了年轻人的关注和认可，提升了品牌影响力。

广告的频度是指在一定的广告时期内发布广告的次数，在策略上可根据实际情况需要，交替运用固定频度和变化频度的方法。

固定频度方法是均衡广告时间常用的时间频度策略，其目的在于有计划地持续广告效果。固定频度法有两种时间序列：均匀时间序列和延长时间序列。均匀时间序列的广告时间按时限周期平均运用。若时间周期为5天，则每5天发布一次；若为10天，则每10天发布一次，依此类推。延长时间序列是根据人的遗忘规律来设计的，广告的频度固定，但时间间隔越来越长。

变动频度策略是广告周期里用各天广告次数不等的办法来发布广告。变化广告频度可以使广告声势适应销售情况的变化。常用于集中时间广告策略、季节与节假日广告时间策略，以便借助于广告次数的增加，推动销售高潮的到来。

变动频度策略有波浪序列型、递升序列型和递降序列型3种方式。波浪序列型是广告频度从递增到递减又由递减到递增的变化过程，这一过程使广告周期内的频度由少到多又由多到少，适用于季节性和流行性商品的广告宣传。递升序列型则是频度由少到多，至高峰时戛然而止的过程，适用于节日性广告。递降序列型是广告频度由多到少、由广告高峰跌到低谷，在最低潮时停止的过程，适用于文娱广告、企业新开张或优惠酬宾广告等。

上述各种广告时间策略可视需要组合运用。如集中时间策略与均衡时间策略交替使用，固定频度与变化频度组合运用等。广告时间策略运用得法，既可以节省广告费，又能实现理想的广告效果。这是广告策略中极为重要的一环。究竟一个商品广告在一种媒介上投放几次，才可以使人们记住它，这一问题的研究目前还处在摸索阶段，目前有研究表明至少是 6 次，即一个人接触同一个广告 6 次便会记住这个广告。如果有关此类问题的研究有所突破，将会使广告投放工作在科学、合理、有效的轨道上运行。

7.4 广告创意的视觉表现策略

看病讲究"对症下药"，因为只有在针对性明确以后，制定相应的对策，治疗才会行之有效，广告创意亦然。只有针对广告信息过程中可能面临的一系列问题，并就这些问题在创意中做出对策性处理，创意才真正具有价值，创意才能有助于信息的有效传播，才能获得预期的社会效应和经济效能。因此，在创意过程中必须针对如下几个方面的问题进行思考。

1. 对不同的信息受众应有不同的策略

不同年龄、性别、职业、文化程度、社会地位的人，有不同的心理特点、理解能力、爱好和兴趣等。只有首先明确设计是针对哪一个层面和范围的信息受众，然后采用他们能够并愿意接受的语言方式，创造他们喜爱的视觉形式，才能有效地将信息予以传播。例如，针对儿童的广告视觉传播，创意就应先考虑如何塑造可亲近的氛围，如何注入对儿童最具吸引力的内容。据此要求在画面处理上就应努力追求一种雅趣、活泼和欢快的情调，在信息内容的诉求方式上应力求直观、浅显易懂，甚至还要考虑家长的心理反应，以获取他们的支持，从而帮助信息的传播。

2. 对不同的信息类型应采用不同的策略

各种复杂的信息内容归纳起来可分为两大类：一是以商品销售和市场竞争为目的的商业信息；二是关于社会教育的科技文化信息。不同类别的信息需要实现的社会效果截然不同，所以在策略上也不能完全一样。前者允许有适当的服从于商业目的的艺术加工和包装修饰，重在塑造醒目、突出、鲜明和刺激消费的诱惑力，使受众"不得不"接收；后者则应尊重受众的选择，并常常将重点放在准确、客观、详尽、完整、有现场感、真实、深刻性和启发性上。

3. 对不同时代、社会环境应采用不同的策略

不同的时代、社会环境有不同的传播条件，包括政治、文化、风俗、人情世态、生产经济、科学文化等因素。必须充分考虑这些因素并利用其中对信息传播有利的条件、机会，回避其局限性进行创意设计，努力将不利因素转化为优势因素，传播才具有一定的效能。不同的社会环境、时代背景等因素直接影响视觉设计，设计必须作出策略性反应和调整，才能有效地进行信息传播。

4. 对不同的传播竞争应采用不同的策略

在创意之前，应先对竞争对手予以研究和了解，做到知己知彼，然后采用相应对策，才能使我们的设计在竞争中脱颖而出。这里说的竞争对手指两个方面：一是同行业者和同类信息的传播者；二是与我们的信息媒介可能并列相处的其他具体信息媒介。只有对别人一贯的战略、表现手段有所了解，对我们的广告周围那些可能构成竞争的其他广告有所研究，然后采用差异策略，设计才能脱颖而出、引人注目。例如，天猫联合七个鞋类品牌推出"一只鞋计划"，让单脚人士选择左脚或右脚，只花一半的价格购买一只鞋。除了线上销售计划，还邀请残运会运动员、单脚人士拍摄宣传视频、海报，为"一只鞋计划"代言，号召更多的品牌加入（图 7.4）。

图 7.4　天猫"一只鞋计划"：帮助单脚人士买鞋

【天猫"一只鞋计划"】

5. 对不同的媒体采用不同的策略

任何信息设计最终都要在不同的媒体和材料上展现，而各种媒体形式、不同的媒介材料均有其表现上的优势和劣势。创意必须考虑如何充分发挥其优势因素和工艺特色，回避其局限。如设计户外广告牌时，其制作工艺促使我们在塑造画面时考虑观众的观察方式和规律，还要考虑加工材料的各种属性和实施的可能性。

6. 对不同的时机采用不同的策略

不失时机就是一种策略。不同的时间阶段，大众心理状态和审美需求也不一样，特别是时代风尚的变化，将直接影响大众的兴趣和爱好。比如在彩色摄影技术还未普及之时，用彩色摄影图像的表现形式，给人的印象是先进、新颖，但现在黑白图像似乎更具艺术魅力。同样的东西，不同时间体现出的内涵、寓意完全不同。如第二次世界大战时的战争动员宣传画，其形式在当时体现的是政治的严肃性，但如果现在将其设计风格或形式引入商品广告的视觉设计，所表达的意思显然是不适合的，甚至是荒唐的。

另外，视觉设计的目的是传播广告信息，创意必须考虑广告传播的主题。一个企业或商品的广告策略，可能它上市之初的重点是进行商品功能和品质的宣传，然后才是品牌形象宣传，最后是企业形象宣传。不同的阶段有不同的诉求重点，设计应因此而采用不同的手段和形式，采用不同的视觉形象作为画面主体。把握步骤和关键因素，不失时机地进行信息传播是创意的任务之一。

7. 不同的主题内容应采用不同的表现策略

一个主题内容的背后连着许许多多的相关因素，创意必须对这些因素进行全面、综合分析，采用与之相适的表现形式和手段，才能完整、准确、有效地传达信息。如广告传播设计就必须采用与该产品市场定位、企业个性、商品特征、商品属性、品质等相一致的立场和态度。因此，如果设计一系列救济题材的公益广告，就不能使用调侃的语言方式进行主题诉求，不然就会破坏其严肃性进而影响其社会效应。而对于一个可以运用调侃方式进行诉求的主题，也应严格把握究竟是运用善意批评式的幽默，还是挖苦、讽刺和嘲笑抨击的态度。

8. 根据不同的环境和场所应用不同的策略

许多信息媒介已经成为人们生活环境的一部分，同时，不同的公共场所对广告的传播效果也有不同程度的影响，创意必须结合这些因素进行考虑并制定相应对策。比如，设计公路旁边的路牌广告，在创意设计时应考虑到如何让人们在高速行驶中也能清楚而准确地获得信息；对处于休闲场所和娱乐场所的广告设计，就必须考虑广告和环境氛围的协调，不能让受众产生反感情绪和排斥心理。总之，创意必须结合丰富的内容进行策略性思考和设计定位，才可能获得成功的效果。

单元训练和作业

1. 优秀案例赏析

案例一：蔚来汽车广告短片《那路》（图 7.5）。

图 7.5 蔚来新年电广告短片《那路》：家是让你"满电"的地方

（1）制作背景。

《那路》是蔚来汽车推出的一部广告短片，在春节这个营销节点，全国人民都迫切地想回家过年。在这个特殊时刻，需要打造让用户铭记于心的"蔚来式"新春营销方式。

（2）策划思路。

"回家过年"是中国人必经的旅程，而"换电服务"是蔚来品牌独有的特色。这两者共同营造了一个蔚来独特的新年象征——充满能量的新年。在外漂泊的游子，"电量"常常不足，而家如同一个温馨、团圆的"换电站"，让人们以全新的姿态和心情，在新的一年再次启程。

（3）作品分析。

广告短片以 30 年回家之路为创作背景，融合了乡土情怀、人伦情感和社会议题，让"真实故事"与"品牌特色"、"原创音乐"与"群像访谈"、"黑白影像"与"现代空间"相辅相成，构成了一部无边界的广告短片。这部短片让游子在新年期间感受到了蔚来最温暖的表达——家是让你"满电"的地方。

案例二：中国工商银行"十二生肖"信用卡，续写一个没有终点的传说（图7.6）。

【中国工商银行"十二生肖"信用卡宣传广告】

图7.6 中国工商银行"十二生肖"信用卡宣传广告

（1）制作背景。

中国工商银行与中国银联合作，从文化角度出发，推出了一系列十二生肖信用卡广告。该广告通过对生肖题材的重新解读和演绎，改变了生肖固有的陈旧形象，创造出符合年轻人审美的传播内容，促进了产品和品牌的年轻化，进而提高了一二线城市以及辐射到三四线城市的年轻群体对生肖信用卡的认知度和喜爱度。

（2）策划思路。

以十二生肖为核心主题的创意团队，从耳熟能详的中国民间传说"十二生肖争夺排名"出发，将每一年生肖的轮转重新诠释为"一场循环不息、没有终点的接力赛"，象征了时间的永恒，也承载了中华优秀传统文化的传承与延续。当前，传统文化的接力棒已传到了年轻一代的手中，他们也将永不停歇地传承下去。

（3）作品分析。

广告开头采用皮影戏的形式回顾了十二生肖的故事，由"牛"开始依次传递，最后一位传递者是2020年的生肖"鼠"。这一时刻，象征着接力棒的卷轴被打开，主题揭晓，十二生肖幻化为十二张信用卡，充分展示了产品。服装与面具经过了充分的考量与细节设计。服装的主色调以红色为主，与产品配色及春节氛围相契合。创意团队还为影片设计了一整套融合传统与现代的十二生肖面具。他们从大量美术参考书籍与中华优秀传统文化设计资料中获取灵感，并邀请国内传统上色师傅对面具进行手工上色。最终呈现的面具设计完美地融合了剪纸、雕塑、版画和壁画等大量中国传统元素，同时也呈现出超现实的美感。

2. 课题内容

课题名称：广告策略策划项目训练。

课题时间：4课时。

教学方法：①真实项目导入：参与某广告公司的广告项目，提交广告策略文案给广告公司；②模拟项目导入：教师可以模拟一个项目并指导学生对该项目的提案进行广告策划。

要点提示：教师可根据以下的项目作为参考，比如某品牌洗发水，定位是能防止脱发，广告预算初步定为 50 万元，让学生根据这一情况提交广告策略文案。

教学要求：无论选择上述哪种项目导入，让学生分组进行方案的制定。在制定方案时，学生要在组内进行头脑风暴。方案提交时，其他小组的学生扮演广告主，对该方案提出修改意见，最后教师做点评。该小组必须按照教师和学生的建议整改方案，最终成为正式的广告策略文案。该广告策略文案作为训练成果提交，应包括分析部分和策略部分，分析部分包括市场总体情况分析、竞争对手分析、消费者情况分析；策略部分包括定位策略、诉求策略、表现策略、媒介策略和投放策略等。

训练目的：通过该课题的训练，让学生熟悉广告策略策划的创意和实施过程，从而不断提高广告策划能力。

3. 其他作业

校园广告推广策略策划案的练习。

作业内容：随着高校的后勤社会化，越来越多的商家想进入高校，这也使得专门针对高校的广告明显增多。那么，现在若为客户策划一个针对高校的广告推广，应该采取哪些策略？

问题如下：

(1) 应该如何进行广告推广？
(2) 可以采取哪些广告形式？
(3) 可以采取的广告媒介有哪些？
(4) 学校里有哪些资源可以用来发布广告？
(5) 怎样利用这些资源？

4. 理论思考

(1) 广告策略策划要根据市场及时做出适应性调整，调整策略的关键方法有哪些？
(2) 分析 5 种不同风格广告案例的策略特征。

5. 相关知识链接

卫军英，顾杨丽. 现代广告策划：新媒体导向策略模式 [M]. 2 版. 北京：首都经济贸易大学出版社，2022.

张建军. 网络营销策略方法案例与实践 [M]. 南京：东南大学出版社，2022.

陈岩. 中国广告市场报告 [M]. 盛颖妍，卢薪宇，汤仁彬，等译. 上海：上海交通大学出版社，2022.

曹陆军，陈文. 影视广告策划与创意 [M]. 南京：南京大学出版社，2022.

刘春雷. 广告创意与设计：设计师必备广告策划手册 [M]. 北京：化学工业出版社，2021.

孟克难，薛涛，曹岩，等. 广告策划与创意 [M]. 北京：清华大学出版社，2020.

侯宇琦. 现代广告策划原理与创意方法 [M]. 哈尔滨：哈尔滨地图出版社，2020.

李锰. 广告创意与策划 [M]. 哈尔滨：东北林业大学出版社，2019.

第 8 章　广告预算策划

课前训练

训练内容：消费者的行为活动有多种类型，但就广告对消费者所起的作用来说，一般不外乎两种表现：一种是直接购买；另一种是虽不直接购买，但对产品产生了兴趣，如有意识地询查情况、索要资料等。凡经测试证明消费者有购买行为或兴趣意向的，则该广告的效果良好。达成这种良好效果，即为广告目的。

训练注意事项：建议每位学生了解广告设计过程中的预算策划。

训练要求和目标

要求：广告策划的中心任务是以尽可能少的经费达到最佳的广告效果，广告预算的作用就在于使广告经费得到科学、合理的使用。因此，广告预算是广告策划与创意课程的一项重要内容。

目标：了解广告费用的组成和广告预算项目构成；了解影响或决定广告预算的因素；能够掌握制定广告预算策划的方法；能够运用广告预算的分配方法。

本章内容主要涉及广告预算的基本理论，要求学生掌握广告预算的基本概念、内容、作用、分类和步骤，并能将所学的知识应用于具体的广告策划运作、分析和管理过程中。

本章要点

(1) 广告目的与广告预算的关系。

(2) 广告预算的作用和内容。

(3) 广告预算的分类和步骤。

(4) 广告预算的方法。

(5) 广告预算的分配。

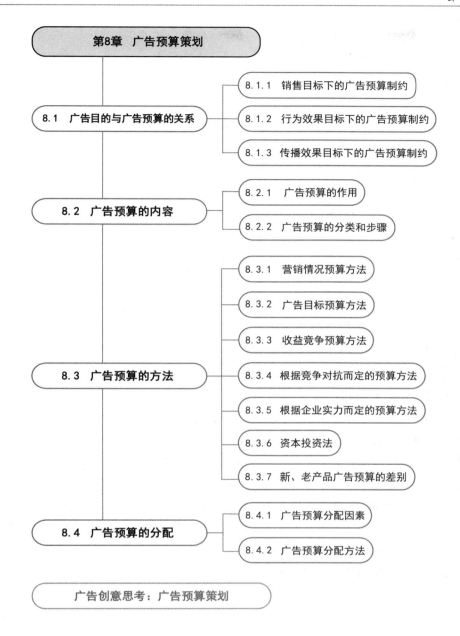

引言

广告预算策划不应单纯理解为经费问题,它是以货币的形式来说明广告计划并执行广告活动进程的,是广告策划中策略行为的重要体现。学习本章首先应了解广告预算的内容及性质、广告预算的步骤和影响或决定广告预算的因素;其次应重点掌握广告预算的方法。各种预算方法各有其优、缺点,在实际运用中一般采取组合式,扬长避短,突出效益,特别要避免违背经济规律的广告投入产出法。如何科学合理地确定广告投资方向,控制投资数量,使广告投资能够获取所期望的经济效益和社会效益,是现代广告预算的主要研究课题。

8.1 广告目的与广告预算的关系

企业在市场竞争中必然要投入资金做广告,投入多少资金,怎样分配资金,要求达到什么效果,如何防止资金不足或浪费等,问题很复杂。因此,要事先制定一个能够表明某段时间内所打算进行的各项广告活动的经费开支方案。制定这一方案的过程，就是广告预算的过程。广告预算具有计划工具和控制工具的双重功能，它以货币形式说明广告计划。作为控制工具，它通过财务执行来决定广告计划的阶段规模和执行进程。很明显，广告经费是广告策划和广告运作的基础，广告预算的作用不言而喻。

通常情况下，广告经费的多少决定着广告活动的规模和广告目的的大小，制订广告预算和确定广告目的之间有非常密切的关系。这种关系可以概括为：广告目的确定了策划者想做什么，而广告预算则限定了策划者能做什么。因此，在广告策划的实际过程中，总是把广告目的与广告预算联系在一起同时考虑。广告目的的确定，一般是从销售、行为或传播效果三者中视情况而选择其一加以考虑，因而广告预算与广告目的之间的关系，可以从如下3个方面分别说明。

8.1.1　销售目标下的广告预算制约

在产品直接销售给消费者，中间不经过其他配销环节，只通过媒体联系消费者的情况下，广告是唯一的行销方式。因而相应地以销售单位或销售金额来确定其广告目的。这里就涉及一个至关重要的问题：广告目的的实现，有一个金额指标，为了达到这个目的，做广告花费多少广告费用，也有一个金额指标。广告目的实现时的销售金额中包含成本回收和利润，单就利润来说，它与广告费用有明显的对照。假设利润用 Y 表示，广告费用用 X 表示，那么，$Y>X$ 是一条铁定原则。在这个原则下，理想的趋势是 X 趋于极小，Y 趋于极大，即要用最少的广告开支去赢得最大可能的利润。

这个趋势是诱人的，但实际上要做到却会碰到一些很复杂的问题。广告目的很明确，也很单纯，要带来利润。但是，什么时候做广告，以什么形式、做多大规模的广告等，将直接关系到广告费用开支的时机和数额，而时机和数额是否恰当，又直接关系到广告的成效，即利润能否实现及利润大小。那么，如何选定恰当时机和确定恰当的广告开支数额呢？这要根据产品的生命周期及市场上的竞争情况来统筹考虑。要处理好这一系列的连锁式问题，而且在广告策划阶段就要有预见性地处理好，并为财务部门提供充分且可信的广告预算方案，这的确很不容易。

为了找到广告投资开支和销售利润之间某些规律性的关系，人们进行了多方面的反复研究，后来发现，广告开支和销售利润之间有一种规律性关系。因为广告开支即为这里讨论的广告预算问题，销售利润即是广告目的的体现，所以，这种规律性关系，实际上也反映了广告目的与广告预算之间的关系，如图8.1所示。

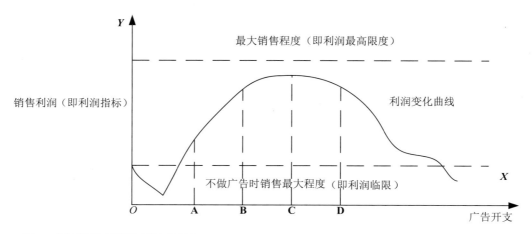

图 8.1　广告投资开支和销售利润之间的关系

图 8.1 的利润变化曲线表明：

（1）当广告开支处于坐标原点 O 时，即不做广告、不花广告费时，其他营销活动也能实现利润，但利润低，处于临界线 X。

（2）当广告开支列入预算，广告费为 A 时，因为广告费的支出实际上加大了成本，而刚支出广告费时，不能即时发生效果，获得利润，这就等于是广告开支抵消（或挤占）了临限利润，因而刚开始有一个利润低谷，稍后开始回升超过临限利润。

（3）当广告费增加到 B 时，广告投资效果最明显，销售额大幅度增加，利润也上升到接近最高限度。

（4）当广告费继续增加到 C 时，广告投资效果却不再那么明显，销售额可以稳定一段时间，而利润却开始下降。这是因为现有市场容量有个限度，销售额因此受到限制，不可能无限增长，只能处于相对稳定的状态，但因广告费开支增加导致成本加大，挤占利润，所以利润趋势呈现稳中有降。

（5）当广告费再继续增加到 D 时，销售利润也随之大幅度下降，直至降到临限以下。这是因为，除了市场容量限制销售额，即限制利润增长外，广告费的再增加导致成本更大，挤占利润更多；同时，该产品可能在市场上出现饱和状态，引发滞销；还可能因为同类产品的竞争而导致该产品市场缩小，以及为了参与竞争而实行降价措施或另辟销售渠道等。这时候，显然不宜继续增加广告费，而应考虑产品更新换代，或者开辟新的市场，或者采取其他措施强化该产品的市场垄断性优势地位。

图 8.1 所示的利润变化曲线表明，在以销售利润表示广告目的的情况下，广告开支预算与广告目的之间的关系十分密切，而且广告预算对广告目的有很强的限制作用。预算合理，广告目的可以顺利达到；预算不合理，广告目的会遭受挫折。

8.1.2　行为效果目标下的广告预算制约

在许多情况下，产品不是与顾客直接"见面"的，如大多数工业产品，都不是顾客直接到工厂去购买，而是通过推销员、配销等中间环节将产品卖给顾客。因而广告目的的制定无法以最终销售额来表示，强行用销售利润来表示广告目的，其间许多不可预知的因素将把广告目的引向错误的边缘。这时，需要用广告对消费者的行为所产生的效果来表示广告目的。

广告效果如何，当然取决于诸多方面的因素，比如创意水平、发布时机等。但是，当假定其他各方面因素都能促成良好效果时，广告预算便成为重要的决定因素之一。广告预算的规模与广告目的是否适应，将直接决定广告目的能否达到。通常情况是预算规模过小，广告缺乏充分的资金支持，在发布的数量或区域及媒体利用率等方面处处受制。产生此种情况的原因是，策划者或管理者急功近利，重视直接销售而轻视间接销售。用广告去影响消费者使其在行为活动方面发生变化，或者购买，或者引起兴趣，这都有利于销售，不过这是间接销售，对消费者和潜在消费者的行为活动变化过程要耐心等待。希望今天发广告明天就顾客盈门，这是不切实际的，要理解人们对一种产品的认识和选择的审慎态度。广告对消费者和潜在消费者起作用，也有一个时间过程，人们对广告多次视听（包括一个地点一种媒体多次视听、一个地点多种媒体同类宣传视听、多个地点一种媒体及多个地点多种媒体的视听等几种情形）逐步加深印象，逐步形成一种认识，最后才做出某种决定。这种决定是迟缓的，但却是十分冷静的。冷静的购买行为比盲目冲动的即兴购买行为更有意义、更有价值。因为冷静的购买行为意味着一种成熟的决定，意味着今后重复购买行为的连续发生。认识到这一点，就不会产生重视直接销售而轻视间接销售的偏向，也就不会将广告预算当作一种额外负担而任意压缩削减。广告策划人员应当用测试行为效果的结论资料去说服管理者和财务部门，使其达成预算问题上的共识，以求获得必要的充分的资金支持，保证广告目的的实现。当然，并不是说预算经费越多越好，钱多固然好办事，但必须避免浪费，要力争把钱用在刀刃上，争取用最小的投入获得最理想的结果。所以，要强调的不是广告预算本身的规模大小，而是广告预算规模一定要与广告目的相适应。

其次，广告预算分配是否合理，也是广告目的能否达到的决定因素之一。已经确定的前提是广告预算规模与广告目的是相适应的，也就是说，所计划的广告费数额已定，而且每一笔开支都必须讲求恰当、合理、能产生效果。在这个前提下，广告预算分配上的任何一种失误，都会影响分配的合理性，而任何一种不合理的分配，都会浪费资金，制造困难。不合理的预算分配通常表现为"人情观点分配"和"平均分配"，结果是需要多花钱的环节资金不足，办不成事，而不需要多花钱的环节，资金却有剩余而被浪费。

8.1.3 传播效果目标下的广告预算制约

传播效果主要是指广告对消费者以至社会公众心理上产生的效果，即知名、理解、喜爱、偏好、信服这一心理活动进展过程。如果广告产生了上述传播效果，随之而来的将是消费者产生购买行动和潜在消费者的态度改变，以及企业的知名度提高、形象确立、品牌记忆加固等。当广告产生了策划者预期的某种效果时，可以认为是广告目的已经实现，或者说，能否达到广告目的，要看能否获得相应的预期传播效果。基于这种认识，可以通过广告预算对传播效果的影响而看到广告预算对广告目的的制约关系。

这里的关键是如何看待传播的延迟效果。传播效果并不会即时发生，在某些情况下，在某些方面、某些地方对某些人会产生"立竿见影"的效果，但多数情况是传播效果要经过一段时间才会显露出来，而且这种效果不止是一次性发生，而是长期保留延续下去，这就是"延迟效果"。

延迟效果涉及广告投资的回收问题。广告经费支出，像其他投资支出一样，都要求有助于企业营销，要产生效益，尤其是首先要求回收成本。管理部门和财务部门审查广告预算时，决定是否批准预算，也无疑首先要考虑其成本回收问题。但是，按制度规定，今年的广告年度预算要记在今年的账上。从财务来看，今年开支了一大笔广告费用，而传播效果的发生要等到明年或后年，今年既得不到销售利润，又不能回收成本，明显造成资金积压及利润下降，这成为今年年度的困难问题。为了减少今年年度的困难问题，管理者和财务部门的想法与广告策划人员的想法可能会很不一致，所计划的预算方案也可能有分歧。再说，传播效果在体现于企业知名度等方面是无形的，不能以销售数额来衡量，这更加重了管理者的忧虑。如果广告策划人员有充足的理由说服管理者，则预算方案可能被采纳，如不能做到这一点，则预算方案可能被修改。这种复杂情形是由传播的延迟效果引起的。这种情形的实质在于：广告预算在整个企业预算中只是一个组成部分，它必须服从整个预算的年度记账制度，对将来能否发生效益及发生多大效益根本不考虑；而广告目的的实现则必须依靠当年度的广告预算获得资金支持。所以，广告预算对广告目的具有强力制约。为了保证广告目的能顺利实现，策划者必须尽一切可能制订一个合理的、能被管理者和财务部门理解和接收的预算方案。

8.2 广告预算的内容

广告策划的中心任务是以尽可能少的经费达到最佳的广告效果，广告预算的作用就在于使广告经费得到科学、合理的使用。因此，广告预算也是广告战略策划的一项重要内容。

企业在确定其营销战略目标时，通常也计划了与之相应的广告活动资金，并规定了在广告实施阶段内从事广告活动所需要的经费总额、使用范围及使用方法。

广告预算是在一定时期内，广告策划者为实现企业的战略目标，而对广告主投入广告活动所需经费总额及其使用范围、分配方法的策划。

如何科学、合理地确定广告投资方向、控制投资数量，使广告投资能够获取所期望的经济效益和社会效益，是现代广告预算的主要研究课题。

广告预算包括广告活动中所需要的各种费用。具体地说，广告预算包括以下几个方面的内容。

(1) 广告调查费：包括市场调研费用、购买所需资料和情报等费用，约占广告预算的5%。

(2) 广告制作费：包括照相、翻印、制版、录音、录像、文字编辑、美术设计等费用，约占广告预算的10%。

(3) 广告媒体费：购买广告传播媒体的版面和时间费用，约占广告预算的8%。

(4) 广告行政管理费：广告人员的行政费用，包括工资、办公、出差和管理费用等，约占广告预算的5%。

每个企业的管理情况不同，因而其广告费用的内容和支出的比例也会有一些区别。

8.2.1　广告预算的作用

广告预算是以经费的方式说明在一定时期内广告活动的策划方案，因此广告预算在广告战略策划中具有很大的作用。

1. 控制广告规模

广告预算为广告活动的规模提供控制手段。广告活动的规模必然要受到广告费用的制约。广告的时间与空间、广告的设计与制作、广告媒体的选择与使用等，都要受到广告预算的制约。通过广告预算，广告企业或广告部门可以对广告活动进行管理和控制，从而保证广告目标和企业营销目标的一致，使广告活动按计划开展。

2. 评价广告效果

广告预算为广告效果的测评提供了经济指标。广告预算的目的是达到相应的广告效果。较多的广告经费投入必然要求获得较好的广告效果，同时广告预算的策划又要求根据广告战略目标提供相应的广告费用。

3. 规划经费使用

广告预算还可以规划广告经费的使用。广告预算的主要目的之一就是有计划地使用广告经费，使广告经费得到合理有效的使用。广告预算要明确说明广告经费的使用范围、项目、数额及经济指标。这对合理有效地使用广告经费具有指导性作用。

4. 提高广告效益

广告预算还可以提高广告活动的效率。通过广告预算增强广告人员的责任心，避免出现经费运用中的不良现象。同时，通过广告预算，对广告活动的各个环节进行财务安排，发挥广告活动各个环节的工作效率，以促成广告活动的良好效果。

广告预算标志着企业对广告的投入。在进行广告预算策划时要注意纠正一些错误的认识。

(1) 有了广告投入不一定就会有效益。如果广告活动有深入的调查、周密的策划、明确的广告目标与广告对象及新颖的、有效的广告策划与创意，那么，广告投入越多，效益就越好。但是，如果没有计划，缺少周密、细致的调查，盲目开展广告活动，随意开支广告费，那么，广告费投入再多，也很难取得预期的广告效果。

(2) 广告投入会增加成本，削弱企业与产品的竞争力。其实，广告费控制在适度范围，并不会增加成本，影响销售，削弱竞争力。一般情况下，企业会把运输费、包装费等作为成本加在产品价格上，但大多数产品的广告费只占了销售成本的一小部分。因此，广告投入一般会增加，但并不会影响售价，也不会削弱企业与产品的竞争力。

(3) 广告投入是一种浪费。在国外，不做广告的企业是没有实力的企业，不做广告的产品不是好产品的观念已成了人们的共识。但在我国，人们还不能完全意识到这一点。尤其是广告客户的广告意识较差，对广告投资缩手缩脚，顾虑太多，怕浪费了来之不易的资金而不舍得投入广告费。其实，通过广告，既宣传了产品，塑造了企业形象，又能获得收益，何乐而不为。尤其是著名品牌，越宣传越值钱，无形价值越高。通过广告挣来的利润足以支付广告费，有时还有节余。所以应该将其视为有利的投资，而不要只看成是负担或无意义的浪费。

8.2.2 广告预算的分类和步骤

1. 广告预算的分类

从不同的角度划分广告预算费用，有不同的广告预算类别。

(1) 用途方式。广告费用可分为直接广告费与间接广告费。

① 直接广告费是指直接用于广告活动的设计制作费用和媒体传播所需要的费用。

② 间接广告费是指广告部门用于行政管理的费用。

在对广告费用的管理上，要尽量减少间接广告费的比例，增加直接广告费的比例。

(2) 使用者分类。广告费用可分为自营广告费与他营广告费。

① 自营广告费是广告企业自营广告业务所使用的广告费用。

② 他营广告费是广告企业委托其他广告专业部门代理广告活动所支付的费用。

在通常情况下，他营广告费用大，但比自营广告费的使用效果好。

(3) 使用方式分类。广告费用可分为固定广告费和变动广告费。

① 固定广告费通常用于广告人员的行政开支和管理费用，其支出相对稳定。

② 变动广告费是取决于广告实施量大小而起变化的费用。

在使用时要注意变动广告费的投入与广告目标效益的联系。

2. 广告预算的步骤

(1) 调查研究阶段。在计算广告预算之前必须对企业所处的市场环境与社会环境进行调查，还要对企业自身情况和竞争对手的情况进行调查，这是广告预算制定的前提。

(2) 综合分析阶段。在进行了全面的调查后，要结合企业的广告战略目标和调查情况进行综合分析，进而确定广告预算的总额、目标和原则。

(3) 拟定方案阶段。根据已确定的广告预算总额、目标与原则，拟定广告预算的分配方案。广告预算方案的选择涉及许多部门和许多因素。因此，要集思广益，尽可能设计出切实可行的方案。如果有多种方案，就要通过反复分析与比较，确定费用相对小而收益较大的方案。

(4) 落实方案阶段。将最后确定下来的预算方案具体化，包括：广告经费各项目的明细表及责任分担；广告预算按商品、市场、媒体及其他项目预算分配；广告计划细目的实施和预算总额之间的协调等。方案的落实是广告预算实现的保证。

8.3 广告预算的方法

合理的广告预算步骤必须和科学的预算方法相结合。广告预算的方法多达几十种,选择什么样的广告预算方法,要根据实际情况而定。现在选择其中几种主要的方法加以介绍。

8.3.1 营销情况预算方法

这种方法主要根据营销情况和营销需要确定。主要有销售百分比法、盈利百分比法和销售单位法。

(1) 销售百分比法。销售百分比法是以一定时期内销售额或利润额与广告费用之间的比率来预算广告费用的方法。其具体运算程序是,企业根据自身在特定阶段内销售总额的预测,把广告费用的投入确定为销售额一定百分比,就可以预算出下一阶段的广告费用的投入量。

销售百分比法的计算公式为:

$$广告费用 = 销售总额 \times 广告费用与销售额的百分比$$

如果企业去年销售额为 2000 万元,而今年预计的广告费占销售总额的 4%,那么今年的广告预算为:

$$广告费用 = 2000 万元 \times 4\% = 80 万元$$

销售百分比法可以根据销售额、利润额的不同计算标准细分为历史百分比法、预测百分比法和折中百分比法。历史百分比法一般是根据历史上的平均销售额或上年度的销售额加以计算的。预测百分比法一般是根据下年度的预测销售额加以计算的。折中百分比法是对以上两法的结果加以折中计算出来的。

(2) 盈利百分比法。盈利百分比法是根据一定期限内的利润总额的大小来预算广告费的一种方法。这里的利润可以是上一年度已经实现的利润,也可以是计划年度预计达到的利润,可以按毛利计算,也可以按纯利计算,但一般按毛利计算。其计算公式与销售百分比法相同。

如某企业今年预计实现的毛利为 1000 万元,广告费用占毛利的 2%。其广告费用为:

$$广告费用 = 1000 万元 \times 2\% = 20 万元$$

(3) 销售单位法。销售单位法是按照一个销售单位所投入的广告费进行广告预算的一种方法。它的特点是把每件商品作为一个特定的广告单位,对每个特定单位以一定金额作为广告费,然后再乘以计划销售额就可以得出广告费用投入的总额。

销售单位法的计算公式为:

$$广告费用 = 每件产品的广告费 \times 产品销售数$$

如某产品每件的广告费用为 0.1 元,计划销售 100 万件,其广告预算为:

$$广告费用 = 0.1 元/件 \times 100 万件 = 10 万元$$

销售单位法简便易行,容易掌握,而且可了解产品广告的平均费用。这种方法尤其适合薄利多销的商品,因为这类商品销售快、利润小,能够较为准确地预算出商品被均摊后的广告费。采取这种计算方法可掌握各类商品的广告费用开支及其相应的变化规律。例如,以销售单位法说明广告费用支出,就能清楚地表示出每个商品需花费多少广告费。从企业的静态经营状况考察,还能较为准确地估算出销售单位的数目,进而估算出广告的预算。

8.3.2 广告目标预算方法

根据广告目标而规定的预算方法叫目标达成法，这是一种比较科学的计算方法。使用这种方法不仅能够明确广告费用与广告目标之间的关系，而且便于检验广告效果。

目标达成法的实施主要分为3个步骤：第一，明确广告目标，即确定广告所要达到的传播目标、销售目标和系统目标；第二，明确达成相应目标所要进行的工作，如广告策划、广告制作、媒体传播、管理活动等；第三，计算这些工作所需要的经费，如调查费用、策划费用、制作费用、媒体租金、管理费用等，从而确定整个广告活动的总体经费预算。

目标达成法根据所依据的目标和计算方法的不同，又细分为销售目标法、传播目标法和系统目标法。

（1）销售目标法。这种方法是以销售额或市场占有率为广告目标来制定广告预算的方法。它是依据设定的广告目标来拟定广告活动范围、内容、媒体、频率、时期等，再依此计算出每项所必需的广告费用。销售目标法可以根据广告活动的具体情况分为实验性和非实验性两种方法。实验性销售目标法能够较好把握市场占有率和广告费用占有率之间的因果关系，可准确地计算出下期市场占有率及其所需要的广告费用。

（2）传播目标法。这种方法是以广告信息传播过程中的各阶段为目标来制定广告预算的方法。它是以传播过程的知名、了解、确信、行为几个阶段为目标来具体确定广告预算的。广告费与销售额的关系，是通过消费者对广告信息的反应过程与深浅程度表现出来的。因此，传播目标法较销售目标法更科学。传播目标法为一种中间目标，将各种媒体计划与销售额、市场占有率及利润额等目标有机地连接起来，因而能够更科学地反映广告费用与广告效果的关系，利用现代化的数学模式和计量分析方法已能很好地解决两者之间的关系。

（3）系统目标法。这种方法是采用系统分析和运筹学的方法，将系统的目标范围扩展到整个企业的生产经营活动之中，是把与广告、销售密切相关的生产、财务等因素一并纳入广告预算所应考虑的范围之内，加以系统分析和定量分析，从而使广告预算更合理、更科学、更完善。

目标达成法的依据是比较科学的，它避免了某种公式化的计算广告预算方法的不足，强调广告预算主要是服从于企业的营销目标。这就抓住了广告预算的主要矛盾，即以广告目标实施为目的来制定具体的广告预算方案，突出了广告手段服从广告目的这一根本。通常情况下，目标达成法对新开发的产品有较大的广告推销优势。

8.3.3 收益竞争预算方法

这是一种动态的广告预算方法，主要有根据广告收益递增广告预算和根据销售收益递减广告预算两种。

（1）广告收益递增法。这是一种动态的计算广告费用的方法，即按照企业销售额的增加比例而增加广告费用投入比例的方法。这种方法是浮定比率法的一种形式。企业的营销目标是促进产品销售。随着企业营销目标的实施，产品的销售额就会有所增长。销售额增长，广告费的投入也会增加，两者比照递增，这也是广告预算的一种主要方法。

广告收益递增法的特点是使用方便、易于把握。其基本原则是，企业的广告费用按照企业销售额的增加而增加。从理论模式上分析，如果某企业的销售额较之上一年度提高了一倍，那么，广告的投资相应地也要增加一倍。当广告投资增加一倍时，销售总额也应该增长一倍。

(2) 销售收益递减法。由于销售收益有时差性变化的特点，所以这种方法也称为销售收益时差递减法。就企业产品销售发展阶段来看，任何产品都不可能永远处在销售旺季，都有其销售的最高点，当此种产品达到高峰后，其销售总额就会开始减少。如果产品处于供不应求阶段，可以采取广告收益递增法计算广告费用的话，那么，当市场的产品需求量处于饱和状态时，就需要运用销售收益递减法来确定计算广告费用。由于销售额的增加与广告费用的增加不可能完全成正比，这种情况下，就可采用广告费用递减法，把市场处于饱和状态产品的广告支出费用限制在最佳销售额以下。采用此法，关键在于企业是否审时度势，有效利用广告收益递减法做出广告预算。

8.3.4　根据竞争对抗而定的预算方法

竞争对抗的预算方法是根据竞争对手的广告活动来制定广告预算的方法。具体地说，是根据同类产品的竞争对手广告费用的支出情况来确定本企业的广告预算的方法。采用这种方法的依据和参照系数是市场上同类产品的竞争对手。这一方法的基本特点是面对市场产品销售的实际情况，选择或确定广告费用的投入。这种方法强调在与对手竞争的比较中来动态地确定广告预算。

竞争对抗法主要有市场占有率法和竞争比照法。

(1) 市场占有率法。市场占有率法是根据竞争对手的广告费用与市场占有率的比例，来确定本企业产品市场占有率所需广告费用的预算方法。其计算公式为：

广告费用＝对手广告费／对手市场占有率 × 本企业预期市场占有率

如竞争对手每年的广告费用为 100 万元，占有目标市场为 50%，而本企业则希望预期市场占有率达到 25%，其计算公式为：

广告费用＝ 100 万元／50% ×25% ＝ 50 万元

(2) 竞争比照法。竞争比照法是企业根据其主要竞争对手的广告费支出水平，来确定本企业保持市场占有率所需相应的广告费用的预算方法。其计算公式为：

广告费用＝本企业上年广告费 ×(± 竞争对手广告费增减率)

如竞争对手上一年度的广告费为 500 万元，今年比上年的广告费增加了 10%，今年投入了广告费 550 万元，而本企业去年广告费为 750 万元，为了保持原来占有的市场份额，其计算公式为：

广告费用＝ 750 万元 ×(1+10%) ＝ 825 万元

一般来讲，企业应尽可能保持同竞争对手差不多的广告费用水平。这是因为一方面企业虽然不愿使自己的广告费低于其竞争对手，但有可能由于广告宣传量的差异而使企业处于不利的竞争地位；另一方面，企业一般也不想使自己的广告费用过多地超出其竞争对手。双方增加广告费用所产生的效应，都有可能相互抵消。因此，企业一般采用广告费与竞争对手保持平衡的策略，避免过多地刺激竞争对手。

8.3.5　根据企业实力而定的预算方法

这种预算方法是根据企业财力和行销情况而定的广告预算方法，主要有全力投入法、平均投入法和任意投入法 3 种预算方法。

(1) 全力投入法。全力投入法是根据企业的财力，将广告资金一次全力投入的预算方法。企业在进行广告预算时，根据企业财力能拨多少钱做广告，就拿出多少钱做广告。这种方法能够保证资金在"量入为出"的前提下进行适度的调整。如广告在某个活动阶段相对地集中使用，而在有些阶段则可以相对减少使用，使广告活动尽可能具有完整性。这种方法适合必须进行广告宣传，而没有必要进行长期广告规划的中小企业。

(2) 平均投入法。平均投入法是根据企业财力，将广告资金分阶段等量投入的预算方法。如每月平均投资多少，或每季度平均投资多少等。采用这种做法的企业主要是资金不足，或是先要看看广告的实际效果再作决定。这种方法较适用于资金不足，又有必要进行一定期限广告宣传的企业。

(3) 任意投入法。任意投入法是以一定时期内的广告费用作为基础，根据企业财力和市场需要增减费用的广告预算方法。常见的做法是广告主只支付广告活动的启动资金即第一阶段的广告资金，后续资金要看第一阶段的广告促销效果，再考虑投不投入资金或投多少资金。采用这种预算方法通常由企业高层领导决定下一时期的广告费用。这种方法较适用于没有必要进行长期广告规划的中小企业。

8.3.6 资本投资法

这种方法认为广告和广告支出是一项资本投资，它以投资回收或者花费于广告上的资本的某种回收作为基准而评估广告预算的。

运用资本投资法制定广告预算的步骤如下。

(1) 为特定的广告专案测定其资金成本。这种测定工作较复杂，一方面要研究资金本身的成本，即花费多少成本才能获得这项资金；另一方面要研究资金的利用价值，即现在运用这笔资金能创造多少价值，获得多少收益，如果现在使用了这笔资金，但不能马上获利，等到将来才能获利，那么将来获利的价值与现在获利的价值相比较，是大致相当、有折损，还是有超盈。当把将来所获利益用一个金额数确定下来时，那么这个数额在确定时肯定包含现在价值尺度的衡量。比如说，将来回收或获利为100万元，那是说现在的价值100万元，实际上将来得到100万元时，将来那时的100万元已经抵不上现在100万元的价值，而只抵得上现在的80万元了，这中间有20万元的折损。这种利用价值上的折损，是经济规律决定的，企业本身无能为力，只能正视它，并在事前将这种折损因素考虑在内，采取处理折损的合理有效的对策。

(2) 估计将来的投资回收率，并计入因为时间因素所造成的折损，直到所投入的资金全部回收为止。这些估计的回收或现金流量均以折损率计算，然后可计算出整个投资经过时间的价值。计算公式如下。

设定 PV 为每一货币计量单位（一般采用"元"）的现值，n 为投资经过的时间，r 为实际利率或者为资金成本，则：

$$PV = 1/(1+r)\,n$$

要注意的是实际利率计算所使用的时间单位与计算投资时间使用的时间单位要一致，如都用"月"为时间单位。

计算出每一货币计量单位的现值以后，即可根据每单位现值所表明的折损率制定广告预算投资。使用这种方法有一个明显的优点，即有利于管理者把广告投资支出跟其他投资支出加以比较，从而对广告投资的回收有一个比较清楚的看法。但也有明显的缺点，即这样制定的广告预算跟广告目的没有直接关系，将来可能在广告费用开支与广告目的协调上发生一些问题。另外，要正确确定某个期间广告的价值，也可能遇到困难。

8.3.7 新、老产品广告预算的差别

(1) 广告资金来源的差别。从表面看，无论是新产品还是老产品，广告经费都是由企业财务部门按预算拨出的，资金都是来源于企业财务，似乎没有什么差别，但实际情况却不是这样，二者的来源是不同的。

企业本身的资金都有"一本账",都要归入一定的会计科目,它们的用途也由财务部门实行监控。因此,某一品牌的广告费用从何处支出,预算者不得不予以考虑。一般惯例是,老产品已经在市场销售,已经获得销售利润,也就是说,它已经产生并且能够继续产生广告费。因此,其广告预算可以从产品销售的"直接费用"科目中得到解决。如果在某个时候或某种情况下发现以前的广告预算极为不够,对某品牌并未给予足够的广告投资,则需制订或修订出一个新的计划并确定该品牌应增加的广告预算。所增加的预算仍可列入直接费用由财务支出,不过此项广告费增加的支出,会引起产品销售利润的下降。如果既要保证销售利润不下降,又要解决广告预算增加的经费支出问题,那么企业只有尽可能降低产品的成本。由此可见,老产品的广告预算资金来源,实际上在于该产品的销售。广告预算的增加,可以通过增加销售获利、调整现有利润计划或降低成本等办法来解决。

对于新产品来说不是这样。首先,新产品尚未发生销售额,没有销售收入来支付其广告费;其次,新产品在投放市场前,在广告宣传和产品推广上必须投入大量资金才能启动,因而其广告预算数额比老产品要大得多。这时,企业必须先拿出一大笔钱来垫付广告开支费用,直到该产品能够销售获利自行负担广告费为止。企业所垫付的广告费是一项发展性投资,因此,它来源于企业的筹措,比如企业积累、上级部门拨款、银行贷款等。这种广告投资要在将来由该产品偿还,这个偿还过程通常不能在一个年度预算期内完成,需要在两个以上年度预算期才能完成。对于企业来说,这种偿还实际上是投资的回收。所以为新产品制定广告预算,要充分考虑将来投资的回收问题。

(2) 广告预算指导思想的差别。新产品和老产品的广告资金来源不同,或者说它们的广告费产生的渠道不同,这是一个客观事实,其决定了它们广告预算的指导思想的差别。广告预算的局外人很容易忽略这种差别,而仅仅注意到它们指导思想的共同点,即都要力求预算合理,与广告目的协调,广告预算能保障广告的效果并产生销售效益。但是作为广告预算策划者,仅仅懂得"每一分钱都要用在刀刃上""力求用最少的钱获取最多的广告效益"是不够的,还要懂得新、老产品广告预算指导思想上的差别,才能在广告实务中恰当地处理有关问题。

老产品的广告预算,在指导思想上有一种明显倾向,即不必担心广告费的回收,销售利润的实现早已解决了广告费回收问题。关注广告效果与销售利润的关系至关重要,因为销售利润的增长直接给企业带来经济利益,而且销售总额的增加将会带来广告经费的相应增加,在某些特殊情况下,为了保证销售利润提高,在不影响广告效果的前提下,甚至可能把缩减广告预算作为增加利润率的一种手段。

新产品的广告预算,在指导思想上则是另外一种倾向,即关心品牌知名度和广告费的回收问题。这是因为新产品尚未或刚刚投入市场,希望立即获得销售总额和利润率的成功是不现实的,也是不合理的;相反,产品在引入期因大量广告投资而增加成本使利润率下降到临限以下是很正常的。为了企业利益,使销售额增加,当务之急是要让人们认识新产品,了解它、信任它、购买它,这是不可逾越的一个必然阶段。只有对市场形成一股强大的冲击力,迅速提高产品知名度,才可能增加销售,提高利润率。新产品的广告预算,要首先考虑如何最大限度地发挥这项投资的作用,迅速对市场形成冲击、迅速提高知名度,尽量缩短投资回收的时间,尽可能减少投资的折损率。

(3) 涉及若干具体事项时思路的差别。"所谓若干具体事项"主要指在编制广告预算的过程中所涉及的有关问题。比如,如何处理其他一些因素对广告预算的关系问题,如何更合理地分配资金问题等。总体来说,老产品的广告预算在处理这类问题时的思路一般如下。

本项预算的宗旨是要提供即时效果,还是要为品牌建立未来效果?对本品牌来说,是要实现短期目标,还是长期目标?

本项预算跟竞争对手的关系如何？竞争是否已经迫使企业必须多花钱来维持品牌占有率？本品牌占有率维持的花费比率应确定为多大才是适当的？媒体发言力占有率与市场销售占有率应该接近到什么程度？

与本产品属于同一类的其他产品广告预算的通常模式是什么？本产品的广告预算要跟通常模式接近到什么程度？

既存市场的地理位置对广告预算的影响如何？现在所选择的目标市场对广告预算的影响如何？如果用媒体，销售信息到达目标群体要花费多少？如果改用其他方法又要花费多少？怎样更合算？

本产品的销售区域范围有多大？是通过配销系统去销售，还是在消费者中直接销售？它们对广告预算的影响各有多大？

在计划使用的媒体中，或者计划传播的范围内，存在什么样的干扰？杂乱程度如何？克服干扰要增加多少预算？

上述这类问题无法穷举，只要通过这些问题去揣摩其思路即可。而新产品的广告预算在处理具体事项时的思路一般如下。

广告投资回收计划起于何时？止于何时？

新品牌进入何种产品类别？在总市场中的占有率为多大？

在引入期中，直接向消费者销售多少？同业的零售货架及仓库中存货有多少？

为了引起消费者对新产品的兴趣并使其试用，采用何种推广活动？采用何种销售激励方式？

该新产品上市，要达到既存产品的一般销售占有率，其所需要相应的广告占有率应为多大？

如果新产品第一年不能达成目标或遇到不可抗拒的意外损失，所负担的风险会有多大？

很明显，两种思路与其各自的预算指导思想有密切联系。

8.4　广告预算的分配

广告预算方法着重解决企业对广告活动的经费投入，而广告预算的分配则着重解决广告经费的使用。在广告预算中根据不同需要确定广告活动经费投入的方法及总额之后，便要在广告预算总额的范围之内将其按照一定的目的、要求进行合理的分配。广告预算的分配是广告预算的具体规划阶段，广告预算分配得恰当与否，直接影响到广告战略的实现。

8.4.1　广告预算分配因素

广告预算的分配必须考虑到广告活动产生直接或间接影响的因素。一般来说，广告预算分配要考虑以下几种因素。

(1) 产品因素。广告预算分配首先应该考虑产品因素，根据产品状况做出合理的广告经费分配。产品是新产品还是老产品，是差别大还是小，是内销还是外销，是日用的还是特购的，是处在产品生命周期的引入期、成长期、成熟期还是衰退期等。以产品生命周期而论，处于引入期和成熟期的产品，一般要投入较多的广告费用，而对于成长期和衰退期的产品则应适当减少其广告经费。

(2) 销售因素。广告预算分配要考虑销售目标、销售范围、销售对象、销售时间等因素。不同的产品有不同的销售目标，销售额高、利润率高的产品，广告经费分配也较多，反之较少。不同销售范围其广告经费分配要不同，如本地销售和外地销售、国内销售和国外销售。一般本地销售和国内销售分配的广告经费要少，而外地销售、国外销售分配的广告经费要多。不同销售对象其广告经费分配也不同，销售对象是集团消费还是个体消费，消费者的收入、需求有何不同，这些因素也影响广告预算分配。不同的商品有不同的销售时间，广告宣传时间也有长有短，时间长则广告费用多，时间短则广告费用少。

(3) 竞争因素。广告预算分配还要考虑竞争因素。对市场竞争激烈、竞争对手多且强、市场范围大、供应过于需求的产品，应投入较多的广告经费；而对市场竞争缓和、市场范围小、供不应求、竞争对手少而且弱的产品，则应投入较少的广告经费。对市场占有率低又有潜力可挖的产品应投入较多的广告经费，而对市场占有率高、市场已饱和的产品应投入较少的广告经费。

(4) 媒介因素。广告媒介是广告投资的主体，通常要占到广告总投资的70%～90%。广告预算分配还要考虑广告媒介因素。电子媒介尤其是电视融声、光、电为一体，声色并茂、传播广、覆盖率高，分配经费就多。报刊广告图文并茂、传播面广、传播速度快，分配经费也较多，而一般的直邮广告、招贴广告、POP广告等分配经费就少。

(5) 经济因素。广告预算分配还要考虑整个经济背景。如国际国内的经济形势、政府的经济政策、通货膨胀因素、社会发展阻力等大的经济环境。经济环境有利时，要投入较多的广告经费，反之则相应减少。

8.4.2 广告预算分配方法

广告预算分配主要有以下几种方法。

(1) 按广告的商品类别进行分配，即按同一企业的不同产品类别进行广告预算分配。通常将同一企业的不同产品分为几大类，凡可以一起做广告的产品归为一类，然后确定每类产品在一定时期的广告经费。按产品的类别分配广告经费，根据产品的生命周期、竞争状况、市场占有率、在企业产品体系中的地位、利润水平、销售潜力等因素综合考虑，这种分配对企业的发展具有战略意义。

(2) 按传播媒体进行分配，即根据传播同一广告内容所需不同的媒体进行经费分配。广告的传播效果主要是通过媒体传播效果来体现的，应按照传播媒体的不同来分配广告预算是企业常用的方法。这种预算分配的目的在于使用综合的传播媒体以达到广告目标所期望的信息传播效果。

按传播媒体进行分配有两种方法：一种是用于综合媒体的不同媒体之间的广告预算分配，即根据不同的媒体需求分配广告经费；另一种是用于单一媒体的同一类型媒体的广告预算分配，即根据同一媒体在不同时期的需求分配广告经费，这种分配方法主要用于单一媒体的广告宣传。总之，按传播媒体分配广告经费，要根据产品、市场、媒体的使用价格等因素综合考虑。在广告预算中，首先应该保证的是传播媒体的经费。

(3) 按广告的区域分配。这里的广告区域指的是广告信息传播的地区，实质上是产品销售地区。在广告策划中首先进行广告地区划分，然后根据各个区域分配广告经费。根据广告的地区进行分配，需要考虑各地区对商品的实际需求和潜在需求、市场细分、目标市场的分布及市场竞争状况等因素，合理分配广告经费。产品销售容易的地区要比销售困难的地区分得少，人口密度低的地区要比人口密度高的地区分得少，地方性市场的广告经费要少于全国性市场的广告经费。总之，广告经费的分配要向产品销售量大的和潜在销售量大的区域倾斜，其最低界限应不少于维持产品在该地区竞争地位所需的基本费用。

(4) 按广告的对象进行分配。如果企业的销售目标比较集中、典型，企业还可以考虑采用按广告对象分配的方法。这里的对象指广告信息传达的受众，通常是广告产品的消费者。一般说来，以工商企业、团体用户为对象的广告应多分配广告经费。这种方法有利于提高广告宣传的效果,有利于广告预算及其效果的测定。

(5) 按广告的时间进行分配。这里的广告时间指广告活动进行的时间。用这种方法进行广告预算分配主要有两种情况:一种是按广告活动期限长短分配,有长期性广告预算分配和短期性广告预算分配,还有年度广告预算分配、季度广告预算分配、月度广告预算分配;另一种是按广告信息传播时机进行广告预算的分配。对于一些季节性、节日性、流行性商品,要合理地把握广告时机,采用突击性广告预算分配和阶段性广告预算分配抢占市场。对于一些季节性强的产品和一些新上市的产品,用短期性广告和突击性广告预算分配方法较合适。

(6) 按广告活动分配。如果企业在规划期内要组织几次大型的广告宣传活动,在广告经费的安排上,则可根据各个广告活动的需要来加以分配。在总费用水平确定的前提下,按各个活动的规模、重要性和技术难度投入广告费用。对于持续进行的广告活动,在广告经费的安排上也要根据不同阶段和时期的广告活动加以统筹分配。

(7) 按广告的机能进行分配。在采用以上广告预算分配方法的同时,为了便于对广告财务的管理和监督,企业还经常采用按广告的不同机能分配广告预算的方法。按广告的机能分配广告预算,一般可按广告媒体费、广告制作费、一般管理费和广告调研费进行分配。这些费用还要视企业是自营广告还是他营广告,还是两者兼而有之的广告,根据不同情况而加以细分。

单元训练和作业

【知乎广告片《重逢》】

1. 优秀案例赏析

案例一:知乎广告片《重逢》(图 8.2)。

(1) 制作背景。

图 8.2 知乎广告片《重逢》

在建党一百周年、五四青年节到来之际,由共青团中央与知乎联合出品微电影《重逢》。该片改编自真实事件,将对青年的观察以及对五四精神的思考融入其中,以表达和平时代的牺牲不应被忽视。

(2) 策划思路。

该片结合了当下社会时事,通过多方合作,从年轻人关注的热点问题入手,采用长视频形式展现故事。同时,该片突破了以往观众心中主旋律视频的固有印象,将感人等元素巧妙融入其中,触动观众的情感,使他们真正投入到视频中。

(3) 作品分析。

该片在视觉和情感上展现了强烈的冲击力,传递了积极向上的价值观。作为五四青年节的献礼,它同时也是对当代青年的一种鼓励和肯定。该片通过独特的艺术表现形式吸引了观众的注意力,并在社会上引起了广泛的讨论和共鸣,展现了普通人的平静和蕴含的力量,这种力量足以感动千万观众。该片呈现了不同年代的人为国家奉献的情节,承载着代代相传的家国情怀和中华儿女勤劳勇敢的精神。

案例二:洁柔广告片《中国面孔》(图8.3)。

【洁柔广告片《中国面孔》】

图8.3 洁柔广告片《中国面孔》

(1)制作背景。

洁柔品牌推出了一款名为"Face"的系列纸巾产品,其特点是湿水不易破且柔韧性好。在年底推出的广告片中,这款产品不仅抚慰了那些坚强、乐观向上的普通中国人,更树立了洁柔品牌的大国情怀,向消费者传递出洁柔柔韧有余的价值观,打造了强势的国货品牌形象,并开始积累"中国面孔"的长期品牌资产。

(2)策划思路。

策划者观察发现,人们在使用纸巾时通常都是因为脸上出现了某种"状况"。Face面巾纸以其湿水不易破的特性,擦去了每张脸上曾经历过的血、汗、泪,而背后隐藏着脆弱、伤痛、委屈和无助等情绪。它每次拂过面庞时,都像是在温柔地抚慰每一位使用者,擦除其种种不好的情绪,使人们变得更加柔韧,走向强大。

(3)作品分析。

洁柔广告片《中国面孔》以传达品牌的核心价值观和提升品牌形象为宗旨。该广告片选择了春节前这一时期发布,因为在这个时候,中国人的年度情绪积累,产品使用频率增加,此时发布广告能够有效地触达目标受众。广告创意的概念是"柔韧有余中国人,喜气洋洋中国脸",通过展示不同的中国面孔及其背后的故事,传递出中国人的柔韧和坚强。这一创意巧妙地利用了产品名称"Face"的涵义,将产品与消费者的情感体验紧密结合,使广告信息更贴近人们的内心深处。

2. 课题内容

课题时间:4课时。

教学方式:列举大量现实生活中各种媒介的广告预算书,启发大家研究和讨论广告预算书的写作练习。

要点提示:重点掌握广告预算的方法和广告预算的分配。

教学要求:通过公司实习和调研,重点掌握广告调查费。

训练目的:在广告预算中根据不同需要确定广告活动经费投入的方法及总额后,便要在广告预算总额的范围内将其按照一定的目的、要求进行合理的分配。广告预算的分配是广告预算的具体规划阶段,广告预算分配得恰当与否,直接影响到广告战略的实现。重点分析广告预算的计算方法和分配方法。

3. 其他作业

下面是广告费用预算书。

(1) 媒介分析。

(2) 宣传推广费用分配计划。

根据本项目的客户群定位及以上的媒介分析，按本项目首期的宣传推广费用为 1000 万元做总量控制，做出以下分配建议。

① 平面制作。费用预算为 50 万元。

② 户外活动。内容为明星足球赛、新闻发布会等。费用预算为 70 万元。

③ 户外广告。内容为大型户外广告牌及地铁沿线站口灯箱广告。费用预算为 110 万元。

④ 报纸广告。内容为软性及硬性广告投放。费用预算为 420 万元。

⑤ 电视广告。内容包括电视片制作及投放费用。费用预算为 300 万元。

⑥ 电台广告。内容包括长效广告及促销广告。费用预算为 50 万元。

(3) 报纸媒介硬性广告投放计划（投放额 400 万元）（略）。

(4) 电视媒介广告投放计划（投放额 270 万元）（略）。

4. 理论思考

(1) 根据相关作品，分析广告作品的广告投资额度。

(2) 查阅课外资料，重点了解一线品牌的广告经费投入。

(3) 请为我国某著名家电连锁零售品牌进行黄金周广告促销预算策划，并写出预算策划书。

(4) 广告费用包括哪几种？

(5) 影响或制约广告预算的因素有哪些？

(6) 举出你认为相对科学的几种广告预算策划的方法。

(7) 概述广告预算的分配方法。

5. 相关知识链接

尹彬．广告策划 [M]．2 版．苏州：苏州大学出版社，2022．

李东进，秦勇．广告学：理论、方法与实务 [M]．2 版．北京：人民邮电出版社，2022．

克洛，巴克．广告、促销与整合营销传播 [M]．8 版．王艳，等译．北京：中国人民大学出版社，2021．

杨亖昱．广告策划 [M]．北京：北京工业大学出版社，2020．

第 9 章　广告要素表达

课前训练

训练内容：整个广告运作过程是一个较为复杂的系统，其中包含很多要素，称为广告要素。在广告的诸多要素中，最为核心的一点是广告信息的表达，即通过什么样的方式把广告中想要传达的信息表现出来，以完成对广告主题的表现，从而实现预期的广告目标，取得良好的广告效果。

训练注意事项：建议每位学生对广告中诸要素的作用、特点进行仔细揣摩。

训练要求和目标

要求：广告要素表达的中心要求是对广告中所传达信息的表现。广告信息表现中很重要的一方面就是对广告创意的表达，因此，对广告创意的表现形式的探讨是这门课程学习的重点。

目标：了解广告要素的组成及各个要素在广告运作过程中的作用；掌握广告创意的基本表现手段，能够认识到运用过程中的注意事项。

本章内容主要涉及广告要素表达的基本理论，要求学生掌握广告要素的概念、作用、表现形式等问题，并能将所学的知识应用于具体广告创意的表现过程中。

本章要点

(1) 广告要素概述。

(2) 广告要素的表达方式。

(3) 广告要素表达的特征。

(4) 中国广告作品中的表现形式。

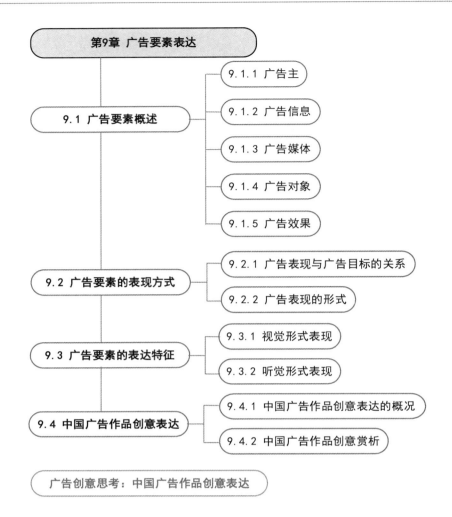

引言

在现代社会中，广告贯穿于人们生活的各个角落，深刻地影响着人们的物质生活、文化生活等。广告在很大程度上也影响着人们的消费观念、消费方式、社会观念、价值观念等。人类生活的各个方面都在不同程度上表现着广告文明，展示着广告文化。广告发展到现代，已经演变成一项知识密集、技术密集、人才密集、智能密集的高新技术产业，是一个完整的运营系统。要保证它能够很好地进行运作，就要求其中的各个部分能够协调发展。

9.1 广告要素概述

在现代广告系统中，其中的各个部分称为广告要素。

至于广告要素的由来，可以根据美国学者拉斯韦尔曾提出传播五要素的"五W模式"（即"谁"Who、"说了什么"What、"通过什么渠道"Which channel、"对谁"to Whom 和"取得什么效果"Which effect）来对其进行界定。因此，可以将广告要素归纳为5个方面：广告主、广告信息、广告媒体、广告对象、广告效果。

9.1.1 广告主

广告主也称为广告者，指发布广告的主体，包括企业、个人或团体。在现代广告中，广告主一般以企业为主，是广告活动的委托人和直接受益者。广告主在整个广告运作过程中的作用和地位可以概括如下。

一方面，广告主委托专门的广告经营者为其设计制作并发布广告；另一方面，通过广告的发布与消费者建立沟通信息的关系。

一般情况下，在广告活动中，广告经营者应按照广告主的要求和意愿进行策划，所以广告主的经营理念和广告观念在很大程度上会对广告活动质量的优劣产生重大影响。

此外，从另外一个角度讲，广告主在整个广告信息传播过程中，处于信息源的位置，它决定了广告信息的基本内容和基本诉求。那么，广告信息的表现形式和传播手段要能保证这一信息内容得到准确的传达，力求使广告主的诉求点得以充分实现。因此，广告主的经营思想对广告活动的实际效果会产生很大影响。其中还包含广告企业通过广告活动与消费者的沟通程度。从某种意义上说，广告效果的优劣不仅取决于广告策划和设计的成功与否，还取决于广告主的广告观念和经营思想。

9.1.2 广告信息

通俗地讲，广告信息指广告要表现的具体内容，即广告作品的主要内容。这里涉及广告的创意和策略问题，即如何通过新颖有趣的表现手段把广告信息表达出来，以激发消费者的购买欲，从而促进商品的销售。

广告信息在广告运作系统中有着举足轻重的地位。这主要是针对消费者而言的，对于广大消费者来说，他们直接接触到的广告就是以广告信息的形式呈现的。他们对有效信息的接收，要有一个筛选和过滤的过程。那么，如何能够筛选出有效的广告信息，在很大程度上取决于广告策划者制定的广告策略。通过对市场的分析，进而确定广告目标，制定创意策略、媒体策略，与广告信息相关的创意和策略等问题由专门的广告代理公司等机构完成。

9.1.3 广告媒体

媒体又称媒介，是指将信息传播给大众的工具。广告媒体也可以称为广告媒介，是指传递广告信息的载体。广告媒体同样是广告要素中的重要组成部分，是指任何已存在或未发现的能承载广告信息、达到广告目标的一种物质技术手段。它是广告的载体，是广告信息传播的工具，是广告得以实施的桥梁。非人际传播是广告的本质特征之一，因此广告媒体是不可或缺的要素。

广告媒体有很多，具体可分为大众媒体和其他媒体两大类。随着科学技术的进步，新的广告媒体还将陆续问世。之所以会出现这些种类丰富的广告媒体，还是由广告的性质决定的。可以说，只要广告主觉得有促销价值的任何物质都可以作为广告媒体。一般广告媒体以报纸、杂志、广播和电视大众媒体为主。为了更加有效地利用广告媒体，还必须在分析其特性的基础之上，进行不同类型媒体间的组合，以多种媒体实施广告策略。

9.1.4 广告对象

广告对象指广告所针对的目标消费者，是广告活动的"目的地"，是广告信息进行劝说的对象。广告对象之所以成为广告的要素，是由于消费者是广告的最终环节，只有消费者接受的广告才是有效广告。广告不能离开消费者，否则就是无的放矢。这就要求广告必须去研究其接收对象（即消费者）的行为，了解不同消费者群体的基本特征，在把握消费者消费形态的基础上实施有针对性的广告策略，这是现代广告的一个基本要求。

9.1.5 广告效果

广告效果是指广告活动目标的实现程度，是广告信息在传播过程中所引起的直接或间接的变化总和，包括广告的经济效益、社会效益和心理效益等。也可以说，广告对受众所产生的影响及由于人际传播所达到的综合效应。

广告运作是一种目的性很强的传播行为。围绕着广告目标和诉求，企业投入一定的物力、人力和财力，希望得到预期的效果。这种说法认定广告效果的好坏是产品销售量高低的一个衡量标准。但是，产品的销售与众多因素有关，有点类似"台球效应"。企业开始做广告，经济上的连锁反应便开始发生，但结果却不一定如预期目标。广告效果只是促销的一大推动力，销售额的增长还与商品质量、消费者心理、价格等因素密切相关。

由此可见，广告效果是个多维的复合型概念，衡量广告效果的指标有许多，比较科学的是看广告是否达到了预定的目标，而不是仅仅以销量增加与否来衡量。

除此之外，广告费用在现代广告运作体系中也显得越来越重要。它是指广告主支付给广告媒体等传播机构的费用。广告是一种有价值的信息传播活动，一个广告主若想占用广播或电视的播放时间，或者使用报纸杂志版面来传播与之相关的广告信息，都必须预先支付一定的费用购买使用权后，方可进行宣传。没有广告费用的支出，就没有广告的存在，因此，广告费用是开展广告运作活动最起码的保证，是广告活动不可缺少的一个要素，也是广告独有的特征之一。它使广告的商业性质更加突出，也使广告诸要素之间，即广告主、广告代理公司和广告媒体之间，形成一种相互制约的经济关系。这种关系使他们之间达成一种合理的运行机制，共同促进着广告活动的发展。

9.2 广告要素的表现方式

一件完整的广告作品能够进入消费者的视线中，要经过一整套完整的设计程序和步骤。①首先由广告主提出广告目标、定位及出资方面的预算；②交由广告代理商或广告公司为其进行相关策划和设计，提出恰当的表现广告主题的创意；③找到最佳的表现手段把这些广告创意的内容表现出来，完成广告作品的制作；④通过各种广告媒体的传播，把广告呈现到广大消费者面前。

在这一过程中，广告的各个要素都发挥着重要的作用。但是，针对广告的受众——消费者而言，他们所能够直接感受到的是广告作品中所传达的信息及信息的表现形式。如在经典的广告作品中，人们都会对其中的广告词及广告画面记忆犹新。所以说，在广告运作过程中，广告要素的表现方式可以通过对广告信息的论述来进行阐释。

广告信息的表现可以概括为广告主题的表现和广告创意的构想。当广告策划工作基本完成后，广告主题被确立，就需要一个有创意的方式表现出来，这就是广告创意的构思方案。创意的构思和方案的确定也需要一个过程。这时候的方案只是创意概念的形成阶段，要想将广告创意的内涵和广告的主题准确地传达给目标受众，还需要将抽象的概念转换成易于传达和接收的视觉形象，这一过程称为广告表现。

所谓广告表现，是指将广告的主题思想、创意构想，用语言文字、画面、声音等元素以信息传递形式表达出来的过程。简单地说，广告表现是指借助各种手段将广告的主题和创意转化为广告作品的过程，即创意的物化过程。广告主题仅仅是一种思想或观念，这种抽象的意念必须借助一定的具体形象来表现，它是消费者理解、欣赏广告主题的中介。广告表现必须以广告创意的概念作为指导和依据，它是对抽象思维的概括和体现，同样也是对创意概念的艺术提炼和意境升华。

综上所述，要探讨广告要素的表现可以通过对广告表现手段的研究来完成。本节将详细地介绍关于广告表现的相关形式。在介绍广告的表现形式前，先要了解广告表现与广告目标之间的关系。

9.2.1 广告表现与广告目标的关系

广告表现的目的是完成预期的广告目标。它在广告策划过程中起到承上启下的作用。

1. 广告表现与广告主题的关系

广告主题是广告表现的基础，广告主题的艺术化就是广告表现。广告表现的核心内容和中心思想就是广告主题。广告表现是广告主题的形象化，是消费者理解、欣赏广告主题的中介。

2. 广告表现与广告创意的关系

在广告主题确定后，广告活动就进入了最为关键的阶段——创意阶段。这时广告创意人员应当考虑如何完整、充分、艺术地表现广告主题。

3. 广告表现与广告制作的关系

广告表现和广告制作虽然都是针对广告主题和创意的表现，但广告表现主要着眼于通过什么样的形式表现广告的主题和创意。广告制作则主要涉及一些具体的技术活动，即怎样对这些形式进行必要的设计和操作，它是处于比广告表现更加具体的概念。所以，从根本上讲，它们仍然属于不同的范畴。

综上所述，广告主题是广告创意展开的基点。广告主题的意象化就是广告创意，即根据广告主题，经过精心思考和策划，运用艺术手段把所掌握的资料进行创造性的组合，以塑造一个意象。广告表现的灵魂是广告创意，它以能够完美地完成广告目标为宗旨。

9.2.2 广告表现的形式

广告表现包括广告主题和创意的表达，而广告创意的表达是为表现广告主题而服务的，所以广告表现的形式从某种程度上讲，就是广告创意的表现形式。

要表现广告创意，必须解决两个问题："说什么"和"如何说"。决定"说什么"的因素有创意理论、广告目标、目标消费者、产品类型和生命周期、竞争需要。"如何说"就是采用什么样的创意策略和方法来进行广告表现的问题，这一点是要阐述的重点问题。

广告创意表现也是一门艺术。这种艺术形式与其他艺术形式不同之处在于，广告表现并不是为了艺术而艺术，而是希望通过形象思维传递广告信息，反映商品或其他广告诉求物的品格及个性，使消费者受到潜移默化的影响，最终达到广告运作的目的。所以，它还遵循一定的科学原理。在这里，广告的表现手法通常有直接、比较、幽默诙谐、恐惧、代言人等。

下面来解释这些表现手法中最常用的几种。

1. 直接表现

商品广告的直接表现一般分为对商品质量、用途、用法或品牌等的直接表现。这种形式的广告表

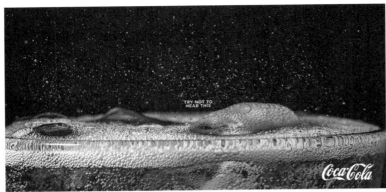

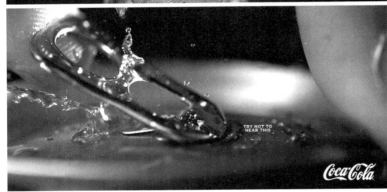

图 9.1　可口可乐宣传海报

现，通常以逼真、生动、诱人的写实手法来表现商品的质感和效用。它采用的广告媒介通常以广告牌、招贴画、杂志和电视等，通过精心设计的广告主体、灯光及布景，细腻地表现出诉求物的品牌、细节及质感。这种表现方式虽然没有更多的背景及环境衬托，也没有富于情趣的故事情节，但仍能引人注目和遐想。直接表现往往使用照相机或摄影机还原的真材实料，通过视觉感受直接拨动消费者的心弦。如很多汽车广告往往采用直接表现的方式，因为汽车广告一般来说必须反映出美的外观造型，并对车身所有可见的部位表现清楚。

可口可乐公司推出了一组海报广告，利用"联觉"功能自动唤醒观众的听觉，即使是静止的图像也能在人们脑海中唤起声音（图 9.1）。海报描绘了可口可乐开瓶时的一系列动作，利用消费者对品牌的记忆自动将形象与特定的声音联系起来，造成听觉上的错觉。同时，广告也取了一个很应景的名字："Try not to hear this"（努力不要去听这个声音）。

2. 比较式表现

比较式表现是运用不指名的手法将同类商品、服务与广告主所诉求的商品或服务进行比较，尽量显示自己商品的性能、品质以及突出的优点。在比较中提高商品的身价，达到在消费者心中建立商品的超群形象的目的。这种表现方式是商品广告中运用得较为谨慎的一种表现方式。运用比较的手法时，一定要在创意上表现出毋庸置疑的真实性，即自己的商品必须确实具有某种优点，同类的商品确有不足之处，同时最好还具备权威机构或消费者的证实。如果一味夸大自己的优点、贬低别人的商品，往往适得其反。

3. 幽默、诙谐式表现

广告中所提及的幽默指的是用有情趣的方式来表达自己的构思、感情、见解以及营销观念，它的表达需要借助于想象力和一定的知识涵养，往往是通过比喻、夸张、象征、谐音等多种表现手法，运用机智、风趣、凝练的语言，针对客观事物的特点进行含蓄的解释。

幽默广告创意表现能使观众在会心一笑之余感受其意味深长的画外音，并在恍然大悟之后很快记住广告所要推销的商品，从而增加商品的亲和力。这也是广告创意表现中常用的一种手段，但是在运用时，还需要注意：真正的幽默应该暗含机智、有趣味、有品位，否则易流于油滑和低俗；同时，所制造的幽默要发挥最大功效与产品的消费者利益点紧密相关，而非纯粹以表现为目的。

诙谐与幽默相近，它不仅仅是滑稽，其独特的审美价值在有趣与可笑之中引发意味深长的思索，是智慧的结晶，是事物底蕴的深刻积淀。二者往往可以同时用来表现某一类商品，但是，二者在表现上也稍有不同。诙谐式表现往往可以使受众发出会心和理解的微笑，从而产生对该商品的认同，消费者对诙谐式广告所表达的信息的接受是潜移默化的。而幽默式的表达则往往使消费者开怀大笑，从而加深其对该广告表达信息的记忆。

4. 恐惧式表现

利用人们普遍存在的害怕、担心心理，在广告中运用恐惧诉求，是广告创意表现常使用的方法。恐惧指的是人们失去安全感时的一种心理状态，实际上它是安全需要的一种反面表达。根据马斯洛的需要层次理论，安全需要处于人的第二层次的基础性本能需求。根据经验判断，恐惧是一种最普遍、最基本的心理状态之一，它的影响范围广、影响力度强，能在人的心中造成极大的震撼力。这种震撼力既可以来自正面的诉求，也可以来自反面的诉求。恐惧式表现是指以恐惧为创意的工具，使用引起消费者恐惧心理的内容激发起他们的逃避情绪，进而使其产生摆脱某种危险或有害状态的行为。

例如，通用汽车与睿狮广告公司合作推出广告《事关人命，遵守交规》。针对中国交通事故频发的现状，睿狮广告公司深入中国残联和各大医院，请来因交通事故致残的真实人物，让他们以现身说法的形式引发人们的自省。广告中，9位车祸受害者热心出镜，在车祸易发地段高举交通指示标志，呼吁大家遵守交规，呈现出"事关人命"的重要性。视频广告与平面广告于世界交通安全日正式亮相，并在全方位媒体传播中展开，旨在减少交通事故的发生。该广告效果卓著，有关数据显示，交通事故受害者现身说法的那5天中，交通事故量较年平均值减少了50%。此外，广告在国内外多项大奖中获得肯定。

然而，用恐惧式表现手法表达广告创意时，要避免把恐惧表现成恐怖。

5. 代言人式表现

利用名人来做商品代言人，借助名人的影响来打动消费者，这是广告常见的表现方式之一。所谓名人，指的是受到大众媒介的承认，或在某一领域有比较突出的事迹和贡献的人。可以从以下两方面分析。

（1）从社会学的角度来看，人们的行为、举止、知识和文化都是社会影响的产物。人们往往是在与他人的比较中认识自我，并参照他人形成理想中的自我概念，指导自己的所作所为。名人的个人偏好往往会起到某种示范作用。名人在生活消费中的偏好所产生的社会影响，在消费心理学上称为消费偏好社会效应。当一个人在心理上崇拜、喜爱某一个人时，会不自觉地在行为上去模仿他，希望自己无论从打扮、举止，还是生活习惯等方面都与他相似。

（2）从传播学的角度看，名人推荐是一种效力非凡的信息源。其特殊的效力来自名人的知名度、吸引力和可信度。知名度指被公众知晓、了解的程度。吸引力存在于人的相貌、风度、举止、行为、知识和能力各方面。知名度高并不意味着吸引力强，吸引力强则有利于提高知名度。知名度高且吸引力强者容易获得广告受众的信任。推荐者的可信度越高，由他传播的信息越容易被人们接受，但可信度离不开信息本身的真实性。心理学研究告诉人们，采用名人做广告，其注意值往往高于非名人广告。

但是，请名人做广告代言人也有一些问题需要注意。首先是要考虑费用问题，例如，百事可乐请迈克尔·杰克逊代言，酬金高达500万美元。即使是在20世纪的中国，巩俐的回眸一笑也价值近百万元。

其次，名人做广告存在一些不稳定因素。例如，品牌可能会因名人某些原因受到负面影响，导致品牌形象受损。类似地，名人在拍摄广告时可能会遇到各种问题，例如健康问题或其他突发事件，这可能导致广告无法按时完成或达到预期效果。品牌需要认识到这些不稳定因素，以确保广告宣传的有效性和稳定性。

最后，由于名人广告太多，采用何种创意和表现方式才能使消费者满意，也是广告表现中的重要问题。有时名人代言的广告也会有适得其反的效果，一是使人厌倦；二是只记得名人而不记得商品。例如，有些广告主花了大笔金钱，请名人来加强观众对其商品的注意力和记忆力，但却无法有效地增加销售量。这正如资深广告人大卫·奥格威所说："如果产品本身没有可说的重点，那么再多的烟幕与镜子也无法掩饰。"上面说的研究所得出的结论：如果产品没有品牌特性或真正诉求重点，最好想办法找出一个来，这样远比利用技巧，比如用代言人式广告来装饰要好得多。

在这种情况下，就需要适时调整策略。我国很多广告中经常出现普通老百姓作为广告主角的案例。例如，人民日报将公益广告与新闻报道相结合，连续推出以"白衣天使""我不是医生"等疫情防控普通工作人员为主角的平面广告。这些广告通过人物肖像和特写，突出展示了抗疫英雄的形象，并在相关报道中深入挖掘人物背后的故事。

在这里还应该指出的是，有时候名人代言不仅仅是指明星，名山、名水、名景、名物（含名画、名事件等）也算一种代言。如日本一保险公司购买一幅名画摆放在公司里，免费让人们参观，其实这就是一种名物做代言的广告形式。

6. 证言式表现

证言式表现跟代言人式表现有类似的地方，也是利用名人来宣传商品。它是一种间接的表现方式，广告主往往利用专家、名人或使用过、享受过某件产品或服务的大众人物的言辞，来证明该商品和服务的优越性，从而使消费者信服并购买。它借鉴了机会心理学的观念，在形成甚至改变人们的态度方面，可信度是一个非常重要的因素。这里讲的可信度具体指专业性和可靠性两种。

(1) 专业性。专业性指信息传播者的身份具有使人信服的权威性，也就是俗称的"专家"。影响劝导者权威性的因素很多，诸如劝导者所受的教育、专业训练、社会经验、年龄、职业、社会地位等。这些因素能使传播者在广告受众心目中成为某方面的权威形象。在过去，年龄与经验使老人成为知识的权威；在现代社会中，年龄已经不是建立权威的基础，现在重视的是专业的教育与知识。传播者的威望极大地影响着受众，专业性方面的权威比其他方面的权威更易影响或改变他人的态度。所以人们经常看到，广告代言请来一位有成就的人，即权威性的人来赞誉某种产品，达到影响或改变人们消费态度的目的。但是，值得注意的是，"权威""专家"具体指某个专业方面的权威，不能随随便便地来界定。但是，目前在很多广告中，这方面做得还不够。华为耳机的一则广告片表现了"好音质，无需多言"。朴树坐在中间，戴着耳机沉浸于音乐之中。影片没有一句台词，通过大量的特写镜头捕捉朴树的神情，从侧面突出"好音质，无需多言"的产品卖点。黑白画面的设计与朴树宁静内敛的个人特质相呼应，让观众在无声中进入沉浸式的音乐体验。这种无声胜有声的表现方式，使得广告更加高级且克制，巧妙地借用了朴树的人格特点和性格，诠释出了华为耳机"好音质"的产品卖点，从而达到了传达信息的目的。

(2) 可靠性。可靠性指使广大消费者相信广告信息传播者言论真假的程度。与传播者的可靠性直接有关的因素是传播者的人格特征、外表仪态、讲话的信心、态度及传播者与传播信息之间的关系等。影响可靠性的另一个因素是传播者的隐匿动机以及消费者对信息传播者动机的理解。如果消费者知道传播者发出某种信息是出自某种高尚的目的，就会更加信服；反之就会使可靠性大打折扣。当传播者提出的主张与其自身利益完全相反时，他的影响力才越大。

在了解了证言式表现中可信度的含义之后，再来探讨证言式表现的分类情况。证言式表现可以依据传播者身份、职业、知名度的不同，分为社会名人证言、专家证言和消费者证言。

① 社会名人证言。普通人对社会上的风云人物或多或少抱有仰慕心理或好奇心，名人的偏好有时也被蒙上一层神秘的色彩。广告策划者利用人们这种仿效名人的心理，请人们熟悉的名人向消费者介绍、推荐产品，谈论他们使用产品后的感受，无疑将引起观众极大的注意。通过名人之口说出的证言，实质上是名人以自己的名誉为产品的实效所做的承诺、为产品的品质所做的担保，这种承诺和担保具有一定的权威性和影响力，势必引导着一批名人的崇拜者和对名人证言深表信任的消费者走向柜台。例如，著名篮球运动员姚明热情地向广大体育爱好者推荐李宁品牌的运动鞋和运动装备。姚明作为社会名人，他的专业形象和体育成就使得他的推荐具有极高的可信度和影响力。姚明的推荐不仅提升了李宁品牌的知名度，也激发了消费者对李宁产品的兴趣和购买欲望。

社会名人作为时代新潮流的引领者，他们的证言广告无疑会引发广大消费者的好奇心。他们的推荐会促使众多消费者去尝试和验证其所推荐的产品。可以看出，社会名人证言广告的方式不仅能够提高品牌的知名度，也能够增强消费者对品牌的信任和忠诚度。

② 专家证言。专家是社会生活各个领域、学科、专业的行家，专家往往受到社会公众的尊敬和推崇，在普通人心中，专家的意见充满了严谨的科学性和毋庸置疑的权威性。他们对产品进行的评价，极少带有感情色彩和商业气息，显得十分理性、冷静、客观、公正。证词往往以科学道理为依托，讲得深入浅出、有凭有据，容易使消费者折服，赢得消费者的信赖。

③ 消费者证言。来自消费者的证言有时也是一语重千金的。他们的肺腑之言句句拨动着观众的心弦。广告的受众都是普通人，无须有疑心和戒心，他们之间易于沟通和理解。因此，直接与受众谈感受、展示产品，也许更容易让人心悦诚服，产生购买的欲望。

7. 结局式表现

结局式表现也叫效果式表现，是通过较直观的形式，将使用商品和享受服务结果的情况表现出来。客观地反映商品或服务与消费者的密切关系，通过画面和文字真实地表现商品的功能，体现消费者利益得到满足的事实，这类形式的表现特点是画面配合文字说明。如果广告主诉求的是一种新产品的话，消费者对其所知甚少，如果希望只通过一个广告画面或短短几十秒的电视广告，就将商品或服务所能带给消费者的利益完全表现出来并让消费者认同，是一件非常困难的事情。因此，必要的语言和文字说明，将会使人们在较短的时间内对商品加以认识，这样消费者对效果的认同才可能实现。

例如，随着电子设备的普及，人们拥有多个电子设备，而管理时常令人焦虑，如忘关电脑担心隐私被偷看、手机时常忘记放哪、设备多账号也多担心被盗号等。腾讯手机、电脑管家通过双端一体化，双盾合一助力用户多电子设备管理和安全保护。其广告片《一盾操作猛如虎》，结合一组夸张的故事引出结局。不管状况有多么棘手，最后主角都机智地通过"一盾操作"，完美解决了问题。

8. 比喻、夸张式表现

比喻、夸张是广告设计中比较通用的表现方式。所谓比喻式表现，就是将商品的特点与人们所熟悉的人或物进行比拟式的处理，从而引起广告接触者的好奇、注意，以达到耐人寻味、令人深思的效果，进而体会广告的最终含义。夸张式表现则是运用情节、形象、比例等的夸张，通过漫画、摄影、摄像等形式来表现广告内容，使广告画面生动、活跃、引人注目。这就要求设计人员有丰富的想象力，一定的文化修养和扎实的绘画、摄影基本功。

例如，珍宝珠的海报上，尽管没有任何广告语，但是其明亮的色彩和夸张的形象完美地传达出了所要表达的信息和情绪，表现力非常出色。物体造型和人物形象被巧妙地结合在一起。画面中最引人注目的部分是脖子,变成了一个托起脑袋的胳膊,初看可能有些诡异,但仔细观察可以感受到一种逃避的张力,再加上人物一脸幸福的表情,显得特别俏皮。画面的下半部分是堆积如山的作业、无法完成的乐器、不知从何下手的杂物,对于这些情境,谁不想尝试一些"甜头"让自己的大脑"升腾升腾"呢?通过上下对比,信息和情感都非常明确,一目了然,同时还有一种幽默感。

图9.2所示的这组海报很好地利用了自然元素来传达辉柏嘉铅笔的特点,尤其是用不同形态的山代表不同颜色的铅笔,既生动形象,又富有创意。海报所传递的信息也很清晰,即这些铅笔所画的自然真实的效果如同自然风景一般逼真。这种夸张式表现手法也让人们对这些彩笔产生了更深刻的印象,增强了其可信度和吸引力。

图9.2 辉柏嘉铅笔海报

运用夸张式表现的广告实例还有很多。如汰渍的广告语"洗白白就靠你了"精准地传达出品牌一贯的定位和核心价值,即致力于让衣物白净如新,同时保护衣物纤维不受损伤。广告采用动物的形象,将衣物与动物皮毛相比,引发共鸣并加强了品牌的形象感染力。通过这一夸张创意表现方式,汰渍成功地营造出"净白高手"的品牌形象,使人们产生了信任感和好感。同时,广告所传递的"温和去污渍"的理念也为品牌赢得了更多消费者,成为了消费者心目中的"放心洗衣粉"。

9. 故事性、生活情节及情感式表达

这种表现方式是在广告创意表现中有故事情节的和对日常生活的某些片段(如环境、气氛、人物心态等)的描写,显现出商品或服务与人们现实生活的密切关系,宣传商品在人们日常生活中的重要地位,从而达到引导人们购买和使用的目的。

这种表现方式的出现有着相应的时代背景。随着人们工作和生活节奏的加快,人际关系趋于淡漠。正因为如此,人们才更需要日常生活中的家庭温暖和亲情。如果广告采用对人们日常生活中熟悉的情景进行细腻的表达,或者是对日常生活的温馨以及亲人和朋友之间的情感进行渲染和描绘,往往可以达到缩小广告诉求对象与消费者心理距离的作用,从而使消费者产生好感并加深印象。

例如阿里巴巴推出的冬奥品牌形象片《相信小的伟大》,以小人物的视角出发,展现了每一个细小的事物和人物所具有的不凡和伟大,呼唤人们相信"小本身就同样伟大"。这部广告片以普通人和小情节的镜头进行聚合,强调每个人都有无限的可能性,由小到大,人人都在创造世界,通过朴实而真挚的表现手法打动人心(图9.3)。

图9.3　阿里巴巴冬奥品牌形象片《相信小的伟大》

生活片段式的广告表现截取一段真实的生活场景作为广告表现的环境，再现真实的生活片段，展示人们对产品的需求。这种把产品的广告宣传融入生活实景中的手法，使消费者产生身临其境之感。这样做的优点：生活场景的撷取缩短了广告与消费者之间的心理距离，使广告贴近生活、产品深入生活，从而令消费者感到亲切、自然、放松。一间普通的办公室或一套真实的居室，首先把观众带入每日生活的真实环境，亲近之感油然而生，心理屏障随之消失，演戏意味淡化。广告中的人物正像身边的你、我、他，广告中的环境也仿佛是自己温馨的家。屏幕或画面上展示的工作或生活情景很容易使观众联想到自己的实际情况，进而产生购买的欲望。

【阿里巴巴冬奥品牌形象片《相信小的伟大》】

10. 动漫、连环画式表现

这种形式的表现往往采用影视特效和计算机三维动画软件来处理，采用影视特效的表现手法来进行表达，容易拓展出令人惊奇的效果。在电视广告制作中，广告主角是以卡通或连环画的形象出现，用动画方式表现。

例如，麦当劳推出了一支"萌萌哒"的动画广告，用猫和主人互动的小故事告诉大家"麦乐送出猫窝了"，让主人和猫咪一起享受温馨时光。这个广告采用了定格动画，并使用毛毡作为材料，更具治愈感。广告从魔性到逗趣，从温暖到无厘头，细心捕捉了人与宠物之间微妙且珍贵的情感流动的瞬间，很好地诠释了麦乐送"快乐到家"的品牌理念（图9.4）。

图9.4　麦当劳宣传广告"汉堡"猫窝：人要吃饱饱，猫要睡"堡堡"

【麦当劳宣传广告"汉堡"猫窝：人要吃饱饱，猫要睡"堡堡"】

又如，中国银联推出的"小怪兽家族"是一个成功的品牌IP广告营销案例。广告将小怪兽打造成为一个萌萌的形象，通过推出小怪兽权益海报、小怪兽盲盒等产品，吸引了年轻人的注意力。银联让小怪兽走进消费者的生活场景，不仅为消费者创造了可持续的高价值感，同时也提高了银联的品牌知名度和美誉度。在此基础上，银联将小怪兽IP全面赋能，实现了IP线上线下的全面陪伴，让年轻人的热爱掷地有声。

11. 意境、情调及格调式表现

这种广告表现方式提供给人们用美的构图、线条和色彩创造迷人的意境及高尚的情调的作品。在这种广告的表现中，商品本身似乎不占有重要位置，而是通过唯美的画面和迷人的意境去打动受众，影响其选择，力图以高品位的情调去引导人们的追求。这种形式主要用于表现女性用品、性别色彩较强的商品及高档生活用品。这样，不仅可以直接表现商品的美感，也可以运用于与主题有关的事物上。美丽的景色、物品或人物都常常被采用，有时用有气质的人物形象去表现，增添整个画面的魅力。

例如，中国银联推出的一则用诗歌"拼"成的动画广告，通过一个小男孩寻找散落在大自然中的诗歌，展现出中国的诗歌文化和山里孩子的才华。广告画面采用了三维建模，并用古诗和孩子的诗将一个个画面"拼"出来，随着汉字的移动，形成独特又充满意境的动画。动画以中国山水花鸟画为构图范式，还原多幅经典古画的风景元素，注入中国画的精髓，展现中国画的意境，使画面更贴近中国画的效果。广告通过独特的创意和精美的画面呈现，使观众感受到中国传统文化的魅力（图9.5）。

【中国银联：一支用诗歌"拼"成的动画片】

图9.5 中国银联：一则用诗歌"拼"成的动画广告

格调式表现手法与意境、情调式表现手法，既有联系又有区别。所谓联系，就是广告人总是从美的角度出发，表现商品的特性或周围环境和气氛的渲染；所谓区别，就是广告人根据自己的文化艺术涵养、生活体验以及历史积淀去体现个人风格，并以敏锐的触角去迎接新的潮流，将历史与现代、国内与国外融合起来，在创作中去塑造恰当的格调形象。

例如，一汽马自达以国内知名画家杜昆的《众神闹》油画系列作品为灵感，结合中国传统古典文化元素设计了平面广告。以独立音乐人的肖像为原型，加入了亭台楼阁、道观寺庙、木雕神像等传统元素，并结合自然景象构建了一幅幅离奇壮美的景观，呈现出一座座精神圣地。广告的主旨是"践新径，听见新境",鼓励年轻消费者开启新的人生舞台,追求超越物质追求的新经历,并打造一种突破式的驾驶体验,用极致的音响效果完成他们充满激情与吸引力的新旅程(图9.6)。

图9.6 一汽马自达宣传广告

12. 悬念疑问式表现

悬念疑问式表现是在广告开始设置一个悬念,像是出一道题,使受众产生一系列的疑问和期待,然后逐渐展开情节,运用广告语言将谜底揭开或根本不揭示答案。这种手法旨在唤起受众的好奇心,使消费者对产品或广告产生浓厚的兴趣,产生探明究竟、了解原委的强烈愿望。

悬念疑问式表现常需要人们动脑筋去想、去猜,因此它往往与智慧联系在一起,可以制造一种悬疑的气氛来调动受众的好奇心。

13. 联想式表现

联想式表现是一种间接的广告表现手法,它通常不采用直接的方式(如画面或文字)去表现广告主诉求的商品,有时甚至没有商品。因此,它被称为软性传播。联想式表现较为注重趣味,使受众有较大的想象空间。

广告创意是无限的,其表现形式是多种多样的,根据表现的需要还有其他多种表现形式,这里不再进行过多的论述。

9.3 广告要素的表达特征

通过上一节对广告表现形式较为详尽的论述,可以看出无论是哪一种表现形式在广告作品中的体现,无非是决定采取何种手法和技巧去表现广告的诉求主题。这一点,在广告作品中体现出来的是语言、图形、色彩以及音乐等要素的结合方式和具体表现手段。把广告主题视觉化、形象化的过程,也就是广告创意通过广告形象、广告画面、广告语言文字、广告衬托等来体现的过程。在不同类型的作品中,有的时候表现还需要音响、音乐、画面组合蒙太奇等多种要素。而广告表现需要探讨的正是这些要素的组合规律与方法。

可以把广告表现中的图形、色彩、语言、音乐等要素的表现统称为对广告要素表达的视觉形式和听觉形式。下面分别对其进行介绍。

9.3.1 视觉形式表现

广告中的视觉部分是构成整个广告作品的重要因素,广告创意的视觉形式表现主要包含图形表现、文字表现和色彩表现。

1. 图形表现

根据人类接收信息的种类,信息形式可以分为图形信息和文字信息两种。研究表明,文字信息在表达和理解上相对容易出现误差。并且文字语言的不同往往容易造成交流障碍,在表达上远远不如图形简洁、直观,其信息的容量也远不如图形。总之,对于信息传播活动而言,图形形式具备很多传播上的优势。因此,在广告创意的表现中,图形是一种非常重要的载体。图形在传播信息上,除了刚才提到的简洁性和直观性之外,还包含准确性、可视性以及情绪感染力和精神浸透力等特征。

(1) 简洁性。广告图形是传播信息的最形象简洁的语言和最易识别和记忆的信息载体。例如,本来想叙述一条复杂的信息需要经过长篇大论的语言描述,但是往往一张简单的图就能够解决问题。

(2) 直观性。广告作品的视觉部分是由形、色、表现风格、构成形式等多种因素组织而成的。其独立的形象特征和视觉感染作用,使它成为最易识别的信息传播形式。如许多企业运用 VI 系统(形象视觉识别系统)来提高企业及产品在消费者心目中的认知度,增强记忆,由此获得推广,赢得市场。因为图形具有直观性,所以它也是最具有说明性和说服力的表达形式。例如,小说《红楼梦》中人物的描写淋漓尽致、细腻入微,但是,即使同一个角色,不同的读者的感受也不同,但如果用图画形式来表达的话,给人的感受就会很直观。

(3) 准确性。这一点和图形的简洁性有一定的联系。如果用文字向别人转述一个信息,有时由于文字语言的抽象性和接收者理解能力的不平衡,难以准确地表达。在当代,随着科技的进步,广告真实地表现客观事物的能力不断提高,尤其是摄影、摄像的产生,使人类对任何事物进行绝对准确的再现和真实展示完全不成问题,所以广告图形语言最具准确性和生动性。

(4) 可视性。广告图形是具有丰富的可视性和吸引力的传播媒介。例如,当人们在翻阅一本图书的时候,吸引人们目光的一般都是图画,然后是文字内容。因为广告图形对于视觉有一种调节、充实和刺激作用,视觉调节是人的生理需要,视觉好奇是一种心理需要。所以,用广告图形形式进行信息传播最易引人注目。

在了解了用图形表现的方式来展示广告作品主题的特征后,接下来需要关注的是在对广告创意进行表达时,如何把图形这一重要的视觉元素运用其中。

在广告设计构成的诸要素中,图形是形成设计性格和吸引视觉的重要因素之一。一幅优秀的广告设计作品,在信息传达上应该具备以下的功能:①要有良好的视觉吸引力,能吸引读者注意力,通过"阅读最省力原则"来吸引人们注意设计的版面;②要简洁明确地传达设计思想,有良好的阅读效果,使人们快速抓住广告的诉求重心;③要有强有力的引导作用,直接诉诸视觉,造成鲜明的视觉感受效果,使人们把自己的问题联系起来,从阅读中产生愿望和欲求。

图形元素的宗旨在于服从广告主题诉求的需要,有明确地促进商品推销的目的性,而不是让人们沉浸在艺术的享受中,这是广告图形与绘画艺术的根本区别所在。图形将广告的主题内容以视觉化的方式进行传达,它是一种直观形象的视觉语言,具有强大的视觉表现的个性化特征。广告图形的类别,按其表现形式可分为绘画类图形和摄影类图形两大类。

(1) 绘画类图形。绘画类图形又可分为写实性绘画类图形、漫画和卡通类图形、图表类图形。

① 写实性绘画类图形。在摄影技术还未成熟的时候，写实性绘画一直是广告图形的主要表现形式，随着摄影技术的发展，写实性绘画让位于在技术和表现能力方面更好的摄影。而写实性绘画类广告图形逐渐向多样性方向发展，更加强调视觉的表现形式，在树立品牌和商品的独特个性风格方面有特殊效果。

② 漫画和卡通类图形。漫画和卡通是当今流行的一种具有夸张和幽默感的广告图形艺术形式，诙谐风趣、生动活泼，使人看后余味无穷，留下深刻的印象，其特点是其他图形表现形式所没有的。虽然漫画和卡通类图形能与消费者产生良好的沟通，但对于在它们之间建立信任和可靠的企业或品牌形象来说，却显得有些力不从心。

③ 图表类图形。用图表和数据可以表达广告的特定内容，这种表达方式理性因素较多，可以一目了然地说明问题，常用来说明产品的结构与功能，表达较为抽象的含义，有很强的理性说服力。有时为了吸引观众的注意，图表的设计也会采用变化的形式，以生动活泼的形象表现。

绘画的手法根据不同的设计主题的需要，可以在画面上进行写实的、夸张的、幽默的、概括的、象征的不同处理，运用不同的技巧，表达不同的审美内涵和画面效果。

(2) 摄影类图形。广告摄影是图形视觉设计与摄影技术相结合的产物，是借助摄影特性和独特艺术语言进行表现的艺术形式，是再现产品形象，传达产品信息最有效、最有说服力、最令人信服的手段。它以真实的形象、巧妙的构思、吸引人的画面表达广告主题，具有重要的审美价值和信息传播功能。

以纪实性为基本特征的摄影艺术，由于它的真实性，给人以信任感与亲切感，成为传达广告信息的主要表现方式。摄影所创造的视觉形象，由于突出纪实性，很容易引人注目。摄影的图片能把物像的原貌真实地再现出来，使人毫不怀疑它的真实性，这是其他视觉形式不能比拟的独特的表现优势。

广告摄影在现代广告中发挥了重要的作用，具有真实而快速地传递产品信息的功能。它不仅能真实地再现产品的外形，还能通过多种艺术手段反映产品的本质，给人丰富的联想。例如，运用摄影表现，食品广告不仅展示了食品精美的色泽，而且让人似乎能闻到它的香味；典雅气派的汽车不仅再现了汽车的华贵造型，也让人好似触摸到了它的质地，激发起强烈的拥有欲望。广告摄影是一种图解性摄影，它的显著特点在于用照片的形式体现出作者预先想要表达的意图，它作为一种视觉传达艺术，十分重视信息传达技巧的运用。

摄影在广告视觉表现中的特征可以概括如下。

① 效果逼真。根据照片能够准确入微地再现产品的外形和细节，具有高度的真实感和纪实性，尤其是彩色照片能细腻逼真地再现产品的原貌，对人们的视觉产生强而有力的吸引力和感染力。

② 真实可信。照相机镜头能客观公正地反映对象，照片是技术性的产物，因此容易从情感上取得人们的信赖，增加广告诉求的可信度，在心理上能缩短产品与消费者之间的距离，产生较好的说服力。

③ 印象深刻。运用精湛的拍摄技术制作出来的照片，画面形象真实生动，赋予美的感染力，能够给人们强烈的视觉印象。尤其是构思巧妙表现独特的彩色照片，更具有强烈的视觉冲击力和艺术感染力，使人难以忘记。

④ 利于促销。照片由于能够真实形象地表现对象，创造特定的销售气氛，容易从视觉上引起人们的购买欲望，使人们产生追求向往之情，发挥良好的推销力量。

2. 文字表现

在广告的视觉表现中，图形是最具有吸引性的视觉要素，它具有较强的视觉传播效果。但是在许多情况下，单凭图形人们仍然不易了解广告的信息，往往需要加上文字说明，才能赋予图形意义，从而产生良好的理解和记忆。因此，广告作品中的文字部分，与图形同等重要。在广告的视觉传达设计中，字体作为主要的视觉要素之一，是其他要素无法替代的。

文字具有传达信息的功能。文字是广告视觉部分的主要构成因素，可以对图形的表达起一定的辅助作用。几乎所有的广告都离不开文字的使用。文字可以为不会说话的商品作介绍，无论是广告的标题、商品的品牌，还是有关商品的宣传和商品使用的内容，都必须用文字来表达。

广告作品中的文字是个较为宽泛的概念。人们通常想到的是广告的文案部分。广告文案包含的范围较广，它一般指广告作品的语言文字部分。其中包含广告词的内容、商品名字及销售的方式等，广告文案的创作在本书的其他章中有较为详尽的介绍，这里不再进行过多介绍。本节中广告文字的表现指的是在广告作品中文字的视觉表达方式。例如，文字的字体、大小及编排方式等。文字的表现形式是由文字与内容的关系构成的，各种事物的不同功能规定了表现形式的多样化，新颖的表现形式往往是对描绘对象深刻独特的把握。

在广告视觉文字表现中，不仅要注意版面编排的形式与阅读视线的运动规律，重视文字作为语言符号应有的语义传达作用，此外，还可以通过不同个性特点的字体设计形成不同的格调或风格，表达情感，加强对文字语义的传达。合理、清晰地编排字体，可以达到既快又准确地传达信息的目的。

（1）从字体形象上看。不同风格的字体能够传达出不同的情感内容和经营理念，这与文字形象的外形特征和笔画特征有关。从字的外形特征上分析，黑体字多正方，正方形四边的张力相等，故给人稳定、端庄的感觉；仿宋多是长形，给人向上、向下扩张的感觉，也能够给人稳重的感觉。从笔画特征分析，文字独特的风格主要在于笔画的弧度与线的形式。笔画粗，字的黑度大、有浑厚感；笔画细，明快、柔和，有纤细感；笔画直，有坚定感；笔画曲折，感觉活泼。不同的笔画甚至是边角的微妙变化，都能够对文字的性格产生影响，从而产生不同的视觉效果。

（2）从字体编排上看。文字的编排是通过形式上艺术处理的作用，使文字合理、清晰、完整地表达，既引人注目，又能将信息强有力地传达给读者，使读者按照传达内容的需要，一步一步按顺序看下去。编排若不合理，则会影响传达效果，甚至会令读者产生误解。

为了使信息传达准确、快速，文字编排时还应注意：横排时最好使用略扁字体，竖排时最好使用略长字体，这样编排可以通过文字的流动感确定阅读方向。同时，文字分类要段落清楚，不同的文字类型，要按文字信息的主次排列有序。文字排列过长，不易识别和记忆，特别是标题字不宜太长，文字长时可根据内容断句、分段排列。这样就使广告中的文字传达功能与艺术性融为一体，以不同字体组合形成的相互关系体现主题。

3. 色彩表现

在广告表现中，色彩是一个很重要的内容，它与广告主题的表达有着密不可分的关系。

从黑白广告到色彩广告的发展是广告演变过程中的重要特征之一。现代广告与其他艺术门类相比，色彩的运用更注重对产品的理解与表现，更需要把媒体与广告受众对色彩的要求与爱好表现出来，所以更应该灵活运用色彩的一般规律创造出不同产品广告的色彩语言。

色彩在整个视觉表现过程中，拥有一整套完备的理论体系（比如色相、色彩纯度的具体应用法则等），但是在广告表现中的色彩表达还有一些特殊的要求。下面将对这些具体的要求做专门的探讨。

（1）专用色。众所周知，作为视觉要素之一的色彩，在广告表现中是非常重要的。尽管广告的色彩表达在很多方面与有些艺术门类有相通的地方，但由于受广告目标、策略、创意、对象等条件的制约，又表现出许多特点，比如专用色设计中包括企业形象和产品包装的专用色设计。一些企业为使自己的形象更加明确专一，通常采用专用色的形式成为象征因素，在广告用色上极力突出专用色形象。

如黄色能够使人想到灿烂的阳光、丰硕的秋天，给人以希望和幻想，这种色彩象征着高贵、光明。所以麦当劳用它向顾客传达企业高贵的品质和完善的服务。美团公司用它传达产品质量可靠、消费者使用后将得到丰硕回报的信息。蓝色在可见光中，是光波中最短的一种色彩，蕴含着一种内在的充实感，易使人联想到蓝天、海洋和远山，使人产生一种深广、沉静的感觉。它代表智慧和力量，是现代科学的象征，所以中国移动通信、海尔、英特尔等品牌都以它作为标准色或标准色调的组合色彩，以凸显公司科技实力，表现以高精技术为人类社会服务的企业理念。白色是清洁、朴素、纯真、高雅的象征，所以苹果公司、香奈儿选择它作为企业标准色调的组合色彩，以显示企业环境、产品的洁净和值得信赖的感觉，表现企业对顾客负责的经营态度。橙色是色彩中最温暖的色彩，是充足、饱满、辉煌的象征，给人愉快和富于成就的感觉。长时间使用专用色彩，会在广大消费者心中留下深刻的印象。同时，也有些广告作品在宣传时，将其产品包装的色彩加以强调或者延伸，使包装色更加完整，与广告形成统一的色彩系统。

(2) 标准色的设计。在当今社会中，标准色是企业识别系统中最重要的部分之一。国外的企业用标准色把企业常用的主色与辅色固定下来，有的甚至还制定了使用色彩面积的百分比。主色一般为1或2个高纯度色，辅色为1～3个或更多低纯度色或白色。国外一些历史悠久的大企业以红白两色为多见，近几年为强调差异感，又以蓝、绿、棕色为企业色的主要色。

在广告作品中，设计企业标准色时应充分考虑公众的色彩心理。公众的色彩心理是一个综合体，包括色彩感觉心理、色彩联想心理、色彩文化心理、色彩年龄心理、色彩职业心理等。

(3) 惯用色的运用。根据长期以来人们的欣赏经验和设计师的习惯，有些颜色在广告上经常使用，虽不是什么"标准色"，但它已约定俗成，故不宜轻易改变，否则就会使消费者产生错觉从而影响广告效果。如药品——中药多用古朴色调，暖色偏多，西药一般用冷色或银色；化妆品——多用柔和、素雅的色调，给人以护肤养颜的感觉；食品——为烘托其食欲感及营养性能，暖色用得较多；玩具——活泼欢快的颜色更能展示童心和稚气；服装——典雅、和谐的色调能显示品位和格调。

(4) 联想色的运用。人们对自然界和社会的某些感受，往往会通过色彩得到一些启示或回忆，那么色彩对于人类的启示和回忆就是联想。广告表现中利用色彩的联想功能，通过设置色相、明度、纯度、面积、位置等可以引发人们的情感联想，如喜怒哀乐，也可以引发人们对自然界现象的联想，如春夏秋冬。

(5) 色彩与广告受众。广告受众对色彩的感受是非常敏感的。由于受众在民族、地区、年龄和文化等方面存在差异，对色彩的喜爱情况又不尽相同，亦称为色彩的喜爱倾向。如汉族比较喜欢红色；日耳曼民族对红、白、蓝色情有独钟；拉丁族一般喜爱橙、黄、红、黑、灰色等。再者，由于年龄的关系，儿童比较爱纯色，年轻人则追求色彩的丰富感，中老年喜欢色调古朴、庄重、柔和。这只是从整体情况而言的，随着时代的发展，有些情况会发生变化，比如个性化的趋势会越来越明显。因此，就要求广告作品色彩表现的时候，除了了解总体情况外，还应该随时观察态势的发展变化，在广告表现中具体问题具体分析，使色彩运用更科学、更合理、更有针对性，从而更好地表现广告的主题创意。

9.3.2 听觉形式表现

广告作品中的听觉形式表现大部分是为了辅助视觉效果表现而存在的。但是，通常情况下，它也作为一种广告表现方式存在，它的作用主要是刺激目标受众的感觉。实践中需要注意的是，音乐必须与广告所突出的主题、产品形象和其文化内涵相一致。

9.4 中国广告作品创意表达

党的二十大报告指出，推进文化自信自强，铸就社会主义文化新辉煌。在广告设计中要弘扬中华民族文化，展现中华民族精神。在当今物质需求丰富的时代，广告要更加注重品牌背后的文化价值宣传。

9.4.1 中国广告作品创意表达的概况

中国广告作品在表达上具有深厚的文化底蕴和创新的意识。首先，对中国传统文化的深入挖掘使得广告设计能够汲取千年文明的养分，展现出文化的包容性和生命力。其次，在创意表达方面，我们可以从广告形象符号、故事叙事、文化消费意识形态和审美意象四个关键维度出发，深入挖掘广告创意的核心问题。这包括广告如何在传统文化中孕育商业传达符号系统和叙事逻辑，广告思想受众基础是什么，如何引导广告创作，以及广告对传统文化传播的效应和现代影响。

在继承与扬弃传统文化的辩证中，许多广告成功吸收了民族文化的精华，在国际舞台上崭露头角，成为中国广告发展的基石。然而，在消费社会的潮流中，中国广告设计仍需面对如何更好融入全球设计潮流的问题。

要实现中国广告的国际化，必须将中国本土文化与现代潮流有机结合。通过运用传统元素，传承并赋予新的创意，广告设计在保持传统的同时实现了创新。这种融合可以展现出不同的氛围和韵味，打造出独具"中国特色"的广告立意，增强文化自信，使之成为沟通历史与现在、民族与世界的桥梁。因此，在广告创意的过程中，要深刻思考中国文化的独特价值，通过共鸣与受众建立深厚的情感联系。这也为中国广告走向世界提供了一种有益的路径。

9.4.2 中国广告作品创意赏析

1. 中国传统文化案例

FILA冠名赞助中国自由式滑雪空中技巧国家队，在2022年北京冬奥会众多品牌中脱颖而出。以《山海经》为灵感，运用动画表达三位运动员战胜内心困境的故事，突显FILA百年冬奥精神。该广告以"凌空直上"为主题，将中国文化融入品牌传播，在冬奥会期间通过独特的故事影片取得品牌关注度。

2. 中国传统元素案例

美团在儿童节选择与经典IP《大闹天宫》联名，以"助力者"身份深化品牌与消费者情感连接。广告通过洞察"每个宠你的人便是你生命中的齐天大圣"，以动画和真人结合的方式生动地呈现形象，创造了具有情感共鸣的广告，成功巩固了"美好生活助力者"的品牌身份，提高了影响力。这一独特的营销策略在激烈的市场竞争中为美团赢得了"六一"节点的用户好感。

云闪付的地铁广告以艺术福字为主题，创意独特，通过隐藏信息和引发观者兴趣的方式，成功吸引了人们的注意。以中国书法的形式设计100个职业的福字，点对点沟通，使广告更具个性化和用户体验。广告通过构建传播环，将品牌主张与节日氛围、用户体验巧妙融合，提高了广告的影响力。

单元训练和作业

1. 优秀案例赏析

案例：微信10周年短片《10年一刻》（图9.7）。

【微信十年，一切从"加个微信"开始】

图9.7 微信10年，一切从"加个微信"开始

（1）制作背景。

微信在迎来10周年之际，发布了主题短片《10年一刻》，以第一人称的口吻述说了这10年间微信所见证的故事。在这10年里，微信与时俱进，伴随着人们经历时代变迁，同时也改变了人们的生活方式。10年前，社交网络被视为连接世界的工具，但对于许多人来说，它与个人生活关联较小。然而，随着时间的推移，微信将互联网带入了每个人的口袋，将十几亿人的生活与网络紧密融合在一起。

（2）策划思路。

短片《10年一刻》聚焦微信品牌在10年间的发展历程，将用户的关注点从"10年"转移到"一刻"上。这部广告作品以微信独有的"无所不在"的视角出发，以微信产品的发展历程为线索，将微信平台上发生的一系列具有历史意义的"一刻"作为创意的核心，深入挖掘微信背后的商业逻辑和社会哲学。该片通过唤起用户对微信10年间种种重要瞬间的回忆，引发了用户的情感共鸣，同时也引发了社会层面的共鸣。这种创意手法不仅向用户、行业和社会传达了微信品牌的成长历程，也促使用户对微信品牌产生更加深入的思考和认同。

（3）作品分析。

《10年一刻》这部广告作品通过讲述微信10年来的变化和用户的故事，表达微信作为一个社交平台对人们生活的深远影响。该作品的创意不仅仅是一个广告，更像是一部记录了微信成长和用户故事的纪录片。它通过展示微信的发展历程和用户的真实感受，传递了微信作为一个社交工具如何改变人们的沟通方式和生活状态的信息。在叙事风格上，该片采用了温馨、怀旧的手法，结合了用户的真实故事和微信的重要时刻，营造出一种亲切感；在视觉呈现上，该片展示了微信界面的变迁和用户互动的场景，使观众能够直观地感受到微信带来的变化。这部短片在社交媒体上引起了广泛的关注和讨论，许多用户分享了自己与微信相伴的故事，表达了对微信的喜爱和对未来的期待。这种情感共鸣有助于加深用户对微信品牌的忠诚度和认同感。

2. 课题内容

课题时间：4课时。

教学方式：搜集一些日常生活中经典的商品广告，分析其中的广告创意的表现方式，指导学生进行相关练习。

要点提示：重点掌握广告创意和表现的方法是如何结合的。

教学要求：搜集几种日常生活中常见的商品或服务。为其进行广告策划、创意设计，创意提出之后，依照创意表现方式的要求和原则，找出恰当的方式对其进行具体的表达。完成后，对所运用的表现方式进行总结分析。

训练目的：针对一个相同的广告主题，如果它的创意方案不同，会得到截然不同的效果。即使创意方案相同，而采用不同的表现手段来表达创意，也会得到截然不同的效果。因此，创意表现方式是否恰当，直接关系着广告目标的实现。这次训练中，着重练习对广告创意的表达方法。

3. 理论思考

(1) 分析经典广告作品。

(2) 思考中国广告业的不足。

4. 相关知识链接

骆正茂，李谷伟，王雪蓉. 平面广告设计与生产制作案例教程[M]. 北京：电子工业出版社，2018.

徐刚. 广告理论与实务教程[M]. 北京：科学出版社，2016.

袁筱蓉. 广告设计的视觉传达要素与实际应用[M]. 北京：中国商务出版社，2015.

杨效宏. 广告策略与实务案例教程[M]. 成都：西南交通大学出版社，2015.

第 10 章　广告创意技法

课前训练

训练内容：在广告创意表现中可以运用任何事物作为题材来表现广告主题，关键就看使用的事物是否能准确表现广告主题，是否具有鲜明的个性特征，能否引起受众的共鸣。创意过程是个艰苦的创造性活动，需要通过广告创意者的不懈努力，也需要广告创意者有较深的生活体验、广博的知识素养，并掌握一定的创意技法。

训练注意事项：建议每位学生了解广告创意中的各种技法及如何培养良好的创意思维。

训练要求和目标

要求：在广告创意的思维技法和表现技法上，应该侧重创意最佳方案的实施。多掌握各种创意与表现技法的特点，熟悉广告创意与表现的过程和方法。同时还要加强对创意思维、创意思维技法、创意技法表现的培养力度。

目标：掌握各种广告创意与表现技法，并从中创造出更多的广告表现形式。

本章要点

(1) 广告创意思维。
(2) 广告创意技法中的形象思维。
(3) 广告创意的思维技法。
(4) 广告创意的视觉表现技法。
(5) 广告创意技法的训练。

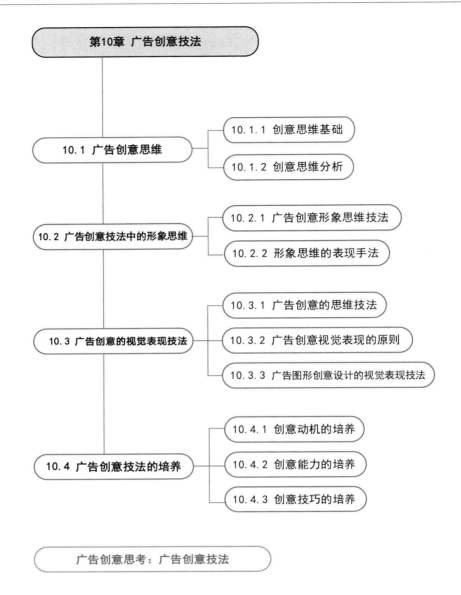

引言

广告人员对广告活动进行的创造性思维活动，是为了达到广告目的，对未来广告的主题、内容、表现形式和制作手段所提出的创造性的"主意"。正因为如此，广告创意与表现的完整内涵应该是以传播信息为根本原则，以创造性思维为先导，寻求独特、新颖的意念表达方式和表现形式，以独具匠心、新颖的形象和画面引人关注、产生兴趣并留下深刻印象，从而使受众接收广告信息的活动。同时，还应以独特的表现方式，展现对事物的全新理解，给人以思想和智慧的启迪，以超然的意境和独特的审美情趣给人以美的熏陶和引导。为了使广告创意有更多的表现形式，必须掌握广告创意思维技法及不同的表现技法，只有这样，才能发挥广告创意的真正价值。

10.1 广告创意思维

创意是广告策划与视觉传播设计的核心。视觉设计没有创意，作品就会陷于平庸，或与别人雷同而被信息的海洋所吞噬，不能有效地进行信息传播。创意会使广告充满勃勃生机，具有让人惊叹而难以忘怀的力量。设计必须以创意为先导进行，因为设计始终是意在笔先。设计必须以创意为动力而获得发展，因为创造性思维是广告策划与信息视觉传播的关键。

10.1.1 创意思维基础

1. 创意

创意即是创造新意，寻求新颖、独特的某种意念、主意或构想。创意中"创"的核心是创造性，创意是一种创造活动，其行为结果也必须是"独创的、新颖的"；创意的"意"，包含了主意、意念及意趣、意境等多层含义。绝妙的策划主意和独特的传达方式及新颖的视觉形式的完美结合，并在传播中共同发生效应才是创意的完整意义。从字面上理解，创意可以有两层意思。作为一个名词，创意是指具有创新的意识、思想、点子，指构思、想法、主意等。英语中"idea""creative"都有创意的含义。作为一个动词，创意是指创造性的思维活动过程。创意并不是广告理论与实践活动中才存在的概念，它是多元的，许多领域都离不开创意活动。

"独创"与"新颖"的广告设计，源于人们认识事物时产生的全新发现。只有找到全新的视点，对事物有了全面的理解，发现人们习以为常的事物中的全新含义，才会有新颖的表现切入点，才能创造独特的表现方式。只有发现事物之间的联系，才会启示人们找到全新的表现方式，并进行组合，最终获得创造性的结果。

要有所"发现"，首先需要把思维从一点引向发散，展开思想"眼睛"之视角，对事物由点及面、由表及里、由此及彼地进行审视。要想有所创新，就必须在多个视角中，发现全新的视点，在多向的思路中独辟蹊径，在由表及里的审视和剖析过程中，发现事物的全新含义并赋以全新的表现方式，在由此及彼的比较中，发现事物之间微妙的联系。对它们进行新的组合，这就需要以联想和想象为先导打开思路，利用联系的思维方式，再通过分析选择最具新意的表现角度和技法。

大卫·奥格威说："要吸引消费者的注意力，让他们来买你的产品，非要有很好的点子不可，否则，它就像被黑暗吞噬的船只。"这个点子，就是人们所说的创意，即通过创新与发现，构想出新的意念或意境。广告活动的每一个环节和过程，如确定广告的表现方针、明确广告的诉求重点、进行广告文案写作和设计制作等，都是根据广告创意进行的。可以说，没有广告创意，就不存在广告创作，广告活动就无法深入开展下去。

2. 想象

(1) 想象的概念。想象是指用过去感知的材料来创造新的形象，或者说在人脑中改造记忆中的表象而创造新形象的过程。心理学上将客观事物作用于人脑后，人脑会产生出这一事物的形象，这种形象称为表象。那么对于已经形成的表象进行加工和改造，创造出并没有直接感知过的新形象就是想象。

要形成想象，必须具备3个条件：①有过去已经感知的经验，但这经验不一定局限于想象者的感知；②想象必须依赖人脑的创造性，需要对表象进行加工；③想象是个新的形象，是主体没有直接感知过的事物。想象是人类所特有的一种心理活动，是在人的实践活动中产生、发展起来的。通过想象，人们才可能扩充知识、理解事物、创造发明、预见行动的前景。消费者在评价商品时，就经常伴随有想象。例如，一辆高级家用汽车，往往伴随对生活美好追求的想象等。

(2) 想象思维的种类。按照想象活动是否具有目的性，想象可以分为无意想象和有意想象两大类。

① 无意想象是一种没有预定目的、不自觉的想象。它是当人们的意识减弱时，在某种刺激的作用下，不由自主地想象某种事物的过程。

② 有意想象指按一定的目的、自觉进行的想象。在有意想象中，根据想象内容的新颖程度和形成方式不同，可分为再造想象和创造想象。再造想象是根据言语的描述或图样的示意，在人脑中形成相应的新形象的过程。例如，消费者根据广告里的言语描述，想象出商品的形象等。创造想象是创造活动中，根据一定的目的、任务，在人脑中独立地创造出新形象的心理过程。在新作品创作、新商品创造时，人脑中构成的新形象都属于创造性想象。

(3) 想象和思维的联系与区别。思维是人脑对现实的间接认识和概括认识。只有在思维过程中，人们才能够认识事物的本质及事物之间的联系。想象离不开思维，特别是创造性想象，必须有思维活动的参与。两者都是比较高级的认识活动。两者的区别是：想象活动的结果是以具体形象的表象形式表现出来的，思维的结果是以抽象概念的形式表现的。

(4) 想象思维的条件。

① 对以往事物的感知经验。

② 创造性思维与加工。

③ 创造新的形象。

3. 联想

联想是一种心理复现，称为思维的翅膀。由一事物联想到另一事物，或将一事物的某一点与另一事物的相似点或相反点自然联系起来，由此及彼、触类旁通地进行关联而引发某种新结果。联想造就了艺术家的创造力，是一种创新型思维。联想可将诸多相距甚远的事物、概念或要素相互连接起来，使之在偶遇、交汇、撞击中产生新意。也就是说，联想从某种意义上说，本身就是一种组合创造，是思想的组合，是诗意的创造。

10.1.2 创意思维分析

联想中的"发现"和"获取"，对创意而言，并不全都可用。联想过程的完成并不意味着必然产生优秀的创意。在创意过程中，联想与分析需要不断交叉使用。经过分析，可在多种联想结果中选择有利于诉求且有新意的组合方式、阐释方式。只有丰富的想象而没有一个科学的分析和选择的过程，就很容易使创意偏离诉求目标。

在创意过程中，对创意方案的选择标准应该是择优、异常、逆反、差异。"择优"就是选择最有新意、最准确的构想；"异常""逆反"，就是选择异于常态、逆于常规的新奇构思；"差异"就是创造与众不同的表现方法和形式，引人关注。创意的思想原则就是多向发散并具有逻辑性，异常而不荒诞，独特、新颖而又贴合主题。

(1) 想象与创造。想象是比联想更为复杂的一种心理活动。这种心理活动能够在原有的感性形象的基础上创造出新的形象，这些新形象是对已积累的材料进行加工改造而形成的。人们虽然能够想象出从未感知过的或实际上不存在的事物的形象，但想象归根结底还是来源于客观现实，是在社会实践中产生的。它对创造性思维活动有十分重要的作用，可有力地推动创造性思维。

广告视觉传播设计中的元素建立在许多具体的素材基础上。素材主要来自视觉或听觉表象。表象具有生动、直观的特点，同时，它又不同于知觉形成的直观形象，具有概括性的特点。广告的创作便是商品的表象及其引发的各种表象，其实质是一个形象思维的问题。创作者应充分展开想象力，突破原有的思维模式，不断创新，运用求异思维设计独特的广告形象。

(2) 再造想象与广告创作。再造想象是指作者根据语言文字或其他艺术作品的形式、内容与素材等要素的启示，结合自己长期积累的知识、经验，创造性地向其注入新的要素，再造出相应的新形象的心理过程。经过再造想象产生的新形象完全脱离了被借鉴要素原有的意义，因而它具有独特的、全新的概念。如中国的吉祥图腾"龙"是综合了多种兽类形象所形成的，"凤"是由多种禽类形象构成的，它们都是再造想象的典范。

（3）创造想象。创造想象是指根据一定目的、任务，独立地创造出一个全新的视觉形象的心理过程。这种全新的视觉形象的创造必须以自己积累的知觉材料为基础。设计师通常要使用许多形象素材，并把它们加以深入改造，通过组合和融合，以不合逻辑的形象表现出合乎逻辑的寓意，在客观现实和想象之间形成新的意念并给人以新奇与强烈的视觉感受。创造想象虽以现实生活中的客观事物为基础，但是它超越了现实生活和客观事物的发展规律。创造想象是比再造想象的活动空间更加自由灵活的一种想象，是创造性思维发展到高级阶段的产物。

10.2 广告创意技法中的形象思维

在广告创作过程中，创造想象的过程不同于再造想象的过程，它具有很大的偶然性，是人们靠自己的顿悟而形成的。但是在广告创作过程中，新形象的形成也是有规律可循的。一种常见的方法是把不同形象综合起来，形成新的形象。组合是一种创作的基础，但是创造性的综合与简单的、机械的组合是不同的，它可以从图像中创造出原来消费者从未见过的新形象。现代广告表现技术可以将以上形式通过合成的方式加以综合。例如，把汽车形象与高科技图像组合起来，使人们对商品有一种新颖、科技含量高的印象，从而提高了人们对商品的信赖程度，达到促销的目的；另一种是放大或缩小某些广告对象的特殊性质、功用或特点。

10.2.1 广告创意形象思维技法

广告创意就是设计者发挥形象思维的过程，广告创意与表现中经常使用的形象思维技法有以下几方面的内容。

1. 创意过程中的联想思维技法

联想的6种方式是拓展思维和视角的6个导向。这6种方式是相似联想、相关联想、相反联想、因果联想、虚实联想和接近联想。

（1）相似联想。相似联想是指由一个事物的外部构造、形状或某种属性与另一事物雷同、近似而引发的想象延伸和连接。百事可乐平面广告推广百事可乐与汉堡的搭配。品牌希望强调他们的可乐是汉堡的最佳搭配，并巧妙利用汉堡王、麦当劳、云狄斯三家知名快餐店的包装纸，加强消费者对百事可乐与汉堡的视觉联想。此外，品牌还通过推出虚拟餐厅的形式，为消费者提供与百事旗下饮料搭配的建议。这种形式可以让消费者在品尝美食的同时，更好地感受到百事可乐的品牌精神和文化内涵，如图10.1所示。

（2）相关联想。相关联想是指由一个事物与另一个事物有密切的邻近关系和必然的组合关系而引发的想象延伸和连接。许多事物在外形上或内容上有相似的特点，因而会使人产生相关联想。相关联想是一种"借景抒情""托物言志"的表现手法。看到植物的嫩芽破土而出，就会联想到生命的茁壮成长；看到黑瓦、白墙，就会联想到苏州传统建筑，这些都属于相关联想。

（3）相反联想。相反联想是对与事物有必然联系的对立面的想象延伸和连接。事物在外形上或内容上正好相反，通过这一事物就会联想到与之相反的事物，称为相反联想，如白天与黑夜、大与小、战争

  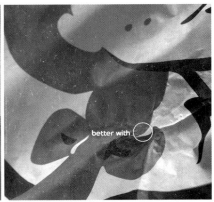

图 10.1　百事可乐平面海报

与和平等。从白天的嘈杂可以联想到夜晚的宁静；从鸽子的受伤可以联想到战争的危害；看见燃烧的香烟，就会联想到吸烟者的健康等，这都属于相反联想的结果。相反联想包含逆反思维，它可以启示人们打破常规去思考问题。为己书屋发布《灵魂的庇护所》系列海报，倡导全民读书，让书籍成为我们灵魂的庇护所。海报通过插画的方式，描绘了不同年龄段的人所面临的问题，如儿童被网络游戏包围，青年被网贷、购物侵袭，老年人被养老金、麻将等吞噬。唯有阅读，才能帮助我们阻挡外界繁杂信息的侵袭，让心灵得到放松，如图 10.2 所示。

图 10.2　为己书屋《灵魂的庇护所》系列海报

（4）因果联想。因果联想是人们对事物发展变化结果的经验性判断和想象。

（5）虚实联想。构成图形主题思想的许多概念常常是虚的、看不见的，但它却与看得见的形体相关联而构成虚实联想。例如，"香"这个味觉概念是虚的、看不见的，而飞在花丛中追逐香气的蜜蜂则是实的、看得见的；"和平"这个概念是虚的，而鸽子和橄榄枝则是实的；"战争"这个概念是虚的，而枪炮、硝烟和作战的士兵则是实的；"美味"这个概念是虚的，而汉堡包和烤鸭则是实的。

（6）接近联想。在接近的时间或空间里发生过两件以上的事情，就会形成接近联想。在广告创意过程中，接近联想也是应用较多的一种方式。看到闪电就会想到雷声；看到柳树就会想到鸟鸣；看到南飞雁就会想到秋风凉；看到江河就会想起船舶；看到蓝天就会想起白云；看到红灯就会想到危险、停止等。它们都属于接近联想。知名品牌亨氏联手加拿大代理商 Rethink 做了一个实验。团队并未向参与者表明自己的身份，而是仅仅告知参与者：请画一瓶番茄酱。实验结果让亨氏感到骄傲，绝大多数的参与者都表示，第一个浮现在脑海中的番茄酱就是亨氏。部分参与者轻松还原了番茄酱瓶身细节。参与者绘制的标签被刊登在限量发行的亨氏瓶子上，部分画作还被制作成广告牌，如图 10.3 所示。

2. 比喻

比喻是将一个事物暗指另一个抽象或具象事物。这种通过相关的喻体去表现本体的本质特性的表现

图 10.3　亨氏番茄酱：你心里的番茄酱只能是我啊

手段，可使抽象的事物形象化，突出本体的特点。运用比喻要抓住本体与喻体在层次结构上具有的内在联系，即"以此物喻彼物"。用作比喻的称喻体，被比喻的称本体。一般来说，喻体的形象与本体的某一特性有相似之处，比喻才可以成立。广告运用比喻的手法，可以生动而通俗地宣传主题，取得良好的艺术效果。比喻要确切、恰到好处，不可使人产生误解。此外，要运用人们常见的事物来进行比喻，这样容易引起人们的兴趣，被人们理解和接受；还要运用人们所熟知的事物作类比，能够使人产生更多的联想，增强对商品的认识。肯德基曾采用一种非常巧妙的比喻手法，将香辣鸡块比喻为火焰，突出其火爆强劲的特点。这种方式不仅简洁明了，而且非常直观，人们可以很快捕捉到广告的含义。通过"替代－相似"的比喻方式，肯德基试图让消费者在心理上将香辣鸡块与火焰建立起相似关联，从而将火焰的特征转移到香辣鸡块上。

3. 寓意

寓意即运用有关事物间接地表现主题，启发人们去思考与领会。南孚电池是一家生产碱性电池的知名品牌，它以电力强劲而闻名。为了吸引更多的消费者购买，南孚电池采用立体装置海报的传播方式。他们选择了一个极具力量感的形象——少林武僧来代表其电池的强劲能量。海报的创意十分独特，选用真人比例的武僧雕像，将其身体颠倒组合，头顶弹簧嵌入电池盒中，构成一组强壮的人体电池。这张高3m、宽5m的立体装置海报在地铁里展出，夸张地展现了南孚电池强劲的电力，吸引了290万人的关注。

4. 比附

用外表不相关但有内在联系的事物来表现广告商品形象，给人以生动、深刻的印象。

5. 象征

象征是将某些具象或抽象的事物所蕴含的特定含义，通过另外一种事物或角度、观点进行引申，从而产生新的抽象或具象的意义，使表现主题更加深刻、强烈、鲜明。事物之间没有必然的内在关联性，只有外在特征的某些类似联系。象征思维应选择有代表性及被大众所认可的形象，以唤起人们思想深处的共鸣。象征不进行直接表现，它注重意象表达，注重自然中的人文内容以及与人有关的象征，通过艺术化的视觉形象来传达某种特定的意念，它们之间没有必然的关联性，只存在外在特征的某些类似联系。其视觉形象可以是物形，可以是符号，也可以是色彩。总之，为了表达一种意念，其视觉形象可以是抽象的，也可以是具象的。例如，长城象征中国、金字塔象征埃及等。

10.2.2　形象思维的表现手法

1. 夸张手法

夸张手法用显而易见的含义或形态夸张的方法突出商品形象，给人以强烈的印象。它以现实生活为依据，用丰富的想象力对画面形象的典型特征加以强调和夸大，或改变物体间的比例、形态、位置、色彩等诸多对比因素，以体现广告的创意，使画面更新颖、奇特、富有变幻的情趣，从而达到吸引受众注意力的目的。夸张的表现形式包括整体夸张、局部夸张、透视夸张、适形夸张等。在具体表现中要注意整体关系，不能因局部的夸张而破坏画面的整体性。Cheil 香港公司为客户 JBL 耳机创作的平面作品"Block Out the Chaos"赢得了戛纳国际创意节上平面和户外类两座铜狮奖杯。该广告由三部分组成，包括"婴儿篇""狗狗篇"和"母女篇"，通过细腻的插画，展现了 JBL 防噪声头戴式耳机隔绝各种噪声的强大功能，让人们戴上耳机后，即刻摆脱婴儿的啼哭声、宠物狗的叫声和家里的喧嚣声，享受自由自在的和谐与平静，如图 10.4 所示。

图 10.4　Block Out the Chaos 戴上耳机，隔绝喧嚣

2. 展示手法

展示手法是指直接而真实地把商品展示在消费者面前，给消费者留下深刻的印象。这是比较传统而又通俗的表现手法，但因它与广告宣传商品的目标一致，故而经久不衰。尤其是用它来表现商品的真实外观和特点，可以做到形象逼真，使人一目了然。但它并不能自然、客观地表现，而要在构图的安排、主体的突出、背景的衬托、色光的处理等方面进行精心的设计。

3. 幽默手法

幽默是有趣可笑而意味深长的意思。幽默手法采用夸张、比喻、换置等手段来引人发笑，含蓄地传达某种意念或商品信息。在广告设计中使用幽默手法，通过富有创意的巧妙组合、喜剧性的矛盾冲突，往往能获得意料之外而又在情理之中的效果。它可以增加画面的趣味性，使受众在笑意中接收广告所传达的信息。幽默与讽刺不同，讽刺是针对不良现象的，而幽默则是善意的戏谑。

4. 比较手法

用比较手法宣传商品，有两个含义：艺术手法上的比较和实质性的比较。艺术手法上的比较是指在广告画面上采取一定的艺术手法以突出商品的形象。实质性的比较手法用于反映商品使用前后效果的比较、商品改装前后的比较。需要指出的是，本商品与另一同类商品比较的侧重点应放在突出该商品的新功能和特点上。

5. 图解手法

当广告需要突出地宣传商品的内部结构、产品功能、主要成分、使用方法或其他相关知识时，往往采用图解手法。它节省了文字的解释，有时比文字更加直观、准确而易懂。这是一种很通俗、有趣的表现手法，但在画面布局和效果的处理上，切记不能失去画面的生动性和艺术性，否则广告将因缺乏吸引力而影响传播效果。

6. 反常手法

反常手法是相反联想思维的一种体现。反常是指有意违反常规，使之不合情理，引起受众的惊奇和注意，给受众以深刻的印象，从而达到广告传播的目的。在广告设计中，表现变异、怪诞、互悖、矛盾等的图形，都属于以反常手法吸引受众的实例。

7. 拟人手法

拟人手法是象征思维的具体表现，把人以外有生命甚至无生命的物类人格化，使之具有人的某些特性，引起消费者对商品的注意，从而达到广告传播的目的。设计师应根据主题与创意的需要去选择恰当的表现对象，按人们熟悉的性格、表情、动作进行拟人化处理，并要注意形象的通俗性、愉悦性和审美性。这种拟人的手法最容易受到儿童的欢迎，在儿童食品及儿童用品广告中很常见。三星Galaxy影像旗舰机的广告短片《The spider and the window》通过一个生动有趣的故事，讲述了三星手机拍照功能的出色表现。广告以蜘蛛Sam的视角展示三星手机摄像头的亮点，让人们看到手机摄影的全新可能性，感受到手机拍照的趣味和创意。同时，短片运用了Nazareth经典歌曲《Love hurts》作为贯穿全片的音乐，通过蜘蛛Sam在片中的情感起伏，呼应了歌曲的主题，为整个广告营造出浪漫而充满趣味的氛围。整个广告成功地利用了趣味性和感性元素，使人们对三星手机的拍照功能印象深刻，如图10.5所示。

【三星手机宣传广告：蜘蛛看摄像头，对上眼了】

图10.5 三星手机宣传广告：蜘蛛看摄像头，对上眼了

10.3 广告创意的视觉表现技法

视觉传播设计最终以形象和画面"说话"，通过对代表不同词义的形象进行组合而使其含义得以连接，构成完整的视觉语言并进行信息传播。所以，在阐释信息内容的思路和文字表述方式确定后，就必须考虑如何以形延其"意"，创造一种与确定的表述方式一致，能反映构想、传达信息的外在形式。一个完整的视觉语言主要是由形象元素组织而成的，所以对表述形式的创造首先就是收集、整理设计所需的形象元素，找到阐释信息内容的文字语句中的视觉表现形式，即意形转化。特别应该收集各种代表同一词义的不同形式，选择最具新意且表意准确的形象作为构建完美视觉语句的材料。

10.3.1 广告创意的思维技法

进行广告创意时，不仅需要创作者具有强烈的创作动机、能力和技巧，还需要掌握产生创意的思考方法。

1. 垂直思考法与水平思考法

这种思考方法为英国心理学家爱德华·德·波诺(Edward de Bono)博士提出。垂直思考法是按照常规思维，在固有的模式下凭借旧经验、旧知识来深入思考与改良；水平思考法强调思维的多向性，从多方面观察事物，从不同角度思考问题，思维途径由一维到多维，属于发散思维。因而，在思考问题时能摆脱旧知识、旧经验的约束，打破常规，创造出新的意念。在进行广告创意时，水平思考法可以弥补垂直思考法的不足。

2. 头脑风暴法

"头脑风暴法"由美国人亚历克斯·奥斯本（Alex Osborn）于1938年首创，英文为"Brainstorming"，又称"脑力激荡法"。这种方法是指组织一批本专业的专家、学者、从业人员和其他人员共同思考，集思广益进行广告创意，也是目前运用最为广泛的一种创意方法。它通常采用会议方法，针对某一议题进行集体讨论，深入挖掘，直至产生优秀的广告创意。头脑风暴法的内容和方式主要有以下几个方面：选定议题、脑力激荡、筛选与评估，其对创意的质量不加限制。

3. 想象法

（1）组合想象法。将两个以上现实存在的、独立的具象依据表现主题的需要组合在一起，形成新的形象。多数广告创意都是由此产生的。

（2）黏合想象法。将客观存在的两个独立具象，依据表现主题的需要进行局部的结合，从而形成一个新的独立具象。

（3）夸张想象法。广告创意者在构思主题的主体物象时，将其形体扩大或缩小，或将表现主题的人物行为夸大。前者是形体夸张想象，后者是行为夸张想象。两者都是构思创意时常用的创造新形象的方法。

（4）强调想象法。在构思广告创意时，要突显能够展示主题的某些特征，以形成引人瞩目的新形象。强调想象法与夸张想象法的共同点在于形象的扩大，但强调想象法是局部形象的扩大，而夸张想象法是整体形象的扩大。

（5）变形想象法。在构思表现广告主题的主体具象时，有意识地歪曲其外形，以新奇、怪诞的形象引人注目。

（6）颠倒想象法。在构思表现广告主题的主体具象时，有意识地颠倒其外形，以怪诞的行为方式引人注目。

（7）重叠想象法。在构思创意时，将表现主题的两件商品重叠成一个完整的、独特的新形象，用来表现商品特有的品质和性能。

4. 变相思考法

（1）侧向思维法（多角度思考）。在日常生活中常见人们在思考问题时"左思右想"，说话时"旁敲侧击"，这就是侧向思维的形式之一。

（2）逆向思维法。逆向思维是超越常规的思维方式之一。当陷入思维的死角不能自拔时，不妨尝试一下逆向思维法，打破原有的思维定式，反其道而行之，开辟新的艺术境界。

（3）反叛思维法。创意的本质就是改变。威力更大的，就是颠覆（反叛）。创意的标志之一是反叛，而反叛不等于创意，但创意往往需要反叛及挑战的精神，同时也需要洞察力。反叛性是爆发式的革命，它的设计思想有明显的反传统性。

（4）捕捉灵感法。灵感思维是潜藏于人们思维深处的活动形式，它的出现有着许多偶然的因素，不能以人们的意志为转移，但能够努力创造条件，有意识地让灵感随时迸发出来。

（5）联想的分支——软性思维法。软性思维法主要采用借物喻物的表现方式，因此具有比较强烈的指向性和象征性。

10.3.2 广告创意视觉表现的原则

凡是能想出新点子、创造新事物、发现新手段的思维都属于创新思维。在广告创意过程中必须运用创新思维。在广告创意的视觉表现中，需重点把握的原则主要包括以下几个方面。

1. 冲击性原则

在令人眼花缭乱的各类广告中，要想迅速吸引人们的视线，在广告创意时就必须把提升视觉张力放在首位，形成鲜明的色彩对比，加强广告画面的视觉效果，才能使广告引人注目，从众多广告作品当中脱颖而出。奥美驻泰国曼谷公司为乐高设计的创意海报《For every size of imagination》，巧妙地将这一理念体现出来。海报用乐高积木构建了三个精美的场景：巨型恐龙、宇宙飞船和帝国大厦，这些场景都给人带来了强烈的视觉冲击力和震撼感。与此同时，每幅海报右下角的简单版同款小积木也在提醒人们，这些精美的场景都是由乐高积木拼凑而成的。这种大小对比的巧妙运用，很好地诠释了本次主题的意义，即想象力不分大小，每个人都有无限的想象力，要敢于去发挥，如图10.6所示。

图10.6 乐高创意海报

2. 新奇性原则

新奇是广告作品引人注目的奥秘所在，也是一条不可忽视的广告创意规律，主要在构图、画面编排、色彩搭配、表现技法上体现出新奇的效果。有了新奇的画面效果，才能使广告作品的画面形成波澜起伏、奇峰突起、引人入胜的视觉张力，最终使广告主题得到深化与升华，如图10.7所示。

3. 简洁性原则

自然界普遍规律的表达方式都是以简洁为主。近年来国际上流行的创意风格越来越简洁、明快。一个好的广告创意视觉表现方法包括3个方面：清晰、简练和构图得

图10.7 具有装饰画效果的啤酒广告（来自网络）

当，简单的本质是精练。广告视觉表现的简洁化处理，除了从思想上提炼，还可以从形式上提炼。简单明了并不等于无须构思的粗制滥造，构思精巧也并不意味着高深莫测。平中见奇，意料之外，情理之中往往是广告人在创意时渴求的目标。Jeep 与创意代理商 Publicis Groupe Middle East 合作，推出了一支名为《Nature is in our nature》的广告短片。该短片将 Jeep 的标志性图案悬浮于自然环境中，配合简单而富有想象力的剪辑，呈现出了一个充满自然野性的奇妙世界。从圆月到狼群，从树木到麋鹿，Jeep 的标志图案在不同的自然场景中得到了生动的演绎，同时也强调了 Jeep 车辆的越野性能和适应力。这支短片巧妙地将 Jeep 的品牌精神和自然元素结合在一起，营造出强烈的视觉冲击力和情感共鸣，为 Jeep 在市场上的品牌形象树立了新的标杆，如图 10.8 所示。

图 10.8　Jeep 创意广告

【Jeep 创意广告：在汽车前脸里看动物世界】

总之，一支极具视觉冲击力、新奇而又简洁的广告作品，首先需要想象和思考。只有运用创新思维方式，获得超常的创意来打破受众视觉上的恒常性，寓情于景，情景交融，才能唤起广告作品的诗意作用，取得超乎寻常的传播与表现效果。

10.3.3　广告图形创意设计的视觉表现技法

由联想和想象得到的意向，最终都将以一定的视觉形象传达一种完整的概念。这种"意"与"形"的转化过程是形象素材的寻找、收集、整理的过程，也是寻求创意的过程，更是探寻阐释信息内容最佳视觉表达形式的过程。为此，广告图形创意设计的视觉表现技法如下。

1. 共生图形

共生图形是指由"虚实相生"和"双关轮廓"组合而成的图形，以一种独特的紧密关系组合成一个不可分割的整体。共生图形常常用来象征事物之间互相依存的含义，它一般分为轮廓共生图形和正负共生图形。同时，它也指两种或两种以上图形完全共用或者共享同一空间、同一边缘，相互依存，构成缺一不可的统一的图形。

2. 悖论图形

悖论图形实际上是把"地图互换"那样具有视觉趣味的图形从二维的关系扩大到三维的关系中来。悖论图形通常是利用人们视点的转换和交替，在二维平面上表现三维立体形态，但在三维形态中又显现出模棱两可的二维形态视觉效果，从而造成空间的混乱，产生介于两种状态之间的空间状态。这种貌似简单、正确，实际上复杂和矛盾的图形，统称为悖论图形。

3. 同构图形

当作品画面中两个或两个以上的单元形以某种共性特征构成一新形态时，这幅作品称为同构图形。它用一种元素的形态去破坏或者嫁接另一种元素，使两者之间产生冲突和连接，从而呈现新的视觉形态和语义,削弱形的作用而强调意的存在。同构就是桥梁,就是"合一"。同构图形的思维方式——强制联想往往把本来毫不相干的事物强行组合在一起,从看似无关联的事物中找出可以连接的因素。这是一种在限定中激活创造的方法。运用联想思维应善于观察、善于联想,透过现象看本质,如图10.9所示。

4. 解构重组

为了把素材组合成新的形象,要把有关的素材加以分解重构,即解构。形象素材的解构过程,实际上就是形象的分析过程。解构犹如裁剪,布帛只有经过裁剪才能缝制成时装。素材只有经过解构,才能进一步被整合成新的形象;物象只有通过解构,才能获得多种不同的表现素材,产生截然不同的画面,得到意想不到的表现效果。重组即整合,只有经过分析才能达到整合的目的。传统审美趣味往往只重视事物的完整性,事物在静止完好的状态下往往被人忽略,但有时破坏也是一种创造。若将完整的形

图10.9 佩利列轮胎广告(波兰)

体有意识地加以破坏,使形象的分离和重组根据不同的目的重新组合处理,并产生新的意义,人们对事物的注意力则会因常态的消失而受到冲击。

5. 文字图形

利用文字进行图形的创造是设计师善用的手法之一。其表现为:文字图形和图形文字。文字图形是以组合的文字或单体字构成具体形象的外形等;图形文字是以字尾要素进行图形化的表现,弱化文字的识别性,强化图形的视觉作用。天猫新文创针对中国非遗文化的现状,推出了"非遗不生僻"计划,通过寻找100个带有生僻字的非遗文化,打造了100张海报(图10.10),并在每一个生僻字的设计中巧

图10.10 天猫 × 非遗 生僻字海报

妙融入对应的非遗图像，从而让大家从认识这些生僻字开始，学习非遗文化。这个计划不仅能让人们更好地了解中国非遗文化，还能让这些文化得到更广泛的传播和发扬。

6. 意象图形

意象是指在知觉的基础上形成的感性形象。在图形设计中将现有知觉形象改造成新的形象，是在过去同一或同类事物中多次感知的基础上形成的。意象表现的图形较有概括性，是从对客观世界的直接感知过渡到抽象思维情感的升华。

7. 视角图形

人的眼睛习惯于根据积累的经验，在一定的透视、立体及环境的对比法则中去观察物体，这种观察方法有极大的局限性。一旦有意识地移动视点，变化视角，从人们不熟悉的角度去观察和揭示对象，就能引发某种奇妙的意念。

为了引发消费者对东风汽车的关注，提升东风风光品牌形象并刺激消费者购买，广告借势于当前民族自信潮流和中国制造的崛起趋势，与中国风光的紧密关联，引发观者的民族自豪感，并通过打卡之旅和插画的方式，再现人民币背后的中国风光，以此突显品牌与中国文化的深度结合。此外，全CG动画广告视频更是将东风风光"开进"人民币背后的中国风光中，展现其强大的性能和独特的品牌形象，成为中国制造与民族自信的代表（图10.11）。

图 10.11　东风汽车"中国风光"打卡之旅

8. 波普风格

广告设计当中的图形艺术以波普的表现语言为创意准则，创造今天的流行视觉样式，并以色彩艳丽、生动的形式体现当今社会的活力。后现代人类躁动、张扬的个性及对传统的反叛，以一种无设计章法和结构的图形化组织，表现为随意的形象罗列与叠加，一切显得轻松、自信。在表现手段上，多使用丝网印刷、拼贴、网点、影像技术、连环画、卡通等手法塑造形象。波普风格是当代广告画面编排与设计的一种重要手法。

9. 异影图形

广告创意表现中的异影图形是指以影子与实体的关系作为想象的着眼点，通过对影子的改变来传情达意。这里的影子可以是投影，也可以是水中倒影或镜中影像等。当设计者为了体现其创作意念而对影子进行变异时，异影图形就产生了。异影图形常用来反映事物内部的矛盾关系：如果实形代表现象，异影则可以反映其本质；若实形代表现在，异影则可以反映过去或将来；若实形代表现实，异影则可以代表幻觉等。在进行异影图形的创作时，要注意改变后的影子与原物之间相对关系的自然过渡。

10. 换置图形

在广告图形表现与创意中最常见的手法是将现实中相关与不相关的元素形态进行组合，以形象的方式将元素的象征意义交叉形成复合性的传达意念。这种组合不是简单的相加、拼合，而是以一定的手法加以整合，其最常用的就是换置图形。"换置"指在保持原形的基本特征基础上，将原素材中的某一部分换上另一种形象素材，组合成具有全新意义的形象。这个新的形象虽然出现了"张冠李戴"的情况，却因此表达了图形创意的主题思想，并且加强了视觉传播的表现力。要得到好的换置效果，一般要求用以替代的物形与被替代的原形部分，在形态上具有一定的相似性，而在意义上具有差异性。

11. 延异图形

延异又称渐变，是指在图形中将一种形象通过一定过程逐渐演变成另一种形象。这类图形最重要的特点是能将两种形态元素分别完整呈现，关键在于借由中间的过渡步骤将二者有机地组合在一起。这种变化过程往往是非现实的，需要依赖设计者的视觉想象力来实现变化。

广告创意设计与表现中的延异图形一般分为两类。一类是形与形之间纯形态的延异。可以是相似形渐变，即两种物形间没有必然的联系，只是形态较为相似，如鸟与鱼，也可以是两个有一定逻辑关系但形态相差较大的物形的渐变，如炮弹与飞鸟。另一类是某一物形自身的变化过程。这个过程可以体现设计者对物形的创造性想象，可以摆脱现实中物形概念的束缚。这个过程依赖于设计者丰富的联想和想象。

10.4 广告创意技法的培养

许多广告从业者把创意看作一种神秘的天赋，一方面对创意推崇备至，另一方面又对创意望而却步。其实，优秀的创意并不是与生俱来的，而是经过后天的训练培养出来的。广告创意技法是一项创造性活动，它离不开强烈的动机、高超的能力和绝妙的技巧。

10.4.1 创意动机的培养

美国广告专家詹姆斯·韦伯·扬认为，优秀的广告创作者应具有两种独特的性格：①要对周围的事物发生兴趣，从传统民俗到现代艺术，生活的每一个层面都是能够让人产生兴趣的；②广泛浏览各学科的相关信息。在这里，广泛的兴趣和强烈的求知欲，正是激发创意动机最有效的方法之一。

兴趣是创意动机的一个重要因素，因为只有对自己的事业和生活产生浓厚的兴趣，才会不遗余力地去追求它、探寻它，创造力才能被开发出来。产生兴趣—努力创造—获得成功，这是发明创造的三部曲。广告创意也不例外，对广告事业的浓厚兴趣，既是智力的触发器，又是促进创意、获取成功的动力。另外，强烈的求知欲也是促进人们进行创造性活动的重要动机。爱因斯坦说："对真理的追求要比对真理的占有更为可贵。"追求的过程就是探索的过程，而在探索的过程中，又会不断激发人们的好奇心和求知欲。

好奇心是促进创造性思维的强劲动力，积极的创造性思维，往往是在人们感到"惊奇"时开始的。从某种意义上说，人们思维世界的发展，就是对"惊奇"的不断探索。好奇心越强，就越能调动和发挥一切智力因素的能动作用，如感知活跃、观察敏锐、集中注意力、丰富想象力，从而促成创意的诞生。

10.4.2 创意能力的培养

广告创意是在调查试验基础上进行分析、综合、构思、想象，然后对创意成果进行设计制作并输出的过程。为了保证广告创意的质量，创意者必须具备相应的能力，比如良好的记忆力、敏锐的观察能力、丰富的想象力、准确的评价力、活跃的思维力和娴熟的操作力等。

(1) 良好的记忆力。记忆虽然不能直接激发创造性的思维活动，但是却提供了创意所必需的原始信息和基本资料。拥有良好的记忆能力，就等于拥有了一座取之不尽、用之不竭的创意粮仓，而这种深厚广博的知识和信息储备能力就是一种对新思维、新观念的"蠢蠢欲动"。良好的记忆能力来自刻苦学习、博闻强识。

(2) 敏锐的观察能力。俗话说："处处留心皆学问。"在变化万千的现实世界中，只有具备敏锐的观察能力，才能获得第一手资料，及时地、敏锐地、准确地捕捉到机遇，碰撞出创意的火花。培养敏锐的观察力，必须克服漠不关心、麻木不仁、视而不见、听而不闻的生活习惯，保持对生活的热爱与信心，做生活中的有心人。培养观察力，还必须克服"一叶障目"和"一言以蔽之"的观察习惯，训练和培养"既见森林，又见树木"的细致入微的观察能力，通过全面又深入的观察，提高观察的准确性、深入性和全面性。

(3) 丰富的想象力。在众多的创意能力中，大部分都可以由电脑来代替，如记忆力、观察力、理解力（即分析判断能力），只有想象力在可以预见的将来仍无法被电脑取代，而且在创意中的重要地位也是无法被替代的。想象力是一切思想的原动力，也是一切创意的源泉。可以说，想象就是创造的翅膀，一切创造都离不开想象。丰富的想象力对于创造性思维具有极大的开发作用，它可以从不同方面、不同角度、不同层次，对广告主题的创意进行生动形象的表现。

例如，百事可乐公司围绕着"百事可乐：新一代的选择"的广告主题，创作了极富想象力的电视广告——外星人也爱百事可乐。一阵强风吹进大街，灯光忽明忽暗，给人不祥之感，空中传来低沉的轰鸣。一个飞碟在降落，它在两台自动售货机上空停住，从两台售货机上各提起一罐可乐。过了一会儿，飞碟慢慢地将百事可乐自动售货机提起来，送进舱内，而将可口可乐自动售货机留在原处。

由此可见，创造性想象不是对现有形象的描述，而是围绕一定的目标和任务，对已有的表象进行加工和改造，而产生新形象的过程。要培养这种想象力，一方面要扩大知识范围，增加表象储备；另一方面要养成对知识进行形象加工、形成表象的习惯。另外，经常对自己提出一些"假设"问题，也可以激发想象力。总之，丰富的想象力是广告创意者必须具备的重要的能力，应特别重视对它的培养。

(4) 准确的评价力。评价能力，即分析、判断力，它是对现有的信息评定其优劣性、正确性、适用性和稳定性等工作的能力。在创意的开发阶段，需要记忆力、观察力、想象力来激发灵感，进行开放性的、创造性的思考，以便提出许多可能解决问题的新方法、新观点、新措施。而在创意的形成和发展阶段,则需要评价力展开收敛性的分析思考,进行"去粗取精、去伪存真、由此及彼、由表及里"的判断筛选,评估选优,最终确定可行性方案。由此可见,评价力发挥着定向作用,直接影响和决定着创意的命运及广告运作方向。

创意的形成、变化和发展过程,实际上就是一系列的分析、判断、筛选的过程,准确地评价判断能力,能够更深刻、更正确、更全面地反映广告的构想和主题,保证创意正确发挥运用。要培养准确的评价能力,就必须养成抽象思维的习惯,凡事多问几个为什么,并善于从日常的琐碎事务中总结和概括出事物的共同特征。

(5) 活跃的思维力。思维是一种在感性认识基础上产生的,对感知和表象的认识功能。只有通过思维,感性认识才能上升为理性认识。思维能力是贯穿记忆力、观察力、想象力、评价力的一条红线,在发明创造中起着至关重要的作用。许多研究结果表明,思维能力在创造发明中的作用最大、最重要。

广告创意是一种创造性的思维活动,需要较强的创造性思维能力。创造性思维是指能产生前所未有的思维成果,具有崭新内容的思维。创造性思维是人类思维活动的最高形式,它是各种思维方法综合作用的结晶,既有逻辑思维,又有形象思维,还有灵感思维的参与;既有聚合思维成分,又有发展思维成分,这些不同的思维形式和方法,在创造性思维中都起着特殊的作用。

(6) 娴熟的操作力。记忆力、观察力、思维力、想象力和评价力是属于认识层面的创新能力,而操作力则属于行为层面的创意能力。缺乏任何一个层面,都不能保证创意的成功。荀子说,"知之而不行,虽敦必困",意思是明白事理而不去实践,虽然知识丰富,也解决不了实际问题,要取得重要成果,就必须进行创意实践。

作为一个广告创意者,应该既善于创造性思考,又善于有条不紊地进行创造性实践。要进行创造性实践,就必须掌握娴熟的操作技能。表现在广告创意中,就是要能够运用语言、文字、符号、图画、音响、色彩等手段来贯彻和落实广告创意,使完美的创意得到完美的展现。

10.4.3 创意技巧的培养

(1) 组合。詹姆斯·韦伯·扬明确提出:"创意是把原来的许多旧要素作新的组合。进行新的组合的能力,实际上大部分是在于了解、把握旧要素相互关系的本领。"组合就是将原来的旧元素进行重新组合。元素的重组过程,就好像是转动一个装有许多彩色碎片的万花筒,每转动一次,这些碎片就会发生新的组合,产生无穷无尽、变幻莫测的全新图案。人的思维活动也是如此,大脑就像一个能产生无数图案的万花筒,如果能够将头脑中固有的旧信息不停地转动、重新排列组合,便会有新的发现、新的创造。许多事物经过重新组合后,便产生了创意。所以,创意是旧要素的新组合。

(2) 逆反。逆反是指打破传统的思维方法、思维方向,打破传统观念,反其道而"思"之。逆反思维技巧用在广告上有一种"曲径通幽"的效果。

(3) 类比。类比是指根据不同事物和现象在一定关系上的部分相同或相似的性质进行归纳、分析,从而发现它们之间的联系,得出新的结论的推理方法。通过类比,可以把陌生的对象与熟悉的对象进行比较,举一反三,触类旁通,产生新的构想。

(4) 新用途。新用途就是重新挖掘产品的新用途,或是改变产品的原有用途。在这里,无论是挖掘新用途,还是改变旧用途,产品本身没有任何改变,改变的是看问题的眼光和角度。管理大师彼得·杜拉克认为:"认知的改变,就是创意的重要来源。"

图 10.12 SÄVA 桌子

例如，宜家和必胜客合作推出了一款特别的产品——名为 SÄVA 的迷你桌。这个桌子的设计灵感来自必胜客披萨中间的小支架，被宜家做成了真正的桌子。SÄVA 桌子由白色的圆形桌面和三条高跷腿组成，桌子大小正好可以放下一个披萨，成了一款名副其实的"披萨桌"。同时，必胜客还推出了一款以宜家的瑞典肉丸为灵感的披萨——"必胜宜家批"。这个灵感来源于一次必胜客外送员躺在宜家沙发上休息时的一段互动。两大品牌之间的热烈互动和创意让"必胜宜家批"诞生了，这种口味的披萨在必胜客中非常受欢迎（图 10.12）。

单元训练和作业

1. 优秀案例赏析

案例一：腾讯 × 敦煌研究院"点亮莫高窟"（图 10.13）。

图 10.13 腾讯 × 敦煌研究院"点亮莫高窟"

（1）广告内容。

腾讯、人民日报与敦煌研究院合作，打造了一款线上互动体验小程序"点亮莫高窟"。这个互动体验项目恰逢新年之际上线，邀请用户在沉浸式游览敦煌莫高窟的同时，选择祝福语，即可在洞窟内点亮祈福灯，迎新纳福。用户也可以在夜景模式下欣赏 3D 敦煌莫高窟的文化遗迹。莫高窟的崖壁和洞窟采用了全 3D 建模技术，而且场景颜色会根据实际天色变化而实时更新颜色。借助陀螺仪功能，用户能够通过转动手机体验到沉浸式的全景莫高窟游览效果。上百万次点击生成的祈愿之光，不仅点亮了敦煌莫高窟的夜晚，也为敦煌历史遗迹保护工作的开展指明了前进的方向。

(2) 作品分析。

这个案例展示了"文化 + 科技"的融合。作为敦煌文化在移动数字平台上的重要窗口，该小程序利用新科技手段对敦煌文化进行了创新性转化，成为持续塑造文博小程序的创新典范，为文化传播开辟了全新的途径。它还探索了区块链技术与文博产业的创新融合，支持敦煌的数字化保护。展望未来，随着新科技和新文创的结合，人们将在公益场景下展开更多的创新尝试，为千年文化遗产的数字化保护开辟新的前景。

案例二：Apple 广告片《三分钟》（图 10.14）。

【Apple 2018 年新春短片《三分钟》】

图 10.14　Apple 广告片《三分钟》

(1) 广告内容。

《三分钟》是由著名导演陈可辛执导的一部广告短片，以庆祝春节为背景，突出展示 iPhoneX 的摄像功能。该片通过讲述一个关于家庭团圆和母爱的温馨故事打动观众，片中没有一个"想"字，也没有一个"爱"字，但那份想念和爱，通过细腻的视听语言表达出来，展现了导演"现实主义"和"故事化"的叙事风格。该片利用快速剪辑方法达到影片高潮，并通过小特写来表现人物内心。

(2) 作品分析。

该片的创意在于它通过一个充满情感的故事来传达信息，而非直接推销产品。这部短片通过展示手机拍摄的高质量视频，让观众自然地联想到产品的特点。情感驱动的叙事方式有效地传递了产品的核心价值——强大的摄像能力。导演运用精湛的叙事技巧和视觉表现手法，通过细腻的情感描绘和生动的场景设置，让观众沉浸在故事中。该片的节奏控制得当，情感渲染力强，使观众能够在短时间内产生共鸣。这部短片不仅提升了品牌形象，还激发了消费者对品牌的心理认同和情感共鸣，是一次成功的品牌营销案例。

2. 课题内容

课题名称：课堂脑力激荡训练。

教学方式：由授课教师主持，在班级课堂内进行脑力激荡训练，这种训练方法的特点是范围广、气氛好、过程共享、有较强的示范性，但对授课教师的场面调度和控制能力要求较高。

要点提示：在开展课堂"脑力激荡法"训练之前，教师应预先布置任务，先把要解决的问题明确提出，并规定创意的范围及其他限制条件，最好能全面、简洁地介绍一下企业与产品背景、产品的特性、目标消费群、市场竞争状况及产品以往的广告状况，若有不详之处可随时提问，这样可以使学生在正式的"脑力激荡法"会议前有较充足的准备，同时要求每个人都预先准备几个创意点子或框架，以备发言。

教学要求：教师根据学生发言的思路及自身的分析判断将讨论形成的一个最终方案，或若干个优秀方案公布于班级，并对整个脑力激荡过程作点评及总结，若最终的方案不理想可让学生课后继续发想、补充并以书面形式提呈，以备下次讲评。

训练目的：掌握"脑力激荡法"的作业过程，并通过教师的现场控制、引导和总结，全面客观地理解"脑力激荡法"的作用和优势。在高密度信息环境中，刺激、引发学生的联想创造性思维，并通过学生之间的思想碰撞，不断借鉴，补充和完善各自的创意。培养团体协作精神，提升学生整合他人资源和对信息进行二度创新，以及集体配合作业的能力。

3. 其他作业

媒体互换创意法练习

作业内容：以一种媒体的创意为素材，在保证广告主题不变的前提下，尝试另一种媒体创意的交互训练法，比如把电视广告转为广播广告、平面广告转为电视广告、社交媒体广告转为户外广告，这种创意训练法的特点是以现存的成功媒体创意案例为基础，启发训练学生对媒体特征的分析能力及针对不同媒体的创意变通能力，可操作性强。

练习目的：

(1) 深化学生对几种主要广告媒体特征的理解。

(2) 在对广告媒体特征充分理解的前提下，把握相应的广告创意策略及表现形态的要点。

(3) 强化学生的创意变通能力，包括广告创意策略从一种媒体到另一种媒体的衔接、延伸和发展，以及由于媒体的变化而在具体创意表现形式上的应变与拓展。

(4) 以各种媒体的优秀广告创意个案为契机，在评鉴、赏析的基础上，吸收其创意精髓，并通过对同一广告主题在其他媒体的创意实践，检验学生的实际创意技能（与广告创意典范作品的距离），激发学生的创造力和热情。

练习步骤：

(1) 教师选择不同类别产品在不同媒体上的经典创意作品。

(2) 由学生归纳创意所借媒体的特征。

(3) 课堂讨论某一具体创意作品的创意策略、广告诉求主题及表现方式。

(4) 学生分析广告媒体的特征。

(5) 学生完成规定媒体的创意作业。

(6) 课堂讨论，教师讲评。

4. 理论思考

分析20种不同风格的图形创意方法。

5. 相关知识链接

李燕临. 影视广告 [M]. 上海：上海人民出版社，2020.

李静. 影视广告创意与制作 [M]. 北京：中国建筑工业出版社，2018.

李锋，王智鸿. 影视广告创意研究 [M]. 长春：吉林大学出版社，2018.

曲超. 广告创意策划文案写作指要 [M]. 北京：北京工业大学出版社，2015.

第 11 章　广告文案设计

课前训练

训练内容：将班级学生分为两大组进行讨论，把能回忆出的经典广告语进行记录。讨论 5 分钟后，将黑板一分为二，分别书写，进行 10 分钟的广告文案记忆竞赛，所写数量多者为胜。

训练注意事项：注意维持课堂纪律，每次选一名学生上台书写。写出相同广告词则都加分，写错不加分。如果能回忆出产品名称应予以鼓励。争取所有学生都能参与。

训练要求和目标

要求：学生从已知的经典广告词中体会到广告语言的魅力和趣味。

目标：养成随时记录优秀广告语的习惯，能够对文案有初步的鉴赏能力。

本章要点

(1) 广告文案的创作原则。

(2) 广告文案的内容构成。

(3) 广告文案的创意基本方法。

(4) 广告文案的修辞手法。

(5) 广告文案的视觉设计。

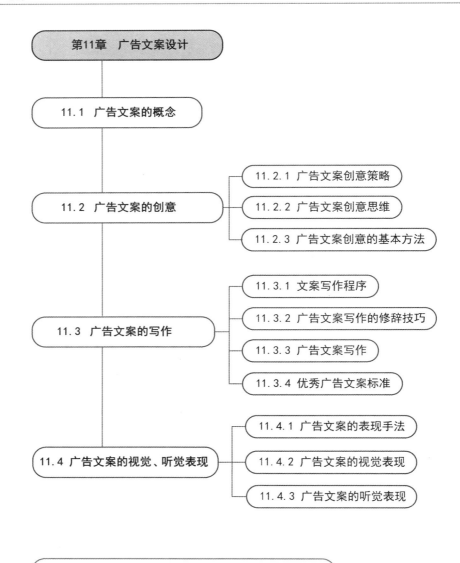

引言

随着广告对人们生活日益深入的影响，广告语言也扮演着越来越重要的角色。运用语言符号成就的一种商业文体——广告文案，其强烈的市场倾向是显而易见的。通过本章的学习让学生了解广告文案写作的基本规则和要求，在广泛学习和借鉴优秀广告文案的基础上，充分掌握文案写作的基本规律。要求学生不但要懂得广告文案所要表达的商业目标，而且要懂得不同文字对达到商业目标所起的不同作用，以便在文案写作中选择最佳的文字方案。

11.1 广告文案的概念

从广告诞生的初始阶段起，广告语言就已存在。甚至可以说，在一定程度上广告语言就是广告本身，比如街头的叫卖和各种商家的招牌。但是广告文案这一名称，却是在近代才出现的一个针对广告语言文字部分的专门术语。1880 年，Advertising Copy 即广告文案一词才在美国被人使用，同时出现了专门的广告文案撰稿人。广告文案随着现代广告的发展，也进入了一个崭新的表征时期。这一崭新表征，首先表现在现代广告文案对自身原有表象特征的一种超越，其次是现代广告文案在广告的变迁过程中对自身作用的不断调整而表现出的新的意义。

1. 广告文案的本质

广告，随着科学技术的提高，已成为现代人消费生活中一种令人满心喜悦或厌恶烦心的社会文化行为和社会文化控制体系，也是现代社会特定的文化与传播现象。可以毫不夸张地讲，广告一方面成为消费社会的细胞，渗透现代大众社会的每一次、每一刻的消费生活和生存方式中。另一方面，广告也作为一种社会话语方式存在。现代广告不仅引导受众进入一种以物质为表征的日常生活消费过程中，而且更是以一种自我叙事方式来替代消费者进行现实生活和生活方式的表白，代替人们表述"应该怎样生活"。例如用广告语"我喜欢、我选择"来表达一种现代人强烈的自我肯定与自我张扬。又如广告语"水晶之恋，爱你一生不变"则是将现代人的内心情感物化为一种可以触摸、可以品尝的物质象征体，而现代人就是在拥有并在体验这一象征体的过程中来表达自己的情绪和人与人之间的情感，并以此方式来张扬自己的存在。很显然，现代广告文案不再仅仅是一种商品的促销方式，更是以一种人类生存的叙事方式存在于现代大众的日常消费生活过程之中。

2. 广告文案的发展

早在19世纪初，英、法、美等国家就出现了广告雏形。随着大众媒体的萌芽，人们逐步将原来的广告技术和大众传播媒介结合，广泛用于商业活动，逐渐地拓展广告的功能与价值。首先，随着经济的发展，特别是现代商品经济的发展，广告及文案首先在功能和价值观上发生了变化；其次，科学技术的发展，特别是21世纪的信息技术日新月异的飞跃发展，把广告的形式和表现，包括广告文案的形式和表现，推向了前所未有、层出不穷、丰富多彩的新阶段；最后是文化的发展，特别是现代文化对传统文化在传承上的锐意革新，给广告文案的创作及模式带来了很强的冲击。现代广告已经成为一种信息传播活动，而传播必须依靠传播者与传播对象均能理解的符号完成，广告作品就是这些符号的最终载体，广告中的语言符号就是文案。现代文案并不仅仅局限于语言文字，还包括语言文字在内的一切能传达信息的语言符号。最好的文案可以不需要画面，但最好的画面离不开精美的文案。

3. 广告文案的类型

广告文案的具体表现形态是极其复杂多样的，但它们又绝不是一堆散乱无序的堆积物。如果细加分析，就可发现其间总是存在各种联系，而且这种联系会随着分类标准的变化而呈现不同的类别形态。

(1) 从创作主体的思维方式和视角上看，可分为文学型文案和说理型文案。

人类最基本的思维方式有两种，即形象思维和逻辑思维。正如德国著名哲学家弗里德里希·费肖尔所说，"思维方式有两种：一种是用形象，另一种是用概念和文辞。"在这里，费肖尔所指出的用形象来思维的方法就是艺术家惯常运用的"形象思维"，而用概念来思维的方法则是科学家揭示自然和社会规律常用的抽象概括的方法，即"逻辑思维"。就广告而论，运用形象思维创作出来的文案称为文学型文案，而运用逻辑思维撰写出来的则是说理型文案。正是由于主体思维方式的不同，才构成了文学型文案和说理型文案两大基本类型。

(2) 从发布广告的媒体上看，可分为小众媒体广告文案、大众媒体广告文案及高科技媒体广告文案。

小众媒体广告文案，是指通过覆盖面小、传播范围狭窄、受众较少的媒体发布的文案，如霓虹灯、路牌、灯箱、海报、三面转动电子广告牌等近距离传播媒体上所载的文字广告。而大众媒体广告文案则与上面所说的迥然不同，它是一种传播范围广、受众很多的媒体，如电视、报纸、杂志、广播等用语言文字发布的广告信息。需要特别指出的是，广告界利用迅猛发展的高新技术，使新的媒体不断开发出来，可以称为高科技媒体。而以高科技媒体为载体进行传播的广告文案，就称为高科技媒体广告文案。

(3) 以表现形式为标准分类，可将广告文案分为诗歌式、散文式、戏剧式、曲艺式、新闻式、说明式、论证式等类型，还有一些虽然用得不是很多，但也很有影响的类型，如小小说式等。

(4) 以功能为标准，可分为直接型广告文案和间接型广告文案。其中，直接型广告文案就是要求短期内有较明显的促进销售的经济效果（如销售额的增长和市场占有率的提高等）的广告文案。它主要包括促销广告（如有奖、打折之类）和最常见的产品、服务广告，而间接型广告文案则更加丰富多变，内容多元化。

(5) 以广告主是否追求经济回报为标准，可分为商业广告文案与公益广告文案。

商业广告文案的本质在于它所追求的主要是经济效益，当然也要顾及社会效益。而公益广告文案则相反，它关注的是国家、民族乃至于整个人类生存和发展的重大问题，如环境保护、艾滋病、制止战争与保卫和平、倡导互助等。

(6) 以创作方法，可分为现实主义型、浪漫主义型、现代主义型和后现代主义型等广告文案。其中，现实主义型广告文案是指创作主体按照现实生活本来的样子来描写，也就是真实地描写现实生活的广告文案。

此外，如果以审美形态为标准，则可将广告文案分为秀美型、崇高型、幽默型、荒诞型等；如果以行业为标准进行划分，又可分为金融型、食品型、家电型、化妆品型、IT型、服务型等。

4. 广告文案的原则

(1) 概念明确，主题突出。广告文案的立足点在于连接产品和消费者，寻找巧妙的语言表述。一旦传播主题确定，所要表现的东西便无比清晰。广告文案的市场取向包括两项标准：①广告文案能有效地促进产品销售，使消费者了解产品给自己带来的利益，称为促销力；②广告文案能有效地塑造企业和品牌形象，为产品的长期销售奠定基础，称为广告文案的塑造力。如利郎商务休闲服饰广告语"忙碌，不盲目；放松，不放纵！"简单的几个字就将产品的消费层次和消费人群准确定位，同时也让消费者强烈地感受到产品的知性、休闲、严谨。因此，经典的广告语言不在于华丽，而在于准确地突出主题，抓住消费者内心对产品个性的需求，进而产生共鸣。

(2) 实效性。实效性就是广告文案一定要为广告目的服务，做到实用、有效，避免片面追求文案的华丽，华而不实。广告文案实现实效性的方法有：①找准卖点，寻找说服消费者的理由，如强调产品具有特殊功效和作用，或者是其他品牌无法比拟的，保证产品强劲的销售力；②拉近与消费者的距离，注重文案的亲和力。

(3) 真实性。真实性原则指广告文案传递的信息内容要真实、准确、明晰，不能造假、夸大、含糊，这是广告文案的根本原则和基本规范。必须实事求是地反映商品的特性、功能、价值及相关服务，不能言过其实。还必须做到措辞准确贴切、清楚明了，不能含糊不清。缺乏真实性的广告，其实是最受消费者厌恶的，往往会适得其反。

(4) 简洁性。与广告的视觉原则一样，文案在传达信息时，切忌繁杂凌乱，其整体撰写应力求单纯、简洁、条理清晰、一目了然，以求在瞬间产生强有力的视觉冲击。新颖简洁的用语、通俗易懂的内容更容易被受众接受。

(5) 原创性。原创性原则要求广告文案的写作要新颖独特，富有创造性，既不能重复或模仿别人，也不能重复或模仿自己。现在市场上就有很多广告文案存在模仿之风，这种行为对广告文案从业人员的成长非常不利，对广告客户也是一种不负责任的态度，同时消费者也会对产品感到不信任。

(6) 文化及审美效应。好的广告文案要根据不同国家、地区、民族及不同的价值观念和风俗习惯，合理巧妙地进行创作。广告文案必须适合这些具体的文化语境，并与其他要素（画面、音响等）互相配合，服从广告主题的创意策略，共同完成广告作品的创作。

11.2 广告文案的创意

创新与差异是广告创意的要点，同样也是广告文案创意的要点。文案中的创意要依据产品和市场的情况、目标消费者的情况，运用文字和语言的手段，从广告总体战略来考虑，提出说服目标消费者的理由，并把这个理由用文案的形式来影响目标消费者的情感和行为，使目标消费者从广告中看出该产品给他们带来的利益，从而促成其购买行为。因此，文案创意的核心在于提出理由，继而设想一个说服的办法和主意，为具体创作提供思路。总之，文案创意是以产品定位、营销策略、广告策略、市场竞争情况、目标消费者为依据的延伸。

11.2.1 广告文案创意策略

文案策略是广告策略的具体表现。可以说，广告策略是统领全篇的纲领，而文案则是画龙点睛的章节。策划是广告系统中的根基与框架，文案策略则是广告中的重要环节，其涉及前期市场调研、分析、提炼等一系列庞杂繁复工序，并决定后续平面、文案的创作方向。文案中的品牌口号、广告语、阶段主题语等皆是企业理念、品牌核心价值、广告主题、产品独特销售主张等的语言表现，是综合传播的核心与灵魂的精华，其他所有的沟通都是围绕此进行演绎的。

1. 与产品沟通的广告文案策略

广告文案的策略之一是传播产品信息、说明产品的属性功能等，为广告产品的促销目标服务。进行产品的有效沟通，是广告文案的基本功能，是广告实现其作用的基本手段。广告文案人员在广告文案策划、创意之前，就应对广告产品有比较透彻的了解和认识，包含产品本身及与其相关的资料和产品所属市场的状况两部分。

2. 定位沟通下的广告文案策略

定位，实质上是一种市场策略。市场经济条件下在同一市场上有许多同一种类的产品出现，企业为了使自己生产或销售的产品获得稳定的销路，从各方面为产品赋予一定的特色、树立一定的市场形象，以此谋求在消费者心目中达到一种特殊的偏爱。市场定位的实质是取得目标市场的竞争优势，确定产品在消费者心目中的适当位置并留下深刻的印象，以便在众多的广告信息和产品信息中吸引更多消费者的关注。了解和把握市场定位原则，有助于广告文案人员确定产品在目前消费市场中的状况，也有助于对产品在消费者需求方面处于一个怎样的位置进行判断，从而找到广告文案信息中准确和有针对性的属性概念的诉求，否则，广告文案会因为定位不准而无法产生效果。

3. 与目标沟通的广告文案策略

当一个广告文案人员与广告客户有了较为深入细致的沟通后，文案的构思就会逐步出现比较明确的方向。广告最终的效果是能让广告受众从受众的角色转换为消费者的角色，并进入商店去购买广告产品，实施消费行为。广告文案能否有效地传递产品信息给目标受众，受众是不是实施其消费行为是其最好的衡量标准。这就需要广告文案必须针对消费者具体的消费行为的特征来撰写。消费行为的特征来源于消费者的真实需求，如美国人马斯洛的阶梯状需求层级理论描述：人的需要总是从最低级的开始，当一级的需要得到满足后，会进一步要求更高层级的需求，如图11.1所示。

4. 市场细分与广告文案策略

要产生有影响的广告或有效果的广告文案，不光是要了解和掌握消费者的心理和动机，还要清楚消费过程中消费者的心态，也就是要了解消费者对特定产品进行采购或消费的过程中涉及的情感、认识、

图 11.1 马斯洛的需求层级理论

行为和环境等影响因素。所以市场细分不仅是营销思路，也是广告思路，是广告文案人员使广告文案策略有效的必然选择。市场细分最主要的客观因素是消费者需求的异质性。消费需求处在一种不稳定的变化中，因此形成了千差万别和不断变化的状态，即消费者需要、欲求及购买行为呈现异质性，使消费者需求的满足呈现差异性。从广告文案策略角度考虑，市场细分的主要因素是心理细分和品牌忠诚度细分。

在小度 2023 年发布的品牌短片《中年爱情图鉴》中，以"陪伴"为切入点，展现中年爱情中平凡却不普通的陪伴感。短片由 4 段中年人的爱情故事组成，展现了生活中每对中年夫妻都会遇到的问题，即身在远处无法亲身陪伴双方父母、忙碌中如何做到不忽略对方、如何理解对方的压力等。借助一个又一个的温情故事，品牌不断为产品注入人文底色，也为"小度在家，陪伴在家"的主张不断沉淀内容资产，实现对用户科技陪伴生活认知渗透的同时，也深化着用户对于小度陪伴价值的情感认同。而小度适时在每段故事中插入小度智能机，展现了小度在"陪伴"用户上发挥了重要作用，宛如中年爱情中占据重要地位的陪伴感，如图 11.2 所示。

【小度品牌短片《中年爱情图鉴》】

图 11.2 小度品牌短片《中年爱情图鉴》

11.2.2 广告文案创意思维

1. 从消费者的诉求出发

（1）理性诉求文案。理性诉求作用于受众的理智动机，理性诉求文案是以理性说服方式，摆事实、讲道理、以理服人，为消费者提供分析判断的信息。具体表现在这种广告总向受众讲明产品、服务和特殊功效，以及可给消费者带来显著的利益。文案可以做正面说服，传达产品、服务的优势和消费者将能得到的利益；文案也可以做负面表现，说明不购买的影响或危险，促使消费者用理智去思考判断，听从劝告且采取购买行动。这类广告文案论点鲜明、论据确凿、论证方法讲究。

(2) 情感诉求文案。情感诉求文案与理性诉求策略相对应，以感性诉求作用于人们的情感或情绪，以情动人。以感性诉求方式，即通过情绪的撩拨或感情的渲染，让消费者产生情绪反应、心灵震撼和强烈共鸣，激发他们的购买欲望和行动。以情感为诉求重点来寻求广告创意，是当今广告发展的主要趋势。

(3) 情理诉求文案。情理诉求文案能避开情感诉求文案与理性诉求文案的不足（情感诉求文案存在信息较弱、说服性不足等缺点，理性诉求文案存在平淡、乏味、生硬等缺点），能将两者的优势相结合，既能采用理性诉求传达客观信息，同消费者讲道理，又能使用感性诉求在消费者情感上大做文章，从而打动消费者、感动消费者、影响消费者。

2. 叙事角度的转化

广告文案创意要想出彩，就必须在"叙事"问题上做文章。广告创意中的叙事技巧运用得恰当与否，是一则广告能否吸引受众注意的关键。同时叙事视角的选择，将直接影响广告诉求的传达效果。

(1) 第一人称视角。所谓第一人称视角，就是指从第一人称的角度出发，佐以叙事者本人的主观感受和情感波动，去传播广告诉求。广告事件中的"我"，可以代指广告主、消费者、形象代言人、旁观者中的任何一方，同时它也可以是拟人化的产品形象。它通过第一人称视角真实地表述自己内心的感受，从而对消费者的消费理念和消费价值观进行新诉求的传播，引导消费者产生购买欲望。这种第一人称视角的广告传播效果往往更加真实，也更具感染力和驱动力。

以曾经风靡一时的娃哈哈广告为例，"妈妈我要喝，娃哈哈果奶"的广告词站在一个孩子的角度上，以第一人称的视角来对娃哈哈果奶这款产品进行了评价，"甜甜的，酸酸的，有营养，味道好"将果奶的味道及营养描述出来，从而让更多的广告受众——小朋友在看到这则广告时不由自主地关注娃哈哈的产品。

(2) 第二人称视角。所谓第二人称视角，指的是以第二人称的方式进行广告的传播诉求。通过以第二人称的广告传递，表达一种对受众的劝说、说服。就目前的广告市场而言，第二人称视角在广告传播的过程中，由于采用的叙事视角多是说服式的，叙事视角如果把握不当，很容易引发受众的不满，适得其反。可见，在第二人称视角的叙事过程中，应该充分把握好叙事的角度和分寸，尽量杜绝说服式广告营销模式。如刘德华的经典广告语"相信我，没错的"，以及著名演员高明为某品牌酒的代言运用双关所说的"××酒，高明的选择"。它们都巧妙运用了第二人称视角的叙事方式，对受众加以说服，从而实现了较为理想的广告营销效果。

(3) 第三人称视角。这是当前广告文案较常见的叙事视角，主要特点是不受视域限制，为消费者提供丰富的广告信息。第三人称视角文案的叙事，往往能够以更为中立和直观的视角，传递一种更加平实的广告诉求。通过第三方的叙述展现广告文案创意，是当前广告叙事文案常用的叙事传播视角。通过第三人称视角进行广告诉求传播，能够全面地介绍商品及其相关信息。

3. 跨越文化背景

不同社会文化背景下的人，必然会表现出程度不同的思维方式。跨文化语境的广告文案创作，必须了解所在地域和广告目标人群的特定文化。要做到迎合多种或特定价值观念；适应不同思维和表达方式；遵守政策法规；贴近本土习俗文化。这样，在广告文案设计和广告制作时才能更好地实现各种文化的互跨与融合，创作出具有时代精神和全球意识的优秀广告作品。

11.2.3 广告文案创意的基本方法

"广告文案创意"这个命题包含着不少子命题，如创意的本质、广告文案创意和图形创意的区别与联系等。詹姆斯·韦伯·扬就曾说过,"广告创意是一种组合商品、消费者及人性的种种事实","真正的广告创作,眼光应放到人性方面,从商品、消费者及人性的组合去发展思路"。广告创意包含主题因素、形象因素、想象因素和创新因素。创意的主题因素将转化为广告文案中实际的诉求点;形象因素将转化为文案的具象化表现形式;想象因素将转化为文案的独特视点来吸引受众目光;创新因素将转化成文案的富于价值属性特征的审美风格。

1. 利用汉字

汉字在形、音、义方面的独特性,为广告文案创意提供取之不尽、用之不竭的源泉。

(1) 利用形体。利用形体是指根据汉字的结构特点(如偏旁、部首等)和广告文案主题的联系进行巧妙的创意。例如,美国保德信人寿保险公司的广告词:"三个字就有四个人,保德信的企业理念就是重视人的价值。"

可以看出,文案创作者利用"保德信"三个字的偏旁中有两个单人旁一个双人旁,都与人有关。而保德信公司的主要业务又是人寿保险,这一联系被文案作者发现了,于是就巧妙地利用"人"字旁来突出保德信的企业理念,那就是重视人的价值——关心人、爱护人,为人的安全、幸福提供最完善的社会保障。这种创意给消费者以巧妙、新颖而又自然天成的感觉,凡是读过的人,无不留下难忘的印象。

(2) 利用读音。在爱华仕箱包广告中,利用"箱"与"想"读音的相同,引起消费者的兴趣,也传达了产品的功能品质,如图11.3所示。

图11.3 爱华仕箱包广告

比较一下那些司空见惯的直白广告,就可以发现中文音义的不同凡响之处:它不是正面地直接宣传,而是从侧面入手,让人们深刻地领会广告主题,凸显广告创意。字音与主题天衣无缝般完美吻合,再加上极具风趣的表现方式,使这些广告产生了巨大的社会效益。

(3) 利用字义。汉语中的字义与字形存在着密切的联系,有的与读音有一定的关联。如果发现了某些字义(如广告产品的品牌名称等)与广告主题的吻合,就可以将字义作为创意的核心或亮点。

2. 怀旧

由于时间的一维性,逝去的日子便一去永不复返了,而"过去了的才是美好的"成为人们的一种普遍心理,这就不免使人经常产生"怀旧"情结:青年人喜欢追忆童年的天真和无忧无虑,老人们更是时时怀念逝去的时光,工业化的负面影响让人们由衷向往昔日的田园牧歌。"怀旧"不仅是文学艺术创作不朽的主题,也是广告文案创意的重要源泉。

永和豆浆广告《永和篇》中,使用了字音、字义和怀旧的多重创意。首先,永和豆浆与国"永和"、家"永和"字音相重;其次,"永和"品牌和"永远和谐、和美"的字义进行互融,深化了品牌内涵;最后,正文的细腻描写,可以说是怀旧的创意典范,更添加一丝亲切,如图11.4所示。

 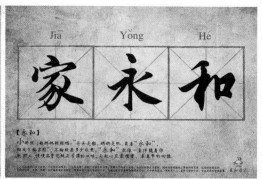

图 11.4　永和豆浆广告《永和篇》（陈昕、马钊瑜、姜迎春／指导教师：朱丹君）

正文文案：小时候总是仰望着海的那头，听老师说："国要永和！"不论你经历多少磨难，"永和"如同母亲为你敞开爱的怀抱，让你时刻感受到支持和温暖。

小时候，听妈妈轻轻唱"爸爸是船，妈妈是帆，载着'永和'，组成幸福家园"。不论经历多少改变，"永和"就像一直伴随着你的家人，慢慢品尝它香浓醇正的味道，勾起心底最朴实、最真挚的回忆。

3. 寓褒于贬

这是一种逆向思维的创意方法。广告一般都是对广告产品或服务持一种颂扬和正面态度的，只有极少数广告在作品中有意指出它的缺陷和不足，或者以较为负面的情绪进行广告宣传，这种手法与前一种赞美方式相比，是反其道而行之，我们称之为逆向思维。如图 11.5 所示，贝克啤酒《禁酒令》广告中出于对酒水品质的保证，言辞激烈地要求各经销商严禁销售过期啤酒，而实际上七天的生啤还是可以饮用的，该广告就是利用夸张负面的通知形式来凸显其对质量的精益求精和负责态度，看似是严厉批评，实则是在显示自身产品的品质。如图 11.6 所示，移动公司《道歉篇》广告文案中对由于业务量过大而导致顾客排队缴费表示了诚恳的歉意，实则传达出移动公司业务蒸蒸日上这一信息，并由此拉近企业与消费者之间的距离。可见，寓褒于贬有一个显著的特点，那就是有意识地使思维脱离人们习惯的轨道，朝相反的方向探索：在只说广告产品优点而不讲缺点的普遍情况下大讲产品的不足，实际上传达的却是赞美广告主实事求是、不弄虚作假的诚信态度。

图 11.5　贝克啤酒广告《禁酒令》（奥美广告有限公司）　　图 11.6　中国移动广告《道歉篇》

逆向思维（寓褒于贬）创意所具有的诚信态度，会令消费者十分感动，因而乐意购买广告产品。另外这种创意不按常理出牌，特别易于引起消费者的注意，这符合心理学所揭示的注意规律。心理学认为，不合流俗的、出类拔萃的、与众不同的东西最容易引起人们的注意，而受到消费者注意正是广告成功的关键。

4. 幽默

自古以来，无论是生活中的幽默还是艺术中的幽默，总是受到受众的喜爱。随着物质生产的高速发展，人们的生活节奏普遍加快，压力普遍增大，人们在工作之余迫切要求松弛，要求欢笑，艺术家考虑人们的这种需求，于是幽默就比以往更多地出现在各种艺术形式之中，广告文案也同样如此。

5. 恐惧

安全需求在马斯洛的"金字塔形"需要结构系统中处于较低的层次，由于它和人的生命直接相关，因而其重要性绝不可低估。所谓恐惧创意，是指以人们的安全需要为契机，指明消费者如不购买某种产品或服务，必将对安全造成严重威胁，从而以警示的方式劝导消费者付诸购买行动。概括地说，这是一种以"威胁"的口吻劝导消费者摆脱可能遇到的安全威胁的重要创意方式，应当引起文案创作者的高度重视。

6. 内心独白

有一类文案看似是戏剧性对白或作者的陈述，实际上则是两个人物或某一人物将内心活动向观众道出，这种别具一格的方法称为内心独白式创意。运用"内心独白式"创意方法，应注意两点：①无论是一人式独白还是双人式独白，一般都要求叙述出相对完整的内心历程，特别重要的是双人式独白，要通过各自内心活动的表白，让细节连贯起来，形成一个有序的情节链；②基调、氛围一般要求娓娓动听，亲切感人。因为内心独白与交流对话不一样，它是内心活动的真实反映，不掺杂任何虚伪和矫情，所以必须给人以情真意切、直诉肺腑之言的美好印象，才能使广告文案收到良好的效果。

以上提供的 6 种文案创意方法只是文案创意手法中典型的几种。创新是广告文案创意的灵魂，只有灵魂在广告文案中显现，它才能展现独特的视觉冲击和奇妙的诉求点，才能捕捉到目标受众的目光和兴趣，才能将目标受众引领到广告文案信息内容价值属性的认知过程中去。所以在文案的设计中要注意创意方法的搭配、组合，做到举一反三。

11.3 广告文案的写作

广告文案是由广告语、标题、正文等组成的。如图 11.7 所示，它是广告内容的文字化表现。在广告设计中，文案与图案图形同等重要，图案图形具有前期的冲击力，广告文案具有较深的影响力。因此，广告文案的写作要求广告人要有较强的市场把握能力、创意思维能力和应用写作能力。

11.3.1 文案写作程序

1. 收集资料

在创作文案前，必须了解广告所要推出的产品、服务

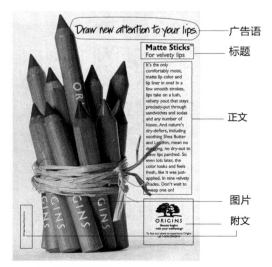

图 11.7 广告文案的组成

或组织的特点,获取有关市场信息,如目标受众的年龄、职业、经济、信仰等和消费心理及其变化情况。文案创作必须依据这些素材来确定广告的主题思想及文案的表现方法。收集资料是文案创意的准备阶段。这一阶段的核心是收集、整理、分析。

2. 构思立意

通过对收集来的资料进行分析、归纳和整理,结合广告受众的关注点和推销者的建议,捕捉广告信息焦点,确定文案策略,使广告主题能理性化、概念化、艺术化。然后从中找出产品和服务有特色的地方,确定文案的风格,再进一步找出最吸引消费者的文案形式,以确定广告的主要诉求点和文案基本构思。

3. 评估创意

评估文案创意即对已写出的文案进行评价。创意刚出现时常常是模糊、粗糙和支离破碎的,它只是一个十分简单的雏形,其中往往含有不够合理的部分。因此还需要仔细推敲和进行必要的调整。评估时还可以将不同的创意与其他同仁交流,听取意见,使之更加完善。

4. 确定创意

经过反复立意、创意后,广告文案主题、广告文案风格大体确定,再将广告文案提供给客户,并与客户进行探讨,充分听取客户的意见,以最终取得客户的确认。文案人员一定要站在公正的立场上,平衡受众和客户双方的利益,为广告受众提供真实的、确切的、综合性的产品及服务的信息,整个信息焦点要紧紧抓住产品的个性,紧跟消费者的心理变化。在语言文字上既高度概括,又通俗生动。

11.3.2 广告文案写作的修辞技巧

1. 广告文案写作的语言特点

(1) 语义的褒扬性:从语义学的角度看,广告文案所用的词一般都以颂扬、赞美为主,并由此构成文案全篇文义的基调,这就是文案语义的褒扬性。从文案的总体来看,褒扬性文案至少占99%,剩下不到1%的文案,也是贬中有褒、以褒为主,或者说是名贬实褒、寓褒于贬。广告文案的语言也要与这种基调相符,所以语义的褒扬性是广告文案语言的首要特征。

(2) 文字内容的商业性:广告文案语言的另一重要特征就在于它有着浓厚的商业化气息,这是它与新闻、文学语言的又一重要区别。广告文案语言的商业化色彩,是指它总是或显或隐地陈述购买理由,甚至公开要求消费者购买他们的产品,而且许以种种好处,如赠品、折价、抽奖等。

2. 广告文案写作的语言形式美

形式美是指客观事物的自然属性(色、形、声)及其组合规律(均衡、节奏、多样统一等)所体现出来的审美属性。以此观照广告文案语言的形式美,可以发现它是由声音及其组合关系体现出来的一种较为抽象的美,它对广告效果有着很大的影响。

(1) 广告文案语言的韵律美:声音是世界上各民族语言中最重要的组成部分之一。它作为物质媒介材料,虽然有着语言的自然属性,但如果运用巧妙,则可以创造出一种令人愉悦的韵律美。广告文案的声音美,是指它类似于动听的音乐,具有较强的韵律和美感。

(2) 广告文案语言的组合美:广告文案语言的形式美,更多地体现在语言的组合规律方面,如均衡、对称和节奏等。从美学上看,对称是均衡的一种特殊形式,表现在文学作品中就称为对仗。对仗在广告文案中有广泛的应用,其中标题、广告语、POP等最为突出。对仗型文案有着独特的功能:①由于它们上下联字数完全相等、词性相同,故显得整齐易记;②它创造了一种令人愉悦的韵律美,使消费者在享受美的时候，也连带着对广告产品留下了美好而难忘的印象，在提高知名度和美誉度的同时，也将市场占有率升至一个新的高度。

(3) 广告语言的意象美：意象是语言所表现出来的具体可感的形象。如"大漠孤烟直，长河落日圆"，其中"大漠、孤烟、长河、落日"是写古代边塞自然风光和诗人对此景象的感悟，具体、形象、生动。意象在艺术作品中经常出现，运用在广告文案中，常以凝练的语言、文字、画面概括商品、人文现象、企业形象等，运用比喻、比拟、夸张和映衬等手法，赋予它们特定的审美意味和风格。广告文案利用修辞提供典型的意象或意境，揭示产品形态或品质的特点，再借助受众的想象力，激发他们内心的审美愉悦，从而达到美的境界。如西施兰面霜的广告语"玉人随香至，西施送兰来"，用一种形象的感觉去描写另一种形象的感觉，让广告文案具有意境美，刺激消费者的感官以获得美感。如图11.8所示，大众探歌系列广告语利用"探"和"歌"两个字，组合成"'探'然自若，'歌'显其能""'探'笑风生，'歌'抒己见""'探'天说地，'歌'格不入"三个广告，显示了品牌自信不彰自显的品质。

图11.8 一汽大众 T-ROC 探歌广告

3. 广告语言的修辞艺术

修辞艺术，是指文案人员在创作文案的过程中运用特殊方法对语言进行一种美化处理，使其具有比一般语言表达方式更好的传播效果和经济回报。广告语言的修辞，不仅在于运用语言修辞手段来使广告文案的表达更形象、生动；更在于通过修辞使广告语言的语境关系更加准确、具体，便于受众理解和接受。要使广告文案的语言具有更强的表现力，还须重视修辞艺术的灵活运用。广告语言的修辞方法十分多样，有的是对文学创作和一般文章的借鉴，有的则是自身创造出来的，这里着重论述后面一种类型，同时兼顾前面一类。

(1) 反讽。反讽是西方历史最为悠久的修辞概念之一，现代文案创作则是把它作为一种语言修辞技巧来研讨和应用。从修辞学的角度看，反讽所陈述的实际意义与它的表层意义是矛盾的，也正是由于它有意制造语义之间的矛盾，强化语义的张力，使其与那些陈腐老套、平铺直叙的文案拉开距离，显得出类拔萃。心理学家认为，新颖奇特的事物或现象容易引起人们的注意，而反讽修辞就使语言表述不同寻常且具有很大的新异性，易于引起消费者的兴趣和关注，进而获得良好的广告效果，如图11.9所示。

(2) 镶嵌。镶嵌是指将广告信息要素如广告主企业名称、品牌名称或与产品有关的语词，以整体或拆散的形式分别嵌入文案的某些部分（标题、正文或广告语）之中，产生一种趣味盎然、巧妙无比的感受。

图11.9 保护知识产权广告

(3) 回环。在广告文案创作中，回环也是使用频率很高的一种修辞手法。它是指文案中传达广告信息的两个句子的构成成分（词语）相同或相似，但词序却恰恰相反。它一般用在标题和广告语的撰写上，可使标题或广告更为有力，在巧妙的表达中引起消费者对广告文案和广告产品的关注，为广告效果创造了一个有利的条件。同时，它往往与其他修辞手法联合起来使用，灵活变通，比单用回环效果更好。例如，万家乐，乐万家——万家乐热水器广告。

(4) 顶真。广告文案中的顶真辞格，是指将前句中的最末一词或短语作为后一句的开头部分。例如，人生得意须饮酒，饮酒请用绍兴酒——浙江绍兴酒广告。顶真的特点在于：首先，它是出于创造一种快节奏的需要而运用的，所以，顶真具有节奏较快的特征；其次，广告中的顶真还具有较强的气势，以加大刺激力度，让消费者对广告产品引起高度注意，从而激起他们购买产品的动机和行为；最后，由于文案中前一句与后一句有重复交叉之处，故易于被消费者识记而难以忘怀。

(5) 仿拟。仿拟是广告文案中令消费者感到极有兴趣的一种修辞方式。它是指创作主体仿照现成的诗词、成语、谚语、流行歌曲等语句而予以别出心裁的改动，从而创造出一种与原有文辞有关联的新句子。例如，仿诗词曲赋：年年岁岁雪相似，岁岁年年豹不同——雪豹皮衣广告；仿成语谚语：民以食为天，食以味为先——某风味小吃广告。

(6) 同字。同字是一种促进表达效果的十分重要的修辞手段，指在广告文案几个句子的首尾或中间的一定部位用上相同的字。应用时应注意：①不能拼凑，应力求自然易记，毫无牵强之感，使消费者很容易记；②要通过相同字的重复使用，强调产品的主要功能或广告文案的主题。如"泻立停，泻立停，一吃泻就停"，末尾3个相同的"停"字，就起了一种反复强调功能的重要作用，从而获得良好的传播效果。

(7) 映衬。映衬是用类似的或反面的、有差别的事物作陪衬的修辞手法。广告文案中的映衬，大多是借用品牌、招牌所关涉的事物的特点或企业所在地的特点作为基础和背景，通过它们与产品或厂家之间的某种联系，来衬托产品的特点和质量。使用映衬手法有利于突出主题，增强广告的宣传效果。如西安太阳牌锅巴广告："太阳天天从东方升起。太阳锅巴，像阳光一样给人们带来欢乐。"广告文案就把品牌的"太阳"与真实的"太阳"联系起来，使之自然得体。

(8) 反复。反复是为了突出某个主题，强调某种感情、刻意重复某个词语或句子的修辞手法。广告文案经常使用这一手法。一般情况下，广告信息对受众来说带有某种强迫性。广告文案人员就用反复的手法对主要信息进行频繁的重复。如江苏红豆集团公司广告"倡导红豆文化，广交红豆之友，发扬红豆精神，创造红豆名牌"中"红豆"出现了4次，容易加强消费者对"红豆集团"的印象，从而提高企业的知名度。

4. 广告语言的文化内涵

广告文案发展的历史表明，广告文案始终与特定的社会历史条件联系在一起。在不同的社会历史条件下，广告文案显现出不同的风貌。这正是在广告文案写作深层结构中不同的文化因素起作用的结果，其中，传统文化因素是最主要的部分。传统文化的形成是世代累积的结果。经过一代又一代创造、流传、保存下来的事物必然是那些有深远影响力的事物，而一些没有生命力的文化因素则逐渐被淘汰。广告文案的写作过程不可避免会受到传统文化因素的影响和制约，而且这种影响是多方面的。

(1) 社会心理。社会心理是一种自发的日常经验性的文化。它反映社会的现象和人们在社会生活中的直接需要。

(2) 科学、哲学、宗教和科学技术。每一种技术都包含一定的价值。一种工具的发明和使用都是其文化特质的体现，以构建人们的价值观念。特定的科学技术环境必定带来经济生活、政治制度、社会规范的变化，甚至带来整个社会文化的改变。每一个人都生长在一定的科学技术环境中，并逐渐获得相应的哲学文化观点，而广告的创作和表现则更为直接地受到科技、宗教和社会哲学的影响。

（3）艺术。艺术是用语音、动作、线条、色彩、音响等不同手段构成形象以反映社会生活的文化。艺术可以反映特定社会的政治、经济、文化等现实风貌。艺术是一种人为创造物，在不同时代表现出不同的特点。在文案写作中，应遵循民族文化，体现出较为统一的艺术特征，如图11.10所示。

图11.10　100年润发品牌广告

（4）社会规范。社会规范包括社会中的诸种关系与制度、道德、风俗、习惯等。人们生活在社会中，他的行为首先要受到各种社会关系、社会制度的约束和规范。

11.3.3　广告文案写作

在平面广告中，广告文案写作可分为3部分，即标题语（广告语）、正文和随文（又称附文）。综合来说，文案的写作有以下3个需要注意的要素。

（1）文字的内涵：广告文案创意首先要准确地表现商品特点及企业特征，反映广告意图，有正确而深刻的含义。

（2）表现形式：指语言文字的表现形式，包括段落的组合、句式的选用、词语的搭配及前面章节已经学习的图文版式等。

（3）表现技巧：在广告文案中，文字不仅可表意，也可形声。可以巧妙地利用文字的声调、音韵、节奏等来增强广告语言的信息含量及广告的生动性。

1. 广告文案标题（广告语）的写作

标题语也就是广告语。平均而言，4个看广告的人中，3个人会看标题，只有1个人会阅读正文。广告标题是对广告主题的凝结与提炼，标题写得好，广告就胜利了70%～90%，可见广告文案标题的重要性。其写作类型如下。

（1）写实型。这是直接诉求商品品质的方法，如雀巢咖啡的"滴滴香浓，意犹未尽"，农夫山泉的"农夫山泉有点甜"。

（2）联想型。这里所说的联想是指消费者在标题语的引导下，对事与物所做的某种联想，如白沙集团的"鹤舞白沙，我心飞翔"。

（3）承诺型。承诺是对消费者利益的承诺，如中国移动的"我能"。

（4）抒情型。这是一种通过文案人员直抒胸臆地直接抒情或通过形象间接抒情的方式来达到以情感人、以情促销的广告语，如威力洗衣机的"献给母亲的爱"，南方黑芝麻糊的"一股浓香，一缕温暖"。

(5) 议论型。在广告文案中，有一种广告语不是表达情感，而是对广告产品、服务或企业理念等进行评论、说理，力求做到以理服人，这就是议论型广告语。

2. 广告文案正文的写作

正文是对广告主题的诠释。正文一般处于较次要的位置，或由副标题所取代，或干脆不出现正文。它既可阐述某种思想、观念，也可以介绍产品或活动的优点、性质、规格、用途及使用说明等。广告正文的长与短是相对而言的。短文案可以是一行字或一句口号，长文案则可以有上千字之多。广告文案篇幅的长短、信息容量的大小，是由广告活动的目的、每一次发布的诉求目标、信息的复杂程度以及所租用的广告媒体的时间与空间条件所决定的，当然也受广告主对总体广告经费投入的限制。

正文的写作形式，以表达方式为标准，可分为新闻型、文学型、论述型、说明型等。

(1) 新闻型。内容没有任何虚构，合乎客观实际，并采用新闻体裁和语言写出，这就是新闻型正文。常见的有报道、通讯、报告等形式。

(2) 文学型。它是指用文学创作形象、抒情言志的方法写出的正文。常用的体裁有诗歌、散文、戏剧等。这种文案以生动的细节、真挚的情感展现具有普遍性意义的重大社会问题，所取得的成效远远超过一般性的、枯燥无味的直说。

如图 11.11 所示，在露友健步鞋的广告《礼物篇》中，设计者借用鞋子本身为第一人称设计了一系列日记形式的文案，引起人们的阅读兴趣。广告用语感性、洒脱，配合诗意的画面创意，凸显了品牌的高质量、高品质和独特的气质。

图 11.11　露友健步鞋广告《礼物篇》(谷明峰、章婷、胡良超／指导教师：朱丹君)

广告语：今天的收获和礼物！

广告正文如下。

① 周一，晴。今天去田野走走，感受自由自在的洒脱。我喜欢自己身上有青草味，喜欢自己身上有自然的味道。亲爱的，今天的收获和礼物，是来自自然的爱。

② 周二，雨。今天登上了向往已久的山峰，感受完成梦想的美好感觉。我喜欢自己身上有泥土味，喜欢身上有风吹过的感觉。亲爱的，今天的收获和礼物，是充满希望的种子。

③ 周三，雪。今天大雪纷飞，让冰凉的冰雪漫过我的脊梁，那感觉真酷！我喜欢自己身上有雪的味道。亲爱的，今天的收获和礼物，是钻石般纯净的梦想。

无论在田野、在山地、在雪中，总能自在行走。露友，是种快乐、健康的生活方式，不仅是梦想的开始，更见证了梦想的实现。全民健身时代，脚穿健步鞋，一起健身。让我们心未动，身已远。露友，I think，I can。

(3) 论述型。在广告文案中，有一种正文是用逻辑论证的方式和抽象的语言，来证明产品或服务的优异性能、企业的良好形象，称为论述型正文。

（4）说明型。在广告正文的撰写中，根据产品的特点和主题的要求，需要对广告产品的外部形态、内部构成、性能功效等作出简明扼要的介绍和解释，于是就形成了一种类似于说明文的说明型正文。

3. 广告随文（附文）的写作

如果将标题喻为广告的头，正文喻为广告的躯体，那么随文就可喻为广告的脚。它是广告内容的附加说明，如企业名称、品牌名称、地址、电话、网址、邮编、联系人、账号等，一般放在广告作品的最后部分。随文作为常规性文字常常不被重视，但它确实可以强化消费者对企业信息的了解，促进消费者购买行为更快速地实现。

（1）注明购买产品和获得服务的方法。附文一般要求明确说明所购买产品的具体信息，包括服务机构的名称、地址、网址、电话、传真、电子信箱、邮政编码、联系人、联系时间等，这些内容都是广告附文的要件。

（2）展示政府职能部门批文或权威机构认证标识。政府职能部门的批文及权威机构的认证标识一般包括获奖认证、专利认可、经营证件、权威机构或专业人士的评价、环保认可、大型活动赞助认可等，并应在附文中列出其相应的标识。

（3）设计受众参与的表格单。如进行市场调研，邀请受众参与问答，或向消费者提供优惠承诺以及参加抽奖等活动，应在附文中列出相应表格作为回执。如有必要还可加上信封格式，填完后可以直接剪下并寄回。有的平面广告本身就是优惠券，受众持广告购物时可享受价格优惠。

（4）对附文的重要内容作出详细说明。在广告文案附文中，往往会出现一些误解，容易使消费者与企业和产品产生对立。因此，一定要使信息清楚明了。如果产品图形无法与广告效果一致，要注明"产品以实物为准，图形仅供参考"等字样。抽奖、促销等活动的活动细则，更需要完整、准确。

（5）突出企业名称与标识。企业名称及产品标识是企业的无形资产，是产品宣传中不可分割的一部分。一般情况下，在文案的最后都会出现产品名称和企业标识，以强调企业和产品，以利于诉求对象的识别。

4. 附文中的附文

广告文案中，除附文的主要内容外，还有一些与主题关联不紧密的内容，称为附文中的附文。如刊载招聘信息、维权声明、启事、征询合作商、变更开发合作项目、新产品研发、人事调整、人事变更、竞标信息等，常以这种方式出现。

综上所述，文案写作是广告活动中十分重要的环节，要求文案人员充分发挥艺术想象力，通过巧妙的构思，将产品和服务的特性传达给消费者，实现广告的目标，发挥广告的信息桥梁作用。当然，现代广告创作是集体智慧的结晶，要综合运用多种艺术表现形式。广告文案的写作也需要与其他表现手段密切配合，才能显现广告的整体功能，完成广告创作的任务。同时广告文案写作也必须适应传播媒体的不同特点，才能获得最佳的广告效果。

11.3.4 优秀广告文案标准

创新是广告创意活动的灵魂，创新的广告文案能闪现出独特的视觉冲击和奇妙的诉求点，能捕捉到目标受众的目光和兴趣，还能将目标受众引领到对广告文案内容价值属性的认知过程中去。

优秀广告文案标准是：①主题呈现，直白诉求；②形象表达，具体生动；③想象奇特，视点鲜明。大胆创新、寓情于美，广告文案不仅要求诉求信息鲜明，诉求方式独特新颖，想象力丰富、表现力生动有趣，还要给受众一种心灵上的感悟、情绪上的表达。即便是一件最普通的产品，也应通过广告文案的创意表现，使受众能够体会到产品的价值。除功能性的使用外，产品还是消费者生活品位和生活趣味的一种有益的物质展现。因此，这就要求广告文案不仅从产品本身出发创新，更要从产品在消费者生活中的意义入手，把一个纯粹的、物质的、商业的信息，创造为与消费者紧密联系的、科学的生活方式。

11.4 广告文案的视觉、听觉表现

广告作品的风格是指广告作品在内容和形式的统一中所体现出来的整体特色、风貌。不同的广告创意会赋予广告不同的风格，广告文案要完美表现与创意相联系的广告风格，就需要进行必要的视觉及听觉表现。广告文案的视、听觉设计是指文案要素与其他视觉、听觉要素相结合，运用艺术手法进行的构思和构想，是文案在设计中体现的艺术效果。它通过人的视觉和听觉发挥作用，以触动人的感官联想并与人的情感相关联，使形式与内容密切融合。

11.4.1 广告文案的表现手法

1. 语言手法

语言手法分为有声语言和无声语言两类。有声语言是指声音，如广告歌曲、广告中的对话和旁白等，它是电子媒体的主要表现手段。广播媒体的广告信息几乎都是用有声语言表达的。无声语言是指符号化语言，即文字。它是平面广告信息的主要载体，如报纸、杂志、招贴、路牌等广告，文字部分占有相当大的比例，如图11.12所示。

图11.12 小迷糊面膜品牌广告

2. 非语言手法

非语言手法也分为有声语言和无声语言两类。有声语言指音响，它烘托渲染强化广告表现，是电子媒体广告不可缺少的部分。无声语言主要有两类：①姿态语言，也称行动语言或肢体语言，它基本上不发声音，消费者可从广告作品中人的面部表情、四肢姿态、躯干动作及全身姿势来接收有关的广告信息；②物体语言，指广告作品中出现的构图、色彩及其他一些有形实体所传达的广告含义。

11.4.2 广告文案的视觉表现

1. 广告文案的视觉功能

广告中的文案是指用于传播广告信息，诉求受众的语言文字符号。语言文字符号由于其编码过程要受到自身系统语法规则的约束，因此不可避免地带来了信息传播的抽象性和间接性。所以，平面广告的文案不具备视觉形象的直观性，不能在第一时间抓住受众的注意力。但是，与图像符号相比，语言系统具有图像无法达到的用以表明各种判断关系的明确结构，因而可以使信息获得准确、清楚的表达。所以，广告的文案与视觉形象之间，应该是一种互补的关系，二者完美配合，最终实现广告的说服效果，推动受众的观念或行为趋近于广告预期的方向。

当一个创意确定时，画面如何去表达创意、文案如何去表达创意是各有分工的。画面和文字之间要形成张力。为什么说大多数的文案只能算配文？因为这些文案是看图说话。画面都已经说了的话，再去用文字说一遍就是重复。

文案不应该仅仅停留在对图片信息进行翻译的层面上，它应该利用自身的特色塑造广告的个性，从

图 11.13 《打击翻版，支持原创》（堂煌广告 第二届龙玺杯）

而为塑造产品品牌形象、提升品牌附加值作出贡献。受众希望读到的是深化形象含义、张扬个性特色的语句。此时，文案与广告视觉形象交相辉映而产生的张力，才能真正地将受众包容在广告的意旨中。《打击翻版，支持原创》的文案提出，"母乳含独特营养和抗体，是爱惜孩子的最佳表现。保护母子权利，靠人人出力。请支持母乳喂哺"。利用盗版、正版来指代母乳和奶制品，强有力的口号搭配强烈的画面色彩、字体设计，突出了广告的宣传主题，如图 11.13 所示。

文字本身就具有视觉含义。特别是汉字作为象形文字，模拟形状或者形态，甚至有些创意直接就是从文字形状上去表达（见本书第 9 章和第 10 章）。文字是有会意的，文字是有形声的，如果运用得好，本身就具有创意，如图 11.14 所示。

要使文案充分发挥应有的价值，除了要很好地理解文案的音、形、意外，还需要看到文字有生命、表情、重量、高度、力度、深浅的不同，应与产品特色、目标受众的特点进行无缝连接并融为一体。

图 11.14 薇婷品牌广告

2. 增强文案的可读性

在视觉文化时代，大众对视觉快感的期待大大提高。广告文案试图负载较多的含义，受众需要的却是拥有强烈视觉冲击力的形象本身。因此为了更有效地推销商品或服务，广告就不能停留在一般的审美水平上，而是必须提供超常的审美体验。在视觉文化背景下，广告提供了超常的视觉刺激，图像性内容可以直接诉诸人的视觉系统，使人的视觉渴求不受阻碍地得到满足。可见，视觉文化时代，图像不断地驾驭甚至征服文字。图像泛滥的大语境下，那些空洞乏味的广告文案易使受众在接受过程中产生疲惫感，从而无法有效吸引受众的注意力。

（1）文案语言的陌生化。文案语言的陌生化，不仅能以不同寻常的新鲜刺激吸引受众注意，引导其完成整幅广告观看，且有利于广告乃至商品个性的塑造。文案语言的陌生化，就是利用广告语言的扭曲、颠倒、张力、晦涩等来与日常生活语言相区别，提供一种另类的、个性的语言表达方式，让受众在语言审美的过程中对整则广告印象深刻。这一诉求也可以通过字体的不断变化和处理来实现，如图11.15所示。

图11.15 义守大学《双联学制，双语教学》（温哲霆、蔡炳轩等/第18届金犊奖）

（2）增加文案阅读节奏感和层次感。有时候，读一个人的文案会觉得自然顺畅，哪怕是读一长段完全没有标点的文字也丝毫不会觉得磕磕绊绊。这就是文字的视觉节奏感。广告文案的视觉节奏可以引导人们的视线按照设计意图接收广告信息，增加阅读的流畅感和愉悦感。这种视觉是有音节的，不同长短音节的字体组合在一起，就有了语言的抑扬顿挫，正是这些抑扬顿挫在渲染着情感的暗流，如图11.16和图11.17所示。

（3）细节和画面感。文案也应当遵守图形设计的美学原则。在广告文案中，图形的视觉效果更加吸引人们的注意力。当把图形设计应用在文案设计中，通过合理的广告文案与视觉设计手段，能对广告起到事半功倍的效果，如图11.18所示。一个没有细节的文案是十分空洞的。

图11.16 李维斯牛仔裤广告

图11.17 某协会宣传广告

图 11.18　100 年润发品牌广告

(4) 善用标点符号。少用标点既可以精简文字，又可以提高以文为中心的写作表现力。如果用这样的原则去检视一篇作文，往往会发现，使用句号和逗号较多的，其行文简约而准确，文笔较为优美；而使用其他标点较多的，往往有力不从心、词难达意的尴尬。一句好的文案一般只有两个标点符号：逗号和句号。

3. 文案的构图编排

编排就是把文案设计所涉及的各个要素按照形式美观和视觉舒畅的原则结合起来的一种视觉传达设计方法，也就是将广告中的各个部分（如标题、广告语、图形、插图、说明文、色彩、标志、附文等）构成要素进行统一的视觉编排设计；将各构成要素之间的动静对比、主次先后、主题形象和背景烘托等关系，通过各种艺术手段合理、漂亮、完整地处理好广告的多维空间，如广告文案与图形、疏密与空白、图形与色彩等之间的关系，如图 11.19 和图 11.20 所示。

图 11.19　京东商城广告

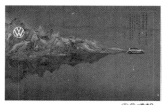

图 11.20　一汽大众汽车品牌广告

广告文案创意与构图创意既有密切的联系，又有明显的差别。其联系在于，它们都要遵循创意的规律，为广告产品或服务确立一个有利的主题，为主题选择相适应的材料或意象，并初步设想出表现的具体方式和方法等。它们之间的差异性是显而易见的，主要体现在以下方面。

(1) 在具体的选材上，构图创意经常受到限制，如某些疾病就不宜正面表现其病变部位，但文案却可以正面叙述。这正是广告文案创意与构图创意存在的基本差别之一。

(2) 广告文案创意与构图创意的区别更多地体现在对表现方式的构想上。由于广告文案所用的媒介符号是语言，所以更多地考虑到语言表现的特殊性，如语言的风格问题（华丽还是朴素等）、修辞方式、音韵的和谐、起承转合，以及描写、抒情、类比、归谬等表达技巧的运用。

例如，这则康敷宝广告。乍一看，这则广告无论从画面还是排版、色调上看都很简单，没有什么特别突出的。不过再仔细一瞧，内里有乾坤。首先第一张设计，文字的排版是正、反穿插的，让人在看的时候扭动脖子，而读完这些字，再看产品，恍然大悟。针对长期面对电脑的上班族，还有其他颈椎病患者，摇摆脖子是一项很好的运动，但是这并不能根除颈椎病，而广告中的产品"康敷宝远红外线颈椎治疗仪"却是颈椎病的克星。其实它的文案也很有趣，"颈椎病的终结者不叫施瓦辛格，而叫康敷宝"，"这样反复扭动颈部，只是缓解颈椎病的山寨之术"，这些用语新奇有趣，让人很容易接收，比那些生硬的填鸭式广告语好多了，如图 11.21 所示。

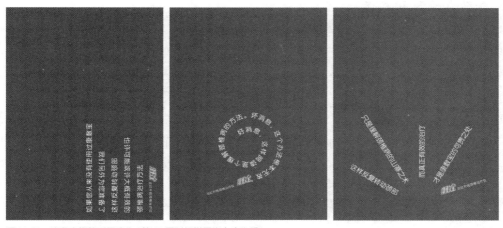

图 11.21　康敷宝扭脖系列广告（第 16 届时报世界华文广告奖）

11.4.3　广告文案的听觉表现

广告文案的听觉指文案的有声语言或听觉语言，即语言的口头形式。广告文案诉诸人的听觉，并通过语声来传播广告的信息内容。电子媒介广告主要依靠声音传达、突出广告主题和内容。因此，文案的听觉设计要符合"适口悦耳"的要求，就要注意语言的语音和声感，做到清楚易懂、优美动听。

1. 与字幕相呼应

文案字幕与语音同比出现，能使观众对广告语加强记忆。现有的广告中，字幕和声音是相继出现的，两者常常有因果、照应关系。声音要有承接感，且语义连贯，使整个广告成为整体。在 CCTV 品牌广告相信品牌的力量《水墨篇》中，以国画水墨为表现形式，通过山水、花鸟、龙、长城、武术、科技、现代建筑等元素的表现，从不同角度、不同侧面来诠释"相信品牌的力量"主题内涵，或意境幽远，或气势磅礴，配合文字"从无形到有形、从有界到无疆"，从视觉冲击、内涵表达等方面都有出众的展示，充分体现了 CCTV 品牌的深厚积淀和无限的创造力，如图 11.22 所示。

图11.22 CCTV品牌广告相信品牌的力量《水墨篇》

【CCTV品牌广告相信品牌的力量《水墨篇》】

2. 与广告整体画面相协调

在视频广告中，视觉效果是第一位的，语言处于次要地位。声音与画面相伴而行，声音表达必须留有余地，让观众有注意力去观察画面。画面的格调、意境是广告的主基调，声音应与其协调一致。尤其是画外音，与广告人物的神态、性格应该是统一的，并与其表达的心态相吻合。

3. 与画面人物动作吻合一致

广告语与广告中人物动作是相互说明、密不可分的。人物动作与语言相互作用，构成悬念和解开悬念，都必须在分秒间精心安排。

4. 与广告背景音乐相和谐

广告的背景音乐，在文案语言播出前能烘托气氛，引领悬念。在播出过程中，可以起到连贯广告语的作用。所以广告设计者要事先领会音乐，使感情、文字、语言与音乐融为一体。在广告中，也经常使用播音和歌曲相结合的方法，其歌词就是广告语，也就是把歌词当作一篇广告文案来理解和设计，而不能孤立地存在。也可以由播音引出歌曲，或由播音回应歌曲，要灵活运用，保持和谐。

广告文案本来是相对于市场研究、广告策略、公关促销、媒介计划等独立存在的广告运动环节，而今从专业广告操作这个技术层面把它再细分为文案和设计两个环节。这样分的好处在于，可以把文字和画面都各自锤炼到最好的程度。"读图时代"的广告文案并不是没落了，而是要用更少的篇幅来传递更多的信息，文案人员肩上的任务反而更重。文字所营造出的语境、提出的观点、挖掘的事实、展示的现象，与受众固有的认知、储存的信息产生对接，使读者大脑产生思维指令，从而产生感动，进而改变态度，最终影响行为。

单元训练和作业

1. 优秀作业欣赏

以下是往届学生的优秀文案作业（图11.23～图11.25）。

图11.23为"好想你"枣片广告。

（1）心灵创可贴。人生总有坎坷，总有低谷，也许会受伤，也许会失落，但是家人、朋友、爱人的想念总是会陪伴着你，给你抚慰，给你呵护，给你最好的疗愈。

因为好想你，总有一份温暖在心房。

（2）温暖屋檐下。工作的疲惫，生活的压力……挫折如风雨，总是在不经意间洒落。父母的叮咛、朋友的支持、爱人的期盼，如同温暖的屋檐为你我遮挡风雨，给予力量和信心。

因为好想你，再大的艰辛都扛得住。

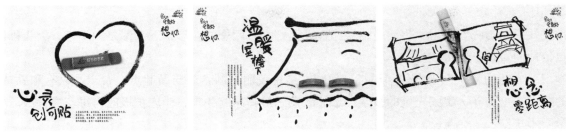

图 11.23 "好想你"枣片广告《关怀篇》（张丽娟、范艳芬、宋亚霓／指导教师：朱丹君）

图 11.24 可口可乐公益广告（吕凡、张杰、杨静／指导教师：朱丹君）

图 11.25 奥鹏远程教育广告（武英杰、康心蕊、马莉／指导教师：朱丹君）

(3) 想念零距离。一个在巴黎，一个在北京，相隔 11739 公里。这距离看似遥不可及，这距离看似海角天涯，但你我的想念就像透明胶一般，把我们紧紧相连。

因为好想你，所以天涯若比邻。

图 11.24 为可口可乐公益广告。

(1) 就去"简普斋"。

(2) 要做"可爱淘"。

(3) 最爱"二手货"。

图 11.25 为奥鹏远程教育广告。

(1) 打倒纸老虎。

生活压力大，面对学习经常打退堂鼓？奥鹏面前，一切学习困难都是纸老虎！

成功的秘诀在于态度。奥鹏，给您美丽的新希望与新起点。奥鹏全方位的服务模式，给您创造最佳的条件，给您最好的动力，给您最强的能量，让您轻松面对压力，轻松享受学习，用知识为您的未来积蓄更多力量。超越自我，提升自我！

(2) 天天都牛市。

前进缺乏动力吗？学习、生活最怕变熊样。奥鹏，激起您的斗志，天天都是大牛市，天天都做斗牛士。自信地面对每一次挑战！

学习、成功的秘诀在于自信和勇气。奥鹏，给您美丽的新希望与新起点。希望，只有和勤奋做伴，生命的意义在于奋斗。奥鹏先进的教学理念，激发您最高昂的斗志。让您积极应对每一次挑战。生命不息，学习不止！

(3) 跳得越高，看得越远。

奋力一跳，不做井底之蛙。奥鹏给您最有力的跳板、最便捷的助力、最广阔的视角。让您轻松起跳，超越自我！

成功的秘诀在于超越。奥鹏，给您美丽的新希望与新起点。没有风浪，便没有勇敢的弄潮儿；没有荆棘，就没有不屈的开拓者。奥鹏优质的教育资源，为您铺就最有力的跳板，为您创造最便利的条件，让您在工作和生活中，轻松学习，勇往直前！

2. 课题内容

课题时间：4 课时。

教学方式：教师先给出若干品牌或产品名称，列举其所需要撰写的文案类型，启发大家关注各个主题之间的差别。然后由学生自由组合（4 人以内），形成设计小组，抽签决定各自的创作主题后，由教师参与讨论，分别指导各组进行文案的设计工作，并最终形成正式提案。

要点提示：文案设计实训一定要考虑现实的品牌形象、市场需求和目标受众，不能纸上谈兵。对比现有的广告文案以及市场上其他的文案，学习设计方法，体会设计规律是本练习的重点。

教学要求：

(1) 每组学生根据自己的选题，撰写不少于 5 套文案。在撰写时，要有意识地使用不同叙事视角和修辞手法。

(2) 根据前期市场调研确定策略，选定某一文案作为主创文案。各小组进行讨论，运用头脑风暴法，不断精化内容，提炼本组的文案作品。

(3) 各小组提案，最好使用 PPT 做正式提案，包括前期的策略分析和视觉呈现方案。

训练目的：通过平面广告文案创意实训，学生熟练掌握广告文案的创意设计规律、设计法则，提高综合的文案设计能力和思辨能力。

3. 其他作业

自拟题目，撰写一套 200 字以内的电视或广播广告文案，注意突出主题和广告诉求，也可以是系列广告文案，字数在 600 字以内。

4. 理论思考

(1) 广告文案表现应坚持什么样的原则？

(2) 简述广告文案的构成及各自的撰写要求。

(3) 文案的视觉表现如何与广告创意进行有效融合？

5. 相关知识链接

曲超. 广告创意策划文案写作指要[M]. 北京：北京工业大学出版社，2015.

孙丰国，黎青. 广告策划与创意[M]. 3 版. 长沙：湖南大学出版社，2018.

第 12 章　广告效果测定

课前训练

训练内容：请学生针对电子产品的广告策划及广告作品，进行广告效果测定。

训练注意事项：随着市场竞争的日益激烈，企业投入广告的费用越来越大，这就迫使人们越来越重视广告的效果。人们既然把广告活动看成是一种经济活动，自然就会测定其投入和产出效益，或者说是调查广告目标经过广告活动之后所实现的程度。重点是依据广告效果测定的方法，评估电子产品的广告策划效果。

训练要求和目标

要求：学生从广告作品提供的丰富创作源泉及改进作品的参考依据中，了解消费者的购买行为和购买动机。广告效果测定可以更准确地了解消费者的需求，确立广告诉求重点，唤起其购买欲望。

目标：随着广告空间的扩大及企业活动的差别化，广告效果也随着广告目的的变化而变化，或是引导消费者购买商品，或是树立企业形象、提高知名度，或是培养新的消费观念和购买习惯，或是各种目的兼而有之。

通过本章的学习，要求学生掌握广告效果的含义及特征；了解广告传播效果测定、广告销售效果测定、广告社会效果测定的内容和方法。要求学生能够熟练运用广告传播效果和销售效果的几种基本形式。

本章要点

(1) 广告效果测定的含义和作用。
(2) 广告效果测定的内容和程序。
(3) 广告效果测定的要求和标准。
(4) 广告效果测定的方法。

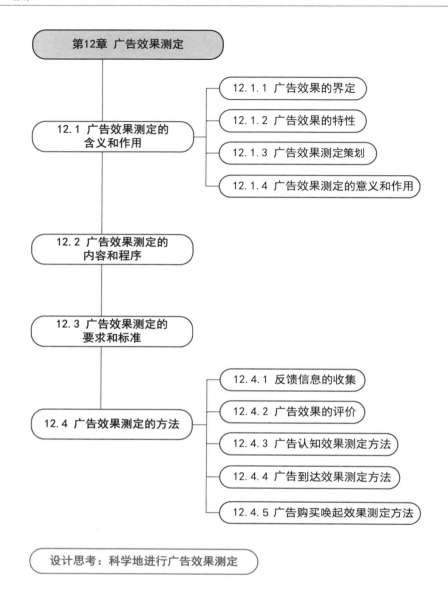

引言

广告效果就是广告给消费者所带来的各种影响。广告效果有时间推移性、效果积累性、间接效果性、效果复合性和竞争性5种特性。广告传播效果的测定就是对广告自身接触消费者后所引起的变化和影响大小进行考察评估。广告传播效果的测定主要包括广告表现效果测定、媒体接触效果测定和心理变化效果测定。

广告销售效果的测定以广告发布之前和之后企业商品销售量增减的幅度来衡量。从经济的角度出发，对广告销售效果的理解可以从消费者、企业和社会经济发展3个方面来看。广告销售效果测定主要有调查法、销售地域测定法和统计法3种。

测定广告所产生的社会效果，应进行综合考察评估，既要通过一些已经确定的或约定俗成的基本法则来测定和评价，又要结合其他的社会因素来综合考评。对广告社会效果的测评主要从真实性、法规政策、伦理道德和文化艺术4个方面进行。广告社会效果测定的方法包括事前测定和事后测定。

12.1 广告效果测定的含义和作用

广告策划在广告活动中占有极其重要的地位，它的成功与否，直接关系着企业产品的销售及产品在消费者心目中的印象。要想取得广告活动的成功，必须进行精心的广告策划。可见，广告策划是广告活动中不可缺少的关键环节。

广告策划的目的在于统筹企业的广告活动，宣传企业的产品，树立产品的品牌形象，节约广告费用，提高广告效益，最后以消费者购买产品为终极目标。此外，广告策划还为企业提供信息咨询服务，为企业的生产和新产品开发提供建议，有利于改善企业的经营管理、提高企业的竞争力。

任何广告活动都会产生一定的影响和效果。对广告效果进行分类，便于依照各类特点去测定广告效果。对广告效果进行测定，包括事前评估和事中、事后的检验。评估和检验既要检查广告目标的实现情况，又要检查广告目标策略的正确性。对广告效果进行测定，可以采用多种测定方法，不同的测定方法会得出不同的结果。所有这些事项在开始进行之前，都需要安排妥当，即对广告效果测定进行策划。

12.1.1 广告效果的界定

界定广告效果，可以从不同的角度出发做出不同的表述。

从目标管理的角度出发，着重于广告效果和广告目标的联系，由此将广告效果界定为：广告效果是指广告目标的实现程度。这里包含两层意思。第一，企业投入广告费，是为了给扩大销售创造一种环境和条件。广告活动能否创造这种环境和条件，可能因为各种因素的影响而毫无把握。因此在广告活动开始时，先制定广告目标，并由此控制整个广告活动的方向和进程。由于广告目标是根据企业营销目标制定的，是企业销售目标在广告中的体现，所以广告目标的实现就意味着企业经济效益的实现。广告目标的实现程度，是企业广告费投入价值大小程度的反映，因此企业最关心广告目标的实现程度。广告目标能否实现，要从广告所发生的效果上做出判断。所以从这层意思上看，广告效果就是广告目标的实现程度。广告目标实现程度越高，广告效果就越好。第二，广告效果可以用来检验广告目标策略的科学性和合理性，是对广告目标策略进行评价的一个重要依据。

从广告是为增加销售这个角度出发，着重于广告效果和销售效益的联系，由此将广告效果界定为：广告效果是指广告所带来的经济效益，即广告促进产品销售增加的程度。一般将其称为狭义的广告效果。这种狭义的界定充分肯定了广告的巨大作用。商品经济日益发展，生产者、市场和消费者也日益依赖于广告纽带而系于一体。在创造消费需求、推动生产发展等方面，广告的作用日益明显，因而这种狭义的界定具有一定积极意义。但是，它有两大不足之处：①忽视了广告在心理影响、社会发展等方面的重要效果；②忽视了产品销售额增加的其他制约因素。如商品质量、价格、包装、售后服务等多种因素，都可能影响到销售额增加。排除这些复杂的因素而单纯地考察广告效果对销售额增加的作用，在实际操作上非常困难，把销售额增加单纯归功于广告，或把销售利润降低单纯归罪于广告，显然都是不合理的。为此，狭义的广告效果一般不被采用，而代之以广义的广告效果。

广义的广告效果是从广告所产生的各方面影响的综合角度出发所作的界定，它是指广告作品通过广告媒介传播而由视听刺激所引起的直接变化和间接变化的总和。所谓"变化的总和"包括广告本身的效果、广告促进销售增加的效果和广告产生文化影响而带来的社会效果。

广告本身的效果是指广告对消费者的影响而言，广告使消费者的心理活动状态受到影响，并逐渐改变其对产品或服务的态度，直至发生购买行为。广告本身的效果可以表现为接触效果、注目效果、知名效果、理解效果、印象效果、关心效果、追忆效果、购买效果等。也有人根据赖维奇和史坦勒的广告

"层级效果模式"，将广告本身的效果描述为5个不同的"层次"或"程度"，即知名与了解、喜欢、偏好、信服、购买行为。广告目的要求达到某一程度或层次的心理状态，而广告对消费者的影响确实已经促成改变为该程度或该层次的心理状态，则广告效果得到肯定。比如，某一新产品本身尚未面世，不为人所知，广告目的确定要使消费者知道该产品的存在，即"知名"。而广告使消费者知道了该产品存在，记住了产品名称及有关信息，则广告就算达到了初级程度的效果。

广告的经济效果主要指广告所引起的经济效益，如广告刊播之后增加了多少销售额、提高了多少利润率、扩大了多少市场占有率等。由于广告所引起的经济效果的计算要受到许多其他因素的影响，所以难以确定广告销售效果的准确指标。但因为销售效果是企业最关心的大问题，有时标志着整个广告活动的成败，众多学者对销售效果的计算评价方法一直进行科学研究。这些研究主要有两个方面的成果：①对广告经济效果的表现做出了多方面的新描述；②制定了几种测定广告经济效果的定量分析方法。广告经济效果的表现是：为消费者提供各种消费需求信息，使之节约精力、节省购买时间；创造了消费需求，刺激了技术创新和新产品开发；刺激企业为提高展品质量而致力于以技术提高竞争地位；促进企业降低成本，从而为降低售价创造了条件，使消费者用同量货币而能获得比过去更多的消费品；可提供更多的就业机会；为大众传播媒介增加了财源。广告经济效果的定量分析方法有广告效果比率法、广告效益法、广告费比率法。

广告的社会效果是指广告对社会的影响，主要涉及政治、法律、文化、艺术、伦理道德等领域以及价值观念、社会心理等方面。

12.1.2 广告效果的特性

与其他活动的效果相比，广告的效果具有其不同的特性。

(1) 时滞性。广告发布之后，其效果不会迅速产生，而是要经过一定的时间周期之后才显露出来。除了某些特殊的促销广告之外，大多数广告都需经过较长的周期才能见到效果。效果发生时间的滞后性，使广告效果的表现不够迅速、不够明显，因而有时会带来相应的消极影响。

(2) 间接性。销售额的增加，利润率的提高，市场占有率的提高，都是对广告效果的反映。广告效果对销售额的增加或利润率的提高，不是直接发生作用，而是通过对消费者的宣传而说服引导他们购买商品，间接地促进商品销售。广告引起消费者的注意、兴趣、记忆、信念、欲望等，都是广告效果的表现，这种效果一般不会马上使人直接产生购买行动，但是可以提高人们对商品的认识与信赖，间接推动人们靠向购买行为。这种间接性会给广告效果的测定带来一定难度。

(3) 复合性。广告活动是一种复杂的综合性的信息传播活动，其效果的产生有赖于多方面的因素和条件，比如多种表现形式、多种媒介组合、企业营销策略的制约、消费者心态等，都可能对广告效果产生影响，广告效果最终能够产生，它们都有一份"功劳"。因此，广告效果呈现出复合性。广告效果的复合性，还可以由广告效果的可分析性得到证明。所谓"各种变化的总和"，也是就其复合性而言的。

(4) 竞争性。广告效果一旦产生，紧随而来的是消费者群体的成员流动，一部分消费者被拉了过来，站在本产品一方。广告效果一旦产生，消费者接受了广告宣传对该产品或企业的推荐，同时也就意味着他们对其他同类产品或企业的放弃。在广告效果产生的任何一个地方、任何一个领域、任何一个时间，都可能会发生与竞争对手的争夺战。广告的竞争力，说到底是在广告效果的竞争性上才表现出来的。

了解广告效果的特性，一方面有利于在对广告效果进行测定时妥善处理相关因素的问题；另一方面也有利于广告策划者避免消极因素，充分利用积极因素，寻求提高广告效果的新途径和新办法。

12.1.3 广告效果测定策划

广告效果测定策划是指对广告活动所产生的影响进行评估检验的预先谋划。

作为策划者，必须对广告效果问题进行如下考虑：①在广告未发布之前，估计广告会产生的效果，这种估计不是凭空臆测，而是要根据整个广告活动计划安排进行科学的推断。简而言之，广告实施之前，就要对预定的广告效果进行评估。②在广告发布期间和广告发布之后，广告已经与社会大众接触。那么实际上产生的效果怎么样，必须进行了解，加以测定，掌握情况。③所测定的广告效果跟事前所预估的广告效果是否一致，差别在哪里。实际广告效果所作测定的结果说明了什么，有什么意义。当然，上面这些事项必须随着广告活动的进程而逐步完成，即效果评估一定要在广告实施之前；效果测定一定要在广告实施中和实施后一段时间追踪式地进行；而效果评价一定要在广告实施完成之后进行。但是，每一步怎么走，每一事项如何安排，必须先有一个计划，不能事到临头才随意应付。策划者所做的有关这些事项的安排谋划，就是关于广告效果测定的策划。广告效果测定策划的基本任务，就是要对以下三方面事项做出谋划：①关于广告实施前广告效果评估的谋划；②关于广告实施中和实施后的广告效果测定的谋划；③关于广告效果的评价方面的谋划。

从现代广告发生作用的方式看，它是一种双向的信息传递，既是商品和服务信息通过一定的传播媒体向消费者传递，也是市场信息、消费者信息向生产者、经营者的传递。广告活动过程是一个不断反馈、循环往复的动态过程。要完成这个动态过程，进行有效的传播，一方面靠的是广告活动前细致的市场调研，科学的判断推理，做出正确的决策，在这个基础上进行有效的广告策划，并按照策划的轨道组织实施；另一方面，靠的是实施后认真负责的广告效果测定和反馈，通过调查，测定广告活动的效果，对广告活动做出全面的正确的评价，这才是广告活动完整的过程。同时，它还是检验广告活动成败的重要手段，也标志着企业上期广告活动的结束和下期广告活动的开始。

1. 广告实施前广告效果的测定

广告实施前广告效果的评估要考虑以下一些问题。

(1) 明确广告效果评估的意义，既是对广告效果进行预测，也是对广告策划的各项策略进行检验和再论证。

(2) 广告效果评估的时间应安排在广告策划基本完成之后。

(3) 将广告策划中规定的实现广告目标的各项指标进一步明确化，并作为具体衡量广告效果的备用依据。

(4) 明确评估的重点，有助于评估广告目标的实现程度，包括对广告活动可能达到的效果预测，以及各项广告策略的得失考察。

(5) 对广告活动可能达到的效果进行预测，预测项目有广告到达的范围、广告的注意率、广告的记忆率，并根据以上预测去判断广告对消费者观念的影响如何；还要预测市场占有率、商品占有率、销售增长率三者各能提高多少，并据此判断能否实现广告目标。

(6) 对各项广告策略进行检验，包括以下项目：分析广告目标及其指标是否准确；广告主题是否明确；广告媒介、时机、区域等策略是否正确；广告表现是否恰当，是否符合法律和道德原则；消费者对广告可能做出什么反应；各项策略对广告目标的达成有无障碍点和欠缺，如何补救。

(7) 评估可采用的方式：邀请局外人来评估，选择部分消费者进行模拟试验以观察反应，在小范围内试行并调查试行效果。

(8) 将以上各项所得出的评估结论与广告目标全面对照，判断差距大小。差距越小，达到预期目标的把握性越大；差距越大，广告目标或广告策略失误的可能性越大，要及时考虑修正方案。

2. 广告实施中和实施后广告效果的测定

就广告效果测定进行谋划，则要考虑以下问题。

(1) 明确测定对象是广告实施所产生的实际效果。

(2) 测定时间从广告实施时开始，连续跟踪测定，一直到广告实施完毕后的总评价之前为止，不能等到广告活动后一次性进行。

(3) 测定必须始终以广告目标为参照，围绕着广告目标进行。

(4) 测定广告效果要首先做情况调查，调查内容或范围如下。

① 广告的到达范围，即广告通过媒介到达目标对象的程度。

② 广告的传达频率，即广告到达目标对象的单位时间次数。如果采用的是媒介组合方式，则要将几种媒介的传达都考虑在内，合并统计。

③ 广告的接收率，即消费者中真正看到或听到广告的人数比例。这一统计既不可能绝对全面，也不可能绝对准确，因而可采用抽样统计。由于媒介到达率和广告接收率之间可能极不和谐，有时媒介到达率很高而接收率很低，有时媒介发行量很小但接收率很高，因此接收率的统计有重要价值。

④ 广告的注意率，即广告发布之后在消费者群体中引起注意的程度。广告的注意率与广告的接收率存在正比关系。

⑤ 广告的记忆率，即在消费者群体中能够记住广告的人所占的比例。

⑥ 消费者的印象，一是广告对消费者的心理、观念的影响；二是广告所宣传的产品或企业在消费者心理和观念上的影响，以及消费者对企业或产品的态度。

⑦ 销售增长情况，即广告发布后在其影响下产品销售量有无变化、增长率是多少。

(5) 上述调查内容有内在联系，所得数据要综合比较，不能孤立使用某一数据去引出结论。

(6) 明确广告效果测定方法，包括调查方法、统计方法、数据处理方法。

12.1.4 广告效果测定的意义和作用

广告是企业营销中的重要组成部分，也是企业总体形象识别系统（CI）的重要组成部分。从宏观上说，它应服从和服务于企业总体形象塑造；从微观上说，它应服从和服务于企业的整体营销策略。因此，广告效果的测定和评价，应该看其对企业营销计划的完成是否产生作用，是否有利于企业形象识别系统的建立。但是广告的直接效果应以广告目标为出发点，因为一次广告活动既不可能完成企业形象的整体塑造，也不可能立即达到企业的总体营销目标，其中还包含许多广告所无能为力的因素。所以，在具体评价广告效果时，应以是否达到广告目标为出发点。广告目标，本身就是企业整体形象塑造和企业营销目标的一部分。

广告效果测定的意义和作用如下。

(1) 检验广告策划和决策，鉴定广告的质量和作用，评价广告费投资是否获得了预期的效益。通过广告效果测定，可以检验广告目标是否正确，广告媒体运用是否恰当，广告发布时间与频率是否适宜，投入的广告费用是否合理。总结经验，吸取教训，进一步提高广告战略策划的水平，以节约广告费用，取得较好的广告效益。

(2) 为修正广告策划提供依据，为新的广告策划提供指南。一段时期广告活动结束之后，必须正确评价广告效果，检查广告目标与企业目标、市场目标、营销目标相互的吻合程度，总结营销组合、促销组合是否默契。通过广告效果测定，收集受众对广告作品的接受程度，鉴定广告主题是否突出、是否合乎消费者的心理需求、广告创意是否感人、能否收到良好的效果；通过广告效果测定，总结经验教训，使不符合实际的广告策划随市场变化进行调整，同时为新一轮的广告策划提供依据。

(3) 协作设计广告策划与制作，监督推动广告质量的提高，促使广告业向高水平发展。广告效果测定为未来广告策划提供参考资料，承上启下，建立在符合客观规律的基础上，同时，也有助于改进广告设计与制作，使广告传播内容与艺术表现形式的结合日臻完美，从而使广告诉求更有力。

(4) 由于广告效果测试能客观地肯定广告所取得的效益，可以提高广告主的信心，使广告主易于安排广告预算，广告公司容易争取到客户，促进广告业务的发展。

12.2　广告效果测定的内容和程序

1. 广告效果测定的内容

广告效果测定的内容是直接测定广告的注目率、有效率和行动率。

(1) 注目率是指广告受到注意的程度，这是广告活动发生作用的前提。它包括广告的接触者数量、接触者范围，以及在一定时期内接触广告的次数即接触率，这实际上是对广告交流效果的测定。

(2) 有效率是指对广告到达程度的确定。它包括知名度、理解率、确信率3个层次。即通过广告活动，确定受众对企业的名称、品牌、商标的了解程度，有多少受众理解了广告所传达的信息，有多少受众信服了这些广告信息，继而采取一定的行为和心理态度的转变。一般情况下，知名度、理解率、确信率是递减的，而一部分受众即使相信了广告，心态行为也受到了影响，但效果仍然是难以测定的。尤其是这3个阶段都处于购买行为的准备阶段。有时做了大量的广告，商品却仍未畅销，广告很容易招致指责，这往往是片面地以行动率来衡量广告效果的结果，广告在各个时期有不同的目标，不能仅从最后的购买行为来判断广告效果是否有效。

(3) 行动率。广告的最终目标是促成行为和心态转换的发生，知名、理解、确信、产生购买欲望等都是为了最后购买行为和心态转换的发生。因此，对行动率的调查，是广告效果测定的最为直接的方法。行动率包括以下方面：受众对企业的正向心态即对企业的赞许程度的增加与否。一般情况下，消费者对企业有正向心态和逆向心态（反感心理）之分，通过广告活动，可以使正向心态发展加强，使逆向心态转化，从而增加企业的知名度和美誉度，从市场销售额的变化、市场占有率的变化等来确定广告在促成购买行动上的作用。

2. 广告效果测定的研究程序

(1) 确定研究问题。从事广告效果测定首先要确定研究的"问题"，以此作为收集材料和组织材料的基准和解释材料的依据。

研究的问题要具备一定的条件、有一定的范围，要有研究的价值，提出的问题必须明确，不能模棱两可，对于已获答案的问题，可以直接采用。涉及广告效果测定的研究问题主要有广告的表现手法、广告媒体、组成广告作品的各要素、广告不同刊载位置的相对价值、广告的易读性等。

(2) 收集与研究问题有关的资料。这是寻求研究问题的事实与证据，包括规定收集资料的范围、说明收集资料采用的方法、记录资料使用的工具、确定调查人、选择样本的范围和方法等。

(3) 整理、分析和解释收集到的资料。收集资料后，必须将获得的资料加以整理、分析和解释，看它是否与原来的假设相符合，找出实际结果与预期答案的差距，分析产生差距的原因，寻求问题的根源。

(4) 撰写报告。研究报告是"问题"研究过程的书面总结。基本内容包括：研究的问题及其范围，研究问题的方法，问题发生的时间、地点、导致的结果，各种指标的数量关系，计划与实际的比较，经验的总结与问题的分析，解决问题的措施与今后的展望等。

12.3 广告效果测定的要求和标准

1. 广告效果测定的要求

由于广告效果受各种客观因素的影响较大，因此在测定广告效果时，除考虑广告效果的各种特性以外，还要考虑一些原则和要求。

(1) 掌握广告测定的目的性、有效性、可靠性、相关性的原则。

① 目的性。目的性要求广告测定的目的要具体明确，不可空泛。如广告的目的是推出一项新产品，那么广告的测定应该针对广告的新闻价值和刺激性；如果广告的目标是争取更多的消费者，广告效果测定应着重于尚未使用这类产品的消费者的心态的改变。

② 有效性。有效性指测试工作一定要达到目的，要以具体的结果来证明广告的有效性，而不是空泛的评语。根据广告效果的特性，要同时用多种测试手法，广泛收集意见，进行多方面综合考察，才能较为客观地测定广告的效果，这就要求在测试效果时，必须选取真正有效、有代表性的答案作为衡量标准，否则就失去了有效性。

③ 可靠性。可靠性是指测试前后的结果，应有连续性来证明其可靠。这要求多次测试的结果均相同，否则，这项测试是有问题的。同时，要求测试对象的条件和测试方法必须前后一致，这样才能得到正确的答案。

④ 相关性。相关性是指测试的内容必须与所追求的目的相关，不可作空泛或无关的测试工作。

(2) 做好准备。广告效果测定要有4个要素：被访者、访问员、问卷表、刺激物（即广告作品）。被访者即接受调查的消费者，要依据广告对象来选出代表性人物，要善于鼓励他们自愿合作；访问员要熟悉广告测定内容与方法，才能收集到正确的资料；问卷表或测定内容，要预先依据广告测定目标做出详细规划；刺激物要预先要制作好，提供给被调查者阅读或视听。

(3) 综合测定。广告效果测定，既要测定其销售效果，分析它所取得的经济效益，又要着重测定广告本身的效果，以提高广告水平。在测定广告效果时，要综合研究企业的各种促进销售的因素和各种社会影响因素，在测定某一广告媒体的效果时，要结合分析各种媒体组合交织所得的效果，既要测定广告的即效性效果，又要估计它的迟效性效果。

2. 广告效果测定的标准

广告效果的测定根据其不同的作用可分为两大类：事前测试和事后评价。事前测试是在广告实施前对广告作品和广告策划在一定范围内加以实验，测试其效果，这就是投石问路的测试策略。好的广告作品必须能清楚地传达信息，令人容易记住，必须能说服人购买广告的商品，因此，判断一则广告策划或广告作品是否有效，有几个标准。

(1) 广告诉求是否明确。广告传达的信息是否为受众所了解，这应该通过某些方法来测试，看广告表达是否准确。

(2) 广告是否有吸引力。广告若无吸引力，无人注意，可以用记忆测验的方法来衡量广告的吸引程度。

(3) 广告是否有说服力。这是评价广告作品最根本的标准，也是最不容易测量的。人们往往用销售增加额来判断广告是否有说服力，因为这是最省力和最直接的方法，但是有片面性。实际上，应该从广告目标出发，来决定从哪个方面评价广告的说服力。如果广告策划规定广告目标是使消费者对品牌产生好感，为购买行为的发生做好准备，那么销售数字就难以确切地表明广告的说服力。因此，测试广告的说服力，重点应该放在测量广告改变受众态度的能力上面。比如调查消费者的购买意向，看了产品广告后，如果要购买本类产品的话，是否会将广告的产品作为选择对象？为什么？他们的理由是不是本广告的诉求点？通过这些调查，能够比较客观地得出广告说服力的评价。

3. 广告效果测定的原则

(1) 目标性原则，即首先明确测定的具体目标，以便根据目标去选定科学的测定方法。

(2) 综合性原则，即在测定时要综合考虑各种相关因素的影响，从广告的经济效益、社会效益和心理效益等几方面进行全面的综合测定。

(3) 客观性原则，即在测定过程中要运用科学的分析方法找出各种因素之间的必然性、规律性联系，避免主观性和片面性，避免以过去的经验或偏见来看待复杂的测定工作。

(4) 可靠性原则，即对样本的选取要严格遵循统计原理，测试时要进行反复验证，力求测定的结果真实可靠。

(5) 有效性原则，即测定工作要按照其研究程序有计划有步骤地进行，要选择最经济、最有效的途径和方法，避免无效劳动，避免人力、物力、财力的浪费。

(6) 经常性原则，即对广告效果的测定工作要经常持续地进行，不宜半途中断或采用临时突击的方法。

12.4 广告效果测定的方法

无论影响广告效果的因素有多少，都可以把它们简化为两个方面：广告的促销效果和广告本身的诉求认知效果。这两方面的影响因素中，既有可控因素，也有不可控因素。促销效果中的市场需求量，与产品服务有关的信息资料、广告的覆盖面、销售额及其变化率等，都有一定的数据可依，是可控的；而市场消费者的心理反应、广告艺术魅力、政治因素、法律因素、消费习惯的影响和变化、广告的知名度等，是不可控的。不可控因素常常又是瞬息万变的，要研究的主要是对一些基本可控因素的测算，其基本原理是，一般来说，广告的促销效果可以直接从广告发布以后，由一定时期销售量的增减变化情况决定，取决于广告费用与销售额之间的比例关系。如果广告费用为常量，采用不同的媒体广告，会出现不同的促销效果。销售额大的，促销效果就好，反之就不好。如果同一媒体是成比例关系的，所花广告费用越大，而促销效果不变，那么，广告效果就差，相反，同一媒体，所花广告费用越大，销售额也随之增大，或者销售额虽不变，但广告费用降低，那么广告效果就好。这就是测定广告效果的基本原理，当然实际运用时，要复杂得多，因为广告费用和销售额都是变量。在实践中，人们对广告效果的测定和评价采取了许多行之有效的方法，这些方法主要运用于两个方面：反馈信息的收集和广告效果的评价。

12.4.1 反馈信息的收集

收集广告的反馈信息虽然比较困难，但是只要正确地使用广告调研中的科学方法，就可以达到目的，只是在收集反馈信息时利用这些方法的侧重点有所不同。反馈信息的收集可以分为事前反馈和事后反馈两种。

1. 事前反馈

事前反馈是指在广告设计完成之后和投入传播之前，在小范围内进行的意见征询和信息反馈，目的是在广告投入传播之前对其效果进行一次测试，并根据测试结果做进一步的修正和完善，以使广告投入传播后产生最佳效果。

广告效果信息的事前反馈有以下方法。

（1）受众意见征询，也称受众评定法，就是把已经设计好的广告作品交给一部分受众代表审阅，征询他们的意见，根据其中合理的意见加以修改，具体采用时，可以只用一个广告作品，也可以同时拿出几个广告作品，让受众进行比较和评判。实际运用时，采用同时拿出几个广告作品做比较，让受众选出他们认为满意的作品。

（2）专家意见法，也称"德尔菲法"，即把设计好的广告作品，交给有关专家进行审定，让专家对广告作品按照规定的标准进行打分，然后根据累计分值的高低对广告作品的效果进行评价。需要注意的是，选择专家时应该全面，不能集中选择某一方面的专家，这样才能使广告效果的评价更加科学。

（3）残象测试，也称瞬间显露测定。这是对广告主题的明确性进行评价的最好方法，它是把设计好的广告作品向选定的受众进行短暂的展示，作品撤走后立即询问受众对该广告作品的残留印象，若残留印象正是广告宣传所要突出的主题，说明广告作品是成功的；若受众的残留印象同主题偏差很大，说明广告作品是失败的。

残象测试的原理是人们对短暂接触的外部信息不可能完全接收，但总会留下一部分，残留的部分是刺激最为强烈的，也是信息中最为有效的部分。广告作品的设计就应当将其主题包含在这部分中，增强广告传播的效果。利用残象测试时，受众的选择最好有一定的代表性，代表面广就容易知道各种不同受众对于同一广告作品信息的接收差异，便于针对目标受众来修改广告设计。

事前反馈的方法还有很多，如回函反应法、皮肤电气反射试验法、视向测验、集体反应测定法、节目分析法、测定反馈的信息源比法等。事前反馈的特点是范围比较小，较明确，反馈的质量比较容易把握。但由于范围小，其代表性会有一定的局限，所以它对广告效果的评价意见只能是预测性的。

2. 事后反馈

事后反馈是指广告投入传播后，对其在实施宣传过程中的实际效果进行调查，以便检查广告策划是否成功。由于广告的受众是不确定的，所以事后反馈只能采用抽样调查的方法。

（1）记录法。选择一些固定的调查对象，发给他们事先设计好的调查表，让其依次将所接触的媒体类型、节目类型和接收时间填入调查表，定期回收，归纳统计，以掌握受众对媒体的接收情况，了解广告的视听率。

（2）回忆测定法，简称回忆法。用随机抽样的方法调查受众，让其回忆在指定的时间内所接收的节目，以及对某一广告的残留印象。这种方法可以分为纯粹回忆法和辅助回忆法两种。采用回忆测定法，可以比较准确地测定广告宣传的实际效果。

（3）即时监测法。在广告播放时，用电话等通信联络工具向选定的受众了解其对广告节目的接收状况。随着科学技术的发展，现在可以用更先进的技术设备对广告的接收情况进行即时监测调查。在受众接收节目时采用特殊的仪器，将接收情况反馈到控制中心。在国外有的采用特制的观众监测器对电视观众进行收视情况调查。也有更先进的，将极轻的特殊仪器架在眼镜上，当调查对象阅读报纸杂志时，可以准确记录其阅读的内容、目光停留的时间和移动的方向，并且可以将其录制下来进行分析，这种仪器不仅能记录广告的接收率，而且还能检验广告的质量。

（4）回条法。在报纸杂志和商品包装等印刷广告上设置特定的回条，让受众在阅读广告后将其剪下寄回，由此来了解广告的接收情况。用这种方法了解受众阅读广告和受广告影响的程度是比较有效的，因为受众只有仔细阅读了广告，才可能将回条剪下，只有受广告影响较大，才可能将回条寄回。为了保证回条的回收率，一般都要设立一些条件，如凭回条优惠购物或开奖等。

（5）比较法。在广告实施宣传之前和之后，分别对同类指标在同样的范围内进行调查，根据前后情况对比来了解广告实施的效果。这种对比法一般用来检测广告的促销效果，也可以用来检测广告的形象效果，前者是用广告实施前后销售量变化的对比资料来分析，后者通过广告实施前后企业的知名度和受众对企业或其产品态度的对比资料来分析。

12.4.2 广告效果的评价

广告效果的评价是广告实施完毕后根据测定情况而对广告效果进行的总评价。对于这个总评价的事先谋划，需要注意的问题如下。

评价时使用什么标准。广告效果评价要使用与事前评估同样性质的标准，即看广告实施后广告目标的实现程度。要防止两种偏向：一种是不自觉地发生的多标准偏向，即把广告效果测定中所取得的各项指标数据作为评价标准，就事论事，以为某一指标达到什么程度，数据如何，便据此去评价广告效果如何，这样不可能得出统一的结论。不可否认，数据能反映一些重要问题，但不宜过分绝对化而将其作为评价标准。另一种偏向是把销售的扩大作为衡量评价广告效果的标准，这也是不恰当的。因为销售的扩大不只是由广告的效果引起，还受其他诸多因素的影响。此外，在某些情况下，广告目标本身就不在于扩大销售，这时还以扩大销售为标准去评价广告效果，就显得荒谬了。比如，企业已经达到相当高的市场占有率，而市场竞争趋于激烈时，广告目标很可能是维护市场占有率，提高商业信誉，而不是扩大销售。再比如，处于衰退期的商品，其广告目标可能是延长生命周期，而不是扩大销售。因此，评价广告效果只能用一个标准，即看广告目标的实现程度如何。

对于所测定的指标数据，要细致分析其在实现广告目标方面所具有的真实意义。比如，广告记忆率高而且记忆率增长很快，那么对于实现广告目标来说，它所具有的真实意义在于说明产品或企业的知名度已经较高，而且还在迅速提高。

此外，在广告实施的不同阶段所测得的数据是不一样的。但是，把同类数据按顺序排列起来，加以分析，可以从中发现一些规律性的或趋向性的东西，这对于广告效果的评价也会有较高价值。

最后，评价广告效果不是为了评价而评价，而是要通过评价来确认：现有广告目标是否能实现；现有广告目标策略是否恰当完善；如果已实现广告目标，是否要再制定新的广告目标。这也是广告效果评价的实际意义，即指示下一步该做什么。

1. 广告经济效果的评价测定

广告的基本职能可以概括为两点：提高企业和商品的知名度；扩大销售，增加盈利，树立企业形象，提高商品知名度，归根结底是要扩大销售、增加盈利。广告本身的效果和广告的社会效果最终要反映到广告的经济效果上。因此，广告的经济效果如何，是广告活动成败的集中体现，广告经济效果的测定也就成了衡量广告效果的中心环节。

广告的经济效果在广告发布之后测定，就是要测试增加了多少销售额和利润额。这实际上是按商品销售量增减幅度作为衡量广告效果的标准。这里有几点必须指出。一是广告费与销售额之间的关系复杂，有时广告费投入后产生的经济效果与人们的设想相差甚远。在两种情况下，投入的广告费不能转化成销售效果，第一种情况是生产某种产品的企业之间竞争激烈，或者因经济发展停滞，有支付能力的需求急剧下降。这时虽然增加大量的广告费，销售量不但不能增加，还有可能减少，但又不能不做广告，因为停止广告，销售情况也许更差。第二种情况是企业推行长期的广告发展战略，对市场逐步渗透，短期内也不会产生销售效果。二是销售额增加的因素包括商品质量、价格、包装、广告、推销、售后服务等诸多因素，这些因素相互交织、错综复杂，若把其他因素完全排除，抽象地测定广告扩大了多少销售额，创造了多少利润，是极其困难的，所以，测定广告经济效果的含义是有一定的缺陷的，广告之后不一定能够扩大销售量，有时仅仅是为了保持销售份额，阻止销售和利润下降这一目的。在销售增加额中，只把增加因素之一的广告力量单独测定出来，这是不科学的。

虽然如此，随着市场经济的发展，广告成为把生产者、市场和消费者维系于一体的"纽带"，愈益明显地发挥着创造消费需求、推动生产发展、提高消费水平的巨大能动作用，同时，众多的企业在运用广告策划和策略水平方面有相当大的提高，获得了一定的成功，这也足以直接地证明广告的确可以产生经济效果。而且，虽然"测定"相当困难，人们仍然能够利用一些指标，从不同的角度来衡量广告的效果，而且随着科学技术的发展和广告理论的深化，衡量广告效果的各种指标与测定方法日趋成熟完善。广告的经济效果可以从定性和定量两个方面来测定。

从定性的角度来讲，广告效果的积极作用如下。

（1）广告为消费者提供消费需求信息。消费者未购买之前，从各种媒体获得了即将消费的各种商品的有关资料与信息，根据自己的爱好与支付能力，比较各种品牌的价格和质量之后，预先做出选择，这样就可节省精力和时间。

（2）广告创造消费需求。企业为不断发展创造更多的利润，就要不断改进老产品，特别要不断开发新的产品，而新产品宣传主要依赖于广告，广告成为新产品问世的主要情报来源，并对促进新产品的开发与普及，发挥着极大的作用。因此，广告可以创造消费需求，从而推动企业不断发展。

（3）广告刺激企业不断提高产品质量，促进技术进步，企业为了树立信誉，赢得顾客，使自己的产品在竞争中站住脚，就要不断地改进和提高产品质量，要更新设备并采用先进的技术。因此，广告有利于推动技术进步。

（4）广告促使企业降低成本，从而相对提高消费水平。企业要不断发展，就要开发市场，只有开发市场，才能扩大市场容量，大量生产和销售。只有大量生产，才能降低成本增加盈利。降低成本就为降低售价创造了条件，降低价格，就能提高消费水平。

广告是促进整个社会经济发展的重要因素之一。广告的经济效果，还可以利用一些指标和方法进行定量分析。

（1）统计法。统计法即运用统计有关原理与运算方法，推算广告费与商品销售方面的增长情况，测定广告效果指标。其主要方法如下。

① 广告费比率，又称销售费用率。这是一个相对的经济指标，表明广告费与销售额的对比关系，通常用于测定每百元销售额支出的广告费。

$$广告费比率（销售费比率）= 本期广告费总额 / 本期广告后销售总额 \times 100\%$$

销售费用率指标的倒数可以称为单位费用销售率，它表明每支出一元或一百元广告费所能实现的销售额。

② 广告效益法。广告效益法可以测定广告后增加的销售额，进一步计算单位费用销售增加额，它表明每元广告费与广告售后销售增加额之间的关系。

$$单位费用增加额（每元广告效益）= (S_2 - S_1)/P$$

式中：S_2——本期广告后销售额；

S_1——未做广告前的平均销售额；

P——广告费用。

③ 采用费用利润率、单位费用利润率和单位费用利润增加额3个相对的经济指标，测定广告的经济效果。

$$费用利润率 = 本期广告费总额 / 本期广告后实现利润总额 \times 100\%$$

$$单位费用利润率 = 本期广告后实现利润总额 / 本期广告费总额 \times 100\%$$

$$单位费用利润增加额 = (P_2 - P_1)/P$$

式中：P——本期广告费总额；

P_1——本期广告后实现利润总额；

P_2——未做广告前平均利润总额。

④ 用销售增长率、广告增销率、市场占有率（提高率）等指标来测定广告经济效果。

销售增长率是指广告实施后的销售额相对于广告实施前所增长的比率，能在一定程度上反映广告对促进产品销售所起的作用。

$$销售增长率 = （广告实施后销售额 - 广告前销售额）/ 广告实施前销售额 \times 100\%$$

由于影响产品销售增长的因素是多方面的，用单位销售增长率来测定广告促销效果，并不一定准确。所以通常将销售额的增长情况同广告费的投入相比较，以求更准确。

广告增销率是一定时期内广告费的增长幅度与相应销售额的增长幅度对比，以反映广告费增长对销售带来的影响。

$$广告增销率 = 销售增长率 / 广告费增长率 \times 100\%$$

市场占有率是企业生产的某种产品在一定时期内的销售量占市场同类产品销售总量的比率。

$$市场占有率 = 本企业产品销售额 / 同行业同类产品销售总额 \times 100\%$$

这个指标在一定程度上反映了本企业产品在市场上的地位与竞争能力，可以间接地反映广告效果，也可用单位广告费提高市场占有率的百分比这一相对的经济指标来测定广告的经济效果，即用单位费用销售增加额与同行业同类产品销售总额对比，来衡量广告的市场开拓能力，这个指标称为市场占有率（提高率）。

$$市场占有率（提高率） = 单位广告费销售额增加额 / 同行业同类产品销售总额 \times 100\%$$

必须指出的是，以上各种广告促销效果的评价方法都有一个共同的前提，即测试期内影响销售额的其他因素无明显变化，否则就会影响测试的准确性。一般来讲，有些因素的变化总是存在的，因此在进行广告促销效果测试和评价时要考虑有关因素的影响，根据一些常规因素变化的规律设置某些调整系数，如在销售淡季时将调整系数设得大一些，以抵消淡季导致销售量下降的影响，而在销售旺季时将调整系数设得小一些，以排除旺季引起销量激增的影响。同时，也可以将具有周期性变化规律的时期作为一个测试期（如一年）来进行测试和评价，这样对周期相同的因素进行测试和比较时，其内部周期性变化对测试准确性的影响就少些。

要排除广告以外的影响因素，单纯测定广告的销售效果，较为严谨的方法是采用广告效果指数法。在广告推出之后，调查受众看没看过广告，有没有购买广告的商品，对检测调查的数字结果进行计算（需要利用频数分配技术），见表 12-1。

表 12-1　2×2 分割表

	看过广告（人）	未看过广告（人）	合计人数（人）
购买广告商品	A	B	$A+B$
未购买广告商品	C	D	$C+D$
合计	$A+C$	$B+D$	N

从表中看出，即使在未看过广告者当中，也有 $B/(B+D)$ 的比例购买了广告的商品，所以要从看过广告而购买的 A 当中，减去因广告以外影响而购买的 $(A+C) \times [B/(B+D)]$ 人数，才是真正因为广

告而引起的购买效果，用这个数除以全体人数所得的值，成为广告效果指数（AEI）。

$$AEI = \frac{1}{N}\left[A-(A+C)\times\frac{B}{B+D}\right]\times 100\%$$

（2）实验法。实验法即现实销售效果测定法，是有计划地进行实地的广告试验，考察广告效果的一种测定法。实验法有以下几种。

① 费用比较法。就是利用现场广告的不同投资，来考察广告效果的测定方法。

② 区域比较法。就是选择两个条件类似的地区来检验广告的效果，在选择测验区与比较区时要注意：区域数目，选3个区域比较理想；区域大小，以10万～20万人口的区域比较理想；区域状况，各区域的社会和经济情况要大体相仿，区内有各行业，有良好的分销制度，市场竞争力量相似；各区域要相隔，以免人口流动而难以显示确切的销售量。

③ 媒体组合。这种方法与区域法基本相同，区域法只有单一媒体广告进行比较，而媒体组合法则运用多种媒体组合广告。

④ 分割接触法。这种方法是在同一期报纸或杂志销往两个地区时，用机械的印刷方法，使报纸或杂志产生两种情况：第一种情况是同一期报纸或杂志有一半刊登A广告，另一半刊登B广告，A广告发往S市，B广告发往D市，在一段时期内，计算两个地区商品销售量变化的情况；第二种情况是同一期杂志或报纸，有一半刊登A广告，发行到S市，另一半不刊登广告而发行到D市，经过一段时间，分析两地区销售量的变化。

⑤ 促销法。选择两个区域，A地只发布广告，停止一切促销活动，B地既发布广告，又进行各种促销活动，经过一段时间后，将两地区销售量进行比较，测出广告成效在促销活动中所占的比重。

2. 广告本身效果的测定

广告本身效果的测定，又称广告传播效果的评价，或者称接触效果测定。它不是间接地在广告发布之后，从商品销售增减情况去看广告效果，而是直接地从广告作品本身接触消费者，所引起的各种心理效应的大小，作为判断广告效果的标准。

由于商品销售情况受许多客观因素的影响，如商品的供求状况、社会购买力的大小、商业网点的分布、服务质量好坏等，很难从影响销售的多因素中单独判断广告的效果，而广告本身效果的测定能较科学地反映作品和广告媒体的宣传效力。所以，广告本身效果的测定是检查广告目的达到程度的最佳手段。

广告本身效果的测定，主要是测定广告对目标市场的消费者引起的心理效应大小，包括对商品信息的注意、兴趣、情绪、记忆、理解、动机、行动等心理活动反应。所以，测定的主要项目一般有注意度、知名度、理解度、记忆度、购买动机、视听率等。

① 注意度，即了解消费者是否接触到广告，广告作品的吸引力如何。

② 知名度，即了解消费者有多少人认识商品的品牌名和品质。

③ 理解度，即了解消费者对广告作品内容理解的程度，广告主题是否明确。

④ 记忆度，即了解消费者对广告印象的深刻程度，能否追忆广告内容。

⑤ 购买动机，即了解消费者购买商品是随意购买还是受广告影响才购买。

⑥ 视听率，即了解广告接触到多少消费者。

广告本身效果的测定，也可分为事前测定和事后测定。

事前测定，是广告作品未进行正式传播之前的预测，目的在于收集消费者对广告作品的反应，以便修正，或从多个广告作品中挑出较好的广告样本，又称预审法。事前测定要有计划地邀请若干有代表性的受众，来判断广告作品的心理效应，也可以在小区域范围内预播广告，定期收集心理效应。在修正广告作品之后，才向大范围区域进行正式的广告传播。这种实地预审法，适用于费用较大的广告活动，以免造成经济上的浪费。

事后测定，是广告作品正式向大众传播之后，进行广告本身效果的总结性收集，以便为下一阶段的广告活动制定决策，因此又称复审法。事后测定以广告播出的实际消费者为对象所收集的心理效应。

广告本身效果的测定方法有很多，比较常用的方法有以下几种。

① 判定法，即价值序列法，是一种事前测定法。在拟定几则广告之后，邀请若干消费者，征求其对这几则广告的评价，依次排列名次，来决定广告作品的价值，总结广告作品的优、缺点。

② 配对法，是一种事前测定法。每次测定时，提出两则广告作品，依据上述判定法的做法，由消费者评选其中一则广告，评定内容包括广告作品的全部内容，如标题、正文、插图、布局等。

③ 评分法。这种方法既适用于事前测定，也适用于事后测定。此法将广告的各要素列表，让消费者逐项评分，得分越高，广告效果越好。

④ 邮政法。广告中说明可以函寄详细说明书，或小件样，从回函中，可以估算广告的收读人数。

⑤ 问答法。这种方法多用于电波广告，在播放广告后，向测试对象提出问题，要求即时回答，以测试其理解度和记忆度。

⑥ 机械法。用各种仪器设备来测定广告本身的效果。

⑦ 访查法。直接派人调查受众对广告反应的方法，具体方式有电话调查法、日记调查法、访问调查法。

12.4.3　广告认知效果测定方法

所谓广告认知效果，是指在一则新广告发布之后，接收这一新广告信息的人对该广告信息的注意、记忆和回忆等方面所达到的程度。

衡量广告认知效果，一般要采用两项重要指标：一项是广告注意率；另一项是广告记忆率。比较起来，对广告记忆率的测定更为困难，因而一般主要用广告注意率这一指标来直接表示广告认知效果。

测定广告记忆率难度很大，一般采用直接询问法和间接询问法调查，然后进行汇集统计。此外，也有采用观察法、电话调查法和书面调查法、交谈法等方法进行调查的。

测定广告注意率，要根据调查规模的大小决定采用何种调查方法。调查规模比较小时，一般采用"回想法"，并辅之以"广告作品调查法"作为补充；调查规模比较大时，一般采用电话调查法和家庭访问调查法。

广告注意率是指广告实施后所给予消费者的印象深浅和记忆程度，它是衡量广告在其引起注意的阶段所产生效果的一种主要尺度。用"回想法"进行注意率调查，主要是调查消费者在接触广告时及接触广告后的记忆情况。调查过程中，可以在提问时出示广告实物或进行相应的各种恰当提示，从而引导调查对象说明对广告的记忆情况，并由此取得调查资料；也可以在调查过程中既不出示广告实物，又不给予任何提示，纯粹让调查对象自己进行回想，由此观察其对广告的记忆情况而取得调查资料。前者称为"提示回想法"，后者称为"纯粹回想法"。

"广告作品调查法"是对"回想法"的一种补充，其调查方法和原理基本相同。不同的是，调查对象人数更少，调查的各项问题设计得更为具体、细致。为了比较客观而准确地记录下消费者与广告接触时的反应状态，可以在实验室里利用实验设备装置进行调查，以尽量减少调查对象凭记忆回答问题所产生的误差。如可以利用视线摄影机来记录调查对象回答问题时眼球活动的情况，并据以判断其回答问题时所作叙述的肯定程度或犹豫程度、思索状态、自信程度等。也可以利用瞬间显示机，向调查对象进行广告物的极短暂瞬间展示，然后观察其联想回忆速度快慢及反应明确程度、强弱程度等。还可以利用心理反应测试机来测试调查对象在观看广告画面或广告文字时所产生的心理反应情况。

广告注意率调查统计与广告媒介的种类有关系。如调查测定广播、电视媒介所发布的广告的认知效果时，一般要调查统计广告节目的收听、收视人数和认知广告名称的人数。其认知率计算公式为：

$$认知率 = B/A \times 100\%$$

式中：A——广告节目收听、收视人数；

B——认知广告名称的人数。

调查测定报纸杂志媒介所发布的广告的认知效果时，一般要调查统计读者的总人数、处于记忆模糊状态觉得似乎看过该报纸广告的人数，以及记忆清晰而确定看到了该报刊广告的人数。其注意率计算公式为：

$$注意率 = (B + C)/A \times 100\%$$

式中：A——该报刊的读者总人数；

B——记忆模糊似乎看过该报刊广告的人数；

C——记忆清晰确定看过该报刊广告的人数。

12.4.4 广告到达效果测定方法

广告信息在传播过程中对视听众产生刺激而引起一些直接的或间接的变化，这些变化的产生即表明广告产生了效果。广告产生效果的过程可分为4个阶段，即到达阶段、注意阶段、态度阶段、行动阶段。每个阶段中广告的效果各不相同。

在到达阶段所产生的广告效果称为广告到达效果。广告到达，具体指报纸、电视等广告媒介与消费者发生接触。广告到达效果，要以广告媒介与消费者发生接触的情况为依据进行测定，一般是测定电视收视率、报纸订阅率等来表示广告到达效果。

广告到达效果是广告整体效果发生的前提条件，因而具有重要意义。在国外，有一些机构专门负责从事这方面的调查统计和分析研究工作，并定期公布有关调查结果。其常用的调查方法有电话调查法、机械调查法、日记式调查法。电话调查法是以电话作为调查工具，按设计好的项目进行调查。机械调查法是以自动记录装置和计算机为调查工具，对调查对象家中的收视情况进行自动记录和自动统计处理，并每隔一定时间向客户提供数据。

我国目前采用的是日记式调查法。专设的调查机构中的调查人员将做调查用的小票发到调查对象家中，并告知其有关电视及收音机的收看和收听记录方法，由调查对象在调查小票上记录下收看或收听的详细情况。诸如收看时间长度、收看日期、媒介名称、节目名称等。然后定时由调查员将调查小票统一收回，一般每周收回一次，再对回收的资料进行统计汇总，以测定广告到达效果。

12.4.5 广告购买唤起效果测定方法

在广告产生效果过程的4个阶段中，行动阶段是最终阶段。在这一阶段，消费者直接产生购买广告商品的行动，或者响应广告诉求被唤起相关的行为。这二者都是广告的购买唤起效果。

由于影响消费者去购买商品的因素多且复杂，所以调查测定购买唤起效果是一项难度很大的工作。目前用来测定广告购买唤起效果的方法主要有两种，即统计法和店头调查法。

（1）统计法，即运用统计学的有关原理，对广告费和商品销售额的比率进行推算，由此测定出广告的销售效果，并判断广告的购买唤起效果。如可通过推算广告费比率去测定。计算公式为：

$$广告费比率＝广告费／销售额×100\%$$

广告费比率越小，广告效果越大。

（2）店头调查法，即以零售商店为调查对象，对特定期间内广告商品的销售量、商品的陈列状况、商品的价格、焦点广告及推销的实际情况等各方面进行调查，然后汇总资料，分析消费者购买广告商品的情况，并由此测定广告的购买唤起效果。

单元训练和作业

1. 优秀案例赏析

案例一：中国平安《我们就是MVP》（图12.1）。

【中国平安《我们就是MVP》】

图12.1　中国平安《我们就是MVP》

（1）制作背景。

中国平安携手中国女足共同发布平安MVP形象大片，焕新中国女足和中国平安MVP代理人形象。平安MVP是平安代理人的理想态品牌，即"平安最具价值保险代理人"（Most Valuable Professionals），该形象大片选取4位平安MVP代理人与4位中国女足成员，以"我们就是MVP"为主题，传递"凝聚团队、保持专业、坚持长期、找对主场"的MVP职业精神，塑造代理人顶尖品牌，助推行业高质量发展。

（2）策划思路。

广告通过4位女足成员与4位平安代理人的直观对比，向观众展示了"如何将一个团队的名字写成MVP"，从深层角度剖析MVP精神。中国平安跨界联动中国女足，生动诠释了MVP精神，展现了二者攀向职业顶峰的核心原因，同时为二者进行形象焕新，不仅鼓舞更多平安代理人积极提升专业能力，为客户、社会创造价值，还激励中国女足征战世界杯绿茵，追逐足球事业的最高荣誉。

（3）作品分析。

中国平安联合中国女足推出平安MVP形象大片，展现相伴9年的"专业队友"风貌，诠释平安MVP精神与女足精神的互通之处，为中国女足征战国际赛场加油助威。中国平安将持续响应党和国家"加快建设体育强国"的重要战略，持续支持、护航中国女足。

图12.2 yakult 锅盖王《裙子篇》

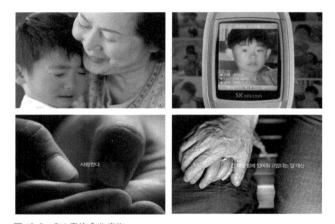

图12.3 SK 电信企业广告

案例二:yakult 锅盖王《裙子篇》(图 12.2)。

(1) 制作背景。

在对拉面"味道"的直接或间接经验基础上,无须对产品信息进行具体研究,在众多品牌中选择一种,是消费者的特征。

然而,在市场领先产品之间"味道"相差无几的情况下,作为领先品牌之一的锅盖王通过"味道"之外的"什么",使产品成为消费者心目中最亲近、最具好感的品牌,从而在激烈的市场竞争中占得优势,这正是广告战略的出发点。

(2) 策划思路。

广告从产品自身固有的属性出发,以锅盖王独有的产品特性,同时又是品牌 Originality 的特色——"锅盖"为创意,将"锅盖王好吃"的信息最直接地传达给目标消费层。同时以"幽默"为核心战略,使消费者对广告和品牌产生亲切感。

(3) 作品分析。

以"带盖子的锅盖王"的美味会发生的生活场景为基础,运用男孩如饥似渴的幽默场景进行广告夸张,从而引起消费者的关注,形成特定的消费群。通过广告的差别化达到产品与竞争品牌的差别化。

案例三:SK 电信企业广告(图 12.3)。

(1) 制作背景。

作为信息通信业的第一大企业,在感性方面还存有不足,有待提高,鉴于此情况有必要提升企业品牌的道德力量。

(2) 策划思路。

SK 电信公司的企业哲学是"技术与信息通信要以人为本",在重视科学技术的现代社会中提高人的社会关注度,与消费者取得更广泛的共识。

(3) 作品分析。

尽量削减企业的说明,而从多种角度观察并记录人们的生活场景。尤其是通过表现超越国界的各阶层移动通信消费者的实际生活,以含蓄的感动表现出创新的价值。

2. 课题内容

课题时间:4 课时。

教学方式:根据教师提供的广告效益法的测定案例,让学生选择一线品牌进行分析,完成该品牌的广告效果测定。

要点提示：与所有销售情况一样，传播某品牌销售信息，如传播品牌提供的利益或能够为消费者解决的问题，往往有多种可供选择的方法。对广告传播而言，如果不是实际对所有可供选择的方法通过市场检验，就不可能确定哪个方法最好。因此，完全有必要对可选择的创意策略、媒体组合方案等进行市场检验。

教学要求：了解广告效果测定的含义和作用、广告效果测定的内容和程序、广告效果测定的要求和标准；重点掌握广告效果测定的计算方法。

训练目的：学会运用统计学有关原理与运算方法，推算广告费与商品销售方面的增长情况，测定广告效果指标。

3．其他作业

（1）耐克和阿迪达斯是世界著名的体育用品品牌，它们经常在世界著名的体育盛会上和各种体育营销场合进行自己的品牌广告宣传。分别找到耐克和阿迪达斯的电视广告，结合所学的知识，在进行市场调研的基础上，对耐克和阿迪达斯广告从认知率、视听率、心理效果、经济效果等方面进行效果评价。

（2）麦当劳和肯德基是世界著名的快餐品牌，它们经常利用广告进行自己的品牌广告宣传。分别找到麦当劳和肯德基的电视广告，然后结合所学的知识，在进行市场调研的基础上，对麦当劳和肯德基广告从认知率、视听率、心理效果、经济效果等方面进行效果评价。

（3）什么是广告效果？广告效果有哪些特性？

（4）广告传播效果测定的内容和方法有哪些？

（5）广告销售效果测定的内容和方法有哪些？

（6）广告社会效果测定的内容和方法有哪些？

4．理论思考

【广告片《被忽略的背景板》】

美的空调广告效果调研

（1）测评背景及目的。

美的空调是集家用、商用空调产品开发、生产、服务于一体的品牌。除广东顺德总部外，美的空调在广州、芜湖、武汉、邯郸、重庆建有生产制造基地，产品畅销全球150多个国家和地区，连续7年出口第一。

2023年，美的洞察到炎炎夏日人们在厨房做饭的痛苦，结合品牌"厨清凉"系列厨房空调上线全新广告片《被忽略的背景板》。品牌通过广告片呼吁大家一起关注这些"被忽略的背景板"，用清凉舒适的厨房环境温暖家人，同时传递出品牌致力于为消费者打造更好、更舒适的家居环境的愿景。广告向观众还原了家人在高温的厨房里做饭的场景，展现了家人解决厨房炎热问题的办法就是背过身去，让自己看起来没事，心甘情愿成为家里最不显眼的"背景板"行为，传递出了家人无声的爱（图12.4）。

此次广告效果评测主要针对"厨清凉"系列厨

图12.4 美的空调广告《被忽略的背景板》

房空调推出的广告，洞察广告对消费者的影响，检验所投放广告是否满足消费者的需求与期望，为下一步广告提供参考，为美的品牌制定切实有效的广告投放战略、提高广告传播速度，提供客观有效的建议。

（2）评测内容。

美的空调的广告传播效果（核心）、广告销售效果、广告社会效果和媒体宣传效果。

① 广告传播效果需考虑到达率、注意率、理解度、记忆度等指标。

② 广告销售效果用广告效果指数（AEI）来进行测定和评价。

③ 广告社会效果通过问卷设计特定内容（如其广告在引领社会时尚方面所起的作用等）。

④ 媒体传播效果通过电视、网络、报纸、杂志等媒体评测其广告传播的准确性，并检验其宣传是否到位。

5. 相关知识链接

余明阳，陈先红，薛可. 广告策划创意学[M]. 上海：复旦大学出版社，2021.

尹彬. 广告策划[M]. 2版. 苏州：苏州大学出版社，2022.

第 13 章　广告策划书

课前训练

训练内容：教师选取正面和反面广告策划案例（当前社会的热点话题更佳）各一例，进行视频、图片、文字的讲解；提供一本规范的广告策划书在班级内传阅，并请学生讲解自己所了解的著名金融、经济、文化、网络策划案例。

训练注意事项：注意案例的选择应具有代表性和娱乐性，以吸引学生的注意力。对案例的讲解要深入浅出，运用多种手法，丰富课堂形式，鼓励学生参与讨论。

训练要求和目标

要求：使学生从经典案例和策划书文本中体会到广告策划的作用和影响，以及其在广告活动中的重要地位。

目标：能够对广告策划活动有初步的分析能力。

本章要点

(1) 广告策划书的内容构成和编写原则。

(2) 广告策划书的设计要点和常用的表现技巧。

(3) 撰写正规的广告策划书文本。

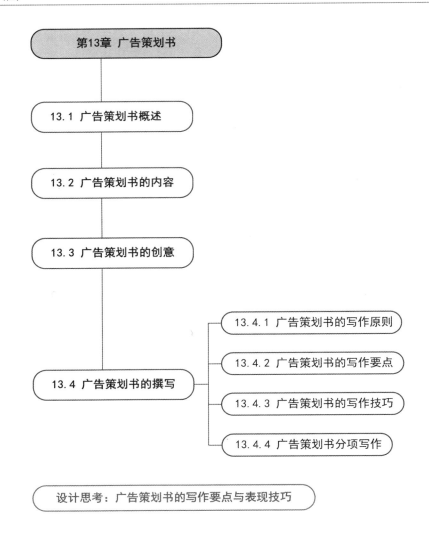

引言

广告策划书是对整个广告策划工作的最终总结和成果汇编，是广告策划人生产出的"产品"。一本完整正规的广告策划书，其内容应包括封面、目录、前言、市场分析、企业分析、产品分析、销售分析、企业营销战略、阻碍点分析、广告战略、公共关系战略、广告媒体战略、广告预算分配、广告统一设计、广告效果测定等。这些项目的创意与撰写，在广告活动的具体实践中将会起到不可取代的重要作用。

13.1 广告策划书概述

广告策划书是在广告策划整体活动完成之后对广告决策的总体归纳和对实施过程的总体表述。它是广告人向广告主陈述广告策划的重要文本，也是广告策划得到切实实施的操作蓝图。无论是整体的还是单项的广告策划，都是一项极其复杂的综合性系统工程，是在深入调查的基础上，结合市场、企业、产品、消费者和媒体状况创造出的智力成果。

1. 广告策划书的要点

广告策划书是由广告策划者根据广告策划的结果撰写、提供给广告客户审核、认可，为广告活动提供策略指导和具体实施计划的一种应用性文件。对于广告策划人来说，广告策划书既是一个总结，又是一个开始。它对于一系列的思维决策活动来说是一个总结,在广告主审阅通过之后,又是整体广告策划实施的开始。如果广告主对策划方案有不满意的地方,应根据其意见和实际情况,或对策划方案做出相应修改,或跟广告主进行充分沟通,如此经过商讨决定下来的广告策划书就成为广告实施的纲要,其可操作性的条款是正式评价广告活动事实是否按照既定计划进行的标尺。当然,广告策划书的编写,并非广告策划工作的结束,在广告活动进行的过程中,如果现实情况发生了变化,就应该及时调整广告计划,对广告策划书进行修改和补充。

既然广告策划书是对广告创意概要方案加以充实和编辑,并通过用文字和图表等形式所形成的系统性、科学性的书面文件,那么,它必须解释清楚以下几方面要点。

(1) 何事——广告策划的目的与内容。
(2) 何人——策划团队与相关人员。
(3) 何时——策划操作起止时间。
(4) 何处——策划实施环境场所。
(5) 何因——策划的缘由与背景。
(6) 何法——策划的方法与措施。
(7) 预算——人、财、物与进度的预算。
(8) 预测——策划实施效果的预测。

广告策划书中的何法、预算及预测是广告策划书区别于营销计划书和其他报告的显著特征。广告策划书不能与营销计划书混为一谈。

2. 广告策划书的作用

(1) 广告活动的检测手段。在广告公司内部,广告策划书的撰写标志着广告策划运作的结束,撰写广告策划书是为了将广告策划运作的内容和结果整理成正规的提案提供给广告客户。对于整个广告活动,经过客户认可的广告策划书是广告运动策略和计划的唯一依据。广告客户也可以通过策划书了解广告公司策划运作的结果,检查广告公司的策划工作,并根据广告策划书判定广告公司对广告策略和广告计划的决策是否符合自己的要求。

(2) 保证广告活动的严谨性。在广告活动的初期,广告只是一种临时性的促销工具,广告活动比较分散、零乱,缺乏系统和长远的规划。随着广告活动的日益增多,广告活动的范围、规模和经费投入日渐增大,所使用的工具、手段也日渐复杂。广告不再是简单地购买一个播放时间或刊登版面,而发展成为一个极为复杂的系统工程。这个时候的广告活动必须具有高度的严谨性,必须预先设计好广告的数额和分配、广告推出时机、广告媒体的选择与搭配、广告语的设计与使用、广告推出方式等,而这一切都必须通过广告策划书来呈现。

(3) 保证广告工作的连续性和最佳效果。广告策划书监督广告实施者的行为,切实促进产品销售,塑造名牌产业和名牌产品形象,这也是广告活动的根本目标,而这个目标必须通过坚持不懈的努力和持之以恒的追求,通过逐步累积广告效果才能实现。

(4) 保证广告活动的创造性。创造性广告活动能有效地使消费者采取相应的购买行为,这是每一个广告活动所追求的目标。广告人员的创造性是保证达成此目标的关键所在。通过广告策划,可以将各个层次、各个领域的创意高手召集起来,利用集体的智慧、集思广益、取长补短,从而保证广告活动的各个环节充满创意。

3. 广告策划书的类别

广告策划书按照其作用、时间或范围不同,可以分为以下几类。

(1) 按照广告策划的内容分为广告调研策划、广告目标策划、广告创意表现策划、广告媒介策划、广告预算策划、广告实施策略策划、广告效果策划等。

(2) 按照商品类别分为工业品、消费品两大类。以消费品为例，其中有食品广告策划、饮料广告策划、药品广告策划等。由于各种商品的性质与定位不同，在广告策划中的策略也不相同。

(3) 广告策划应用面很广，它可以深入到与广告活动有关的一切领域，与企业整体营销活动相配合。所以按广告活动的领域，可以分为产品策划、竞争策划、公关策划、新闻传播策划、文艺演出策划等。

(4) 按时间长短则可以分为短期广告策划和长期广告策划。短期广告策划可以是一个单项活动，或是一年之内的某一阶段性广告。长期广告策划也称为广告战略策划，一般时间在一年以上。

(5) 按地区范围可分为地区性广告策划、全国性广告策划及国际性广告策划。由于地区不同，人们的风俗习惯、价值观念、收入水平等也不同，所以，广告策划的策略也必然有所区别。

13.2　广告策划书的内容

广告策划是广告活动事前的一系列思维决策活动，广告策划书则是广告活动的进程及工作具体安排的文字或书面表达。因此，广告策划书可以说是广告策划成果的体现，它的内容包括了广告活动决策的具体内容和广告活动的基本环节。

1. 广告策划书的构成要素

广告策划书的构成要素也可以说是广告策划书的主要内容，一般包括以下11个部分。

(1) 前言。前言是对整个广告计划的简明概述，置于计划书的最前面，也称执行摘要。其作用在于管理者审阅时便于快速阅读并立即获得整个计划的要点，了解整个计划的概貌。在写作时，简要说明制定本策划书的缘由、企业的概况、企业的处境或面临的问题、希望通过策划能解决的问题，或者简单提示策划的总体构想，使客户在未深入审阅策划书之前就能对策划书有一个概括的了解。

(2) 情况分析（市场分析）。提供广告决策所依据的环境情况，说明广告主和广告活动所面临的现实处境。

① 企业及其产品历史情况的介绍。介绍历史情况应当简明扼要，应针对企业及其产品所面临的主要问题，以及将来销售成功的可能性问题。此外，还可以对过去的广告计划执行后的效果及影响与目前企业和产品的现状有何关系等问题进行简要介绍，并客观地描述形成目前销售状况的主要原因。

② 产品分析。将可能会影响到产品、服务和销售的所有因素都提出来并加以比较，比如产品特性、品质、配销渠道和方式及定价等问题。概述必须是明确的事项，不能掺入主观猜测或者随意估计的成分。某些产品信息有可能影响到广告活动的成败，因此要特别加以注意。同时，与广告活动成败没有关系的那些产品资讯，则不必列入广告计划。

③ 消费者分析。对广告针对的目标市场进行尽可能明确、准确的叙述。叙述重点为本品牌的购买人数、市场占有率等。同时，叙述应包括消费者的年龄、性别、收入、教育程度和职业等统计因素。

④ 竞争态势分析。对"敌情"进行叙述，力求"知己知彼"。首先，必须说明竞争对手正在进行什么营销活动，他们的能力可开展什么规模的营销活动，其中最可能做的是什么，等等。评估主要针对竞争性的广告活动，说明针对哪一类人，对目标市场将会有哪些影响。其次，还要介绍竞争对手过去所使用的竞争策略，以及本产品广告的竞争机会。最后，还要尽可能说明竞争对手用于竞争的投资预算或者

实际花费，以便确定其竞争的程度、规模和本产品广告的竞争规模合理程度。

(3) 行销目标（销售分析）。这虽然不属于广告计划的范围，但是对于说明广告计划与行销活动的关系很有帮助。销售是市场营销的重要组成部分，透彻地了解同类产品的销售状况，将为广告销售工作提供重要的依据，也可以使管理者了解广告计划活动对于企业行销活动的支持力量或者支持程度。行销目标分为短期和长期两种。短期目标以一年为宜，可具体定出增加销售或提高知名度的百分比。长期目标是三年至五年，广告策划书可以说明广告策划是怎样支持市场营销计划，并帮助达到销售和盈利目标的。这些要素通常都以数量、数据或图表来直观表示。

(4) 企业市场战略。为了实现企业的销售目标，企业在市场总战略上必须采取全方位的策略，包括如下内容。

① 战略诉求点：如何提高产品知名度和市场占有率；产品宣传是以事实诉求为主，还是以情感诉求为主。

② 产品定位：可以选择高档、中档、低档定位中的一种。如福达彩色胶卷定位为高质量、低价格、国际流行的、柯达技术、厦门制造的国产高档彩色胶卷。

③ 销售对象：分析产品的主要购买对象，越具体越好，包括年龄、性别、收入、文化程度、职业、家庭结构等，说明他们的需求特征和心理特征，以及生活方式和消费方式等。

④ 包装策略：包装的基调、标准色；包装材料的质量；包装物的设计重点（文字、标识、色彩）等。

⑤ 零售点战略：零售点的设立与分布是促销的重要手段，广告应配合零售点策略扩大宣传影响。

(5) 广告预算。说明本项目的历史广告活动费用和当前广告活动费用的预算，并以适当的方式说明二者的联系和当前广告预算提议的理由。必须把年度内的所有广告费用列入，包括调研策划费、广告制作费、媒介使用费、促销费、管理费、机动费等，务必做到翔实可信、细致精确。

(6) 广告战略。广告战略指明广告活动中必要的特定事项，包括如下内容。

① 竞争广告宣传分析：分析主要竞争对手的广告诉求点、广告表现形式、广告语、广告攻势的强弱等。

② 目标市场分析：依据销售分析和定位研究，可大略计算出广告对象的人数或户数，并根据数量、人口因素、心理因素等，说明这一部分人为什么是广告的目标对象。要尽可能明确地提出在人口数量上、地理位置上的可靠证明，以支持对目标市场的建议。

③ 广告传播目标：依据企业经营目标，确定广告在提高知名度、美誉度、市场占有率方面应达到的目标。详细说明用什么销售信息与目标市场沟通，以及实现目标的时间阶段划分。明确广告活动在什么时限内使目标市场的消费者对本产品产生偏好或购买行为等。

④ 创意策略：确定广告总体的创意构思。如广告语，使用的代言人或象征物，广告的诉求点或突出表现的某种观念、倾向等。要概括说明对企业或者产品所面临的已经被确认的那些广告问题的解决方法。

⑤ 执行制作：向目标市场传播什么内容。根据上述各项综合要求，按照电视、报刊、广播、POP等不同媒介的情况，分别提出有特色的、能准确传递信息的创作意图。分别设计出报纸、杂志、广播、电视、POP广告的设计稿或脚本，为广告制作的统一设计提供参考或依据，并且要说明广告运动中实际使用的各种工具和手段。

⑥ 权宜应变计划：要对在这个广告运动中可能发生的突变提出明确的解决步骤。

(7) 公关战略。公关活动旨在树立良好的企业形象和声誉，沟通企业与公众的关系，增进消费者对企业的好感。公关战略要与广告战略密切配合，通过举办一系列具有社会影响力的活动达到上述目的。

(8) 媒介推荐（媒介战略）。根据广告的目标与对象，选择效果最佳的媒介来表现广告对象，主要是对媒介策划活动进行完整的轮廓性的描述，通常包括如下内容。

① 媒介的选择与组合。以哪些媒介为主，哪些媒介为辅。

② 媒介使用的地区。配合产品的营销需要进行，分重点与非重点地区。

③ 媒介的频率。把一年分为重点期和保持期，安排每种媒介每周或每月投放的次数。

④ 媒介的位置。平面媒介的版面；电台、电视台选择哪一个传播时机最好；报纸选择什么日期、版面等。

⑤ 媒介预算分配。根据组合媒介所需的费用进行预算分配。

(9) 促销活动推荐。主要提出促销计划，并说明产品怎样与广告活动相互配合，以及配合的效果如何。促销活动计划应该包括促销活动目的、促销活动策略、促销活动执行细节、促销活动计划纲要等内容。

(10) 广告预测与评估计划。预测广告策划可以达到的目标或效果反馈，即详细、清楚地说明对广告运动如何评估，包括广告活动的事先测定评估、事中和事后测定评价，以及评估方法和评估经费预算说明。

(11) 结论。主要说明这个广告计划对本品牌销售最为合适的基本理由，可以将此计划与曾经考虑过的其他计划进行比较。结论主要是肯定本计划的合理性、适用性，而不是要去重复策划书正文中已经说明过的那些问题。同时，撰写广告策划书不仅要有优秀的文字功底，而且还要有广博的知识，要掌握市场营销学、消费心理学、人类学、文学、美学、广告心理学、广告战略学等学科的相关知识，以及各种商品的有关知识。

2. 广告策划书的格式规范

广告策划书的基本格式就是要简单明了地显示广告策划书的构成要素，所以它的写作格式有很多种，往往是根据需要灵活选择。但一般而言，根据它的构成要素，广告策划书的顺序为：封面、策划小组名单、前言、情况分析、广告预算、市场机会点、行销目标、广告战略、广告策略、广告效果测定；或是封面、目录、前言、市场研究及竞争状况、消费者研究、产品问题点（机会点）、市场建议、行销建议、创意方向与广告策略、广告表现、媒体策略、预算分配、广告效果测定。

13.3 广告策划书的创意

创意是广告活动的灵魂，是使广告达到广告目标的创造性活动。广告策划书是广告战略与策略的书面表现形式，是广告战略与策略的具体化，也是对整个广告运作策略的描述。所以必然记录和总结了整个广告活动的创意结晶。广告策划书中创意涉及的内容和范围包括战略的决策、策略的制定、广告目标的确定、广告主题的拟定、广告诉求方法和整合运用等方面的创造性思考。

1. 广告策划书的创作程序

在广告策划过程中，广告策划书的前期构架极其重要，它是实现从想法到实践的先决条件。其写作顺序为以下几点。

(1) 撰写策划书的大纲。

(2) 列出大纲中各章的大致内容。

(3) 检查并协调全书的整体结构。

(4) 确定各章的具体内容、字数的分配。

(5) 将各章所需资料索引附在提纲上。

(6) 确定广告策划书的行文规范。

(7) 对完成的策划书文本草稿进行内容上的检查。

(8) 对策划书文本草稿进行行文上的检查,包括语言、表达方式、文字等。

(9) 策划书文本的版面设计。

(10) 打印讨论稿。

(11) 对讨论稿进行修改。

(12) 打印正稿。

2. 广告策划书的创意方法

(1) 策划创意的3个层次:①对整个广告策划活动的创意性要求,这个层次上的创意是对广告活动的传播思路和广告思路的战略性进行思考和把握,目的是确立广告目标并且指导具体广告活动的开展;②对广告主题的创意性要求,这个层次上的创意是对广告目标的具体把握,是根据广告目标的要求把握具体广告作品的诉求重点,确立广告的具体方式;③对广告策略的创意性要求,这个层次上的创意是对媒介组合的具体把握,其目的是有效地将广告信息准确迅速地传达给目标受众。

(2) 借鉴剧本的写作方法。一台好戏,必须有生动有趣的剧本才能打动观众。策划书如同剧本,唯有形象生动才能吸引更多人的参与和支持,同时实施起来也会更顺利,取得更好的效果。为了吸引观众,剧本常常以一个悬念或一件观众感兴趣的事件开头,接着慢慢展开故事情节,将剧情蕴含的意义及主题传达给观众。

这种技巧同样也可在广告策划书的写作中应用,其方法如下。

① 设定状况:无论是什么主题的策划,都必须考虑限制条件,对环境进行分析。这正如剧本会在剧情中交代故事背景一样。

② 中心思想突出:较为大型的广告策划,都是由许许多多的构想组成的,但这些构想都围绕一个中心思想——广告策划主题而展开,这个中心思想是最为重要的。

③ 对广告策划主题的展开:在广告策划活动中,必然要对一个中心思想进行展开。整体策划中不能忽略展开后内容的细节部分,这些细节正如戏剧里的配角,少了它们,故事情节就难以发展下去。

④ 说明解决问题的构想:此阶段主要是对逻辑进行验证,并对原始构想提供证明资料等,以便客户信任所提出的广告策划书,这好比是剧本取材的艺术真实性要求,以及剧情组织的合理性要求。

(3) 针对广告主题的创意方法。针对广告主题进行广告策划,需要根据广告活动的目标要求把握具体广告作品的诉求重点,从而确立广告的具体方式。这种创意的产生过程有时表现为灵感闪现的结果,但事实上这一过程是长期、深入和艰辛的,它的产生基于周密的调查研究,是有规律甚至步骤可循的。例如,市场调研—消费者调研—产品分析—确定广告目标受众—选择广告媒介或传播渠道—确定传播方式和手段—确定和提炼出产品优点与符合消费者需求的广告主题。

(4) 在写作中增强视觉化。虽然广告策划书也要注意生动形象性,但它不像散文或其他文学作品那样要求文笔优美,只要简单明了地将内容表达出来即可。广告策划书的目的是让他人了解策划的内容。因此,写作时应做到通俗易懂,除了使用简单明了的语句外,增强内容的视觉化也是简单有效的方法,即将策划构思生动形象地描绘出来。

实现视觉化常用的方法有以下两种。

① 把策划实行的内容做成流程图。用图解的方式来说明策划内容，通常可以把实施情况先绘成图表，再辅以文字说明，以弥补图表的不足。这类图示化的说明不仅使人一目了然，还可以清楚地看出各部分的逻辑关系，一举多得，如图13.1所示。

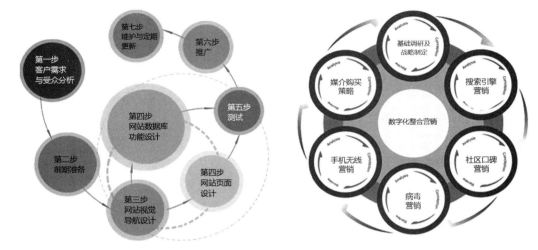

图13.1　广告策划案中的企业网站销售流程图

② 把策划实行的成果做成模型或样本。例如在开发新产品时，可把试验品或样品送给大家使用。

（5）广告媒介选择和组合的创意。媒介选择组合的目的是将广告信息通过具体的媒介准确迅速地传达给目标受众。要想有效地将广告信息通过具体的媒介准确迅速地传达给目标受众，必须在广告媒介选择和组合方面做深入的思考和大胆的创意。

广告媒介运用方面的创意要做到3点：一是赢得传播强势；二是要有差异化的媒介策略；三是要有一个新的传播手段。

13.4　广告策划书的撰写

特定的内容都要通过特定的形式表现出来，不同的宣传对象应采取不同的广告策划书写作技巧。实际上，就广告策划书的功能来讲，它只需将广告策划的意图简单明白、重点突出地表达出来就可以，并不需要很多的技巧成分。但是，由于广告策划书的读者包括广告主和广告策划的执行人员，为了说服广告主采用广告策划案，也为了广告策划执行人员能充分了解各自的职责，发挥协同作战的力量，在广告策划书撰写时需要考虑受众的接受问题，因而必须注意有关问题的表述，或者说需要一定的撰写技巧。

13.4.1　广告策划书的写作原则

广告策划者对广告内容的思考，由最初的构想到逐步完善，由观念性的思想变成策划文字，并形成广告策划书。广告策划书好比建筑师的建筑设计图，既是建筑师对未来建筑物的构想，又是施工人员赖以实施的蓝本。策划工作是一项复杂的系统工程，策划书作为策划方案的物质载体，在写作过程中必须注意它的合理性。

经常看到有些人自信地认为自己写的广告策划书一定会被企业采用，但很可能在反复论证以后，却被企业否决。当然,这也是一种极为正常的现象。最常见的是一份策划书经过多次修订补充后,才能被企业认可。不过,为了提高广告策划书撰写的准确性与科学性,应该注意以下几项原则。

1. 逻辑思维原则

广告策划的目的在于解决企业营销中的问题,它必须按照逻辑性思维的顺序,即"提出问题→分析问题→解决问题"的构思来写策划书,给人一种循序渐进的感觉。按一般思维规律,首先应交代策划背景,由大到小,由宏观到微观,层层推进,再把策划书中心思想和盘托出。其次是在突出主干的情况下,对细微枝干部分也要给予充分重视。主干部分是广告的大构想、重头戏,应给予重点展开;而枝干部分虽是配角,但它是具体实施中的重要依据和手段,少了这部分枝干,广告策划的内容就不丰满。最后明确提出解决问题的对策,也就是需要帮企业出点子、想主意。这些对策的提出要有事实依据,使整个策划方案令人信服。

2. 形象化原则

策划书的文字表达只能给人理性的概念认识,如能适当地运用视觉化的手段加以配合,便会使人一目了然,加深对策划书的理解与记忆。策划书中常用的形象化方法有两种:①可以把策划书中的部分内容做成图表,如媒体传播计划、广告预算等;②创意设计部分,如报刊广告、电视广告的设计,可以配以图解,实际上是把抽象的创意形象化了,使人容易理解。

3. 简洁朴实原则

广告策划书在编制中应注意突出重点,抓住企业营销中所要解决的核心问题,深入地分析,提出可行的对策,这份策划书就达到目的了。要防止用散文的文体去描述策划书,造成浮躁或不实在的感觉。策划书不可长篇大论、言不及义、哗众取宠,应以简洁朴实、具体实用、针对性强为原则,让人一下子抓住策划书的主要内容,使人一目了然。

4. 可操作原则

广告策划是广告活动的蓝图,它是在现实基础上的一种超前性的构思。首先广告策划书中所制定的方案应符合市场变化的需要,以保证广告活动的有序进行和广告目标的准确。其次,广告策划作为一个整体,还要注意各子系统及具体环节之间的联系与操作,它的指导性涉及广告活动中每个人的工作及各个环节的关系处理。策划中的创意表现手法,则要考虑设备、人员、经费、材料和制作手段等的限制。

13.4.2 广告策划书的写作要点

广告策划书的写作内容涉及一些技巧和技术问题,具体包括广告策划书的设计要点和广告策划书的表现技巧两大部分内容。人们由于实践经验的不同,对广告策划书阐述的风格方式各有特色。但在写作时,除了必须遵循前面所说的几项原则外,还必须做到"尊重科学,立足现实,切实可行;条理清晰,富有逻辑,敢于创新;诉求集中,讲究时效,灵活多变;简洁明了,整体运作,以人为本"的基本要点。

1. 找准切入点

作为对广告主的提案,广告策划书需要顾及广告主的实际需要和广告策划案的可看性,所以必须找准切入点来进行叙述。也就是说,抓住广告策划的中心问题及广告主最关心的问题进行论述。在策划书行文过程中不能自说自话,应注意到广告策划书的读者(企业管理者和广告策划的执行人员)所真正关心的是什么问题,这样才能有的放矢,起到提案的作用。

2. 用事实说话，力求实用

广告策划书要力求实用，避免文学性表现，删除一切多余的文字，使策划案精简扼要。广告策划撰写者要明确树立沟通观念，即要将策划内容以清晰实用的表达取得与企业管理者和广告策划执行人员的共识。

3. 根据不同需要来设定广告策划书的风格

找好切入点之后，应当根据问题叙述的需要和广告主对广告策划了解的程度来确定广告策划书的风格。如果广告主对广告行业和广告策划比较熟悉，那么策划书就可以相对简洁和专业。但如果广告主对广告行业和广告策划工作、广告专业术语不是很熟悉，策划书就应详尽、清晰，特别是对于为何选择这一策略的原因要进行较为具体的叙述。

4. 广告策划书应当尽量简明，控制篇幅

无论是叙述详尽还是相对简单的策划书，在叙述时都应该尽量简明扼要、控制篇幅。叙述详尽时，也仅仅是对要点和支持这些要点基本理由的陈述较为细致而已。策划书应当控制篇幅，篇幅太长容易使读者厌倦，也容易淹没主要问题。现在很多广告公司的策划书都在向简短扼要的方向走，比如盛世长城广告公司的广告策划书非常简单，有时候就只有一页纸，只是将主要思路列于纸上，再通过PPT或者口头陈述的方式向广告客户详尽说明。这种简短的方式有其可取之处，但是每个公司都应该根据自身情况、客户的情况及实际策划的需要来安排广告策划书的篇幅。

5. 长篇的广告策划书需要目录，分项策划书分开叙述

如果广告策划中的活动设计比较多，或者比较复杂，需要长篇策划书时，就应该在封面之后做一个目录，使人一目了然。此外，长篇策划书如果内容过多，可以先在广告战略和广告策略里进行简洁明了的概括，在总的战略策略陈述之后，再将一些占篇幅较多的策略做成分项策划书，放在总体策划书之后，如创意策略、表现策略、媒介策略等。分项策划书的详尽叙述有助于增强广告策划的实施，具体的写作方法将在后文进行讲解。

6. 广告策划书应当说明资讯来源

广告策划书中经常要使用许多调查资料以得出某种结论或者证明某种想法，这些调查资料有的是从一些大型的调查公司的资讯中获得的，有的则是广告公司通过调查和事前测定获得的。如果是从调查公司获得的，行文时必须把这些资料的出处加以说明；如果是自己公司调查得来的，应当将调查及其科学控制的要点加以说明。这样，广告策划书的读者才会相信资料的可靠性和真实性，进而认为依据这些资料做出的方案都是值得信任的，而不会把它们误解为个人的主观猜想或武断意见。

7. 要归纳，不要推论

在广告策划书编写时，要在一开始就提出最重要的问题，并以提示要点或指明核心问题的方法表达，然后逐条陈述支持这些要点的基本理由，避免采用先摆材料然后逐步推论得出结论的推论式表达方法，因为那样不容易使广告策划书的读者一开始就信服。最好写一个极其简短的摘要，使人能更加迅速、更加容易地看到所需的资讯是否包含于该部分内容。

8. 通俗易懂

不要过多地使用专业术语，要使用广告主易于理解的话语。比如，很多广告公司在提案时动辄提到"落地"（创意总监）、"美指"（美术指导）等专业词语。除非受众也具备相当的专业水平，不然很容易使广告主费解，打击他们的自尊心，对双方良好交流不利，包括是否使用英语词汇，以及如何使用，在实际工作中都要慎用，不要让人不知所云。

各类广告策划书的写作要点见表13-1。

表13-1 各类广告策划书的写作要点

类　型	写　作　要　点
新产品广告	1. 确定广告定位 2. 表达消费经验和心理体验 3. 广告创作指导
食品广告	1. 明确消费者 2. 标明成分、生产日期、保质期、食品说明 3. 创造一个容易被记忆的特征 4. 味道的表达
旅游广告	1. 表达景色的同时，也要表达体验 2. 尽量详细 3. 利用当地人进行风景拍摄 4. 采用邮寄形式
生产资料广告	1. 与消费品广告不同 2. 不宜进行情感诉求，应使用数据和图表 3. 使用指南与说明 4. 明确产品定位 5. 采用针对性较强的媒体 6. 明确许诺和价格
金融产品广告	1. 建立信用，表达企业的规模与文化 2. 表现内容应为独特的利益或收益 3. 新闻式广告 4. 数据明确 5. 不宜过长

13.4.3　广告策划书的写作技巧

1. 信息组织的技巧

(1) 明确信息的属性和文本的结构。在开始写作文本之前，文本的撰写者首先应该对要在策划文本中传达的信息有总体的把握，并且分清各种信息的不同属性，然后按照已经拟定的结构，将信息分门别类。这样，复杂的信息就可以显示出初步的条理性。

(2) 把握重点。在众多信息中区分出最重要的信息，并且将它们作重点传达，这样就可以避免文本中信息复杂、主次不分的情况。

(3) 信息的层次化。策划文本要明确信息的层次和彼此的联系，使信息传达层次分明。

2. 行文的技巧

(1) 使用明确的标题。在策划书文本中，应该包括不同层次的大小标题。标题应该明确，并且提示出重点内容。

(2) 使用短小的段落。在策划书文本中，大段的文字很难吸引人阅读，因此要使用比较短小的段落，并且在一个段落中只传达一个重点信息。

（3）使用明确的序号。明确的序号不但可以使信息脉络清楚、层次分明，还可以给阅读者以明确的阅读提示。

（4）尽量避免使用专有名词。但是在广告策划者和广告主对专有名词有一定的了解，不会发生误解和理解的困难时可以使用。

（5）语句简短，避免冗长。

（6）少用、慎用代名词。

（7）在分析之后要有简短的摘要或者结论。

（8）说明资讯来源以增加信息的可信度。

3. 接近读者的技巧

要了解读者，包括读者的地位、年龄、理解能力等，其中读者的理解能力最重要。读者的理解能力因读者本身的专业领域、经验、知识而异。针对不同的读者，撰写广告策划书的方式也应该有所变化。

4. 情报视觉化的技巧

广告策划中的情报以详细取胜，但是详细的情报却存在如何有效传达的问题。为了使读者易于理解并产生深刻印象，对情报进行视觉化处理是必要有效的方法。因此，使用图表来传达数据是广告策划书文本常用的一种方法。将情报进行视觉处理，具有以下优点。

（1）同样的时间可以传达较多的情报量，传达同样的情报量需要的时间较短。

（2）视觉化的情报比通过语言传达的情报更利于记忆。

（3）读者单纯阅读文字容易疲倦，使用视觉化的情报可以使策划书文本富于变化，容易吸引读者的注意力。读者可以通过自己的理解对资料进行整理，因此理解的程度会加深。

一般来说，广告策划书的视觉资料构成的要素包括标题、内容、图形、注脚、资料来源、序号等。视觉化的资料可以通过计算机来完成，也可以通过手写或者手绘来完成，但是为了保证策划文本的美观和正式性，最好通过计算机来完成，如图13.2所示。在以图表的方式传达情报时，必须使用适当的图表，否则，不但会影响数据传播的效果和说服力，还容易导致结果与预期相反。

图13.2　广告策划方案PPT

5. 提升文本整体形象的技巧

广告策划文本要注意整体形象的统一，如果形象不统一，即使内容十分精彩，也会影响效果。

(1) 文本总体布局的技巧。文本应该有正式的封面和封底，有简明的目录。第一层次的标题独占一页，在标题下面提示重点内容。

(2) 版面的技巧。版面的大小、空白多少，对整个策划文本是否容易阅读和理解具有相当大的影响。版心的大小占纸张面积的 60%～70% 为宜，对读者测试的结果也表明，70% 面积的版心最易于阅读。内文的版式应该根据版心的形状来设定。使用的图表与文字应该具有平衡感，在视觉上不突兀。版面的布局应该按照视线移动的规律来进行。视线一般是从上到下、从左到右或顺时针方向移动，因此重点的部分要放大，而且放在视觉中心的位置，比较次要的内容则安排在比较边缘的位置，如图 13.3 所示。

图 13.3　企业宣传画册设计

图 13.4　广告策划书的装订（线装、圈装、胶装）

（3）装订的技巧。策划文本的装订有多种选择，既可以使用穿孔式装订，也可以使用螺旋式装订，应以易于翻阅、不遮挡版面为原则。一般说来，使用穿孔式装订（2 孔或 4 孔），应该保留 25mm 的空白作为装订线；使用螺旋式装订，应该保留 15mm 的空白作为装订线，如图 13.4 所示。

（4）字体的技巧。策划书文本中字体的大小应该根据内容的重要程度而有所区别，各级标题应该使用比正文稍大的字体，但是大小的级别最多不应该超过 3 种。

13.4.4　广告策划书分项写作

广告策划书如果包含的内容过多，可以将广告策略、广告效果预测等内容做成分项广告策划方案，放在广告策划书主体之后。分项广告策划方案的目的是让读者更清楚地了解广告策略的具体内容，同时又不会干扰读者对于整体策划思路的把握，此外还有助于广告策划的分项负责人员各自依照分项方案来实施和执行。

1. 广告创意策略方案

广告创意策略往往承续着表达广告策略的任务，常常包含在广告策略的总体描述之中，因为广告创意在很大程度上也是关于广告策略的总体构想。按照舒尔茨在《广告运动策略新论》中的理论，常规的创意策略方案往往包括以下内容。

（1）目标市场。目标市场要尽量描述清楚，要明确广告究竟要针对哪些消费者，描述其共同特征，从而更加确定并强调这一市场，也使创意策略更具目的性。要把有代表性的潜在消费者描述得尽量清晰，应该包括以下各项。

① 地理描述：对大多数产品或服务来讲，确认潜在消费者所在的国内一般地理区域是非常重要的事。其意义不在于究竟在国内的哪一个区域，而是要有像都市、市郊、城内、小城、农村等表明人口密度的描述，或者东北、东南、西南、大西北等有关地理差别、人文差别和风土人情差别的描述。

② 人口统计描述：包括年龄、收入、性别、婚姻状况、教育程度及子女数目等描述。

③ 心理描述：这里主要是对一种"生活格调"形态，以及消费者对本产品和同类产品的使用态度、产品进入其生活会造成什么影响等。对有代表性的潜在消费者描绘得越真实，则越可能找到重要的广告信息。

④ 媒体形态描述：对目标消费者接触的媒体加以排列，探询消费者接触得最多的媒体作为媒体策划的重要参考。如有可能，消费者对每一媒体所花费时间的多少和时间段也要多加了解和调查，并列表进行分析，为媒体投放的频率和时段选择做参考。

（2）主要竞争对手。这一部分不是把属于这一行业这一种类的所有产品或种类列出来，而是确认本品牌所要竞争的区域或范围。正如前面广告分析中所言，主要竞争对手的分析是非常必要的，在广告创意策略制定中，这一步骤极为重要，因为策划者必须知道并且确认主要的竞争者给目标市场的承诺是什么,这样才能清晰地说明本品牌为什么与其他品牌不同,或更好,或能提供更大的利益等。如果本产品在市场上是新的,就可以不把竞争者列出来,而直接宣传本产品优越的理由。

(3) 承诺。这是本产品或服务应提供的基本利益或解决问题的方法。承诺非常重要,它提供了一种消费者购买此商品的理由,最能打动消费者。

(4) 理由。理由是支持广告策划人对产品所做承诺而用的事实或说辞,主要是证实确立这一广告承诺的科学性。

2. 广告表现策略方案

广告战略与策略的书面表现形式,是广告战略与策略的具体化,用来指导广告活动的开展。从业务角度来说,就是广告代理人向广告主陈述自己在广告策划方面的思考、构思、意见、建议和实施方案。在广告策划书中,必须包含创意的内容、创新的做法,因为唯有创意和创新结果,才能使广告策划活动达到差异化,独具一格,吸引受众进而达到广告目标。

创意是广告策划书的精髓,策划书中的每一部分内容都在为它服务,没有创意的广告策划,不会收到应有的广告效果,也就不会得到广告主的认可。创意不是玄乎的,相反它应该是通畅明白、具体可行、操作性很强的,如图 13.5 所示。广告创意与表现紧密相关,广告创意策略当中叙述了主要构想,广告表现策略中就需要将各种表现形式一一陈述出来,主要有广告的文案表现和广告的艺术表现两类。因此,广告表现策略方案往往包括:广告目标及广告创意策略概述,报纸、杂志广告文案及艺术表现,电视广告文案和镜头脚本,广播广告文案和艺术表现,网络广告文案和艺术表现及其他媒体广告表现等。

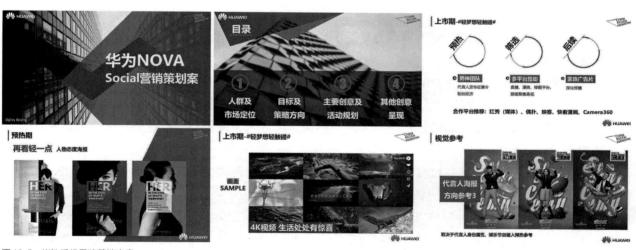

图 13.5 华为手机品牌营销方案

广告目标和广告创意策略概述,是对前面总体策划方案意图和创意构想的简单回顾,应以此为依据来确定广告表现策略要达到什么样的目标,然后再列出各种媒体广告文案和艺术表现的内容。这部分虽然内容较多,却很简单,因为仅仅需要将文案和艺术表现形式用合适的语言表达出来即可。当然,必须遵循文案写作的一些基本原则。

3. 广告媒体策略方案

媒体策略方案也就是媒介计划书,是指媒介战略的提案和媒介战略战术的书面说明。它可以是整体广告策划的一部分,也可以自成体系,以便实际操作使用。一些大的广告公司往往都有专门的媒介研究部门和人员,他们负责广告媒介的观察监督和研究分析,对于一些大的广告客户,常常由其撰写广告媒体策略方案。一般来说，它因人而异、因事而异，但是其基本内容往往可以归纳为以下几个方面。

(1) 市场分析和广告目标概述。

(2) 媒介目标：目标受众、地理分布、季节分布、到达率、频次及持续性目标、排期、资金目标。

(3) 媒介战略：媒介组合与媒介类型、媒介形式与细分类型、媒介购买因素。

(4) 媒介战术之一：媒介载体。

(5) 媒介战术之二：媒介排期、信息效益分析、成本效益分析、流程图等。

(6) 媒介购买与预算。

(7) 媒介方案评估与预测。

以上媒体策略方案的格式并不是一成不变的，是根据实际情况灵活安排的。

4. 广告时机选择方案

广告时机选择方案是针对特定的时机选择而言的，需要对这个时机选择做详细阐释的时候，才单独写出广告时机选择方案。一般来讲，广告策划的时间范围是直接在广告策划书当中提到的，或者与媒体计划结合起来。广告活动作为一个过程，总是在一定的时间范围内展开。做每一项广告，都要预先考虑在什么时间发布最合适，发布频率应该高一些还是低一些，发布时间的先后次序如何安排，在一个总体的时间区间内各个时段时点如何布局等。所有这些关于广告发布的具体时间、频率、先后次序，以及时段时点布局等问题的策划谋略，就是广告时机策略。它对于把握好广告推出时间和机会、争取广告获得最佳效益、保证广告目标的实现来说，具有关键性意义。同时，它又可以为广告媒体、广告方式、广告投资等方面的论证研究提供依据。因此，广告时机选择方案也就是要对广告推出的时间、频率和机会进行恰当的选择。

(1) 广告时限策略。这种策略主要强调广告时限的适用性。依据广告时限所适用的方面的不同，可再细分为4种时限策略。

① 集中时间策略：在短时间内集中力量对准目标市场进行广告攻势，迅速造成声势，提高企业或产品的知名度和信誉。

② 均衡时间策略：根据企业的实力情况，适当变换宣传手段和节奏，对目标市场进行反复的"细水长流"式的均衡性广告宣传，以逐步达到加深印象、保持记忆、巩固效果、提高知名度的目的。

③ 季节时间策略：在产品销售旺季到来之前逐渐推出广告，旺季到来时达到广告宣传的高峰，以促进销售。

④ 节假日时间策略：在节假日到来时，对节假日常用的商品做大量广告，待节假日过去，广告宣传便停止。

(2) 广告时序策略。这种策略以商品进入市场的时间来安排广告发布时间，可分为3种策略。

① 提前策略：在商品进入市场之前先做广告，主要适用于更新换代产品的广告，以及季节性产品的广告。

② 即时策略：在商品进入市场的同时安排发布广告。

③ 延迟策略：在商品开始进入市场前及刚进入市场时，先做少量广告宣传，待商品进入市场一段时间之后，再做大量广告宣传。商品进入市场后再做广告宣传，有可能使广告宣传与商品销售脱节，所以这种策略要谨慎运用，一般是在对商品做试销以获取消费者反应的情况下采用。

(3) 广告时点策略。这种策略主要是选择一天当中最佳的广告时间点来发布广告。将广告发布时间选在最佳时间点，容易吸引人们的注意力，使广告一开始就吸引受众，且在最佳时间点发布广告，接收面也比较广。这种策略在采用广播、电视媒体时作用最显著。一般来说，广播的最佳时间点是在早上，电视的最佳时间点在晚上。

(4) 广告频率策略。这种策略主要是对一定时间内广告发布的次数做出合理安排。这是一种重要的经常采用的策略。一般来说，新进入市场的企业和产品（包括季节性产品、处于市场激烈竞争中的产品），广告频率要高。其他情况下，广告频率可以低一些。

(5) 广告机会策略。这种策略主要是根据市场情况，捕捉和利用各种可能的有利机会进行广告宣传。这种有利的机会，一般是指那些与企业和产品有关的重大活动开展的时间。通过重大活动引起社会公众的普遍注意或吸引公众参加，充分利用该活动与本企业或产品的联系大做文章，宣传本企业或产品，往往会收到事半功倍的效果。

广告时机选择的分项方案只需要说明采用的是哪一种策略，并对它进行解释即可，篇幅不需太长。它常常被融入整体策划方案或市场策略中，只有当时机选择计划比较复杂时，才需要写出广告时机选择的分项方案。

5. 广告效果测评方案

由于广告效果测评方案广泛运用了广告调查，所以测评方案的撰写与调查报告的撰写有些类似，同前面几种分项策划方案相比，它具有更科学和相对固定的体例。规范完整的广告测评报告，一般应该包含以下内容。

(1) 扉页。内容主要包括测评报告的题目或标题、执行该项测评的机构名称、测评项目负责人的姓名及所属机构、测评报告完稿日期等。

(2) 目录或索引。目录或索引应当完整列出报告中的各项内容，如各部分的标题名称或页码。如果测评结果部分的内容较多，为了方便读者阅读，也可将细目列进去。目录的篇幅以不超过一页为宜。如果报告中图表较多，也可再列一张图表目录。

(3) 摘要。阅读测评报告的人往往对测评过程的复杂细节没有什么兴趣，他们只想知道测评所得的主要结论，以及如何根据测评结果行事。因此这一部分应当简明扼要地说明测评的主要结果，详细的论证资料只要在正文中加以阐述即可。摘要当中一般包括本产品与竞争对手的当前市场竞争状况、本产品在消费者心目中的优缺点、竞争对手的销售策略和广告策略、本产品广告策略的成败及其原因、影响产品销售的因素，以及根据测评结果应采取的行动或措施等内容。

(4) 引言。测评报告的引言通常包括测评背景和测评目的两个部分。测评背景中，测评报告撰写人员主要对测评的由来或进行该项测评的原因做出说明。

(5) 正文。测评报告的正文必须包括测评的全部事实，从测评方法确定到结论的形式及其论证等一系列步骤都要包括进去，即测评方法、测评结果及结论和建议，但是无关紧要的不可靠的资料一定要删除，不能拖泥带水。

(6) 附录。附录要列入尽可能多的有关资料，这些资料可用来论证、说明或进一步阐述已经包括在报告正文内的资料，每个附录都应编号。在附录中出现的资料种类常常包括测评问卷、有关细节的补充说明、原始资料的来源、测评获得的原始数据图表（正文中的图表只是汇总）。

单元训练和作业

1. 课题内容——广告策划书的写作

课题时间：8 课时。

教学方式：教师给出若干品牌或活动名称，帮助学生分析明确其所需要撰写的策划书类型，启发大家关注各个主题的特点和要点。由学生自由组合(5人以内)，形成创作小组，抽签决定各组主题后，由教师参与小组讨论，分别指导各组进行策划书撰写工作，并最终形成正式文本。

要点提示：策划书写作一定要实地考察和分析主题的品牌形象、市场需求和目标受众，不能凭空猜想。要善于对比现有竞争对手的广告策划，以及市场上其他策划书，学习写作方法。

教学要求：

(1) 每组学生根据自己的选题，撰写不少于5000字的广告策划书。撰写要求：掌握既反映产品独特性特点又能满足消费者最迫切需求的广告文案的写作方法和技巧；掌握广告策划书的写作方法和技巧；掌握产品分析、消费者分析和市场分析等与广告策划书密切相关的写作方法和技巧。

(2) 做好实地项目市场调研，保证策略不是纸上谈兵。积极与教师沟通，和小组成员进行讨论，运用头脑风暴法，不断细化本组的策划文案。

(3) 方案完整，内容丰富，信息翔实，图文并茂；写作设计说明，据此向广告主（即教师）阐述广告策划的相关设计方案，说服广告主采纳广告策划方案。

训练目的：通过广告策划书的写作，使学生较为熟练地掌握广告策划书的创意规律、格式内容、写作方法，整体提高学生的综合能力。

2. 其他作业

通过调研旅游博主房琪的旅游视频策划的表现技巧，如图13.6所示，做一次分析总结，并提出自己的见解。

【旅游视频——神都洛阳】

图13.6 旅游视频——神都洛阳

3. 理论思考

(1) 简述广告策划书的编写原则和注意事项。
(2) 简述正规的广告策划书的格式及主要内容。
(3) 广告策划书的表现技巧有哪些？
(4) 广告策划书在广告策划的整体过程中起到什么样的作用？
(5) 广告策划书的构成要素有哪些？
(6) 简述广告策划书的格式。
(7) 简述广告效果测评方案的格式。

4. 相关知识链接

刘春雷. 广告创意与设计：设计师必备广告策划手册[M]. 北京：化学工业出版社，2021.

孙广平，许小欣，何莲娣，等. 广告策划与创意[M]. 武汉：华中科技大学出版社，2022.

第 14 章　CI 策划

课前训练

训练内容：尽可能多地了解和收集相关的资料和情报，包括设计对象的行业特征、产品特性、市场规模及目标市场的相关情况；设计对象的知名度、经营理念、未来展望；设计对象的主要竞争对手及相关情况；设计对象的标志形象的应用及具体规划等。在对市场和相关情况进行深入了解的基础上进行创作构思，以寻求多个创意切入点。

训练注意事项：建议学生结合企业的中英文名称展开想象，采用头脑风暴法进行标志的创作。

训练要求和目标

要求：企业形象信息要通过广泛而有效的传播，让社会公众对企业产生理解、信任和好感，并及时反馈公众的意见，达到相互沟通和默契，从而形成对企业的强烈印象。

目标：企业名称、标志、颜色、字体等视觉识别系统为设计的要点。

本章要点

(1) CI 的构成及设计要素。

(2) CI 策划手册的设计与制作。

(3) CI 评价的指标和方法。

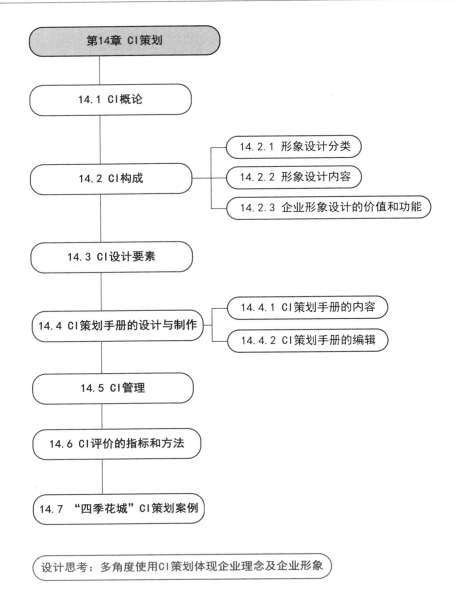

引言

在现代社会中,科学技术不断发展,市场竞争日趋激烈,同类产品之间的差异正逐渐缩小,这时企业形象的魅力开始不知不觉地影响着消费者的购买行为。许多企业迫切地寻求获得竞争优势的有效战略,而CI策划便是塑造富有竞争力的企业形象的一个重要战略,它与广告策划、公共关系策划相互交融,推动企业在更高层次上展开全面竞争。

14.1 CI概论

CIS（Corporation Identity System，企业识别系统），简称CI，是运用视觉设计手段,通过标志的造型和特定的色彩等表现手法,使企业的经营理念、行为观念、管理特色、产品包装风格、营销准则与策略形成一种整体形象。同时将企业名称、企业标志、企业标准字体、标准色等统一规范化之后,由内至外地进行企业与社会之间的信息交流和传播,以最快的速度、最深的印象,让社会和公众注意自己、认识自己、了解自己，从而塑造出企业的最佳形象，获得社会的认同感，达到营销的目标。CI涵盖了标准性、差别性、传播性。格力、华为、奔驰、迪士尼、雀巢、丰田、IBM、百事可乐等公司都十分注重企业形象，都有其个性化的视觉识别特征。

从客观上看，企业形象是企业的本质属性显露在外的特征和表象。从主观上看，它是社会公众（含企业内部员工）对企业的一切活动及其表现出的属性和特征的总体认识和评价，这种认识和评价影响了人们的印象和对企业的态度。企业关系者（顾客、中间商、供应商、媒体、政府等）对企业的整体感觉、印象和认识，对企业的生存和发展起着非常重要的作用。企业形象包括了以下5层含义。

1. 社会公众是企业形象的评价者和感受者

企业所面对的不仅是目标市场的消费者，而是全体公众，包括企业内部员工、供应商、竞争对手、金融机构、政府部门等。因为人与人之间、组织与组织之间相互联系、相互影响、相互制约，牵一发而动全身。企业塑造形象时不应把目标对象局限于目前的消费者身上。比如内部员工既是企业形象的塑造者，又是企业形象的评价者，企业应具有前瞻性，应用相互联系和系统的观点看问题。

2. 企业形象是企业主观刻意塑造的结果

企业形象不仅是企业主体状况的外显，在很大程度上它还是企业主观刻意塑造的结果。这主要体现在企业形象与企业主体之间既一致又相互背离的关系上，企业形象以企业主体为基础，是企业主体的反映，但两者之间不一定完全吻合。

3. 社会公众对企业评价的综合性

社会公众对企业的评价是整体、综合的，并不是局部的、个别的，这就要求企业提高整体素质，不但要抓大事，也要抓小事，全方位维护企业形象。古语说瑕不掩瑜，这句话在现代商战中却不尽然，企业的小失误往往被竞争对手抓住，不仅蒙受巨大的经济损失，还要花很多工夫才能扭转公众的印象。

4. 企业形象是相对稳定性和绝对变化性的统一

塑造企业形象的目的之一是利于消费者识别。形象多变，让消费者眼花缭乱，就达不到目的，企业自身也会无所适从。但随着企业内外环境的变化，企业文化、经营理念不会一成不变，生产经营的产品和服务也会变化，企业形象势必发生变化，所以说企业形象是相对稳定性和绝对变化性的统一。

5. 企业形象是企业为适应竞争变化而应运而生的

塑造企业形象的目的之一就是同竞争对手相区分，形成自己的特色，企业进行形象定位必须考虑竞争对手的形象定位。

14.2 CI构成

CI是将企业经营理念与精神文化运用整体传达系统（特别是视觉传达系统）传达给企业的关系者或团体（包括企业内部与社会大众）的企业文化活动。CI被翻译为"企业形象识别系统""企业形象战略""企业形象策划""企业形象设计"等，也称为CI体系、CI战略、CI计划、CI设计等。

14.2.1 形象设计分类

从战略上看，企业形象也叫企业形象识别系统，或叫企业识别系统。企业识别系统包括企业五大识别体系和企业四大应用界面系统。企业五大识别体系是指理念识别（Mind Identity，MI）、听觉识别（Audio Identity，AI）、视觉识别（Visual Identity，VI）、文本识别（Text Identity，TI）、行为识别(Behavior Identity，BI)；企业四大应用界面系统指摄影界面(Interface of Photo，IP)、传媒界面(Interface of Media，IM)、环境界面(Interface of Environment，IE)和产品界面(Interface of Output，IO)。

1. 理念识别 (MI)

理念识别是指企业在长期的经营活动实践中形成的和其他企业不同的价值观、经营思想、经营方式、企业精神、道德准则等。如日本的松屋银座（百货店）的经营理念为"顾客第一主义"；麦当劳的经营理念为"质量、服务、清洁、价值"；海尔的经营理念为"要干就要争第一"。企业理念的实质在于确立自我，它是企业的灵魂，向人们说明企业是"如何想的"。理念识别反映了企业的价值取向、发展理念和企业文化的本质内容。企业理念可以归纳为两个标志：统一性标志和独立性标志。企业精神和企业文化一旦形成，就必须在员工中取得一致认同、理解和支持，不能在认识或意念上发生歧义，即统一性标志；企业精神或企业文化又是在特定环境下形成的，具有企业的特色，不能与其他企业相混淆，即独立性标志。这两个标志缺一不可，才能达到企业理念识别的整体设计需求。近年来，我国许多企业在形象塑造上打"民族"牌，民族意识无疑会得到全体公众的认可，但公开表明倡导民族意识的企业多了，公众就会认为这些企业在"作秀"，企业的理念识别就失去了独立性。企业的理念识别大致有4种传递方式：视觉识别、听觉识别、文本识别、行为识别。文本识别、视觉识别是一种静态识别系统，听觉识别、行为识别是一种动态识别系统。

2. 听觉识别 (AI)

听觉识别是通过听觉刺激传达企业理念、品牌形象的系统识别。听觉刺激在公众头脑中产生的记忆和视觉相比毫不逊色，而且一旦和视觉识别相结合，将会产生更持久有效的记忆。比如，很多产品的系列电视广告，他们每则广告的背景音乐或者主题音乐甚至语音、语调、语感、语速都有着惊人的相似，观众或听众只要一听到这种音乐或话语，不必去看画面，就会想到大约又是某商品在做广告了。听觉识别主要由以下内容构成。

(1) 主题音乐：企业听觉识别的基础识别，主要包括企业团队歌曲和企业形象歌曲。企业团队歌曲主要用于增强企业凝聚力，强化企业内部员工的精神理念，如集美家居的《集美之歌》；企业形象歌曲则主要用于展示企业形象，向公众展示企业风貌，以此增强信任感，如北京怀建集团的《共筑美好生活》。

(2) 标识音乐：用于广告和宣传中的音乐，一般是从大企业主题音乐中摘录出的高潮部分，具有与商标同样的功效，如麦当劳的广告音乐。

(3) 主体音乐扩展：从高层次出发来展示企业形象，通过交响乐、民族器乐、轻音乐等进行全方位的展示。

(4) 广告导语：一般是广告语中的浓缩部分，以简洁的一句话来体现企业精神，凸显企业的个性。

(5) 商业名称：要求简洁上口，体现企业理念，如北京新航道教育文化发展有限责任公司命名为"新航道"，让人一听名称就对企业理念、经营业务（开辟语言教育新航道）有所认识。

3. 视觉识别 (VI)

视觉识别是指企业的可视事物通过视觉传达给社会公众的专有化或个性化形象，向人们展示企业"是什么样子"。视觉识别的构成要素包括两大类：基本要素和应用要素。

视觉识别是CI的静态识别，它通过一切可见的视觉符号对外传达企业的经管理念与情报信息，在CI系统中最直接、最有效地建立企业知名度和塑造企业形象。它能够将企业识别的基本精神及其差异性充分地表达出来，以使消费公众识别并认知。在企业内部通过标准识别来划分生产区域、工种类别等，有利于规范化管理和增强员工的归属感。

视觉识别系统一般分为基本设计系统和应用设计系统两大类。在这里，基本设计系统是树根，而应用设计系统是树枝和树叶，是企业形象的传播媒体。在基本设计系统中，又以标志、标准字体、标准色为其核心，其中标志是核心之核心，它是所有视觉要素的主导力量。由于各企业的性质不同，在其应用设计系统的项目中，侧重点就不尽相同，取舍不一。但无论什么企业，基本设计系统的内容都大同小异。

(1) 基本设计系统。

① 企业名称。为了便于称呼和区别，企业都有属于自己的专用名称。而为企业起名往往是一个既令人兴奋又让人为难的事情，这就像是为孩子起名，既要叫得响，又要不落俗套，还要拥有长久的生命力。这样一个能让各方都满意的企业名称，是需要花一番心思的。

② 企业标志。企业标志是标志中的一个种类，是企业、商家等为了便于信息传递而采用的图形符号。它通过含义明确、造型简单的符号，将企业的精神面貌、行业特征等充分表现出来，以便于识别。

③ 变形标志。在广告宣传、装饰或一些特殊情况下，可以采用标志的变形样式——经过夸张或重新组合变化后的标志。变形标志以不损害原标志的设计理念和形象特点为原则，抓住原标志特征进行延伸变化，其内容包括变形、空心、反白和线条化等。

④ 标准字体。标准字体（企业中英文名称字体样式）与标志一样，也是企业文化的一种象征。它以独具风格的文字形象出现在各种场合，不亚于企业标志出现的频率。它通过文字视听的直接诉求，准确地传达企业形象。在设计上要求具有强烈的个性和美感，易于阅读，与标志风格具有统一性等。在文字形式的创新上，要顺应流传几千年的文字规则、笔画及结构特征，适当进行添加或简化。值得注意的是，过分地装饰或变化只能适得其反。

⑤ 印刷字体。在广告文案中，经常要用到一些印刷字体，这也是事先设定的。在已有的字库中选择一套与其他设计风格能够统一或协调的字形即可，外文印刷字体也用同样的方式选定。

⑥ 标准色彩。企业标准色是企业的特定色彩，用来增强人们对企业的认识。色彩是人的视觉最先感知的，以色彩吸引人的注意，是极为重要的手段。

⑦ 辅助色彩。标准色在应用中常常显得单调或不够用，需要一些相应的色彩作为辅助色，用以区别不同的部门或场合等。

⑧ 编排模式。在标准字体、标志、标准色的设计完成之后，下一步的任务就是三者之间的编排及规则制定。固定的编排，一方面再次强调企业个性，另一方面也为大量的应用设计提供了模式，使之在应用中更规范。

⑨ 商标品牌。许多企业的产品都有自己独立的品牌名称和品牌形象（商标），不同类型的产品品牌各具特色，甚至同类产品由于销售对象不同，品牌也大不相同。

⑩ 象征纹样。象征纹样通过变化多样的装饰纹样，补充企业标志等造型要素所缺乏的丰富性和灵活性。由于象征纹样大多采用多种多样的组合方式，装饰效果非常强烈，常用在包装纸、购物袋及企业所赠送的各种礼品的设计上，给人以亲切感。

⑪ 吉祥物。吉祥物是为了强调企业性格，配合广告宣传，为企业专门设计创作的形象，用以活跃企业形象，以动感形态引起人们注意，增强企业在消费者心中的亲和力。

(2) 应用设计系统。

① 办公用品包括名片、信封、信纸、便笺等事务性用品和发票、预算书、传票。

② 旗帜类。旗帜有非常明显的标识作用，招展的旗帜能够营造热烈的气氛。旗帜包含的种类较多，如竖旗、吊旗、桌旗等。每一种旗帜都扮演着不同的角色，起着不同的作用。

③ 指示标识是对办公室和企业位置的说明、各种设施的指南。

④ 服装类。企业的统一服装包括办公制服、帽子、领带等。制服的统一，也是提高员工归属感的一种手段。

⑤ 广告宣传类。广告宣传包含的种类较多，如公司指南、内部刊物、企业形象广告、产品广告以及产品目录、宣传纸、各类礼品等，还有一些促销工具也包括在内。

⑥ 资料类。企业在内部传递信息的资料、员工培训的资料、企业发送到外部合作者手中的标书、方案等资料，也应进行设计，并借此传递企业的形象信息。

⑦ 环境与陈设类。作为标识设计的延伸，不仅要统一建筑物的外观形象，还应在工厂区、办公室环境设计中，体现独特的想法，以显示企业独特的文化，特别是店铺陈列、会客空间、连锁店等，更应重视环境与陈设的统一风格。

⑧ 运输工具及设备类。营业用车、运输用车、作业用车，是企业形象宣传的重要工具，要追求更高的视觉识别和认同。

⑨ 公关礼品是企业为联络各方感情的媒介物，所以要在其上标明企业的形象要素。

⑩ 产品与包装类。产品的造型和色彩都应体现企业的个性，同时也要照顾产品特性和功能。消费者在购买商品时，包装作为商品的外衣，有时比商品本身还重要，它是市场营销的工具。

在上述各要素中，企业标志、标准字和标准色是核心要素，它们为其他实际要素的设计提供了基本规则和要求。

视觉识别的双重性在于视觉识别的基本作用，从视觉上表现企业的经营理念和精神文化，形成独特的企业视觉形象，但视觉识别系统本身又具有形象价值。这是由视觉识别系统本身的美学价值和艺术价值带来的，例如华为LOGO的8个红色花瓣造型，视觉效果突出，内涵深刻。

4. 文本识别 (TI)

文本识别是通过企业文本传达企业理念、品牌形象的系统识别。

(1) 办公文本：企业的办公文件系统，主要由企业内部操作。
(2) 公关文本：面向媒体、政府及相关社团的文本，可以由企业操作。
(3) 内刊文本：企业内部主办的报纸杂志，可由内部人员操作。
(4) 营销文本：为了配合市场营销而撰写的文本，包括广告文案、广告语等。
(5) 文化文本：指有关企业文化或创业史的、公开发行的、畅销的专著。

5. 行为识别 (BI)

行为识别是指企业区别于其他企业的各种具体的生产经营服务活动，它向人们说明企业是"如何做事的"。行为识别是企业经营理念、企业精神或文化通过企业的整个经营管理活动反映和体现出来的，又称为企业活动识别。企业行为识别的基本内容由内在和外显两大系统构成，内在行为系统包括3个方面。

(1) 员工素质教育：帮助员工提高理论、政策、法制、管理水平，领会企业经营宗旨、企业精神，了解规章制度。

(2) 规范员工行为：员工行为中的职业道德、仪容仪表、礼仪礼貌、工作态度和体态语言等，还包括员工福利制度、公害对策、作业合理化等方面的统一性和规范化要求。

(3) 企业环境：领导作风、精神面貌、合作氛围、竞争环境等人文环境和工作条件等物质环境。

企业行为识别的外显系统是针对市场和公众展开的各种活动的组合，包括以下4个方面。

(1) 产品组合。在对市场做深入细致的调查和细分的基础上，划定需求对象和了解消费动向，然后进行产品的设计、生产、销售、新产品开发等，并在产品的名称、包装、功能、质量、价格等营销组合方面进行合理规划，重点在于通过提高产品质量来树立良好的产品形象。

(2) 服务。有的企业提供的产品就是服务，就提供有形产品的企业来说，服务质量也是提高竞争力的有效手段。

(3) 广告。广告可分为针对具体产品的产品广告和针对企业的企业形象广告。两种广告活动虽然在实施策略和技巧方面有一定差异，但共同点均在于通过传媒对企业和产品进行宣传，引起消费者对企业和产品的注意、好感、信赖。公益广告不同于一般的企业广告，因为公益广告既不付费，也不宣传企业或产品，但由于公益广告宣传的一般都是政府倡导的观点，如环保、下岗再就业等观点，所以更易打动社会公众，提升企业形象。公益广告是一种宣传企业正面形象的有效手段。

(4) 公关活动。它可以通过围绕提升企业形象和产品形象的专题活动、促销活动、展示活动和新闻发布会，以及间接性的公益活动、社会活动和文化活动等，达到提高企业知名度和美誉度的目的。

行为识别具有双重性：一方面，行为识别实际上是企业的运作模式，通过这一运作模式，企业可以实现经营理念的要求；另一方面，行为模式本身又可以产生一种识别作用，人们可以通过企业的行为特征去识别企业，行为模式本身也能够较充分地反映企业的经营理念。

14.2.2 形象设计内容

在企业五大识别体系中，"理念识别"是企业的灵魂，也是CI设计的根本依据和核心，它为整个企业识别系统的运作提供了原动力，听觉识别、视觉识别、文本识别、行为识别的设计必须充分体现企业经营理念的精神实质和内涵，才能形成统一且具个性的企业形象特征理念与行动。视觉不统一会降低企业的信息传递力和形象诉求力，影响企业的形象，使公众无所适从。从企业形象所表现的内容看，企业形象由产品形象、服务形象、环境形象、人员形象4个方面构成。

(1) 产品形象，是指产品的品牌、质量、性能、造型、包装等在公众和消费者心目中的形象，它是企业形象的基础，是塑造企业形象的前提。

(2) 服务形象，是指企业给消费者所提供的服务（售前、售中和售后）的质量（态度好坏、服务效果等）给顾客留下的印象。

(3) 环境形象，是指企业的生产经营活动场所的好坏给员工和社会公众留下的印象。

(4) 人员形象，是指企业领导者的素质和能力、员工的素质和能力给社会公众和顾客留下的印象。人员形象影响产品形象和企业形象，没有素质高的人员，就没有好的产品、好的环境和好的服务。所以，企业要不断地提高人员的素质，树立良好的人员形象。

14.2.3 企业形象设计的价值和功能

(1) 制定一部企业内部的经营管理标准。总结企业的历史、理念、所有权、技术、文化和人员素质等，制定企业从经营思想、行为规范到视觉识别的一整套经营管理标准，丰富完善企业的经营战略和发展规划。从系统的角度保证企业发展的一致性，这是现代企业管理理论的成功应用。

(2) 确立企业和产品在市场的定位和特征。企业形象设计不仅是企业自我意识的表现，也是将企业与市场联系在一起的纽带。根据企业及产品的内在特征，确定其市场定位，并通过理念、行为、视觉3个层次表现出来。

(3) 创造企业文化。企业文化从理念层次上使企业员工的思想、意识、价值观统一于企业的目标之下；通过培训等方式，使企业员工的行为、企业的公共关系等遵从于有关规定；通过各种媒介的视觉设计，构造美好的外表。这一切都使企业文化得以更加丰富和系统化。企业文化的最大作用就是通过非法则、非制度的手段，使员工的工作目标和企业目标一致，使企业增强凝聚力、吸引力，使企业成员团结在组织内形成对外的强大力量。

(4) 保证信息传播的一致性。由于 CI 制定了一套完整的行为识别、视觉识别规范，使企业在其内外的信息传递和广告宣传上具有很好的一致性。因此企业可以用较少的费用、时间、精力，取得较好的宣传效果，这在各种广告满天飞，信息"污染"严重的当今社会，是极为有效的。

(5) 提高企业产品的竞争力。CI 的最终目的是通过提高企业形象来增强企业的知名度，提高产品的竞争力。实施 CI，增强企业的知名度，使企业在获得生产要素配置时始终处于优先地位，也使企业能在市场中获得所需的人才、资金、信息，处于良性循环的状态，立于不败之地。同时，由于产品的形象得以改善，也使产品在市场竞争中取得优势，在消费者心目中建立起品牌偏好。

14.3　CI 设计要素

企业视觉形象设计方法是专业设计人员更为关心的问题。作为一般人员也需要对企业视觉形象设计的方法有一个大致的了解，以便能准确理解 CI 设计要素的含义并具体实施。

1. 基本设计方法

(1) 制定标志符号的方格标志法。在方格线上配置标志，以说明线条宽度、空间位置关系、角度圆弧位置。角度标志法即用圆规、量角器标出各种标志、符号的正确位置、角弧度、半径、直径等，以说明标志造型的结构关系，保证标志在制作和复制过程中视觉结构特性传达的准确性。

(2) 设定标志应用的尺寸规范。根据视觉原理，同一标志符号在不同应用环境（放大、缩小）中传达了不同的视觉感受。为达成标志的统一视觉效果，必须针对不同的应用环境和范围对标志进行造型修正，调整线条粗细等对应性变体设计，建立严格的标志应用尺寸规范系统。

(3) 标志必须符合变体设计规范。在不破坏原有标志的设计理念和视觉结构的原则下，针对印刷方式的不同及印刷技术、制作程序的限制，需制作各种变体设计，这些都要以规范的形式固定下来。

(4) 基本符号要素组合规范。基本要素组合规范是指以规范法则的形式，制定要素之间合理的组合关系及被禁止的组合关系，从而使组合的各种符号要素达到统一、规范的视觉传达目的。

2. 应用要素设计方法

在企业视觉形象系统中，应用系统包括办公用品、标识招牌、交通工具、包装设计、广告媒介、建筑环境、展览展示布置、制服设计等。这些应用要素在企业和内外沟通联系中是最频繁且最起作用的。因此，在应用要素的具体设计方法上，不仅要注意各种基本要素及要素组合规范的具体运用，而且要为这些应用要素的具体运用选定材料及设定规格、印刷方法、色彩、位置环境等，并以规范化的形式确定下来，以便准确地表达企业的经营理念和产品特性等视觉信息。

14.4　CI 策划手册的设计与制作

公司在完成了视觉识别的所有因素（基本识别因素、应用识别因素）后，为了使这些因素便于使用和执行，就应使这些因素系统化、规范化、标准化，这就需要制作 CI 手册。CI 手册保障企业 CI 策划的统一实施和管理，传达企业整体形象，是 VI 开发的最后阶段。

14.4.1 CI策划手册的内容

1. 序言

企业负责人、董事长、总经理的致辞,企业经营理念、企业文化及未来发展的情况,引进 CI 的动机,CI 手册使用方法的解说。

2. 基本要素

标志、标准字、标准色;标志、标准字、标准色的变体设计;标志、标准字的制图法和标准色的使用方法;标志、标准字的误用范例;附属基本要素(包括字体、企业造型、象征图案、版面编排的方式等)。

3. 基本要素的组合

基本要素的组合规定、基本要素组合系统的变体设计及误用范例。

4. 应用要素

办公用品、标志招牌、运输工具、制服、产品造型、包装、建筑物、室内装潢、陈列展示、宣传广告。

14.4.2 CI策划手册的编辑

1. 手册的编辑目的、作用

在 VI 系统的设计开发完成之后,应建立起一套规则而有效的 CI 策划手册。该手册作为 VI 系统导入运作的指南,是 VI 实施的技术保障和理论依据,也是诸多项目有序推进的条理化保证。手册不仅提供了企业今后对外的形象识别系统,也是实际实施作业时把握标准化水平的关键。所以手册的制定一定要严格谨慎、全面细致,使之成为真正有用的东西。

2. 手册的编辑形式

由于各企业性质不同、规模不一,CI 的内容侧重就有所不同。因此,成册时可考虑单册或分成多册,其编辑形式可参考以下方式。

(1)"基本手册"独立方式。依照基本设计系统和应用设计系统的不同,分成两大单元,编成两册,并以活页形式装订。这种方式可以在基本设计系统完成后,先行成册。在应用项目的开发设计中,方便参阅使用到的基本规定,有助于应用设计的展开,也有助于应用项目导入时的使用。

(2) 基本和应用设计合订方式。整理基本设计和应用设计的各种规定,合编成一本手册,并以活页形式装订。大多数实施 CI 的企业都采用这种方式,手册中通常包括各种设计要素和应用项目,适合中小企业采用。

3. 手册管理

手册的发行由企业领导负责。手册中的规定应视作企业的指示、命令,违反手册中的规定,也就是违反了企业业务上的命令,应视作是对企业形象的损毁行为。

手册的使用者多半是广告宣传、促销、总务、材料和营业部的负责人和执行者。为了在企业内部真正贯彻和执行形象标准,手册发送的对象,除上述部门外,各部门负责人都应人手一册。由于手册中所规定的内容原则上是企业的机密,因此,没有特殊原因,不应随意扩散。随着计算机技术的发展,大中型公司一般把 CI 手册内容制作成 CI 手册信息系统软件,从而使 CI 管理和实施快速化、精确化、规范化。

14.5　CI 管理

企业识别系统管理(Corporate Image Management，CIM)又称"企业整体形象管理"，是指通过对企业形象进行持续创新和协调控制，从而帮助企业提高经营合力的一种管理思想、方法和手段。

CIM 能够全面提高企业内在素质与外在表现，以提升企业市场表现、塑造良好的企业形象、增强企业的竞争实力。CIM 以总体形象管理为纲，以全面质量管理为核心，以产品形象为基础，以员工形象管理为龙头，同时进行环境形象管理和社会形象管理，以全面提升企业形象。CIM 具有以下几层含义。

1. CIM 是一种现代企业管理方法

CIM 通过塑造新的价值观和经营理念，进而影响企业的经营行为，使企业能适应环境的变化，并具备自我适应、调整更新的能力。与其他的管理方法不同，CIM 不是仅对企业的某一方面的质量或产品等进行管理，而是对企业的各方面展开全面管理，是一种综合性、全方位的企业管理方法。

2. CIM 的目标是塑造良好企业形象、提高企业竞争力

企业要想在市场竞争中立于不败之地，必须具有较好的知名度和美誉度，在公众心中有较高的地位，即要具有良好的企业形象。企业形象的塑造是一项系统性工程，需要长期努力，随着外界环境和市场条件的变化，企业形象也会发生变化，企业必须以长期的良好行为来维护。不论是企业形象的塑造还是维护，都需要进行管理。所以，CIM 的直接目标是树立良好的企业形象，而最终目标则是提高企业的竞争力，使企业完成其经济目标和社会责任。

3. CIM 的方法是全面提高企业内在素质与外在表现

企业形象是企业内在素质和外在表现的综合作用与反映，内在素质与外在表现的诸要素形象从不同的侧面反映并共同综合构筑企业形象。因此，CIM 就从对诸要素形象的管理入手，通过不同侧面各要素形象的改善，塑造和提升企业形象。

CIM 的 3 个基本前提如下。

(1) 企业所为与所不为的每一件事情都会影响外界对该组织及其产品、服务和绩效的认知与评价，这种认知与评价会影响企业获取为实现其目的与目标所需的财务资源、人力资源和合作关系。

(2) 企业所为与所不为的每一件事情都在传达着关于企业的信息。

(3) 企业通过行动所投射的信息对企业形象的影响力最强，特别是当这些信息与企业的识别系统发生冲突时，企业形象会受到极大的影响。

应该看到，进入 21 世纪，以下两个方面的认识对企业尤为重要。

(1) CIM 是一个重要的战略问题，直接影响企业在营销和其他管理方面的努力能否成功。因为 CIM 会触及企业的灵魂和组织的核心价值，追寻企业存在的意义和裁定组织的根本目的，属于最高层次的组织控制职能。同时，CIM 更是一种营销工具，因为它可以为组织提供实现目的的机制：使企业能同其竞争对手区别开来；为企业的产品和服务增加价值；吸引和维系顾客，从而使得企业在不断变革和竞争激烈的市场环境中保持繁荣和发展。

(2) 协调一致的企业形象必须被贯彻并整合在组织的各个层次。CIM 是一个综合的过程，它需要处理组织各层面组成部分之间的关系，以同企业的目标受众保持有利的关系。由于 CIM 是一个持续不断的过程，这些管理技能既可用于管理现有关系，也可用于对潜在和未来关系的管理；既适用于工商企业，也适用于非营利组织和政府机构。因此，CIM 是在最高层次上创建并向顾客及营销伙伴传达品牌个性和特色。不论从营销角度还是管理角度出发，CIM 都应该贯穿于企业内的各个层次，当然首先是从最高层次开始。CIM 的实质就是将企业的经营理念和精神文化与现代设计观念相结合，用企业文化的综合反映和外部表现，并用企业自己的行为、产品、服务在社会公众心目中绘制蓝图，以刻画企业个性、突出企业

精神，使公众以直观感受对企业做出评价，并产生深刻的认同感，从而塑造企业良好的形象。

CIM 的目的在于：①塑造基于内在实质特性的企业哲学、组织个性和企业形象；②对企业形象进行持续的管理实践，使之成为企业管理的重要内容和有效的管理方式及营销手段；③建立对外部重点公众有意义的组织行为模式，促进他们与组织保持长期的关系。企业识别系统管理理论体系的重构，一方面是对企业形象构成要素的重新设置和构造，另一方面则是对企业形象战略管理体系的重构。在构建完整的企业形象框架的基础上，还要将企业形象纳入企业战略管理的领域，对其进行系统的战略管理。CIM 是具有整体性、长期性和系统性的战略管理活动。一方面，企业形象是多种形象要素的集合，良好的企业形象是企业良好的产品形象、服务形象、领导形象、员工形象、设备设施形象、环境形象及社会责任形象等的综合体现；另一方面，塑造企业形象是一项长期的活动，企业只有立足长远，从眼前做起，并坚持不懈，才能逐步得到公众的认可，不断提高企业的知名度和美誉度。

14.6　CI 评价的指标和方法

1. 评价指标

评价企业形象最基本的指标有 3 个：认知度、美誉度、和谐度。

(1) 认知度。认知度是一个组织被公众知晓、了解的程度。它是评价组织名气大小和被公众了解程度的客观尺度。认知度评价的第一个任务，就是要了解"谁知晓"，是否存在企业希望知晓的公众并不知晓的问题，是否存在不该知晓或不必知晓的公众又知晓的问题，即是否存在认知度知晓错位。另外，"知晓什么"，即公众所知晓的内容是不是企业希望公众知晓的内容，以此可以了解企业形象的传播是否有效。认知度评价的第二个任务，就是了解公众知晓的程度，即公众对企业的了解是深入还是较为肤浅。如要了解公众仅仅是知道企业名称，还是进一步知道企业的产品和服务的详细情况，重点是了解认知度的深度问题。认知度评价的第三个任务就是搞清楚知晓公众的数量特征，包括绝对人数、占有关人群的比例、地理分布状况等，这是认知度的广度问题。只有认知度较广、较深又不发生错位的企业，才有可能成为具有良好形象的企业。

(2) 美誉度。美誉度是一个组织获得公众信任、赞许的程度。这是评价组织社会影响好坏程度的指标。它是企业进行形象塑造和传播后最希望得到的结果。一个有美誉度的企业，肯定是形象优良的企业。美誉度越高，企业形象的优良程度就越高。反之，一个只有认知度却没有美誉度的企业，可能会引起公众的反感。

企业美誉度的评价主要从以下角度入手。第一，赞美企业的公众是谁？首先应该搞清楚，是谁在赞美企业。不同类型的公众对企业的赞美应该给予不同的权重。至于哪一类公众的赞美应该给予更高的权重，应该根据企业的具体情况而定。第二，赞美的内容是什么？显然，赞美的面越宽，企业的美誉度就越高。对公众给予企业的不同方面的赞美也应该给予不同的权重。一般来说，涉及主业的赞美比仅仅涉及辅业的赞美更重要；涉及整个公司的赞美比仅仅涉及企业的某些个人或部门的赞美更为珍贵。第三，赞美企业的人数究竟有多少？包括绝对数和相对数。同时还应该注意在一片赞美声中，有没有抱怨，有多少人在抱怨，因为什么而抱怨等。

(3) 和谐度。和谐度是指各类公众对企业形象的认识和评价与企业形象想要达到的目标是否一致。可通过理想形象与现实形象的对比来完成评价。

2. 评价方法

企业形象战略效果的评估是企业形象战略全程中不可或缺的最后一环。为了保证评估客观性、公正性和权威性，要建立一整套严密的组织系统和工作程序。

(1) 成立评估小组。评估小组由 5～11 名专家组成，在整体形象管理委员会 (Image Management

Committee，IMC)的直接领导下开展工作。其职责是领导、组织、协调企业形象导入策划效果的评估工作，包括制订计划、设定指标和体系、人员培训、收集反馈信息、做出经费预算等。

(2) 设定评估指标体系。评估小组依据企业形象导入策划评估指标的通用性和本企业所在行业的特殊性，设定客观、科学又易于操作的评估指标体系。

(3) 收集有关资讯。资讯是客观评估的事实基础。收集资讯必须全面、系统、准确，收集方式不拘泥某一种方式，既要注重有形的、固化的资料，又不能忽略无形的、流于人们宣传的材料，以便使所收集的资讯更为翔实。

(4) 资讯整理筛选。将所收集的资讯进行分类和统计，应用科学的分类方法与统计方法，进行初步的去伪存真、去粗取精的筛选，留下有用的资讯。

(5) 根据评估指标进行计算分析。对上述评估结果，按事前设定的评估指标进行计算、分析、比较，从而得出企业形象策划效果。效果可分为优秀、良好、中等、及格和不及格。根据评估的效果进行分析并拟定鉴定意见。

(6) 结论公布。将评估的结果反映给 IMC，并予以公布；对评估结果较差的企业，评估小组可根据评估中的问题提出改进、调整建议。

3. AHP

(1) 层次分析法。层次分析法(the Analytic Hierarchy Process，AHP)是美国著名运筹学家 T.L.Saaty 于 20 世纪 70 年代提出的一种系统分析方法，是一种常用的多指标综合评价方法，已在多个领域得到广泛应用。

AHP 法的基本思想是：先根据问题的性质和要求所构成的总目标，将问题分解为相互联系的有序层次，使目标条理化；然后按照问题的结构层次从上而下，逐层确定同层次上各元素相对上一层支配元素的重要性，最后得到各层次元素相对于总目标的综合权重，应用 AHP 法来确定企业识别系统各层面评价指标体系的权重。

(2) 选定专家。专家的选择是至关重要的，直接影响到判断结果的科学合理性。因此，所选择的专家必须具有广泛的代表性。主要有两个方面，一个是人数，专家组的人数应该不少于 20 人，多的可达百人。另一个就是专家的人选，专家组应该包括 3 类人员：第一类是从事企业识别系统管理的专家学者；第二类是从事企业识别系统的设计人员；第三类是应用企业识别系统的企业代表人员。

(3) 建立递阶层次结构模型。根据层次分析法的原理，按照各评价指标之间的相互关系，将各指标按不同层次组合，得到一个有序的递阶层次结构模型。这个递阶层次结构模型就是评价指标体系。开发应用型的企业识别系统效果的评价指标可分为 3 层，如图 14.1 所示。

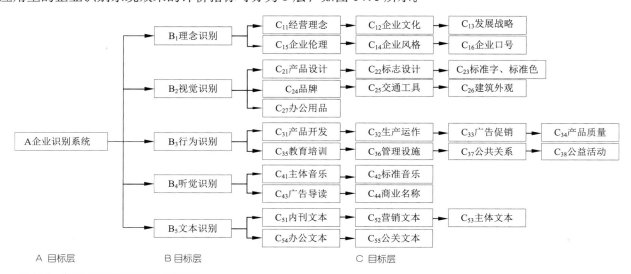

图 14.1 企业识别系统效果的评价指标体系

(4) 专家评判。根据层次分析法的"通过各个层次两两比较的判断方式来确定每层次中因素的相对重要性"这一原理，设计"评价指标重要程度比较判断表"，见表14-1和表14-2。子层次评价指标重要程度比较判断表仅以C目标层为例。

表14-1 主层次评价指标重要程度比较判断表

两两比较的评价指标	重要程度				
	极重要	很重要	重要	比较重要	同样重要
理念识别 [ ] 视觉识别					
理念识别 [ ] 行为识别					
理念识别 [ ] 听觉识别					
理念识别 [ ] 文本识别					
视觉识别 [ ] 行为识别					
视觉识别 [ ] 听觉识别					
视觉识别 [ ] 文本识别					
行为识别 [ ] 听觉识别					
行为识别 [ ] 文本识别					
听觉识别 [ ] 文本识别					

表14-2 子层次评价指标重要程度比较判断表

两两比较的评价指标	重要程度				
	极重要	很重要	重要	比较重要	同样重要
经营理念 [ ] 企业文化					
经营理念 [ ] 发展战略					
经营理念 [ ] 企业风格					
经营理念 [ ] 企业伦理					
经营理念 [ ] 企业口号					
企业文化 [ ] 发展战略					
企业文化 [ ] 企业风格					
企业文化 [ ] 企业伦理					
企业文化 [ ] 企业口号					
发展战略 [ ] 企业风格					
发展战略 [ ] 企业伦理					
发展战略 [ ] 企业口号					
企业风格 [ ] 企业伦理					
企业风格 [ ] 企业口号					
企业伦理 [ ] 企业口号					
经营理念 [ ] 企业文化					
经营理念 [ ] 发展战略					

"两两比较的评价指标"栏中的"[ ]"内,需要专家填写">""=""<",其中">"表示前者比后者重要,"<"表示后者比前者重要,"="表示前者与后者同样重要。然后再判断重要程度,在右边的"重要程度"栏中选择一个空格打"√"。用 1、3、5、7、9 分别表示同样重要、比较重要、重要、很重要、极重要,而在极重要与很重要交界处打"√"则为 8 分,很重要与重要交界处打"√"则为 6 分,重要与比较重要交界处打"√"则为 4 分,比较重要与同样重要交界处打"√"则为 2 分。

(5) 构造判断矩阵。由负责人员将最后一轮征询的结果进行汇总整理,并把相应的重要程度转换为数字,把各专家对同一项目的判断数值进行几何平均构造判断矩阵。

(6) 层次单排序。用 AHP 软件,可求出准则层相对于目标层的权重。

(7) 层次总排序。

4. 建立企业识别系统效果评价的数学模型

模糊综合评价法有两种评价形式:单层次模糊综合评价方法和多层次模糊综合评价方法。根据需要,选择单层次模糊综合评价法来建立企业识别系统效果评价的数学模型。

(1) 确定企业识别系统效果的评价指标集 U 和评语集 V。针对的企业识别系统效果,选定的评价指标是经营理念、企业文化、发展战略、企业伦理、企业风格、企业口号、产品设计、标志设计、标准字、标准色、品牌、交通工具、建筑外观、办公用品、产品开发、生产运作、广告促销、产品质量、教育培训、管理实施、公共关系、公益活动、主体音乐、标准音乐、广告导读、商业名称、内刊文本、营销文本、主体文本、办公文本、公关文本等。所以,评价指标集 $U = \{u_1$:经营理念,u_2:企业文化,u_3:发展战略,u_4:企业伦理,u_5:企业风格,u_6:企业口号,u_7:产品设计,u_8:标志设计,u_9:标准字、标准色,u_{10}:品牌,u_{11}:交通工具,u_{12}:建筑外观,u_{13}:办公用品,u_{14}:产品开发,u_{15}:生产运作,u_{16}:广告促销,u_{17}:产品质量,u_{18}:教育培训,u_{19}:管理实施,u_{20}:公共关系,u_{21}:服务、公益活动,u_{22}:主体音乐,u_{23}:标准音乐,u_{24}:广告导读,u_{25}:商业名称,u_{26}:内刊文本,u_{27}:营销文本,u_{28}:主体文本,u_{29}:办公文本,u_{30}:公关文本$\}$。

确定评语集 V,V 是评价者对评价对象可能做出的 n 个评价结果所组成的集合。$V = \{v_1, v_2, \cdots, v_n\}$,其中 v_n 表示具体的评语等级。可以选定评语等级:优秀、良好、中等、及格、不及格,则评语等级 $V = \{v_1$:优秀,v_2:良好,v_3:中等,v_4:及格,v_5:不及格$\}$。

(2) 确定评价指标集 U 中各个指标的权重。利用层次分析法来确定各级评价指标的权重。在前面,已经利用层次分析法确定了各评价指标的权重。

(3) 确定各评语等级的隶属度。假设参与评价的专家人数为 p ($p = 1, 2, \cdots, k$),其中 k 表示评价专家的具体人数。各位评价者对每个评价指标均给出一个评语等级,用统计的方法计算出各等级的频率,即评价对象在每个评价指标上各评语等级的隶属度。

(4) 建立模糊评判矩阵 R。根据以上步骤的计算结果,由各个评价指标的各评语等级的隶属度就组成了模糊关系矩阵 R。

(5) 建立模糊综合评价的数学模型。

(6) 进行计算。在进行成果评价时,应根据实际需要选择合适的计算方法。就效果的综合评价而言,在实际工作中常用加权平均法进行计算。

(7) 综合评价结果向量的分析。

5. 作用意义

层次分析法和模糊数学的方法是既能考虑各种客观因素,又能充分利用专家智慧的有效方法之一。

应用它们可以建立企业识别系统效果的评价模型,使企业识别系统效果的评价由无结构化向有序的结构化系统状态转移。层次分析法体现了人们决策思维的基本特征,即分解、判断和综合,具有适用性、简洁性、实用性和系统性等特点,适用于结构相对复杂、决策准则较多且不易量化的决策问题。由于它有效地把定量分析与定性分析结合起来,从而使人的主观经验判断可用数量的形式加以表达和处理,可避免决策者在结构复杂和方案较多时发生逻辑上的失误。

14.7 "四季花城"CI策划案例

"四季花城"CI策划案例如图 14.2~图 14.43 所示。

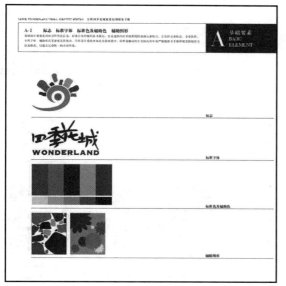

图 14.2 标志、标准字体、标准色及辅助色、辅助图形

图 14.3 标志释义

图 14.4 标志落格

图 14.5 中英文标准字体及落格

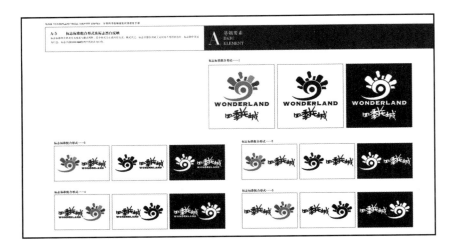

图14.6 标志标准组合形式及标志黑白反映

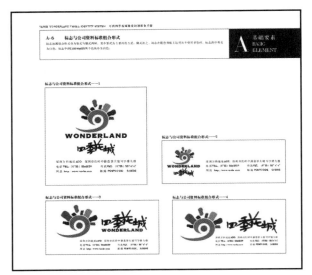

图14.7 标志与公司资料标准组合形式

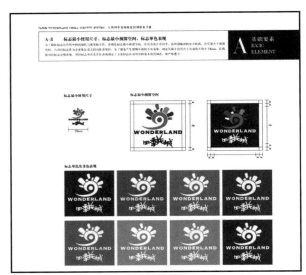

图14.8 标志最小使用尺寸、标志最小预留空间、标志单色表现

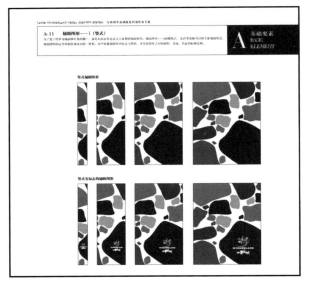

图14.9 辅助图形

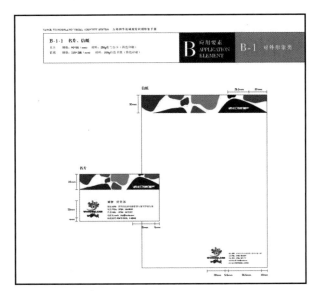

图14.10 名片、信纸

第 14 章 CI 策划

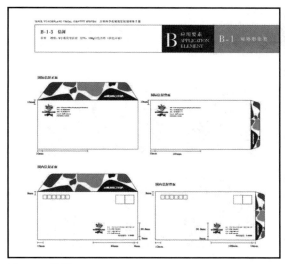

图 14.11 信封 1

图 14.12 信封 2

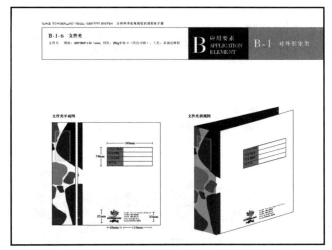

图 14.13 文件夹

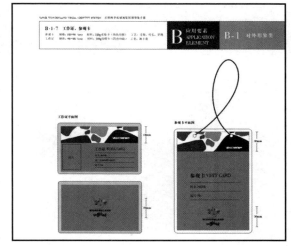

图 14.14 工作证、参观卡

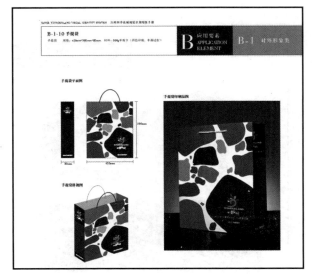

图 14.15 手提袋

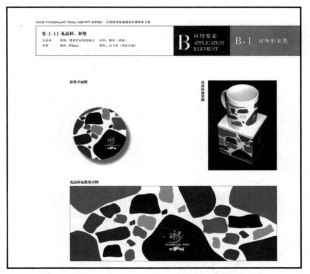

图 14.16 礼品杯、杯垫

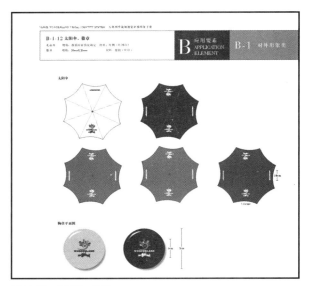

图 14.17 太阳伞、徽章

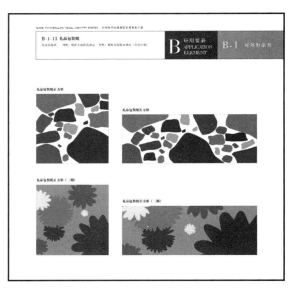

图 14.18 礼品包装纸

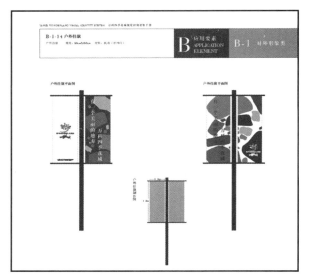

图 14.19 户外挂旗

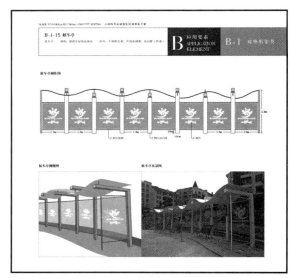

图 14.20 候车亭

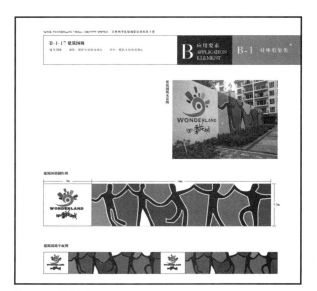

图 14.21 建筑围墙

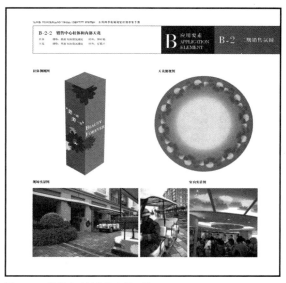

图 14.22 销售中心柱体及内部天花

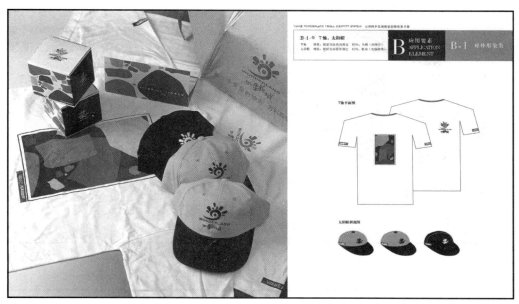

图 14.23 T恤、太阳帽

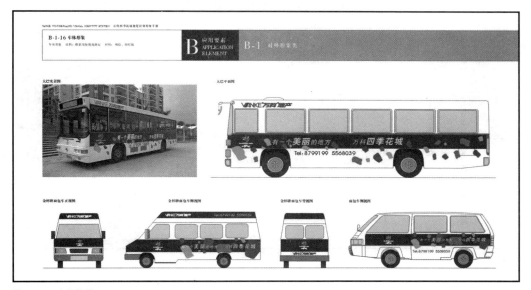

图 14.24 车体形象

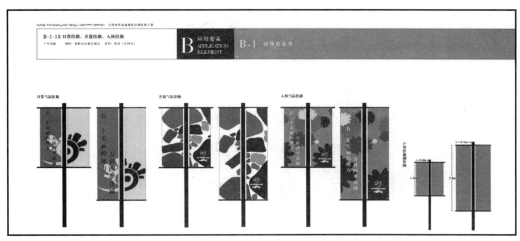

图 14.25 挂旗

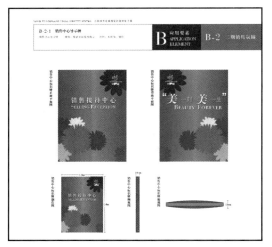

图 14.26 销售中心导示牌

图 14.27 二期看楼电瓶车

图 14.28 二期挂旗和小型指示牌

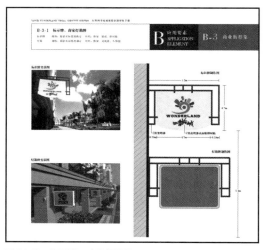

图 14.29 标示牌、商家灯箱牌

图 14.30 商业街鸡冠车

图 14.31 食街招牌

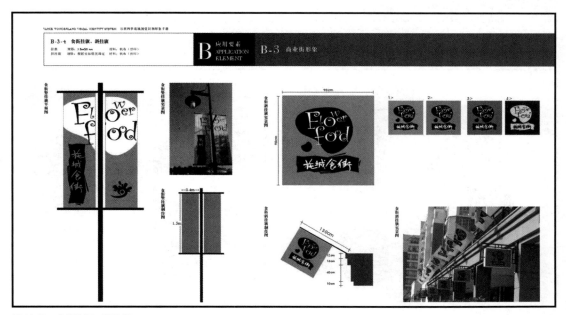

图 14.32 食街挂旗、斜挂旗

图 14.33 室外挂旗

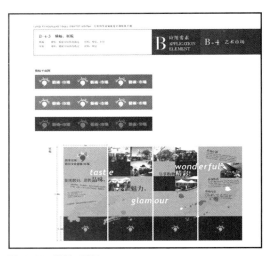
图 14.34 横幅、展板

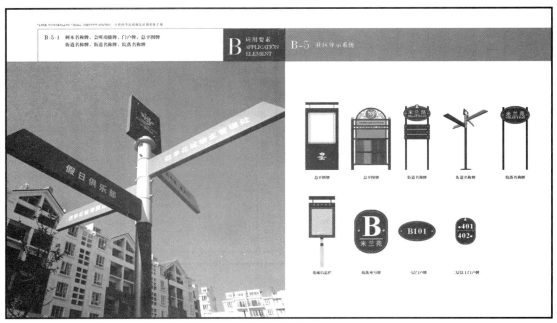
图 14.35 名称牌

图 14.36 楼房名称牌

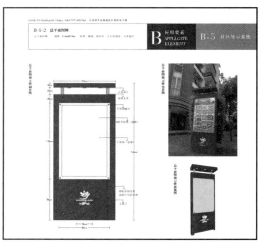
图 14.37 总平面图牌

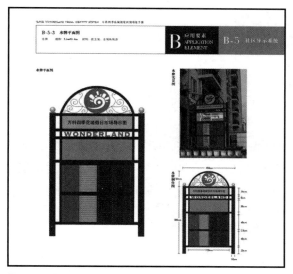

图 14.38 水牌平面图

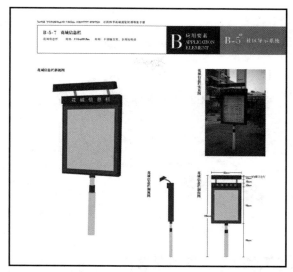

图 14.39 花城信息栏

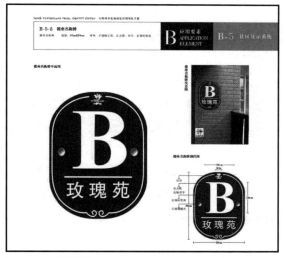

图 14.40 楼座名称牌

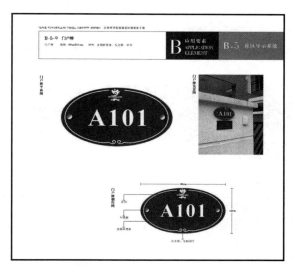

图 14.41 门户牌

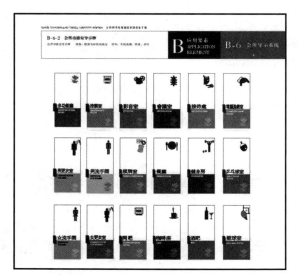

图 14.42 会所功能室导示牌

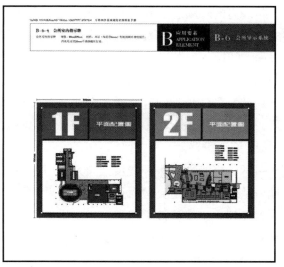

图 14.43 会所室内指示牌

单元训练和作业

1. 优秀案例赏析

案例一：2002年北京冬奥会会徽（图14.44）。

（1）制作背景。

"墨舞冬奥"由中央美术学院设计学院副院长林存真带领团队设计。汉字是中华文明的重要载体，以中国书法"冬"字为创作主体的2022年北京冬奥会申办标识自发布以来，便被人们赋予了这个浪漫写意的名字。

（2）策划思路。

会徽主体是汉字"冬"，字形由冰雪运动赛道和运动员组成，其中冬的两点草写与2022的"2"重合，下方是奥运五环标识。整个画面体现了2022年北京冬奥会之意。

（3）作品分析。

该标识融汇了中国书法及冰雪运动元素，以中国书法"冬"字为主体，将抽象的滑道、冰雪运动形态与书法结合，人书一体，天人合

图14.44 2022年北京冬奥会会徽

【2022年北京冬奥会会徽宣传片】

一；"冬"字下方两点融为2022，生动自然。标识展现了冬季运动的活力与激情，更传递出中国文化的独特魅力。而在形象抽象方面，飞舞的飘带、层峦起伏的长城等都融在了标识里。比如曲线的由来，就考虑了长城绵延的感觉，颜色考虑了冬天，还考虑到国旗、春节的特点。

会徽上半部分展现滑冰运动员的造型，下半部分寓意滑雪运动员的英姿，中间用充满韵律的舞动线条连接，合二为一，形成汉字"冬"。"冬"字下方的"BEIJING 2022"印鉴则汲取中国剪纸的特点，与会徽风格实现整体统一。中国书法的艺术形态将厚重的东方文化底蕴与国际化的现代风格融为一体，充满了和谐之美。

案例二：LG Telecom——好心情篇（图14.45）。

（1）制作背景。

与现有的移动通信方式不同，"好心情"服务是一种适用于家庭和办公室的、比现行资费标准更为低廉的服务方式。在本项服务定位过程的初期，曾将其定位成资费制。与SK网络公司及韩国移动通信公司等竞争对手就代替家用座机有线电话的移动通信新型服务而再三斟酌。虽然预计到有线通信企业会对此有抗议，但考虑到市场因素，最终还是选择了取代家用座机的市场定位。

（2）策划思路。

由于"好心情"服务费用低廉且使用方便，家用座机再无用武之地，从而惨遭被遗弃的命运。这便是设计的广告。通过在城市中心的大型建筑上喷涂被丢出的家用座机破窗而出的场面，来引起消费者对于被称为"家用座机的受难时代"的IMC广告的兴趣。

（3）作品分析。

该广告让使用者增加到14万人，活动期间认知度上升了22%。

图14.45 LG Telecom——好心情篇

从消费者的兴趣和参与情况，以及有线通信企业的强烈抗议和牵制来看，可以说这是一个相当成功的广告。

案例三：LG 电子——车用遮光板篇（图 14.46）。

（1）制作背景。

连续 7 年销售量居世界第一的 LG 电子生产的 Whisen 产品以购买顾客和访问顾客为对象策划了多种促销活动。

（2）策划思路。

通过各种促销活动持续向消费者灌输"Whisen 是世界级品牌"这一理念，并提高其对产品的满意度和信赖感。这样的市场活动提高了消费者对产品的潜在认知力，并延伸到产品购买。另外，防护罩作为促销物件配送，会在生活中对消费者产生广告效果，从而使持续的附加产品销售成为可能。

图 14.46 LG 电子——车用遮光板篇

（3）作品分析。

炎热的盛夏，坐进停在户外的汽车时，乘客会因为车内的高温而感到不舒服。使用遮光板可以减轻这种状况。空调具备制冷功能，可以在夏季调节室内空气的温度和湿度。将遮光板的功能比作空调的功能而制作出了夏季车用遮光板的广告。借助这种功能，即使在夏季，车内温度也与有空调的室内一样。运用这种表现手法，一方面使题材更加有趣，另一方面也便于人们认识和了解产品的性能。

2. 课题内容

课题时间：4 课时。

教学方式：教师列举大量 CI 作品，启发学生设计 CI 手册的基本要素和应用要素内容。

要点提示：重点掌握 CI 的基本概念和理论。

教学要求：企业在完成了视觉识别所有因素（基本识别因素、应用识别因素）后，为了使这些因素便于使用和执行，应使这些因素系统化、规范化、标准化。这就需要制作 CI 手册。CI 手册保障企业 CI 计划的统一实施和管理，传达企业整体形象，是 VI 开发的最后阶段。重点是 CI 手册的设计和制作。

训练目的：在 VI 系统的设计开发完成之后，应建立起一套规范而有效的手册。作为 VI 系统导入运作的指南，也是 VI 实施的技术保障和理论依据，是在诸多项目中进行有序工作的条理化保证。VI 手册不仅提供了企业今后对外的形象识别系统，也是实际实施作业时把握标准化水平的关键。所以手册的制定一定要严格谨慎、全面细致，使之成为真正有用的东西。

3. 其他作业

了解本章的概念和定义。教师可根据教学侧重点选择多种 VI 视觉设计的基本要素，锻炼学生对 VI 手册中标志、标准色和标准字的设计能力。

（1）如何理解 CI？

（2）简述 CI 设计要素。

（3）CI 管理有哪些特征？

（4）广告策划应遵循哪些原则？CI 评价指标和方法是什么？

4. 理论思考

（1）根据教师提供的相关企业资料，设计一套 CI 手册，包括企业识别体系 MI、AI、VI、TI、BI 和企业应用界面系统 IP、IM、IE、IO 等。

(2) 查阅课外资料，重点了解 CI 的评价方法。

5. 相关知识链接

于佳佳，陈荣华．CIS 企业形象设计 [M]．2 版．北京：清华大学出版社，2022．

刘丽．企业形象 CI 设计手册 [M]．北京：清华大学出版社，2020．

惠勒．企业形象 CI 设计全书 [M]．张玉花，王树良，译．上海：上海人民美术出版社，2021．

第 15 章　广告策划书案例

课前训练

训练内容：通过对本章好想你健康食品股份有限公司广告策划案例的学习，让学生掌握广告策划书的编写，进而掌握企业广告策划书的构成内容、广告创意的设计等知识。

训练注意事项：建议学生结合企业品牌产品展开广告策划方案的创作，包括广告调研、广告目标、广告创意表现、广告媒介、广告预算、广告实施策略、广告效果等。

训练要求和目标

要求：使学生从不同成功的广告策划书中，学习如何体现企业文化、企业理念和产品的广告宣传。

目标：使学生具备对广告策划书创作和深入分析的能力。

本章要点

(1) 品牌描述。

(2) 市场环境分析与目标对象分析。

(3) 营销提案与创意设计提案。

(4) 媒介提案及广告预算。

引言

好想你健康食品股份有限公司的广告策划书是对企业整个广告策划工作的最终总结和成果汇编，是企业生产出的"产品"，因而本章案例的创意与撰写在公司广告活动的具体实践中将会起到不可替代的重要作用。

通过对这个案例的学习，了解一个成功企业的产品能够在市场上立于不败之地的主要原因，通过广告创意和策划的具体实施，向消费者传达自己独特的、个性化的企业文化，以及企业理念和经营目标。它不是单纯的生产加工企业，而是从市场激烈竞争中成长、壮大并发展起来的红枣产业型企业。

党的二十大报告指出，以社会主义核心价值观为引领，发展社会主义先进文化。品牌的价值理念、良好的广告创意能对消费者产生潜移默化的影响，引导人们践行社会主义核心价值观。

15.1　品牌描述

好想你健康食品股份有限公司（以下简称"好想你"）创始于1992年，主要从事红枣、冻干产品、坚果、果干等健康食品的研发、采购、生产和销售。公司于2011年在深交所中小板上市，成为红枣行业的上市公司。好想你是一家集红枣种植加工、冷藏保鲜、科技研发、贸易出口、观光旅游为一体的综合型企业。公司以市场需求为导向，以技术创新为动力，以品牌经营为核心，以科学管理为手段，坚持产品系列化、高端化、健康营养化的方针，不断扩大产品的市场占有率和品牌知名度，已成为红枣行业的龙头企业。

好想你作为中国红枣行业的龙头企业，多年来深耕红枣行业，主要做了6件事情，一是改变了中国红枣的品质，二是改变了人们吃枣的方法，三是把红枣带到了品牌时代，四是塑造了一张河南靓丽的名片，五是打造了中国红枣上市第一股，六是助推了红枣品类期货上市。

好想你作为农业产业化国家重点龙头企业，取得商标注册证1010件（含域外注册32件），专利70件，著作权登记证10件；通过河南省科技成果鉴定12项，中国商业联合会科技进步奖1项，中国轻工业联合会科技进步奖1项，河南省科技进步奖4项，山东省科技进步奖1项，郑州市科技进步奖4项。2017年，好想你荣获中华人民共和国国家工商行政管理总局"商标运用奖"，是河南省唯一荣获中国商标金奖的企业。

好想你始终以安全健康作为原料采购、产品研发、生产、销售整个经营过程的指导理念。尤其在生产环节，公司导入HACCP食品安全管理体系认证，建立了更为高效完善的ISO 22000食品卫生安全管理体系，按医药行业GMP要求建了十万级净化车间。公司先后获得了"新郑市市长质量奖""郑州市市长质量奖""河南省省长质量奖"等多项殊荣。公司已建立河南新郑、河北沧州、新疆哈密、新疆阿克苏、新疆若羌5个生产加工基地，下辖17家全资子公司、4家控股子公司以及7家参股公司，拥有"好想你大学"。

公司的核心价值观是"良心工程，道德产业"，使命是"让懂健康、要健康的人吃上健康食品"。公司秉承"新一代健康食品的引领者"的发展战略，聚焦"高端红枣好想你"的品牌定位，践行"一县一品、一区一店、一店千品、一品千店"的商业模式，打造特色农产品运营平台，做县域特色农产品运营商。未来，公司将继续发挥健康食品全产业链优势，顺应消费升级和食品安全需求，主攻高端健康食品。公司将以红枣为核心发展驱动力，利用冻干技术加工全国各地的特色农产品，实现一二三产的融合，打造特色农业的全产业链发展，形成产业兴旺的局面，助力乡村振兴战略的实现。同时，公司将继续依托资本市场，投资并购优秀的健康食品企业，实现与公司的协同发展，做大做强中国健康食品产业，推动中国健康食品产业发展，为国人健康保驾护航！

15.2 市场环境分析

1. 市场分析

对于我国枣产业的现状，从全球角度来看，中国枣产业的超强地位进一步得到巩固。近年来，我国枣树面积和产量每年都在以10%以上的速度增长。2009年总产量达到300多万吨，面积约200万公顷（1公顷 = 10^4 平方米），占全世界的99%左右。此外，一些发达国家进军我国枣产业特别是枣的深加工业的势头正在显现。

从国内看，冀、鲁、晋、豫、陕五大传统产枣大省仍占据全国90%的面积和产量，而且普遍增势强劲；新疆更是异军突起，正凭借其得天独厚的自然条件优势打造中国和世界上最大的优质干枣生产基地；另外，北方的储藏加工和深加工业、营销产业及南方的鲜食枣产业也正在崛起。

从品种结构看，干制品种正成为过去，鲜食品种及深加工食品迅速成为枣业发展的生力军。据估算，目前我国制干、鲜食、兼用和蜜枣的品种数和产量比分别为35∶35∶20∶10和60∶10∶20∶10。

在采购处理方面，各大企业对储藏、分级包装到加工普遍高度重视，正处于大发展、大变革的时期。在枣产品贸易方面，在国内，仍然主产华北、西北，主要销往南方和东北；在国外，中国枣产品远销五大洲的30多个国家和地区。

2. 竞争对手分析

山东鼎力枣业食品集团有限公司

(1) 企业经营概况。鼎力集团是集科研、加工、贸易于一体的国内专业加工金丝小枣系列制品规模最大的企业，拥有国家级农产品加工技术研发专业分中心，跻身山东省民营食品企业发展实力30强。集团现有总资产16亿元，占地100万平方米，员工4000余人，拥有3个现代化工业园区，下设鼎力枣制品有限公司、鼎力饮品有限公司、鼎力枣啤酒有限公司、鼎旺食品有限公司、鼎鑫糖业有限公司、山东康欣生物科技有限公司6个分公司。

(2) 企业经营特色。集团现有3万吨的鲜枣储藏能力，拥有国际先进水平的FD食品生产线多条。主要产品有冻干食品系列、"枣维金"保健食品系列、"靓颜美"化妆品系列、"枣维金"饮品系列、枣啤酒系列、牛肉制品系列、糖产品系列、肌醇系列等80多个品种。产品畅销全国各地及港台地区，并出口韩国、马来西亚等国家。

(3) 企业文化。

鼎力理念：健康人生，鼎力相助。

鼎力精神：诚信，创新，科技，品质。

鼎力目标：用不懈的努力创造美好人生，用智慧和勤劳创造民族品牌。

(4) 企业公益活动。鼎力枣业在公益事业方面也很重视。自2001年至今，鼎力集团共资助了20名贫困学生，帮他们圆了大学梦。鼎力集团总公司和科技生物工业园区的员工自发组织为玉树同胞捐款祈福，汇聚成鼎力集团大家庭的浓浓爱意，给灾区人民送上一份温暖、一份爱心，为抗震救灾助上一臂之力。此次捐款充分展现了鼎力人"一方有难，八方支援"的仁爱之心，希望能为玉树灾区的救助和重建工作尽绵薄之力。2008年5月12日，在得到汶川地震灾难发生的消息后，鼎力集团在第一时间行动起来，以自己的真情实举表达一个企业公民应尽的责任，向汶川灾区捐款50余万元。

郑州帅龙红枣食品有限公司

(1) 品牌名称：真的常想你。

(2) 企业经营概况。公司成立于2000年7月，其前身是成立于1988年的中牟县郑中楼食品厂。注册资本金2000万元人民币，总占地面积9万平方米，建筑面积1.8万平方米，现有员工280人，其中专业技术管理人员26人，是一家依托当地红枣资源，联结当地枣农合作社，集红枣生产、加工、研发和市场销售为一体的民营农副产品精深加工企业。公司年红枣加工能力1.5万吨，年销售额9000万元。

(3) 企业经营特色。该公司先后推出了精制原枣、枣片、枣干、枣糕、蜜枣、焦枣、枣粉、枣露、枣醋、枣饴、枣参茶、晶枣、野酸枣、保健香枣、宫廷御枣等15个系列100多个单品。

(4) 企业文化。以诚信优良的服务同社会各界同仁一道，携手共酿和谐社会更加甜蜜的事业！

红枣甜似蜜，真的常想你！

西域恒昌集团

(1) 品牌名称：圣泽牌。

(2) 企业经营概况。公司创建于1997年11月，历经多年奋斗历程，公司已成功创办并改制，新建多家公司，即甘肃临泽西域食品有限公司、白银枣旺食品有限公司、民乐恒昌马铃薯食品有限公司、张

（4）运用公共沟通。在公共场合突出自己的品牌形象。如在公共场合设置志愿服务点，可以将红枣做成小包装，免费送给交警或者其他服务人员，突出产品的公益形象。市场战略图如图15.2所示。

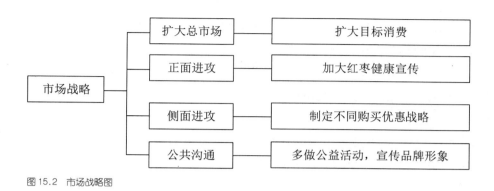

图15.2　市场战略图

3. 包装策略

由于目标消费不同，可以根据消费目标的不同设计不同的包装风格。根据不同节日设计不同的礼品包装，但整体风格与形象要一致。

4. 促销策略

针对不同群体、不同节日做不同的促销方案，见表15-2。

表15-2　节日促销策略

时间	促销策略
西方情人节（2月14日） 中国情人节（阴历七月初七）	主题：健康每一刻，想你每一刻； 2月14日举行好想你枣情人节特别活动，打开情侣市场，传达节日不仅可以送巧克力玫瑰花，好想你枣将是更好的选择； 凡在2月14日情人节当天购买好想你产品，均送情侣水杯一套。七月初七当天，凡结婚10年、15年、20年、50年的夫妻，凭结婚证可领取好想你小礼品一份（具体活动细节见附录1、2）
端午节	组合促销：可以在端午节和生产粽子的公司合作，买好想你枣送粽子，买粽子送好想你枣品尝包，目的在于扩大消费份额，丰富消费群体。根据端午节的传统节日，可以做一些公益活动，提升品牌形象
中秋节	中国传统的中秋节，多以月饼为主，但好想你枣可以突破创新，在注重健康绿色的今天，好想你枣注重宣传绿色、健康、营养，送好想你就是送健康
春节	主题：想家、想您、回家、看您； 借此进行品牌宣传，并采用价格适众策略，对于求实、求廉心理很重的消费者，价格高低直接影响其购买行为； 产品的价位要得到产品所定位的消费群体大众的认同，可分为礼品装和便利装，价格也有所区别

5. 渠道策略

针对好想你品牌的渠道策略主要是连锁专卖店的铺设，可以扩大销售渠道，增加在大型超市的集中铺货。

(1) 降低渠道的层次。对于重要的城市，寻找经销商，开设连锁专卖店；对于销售量大的超市，直接由厂家供货，减少中间环节，也就减少了渠道盘剥，在零售价不变的前提下，让利给经销商，调动其积极性。

(2) 合理划分区域。保证每个区域经理和批发商都有合适的销售区域，这是市场价格稳定和供货渠道通畅的前提。

(3) 良好的物流支持。"渠道精耕"需要一定的经销商数量为基础，良好的物流是实施"渠道精耕"的保证。通过良好的物流，将产品送往遍布全国的专卖店。

(4) 步步为营。渠道从省会城市到地级城市逐步扩张。

6. 公关营销策略

(1) 目的。好想你品牌应当通过公共关系体系建设，长期地、有序地提升品牌公共形象，这会对品牌产生长远有利的影响。

(2) 公关策略要坚持3个原则。

① 应对公关危机的措施要健全，能够及时、灵活、有效地化解公关危机。

② 把握时机，做到"眼里无对手，心中有对手"，与其他枣业品牌拉开档次。

③ 巧用公关技巧，搞好与政府、媒体的关系，起到事半功倍的效果。

(3) 活动策划。

① 在春节前后适当举办活动，如免费送春联活动等。

② 在平时公共场合设置"健康每一刻，想你每一刻，好想你志愿服务点"，可以招录在校大学生做志愿者，既锻炼了大学生的能力，又提高了大学生的道德情操，同时更好地树立好想你品牌的公众形象。

③ 扩大中老年的消费市场。在老年人活动中心、公园等老年人集中的地方举行以"好想你—夕阳红"为主题的书法、象棋等一系列的有奖活动。

④ 与各电视台等媒体机构建立关系，争取更多的公关机会。比如要求在各食品文化节上宣传好想你枣、在旅游景点介绍好想你枣等。

15.5 创意设计提案

1. 广告主题

健康每一刻，想你每一刻！

2. 广告作品

(1) 电视广告案例如下。

① 爱子篇组织结构见表15-3。

掖文化大厦商贸有限公司、兰州西域枣旺营销总公司、天力广告文化传播有限公司等。并于2007年9月组建成立甘肃西域恒昌集团。公司拥有总资产近亿元，其中固定资产6100万元，流动资金3000多万元，拥有专业技术人才22名，职工310名。

（3）企业经营特色。生产临泽小枣、红枣枸杞汁、太子枣、公主枣、石门大枣、枣蜜等，并且生产的圣泽牌红枣枸杞汁等系列饮料，曾获1996年香港国际博览会名、优、新、特产品最高金奖；1997年甘肃省首届林果产品交易会金奖；1998年甘肃兰交会最受欢迎的产品；1999年和2000年甘肃消费者协会向消费者推荐产品等殊荣。产品除本省销售外，已销往北京、上海、广州、深圳、新疆等地，并受到海外客商的关注。

（4）企业文化。自强不息的主体意识，艰苦敬业的创业之风。

企业精神：真诚、团结、勤奋、拼搏。

营销理念：顾客是上帝，同行是兄弟，经营开创新天地。

企业宗旨：用文化凝聚人心，用制度驾驭人性，用品牌成就人生。

企业文化：速度决定生命。

经营理念：有效为前提，差异为原则，文化为基础，整合为手段。

系统支持：独一无二的市场机会和得天独厚的马铃薯、红枣种植天然资源。

创业理念：在攀登中不断前进，前进中寻求更高的超越。

3. 好想你品牌SWOT分析（表15-1）

表15-1 好想你品牌SWOT分析

S分析（优势分析）	好想你枣业深厚悠久的历史文化底蕴，原产地保证了原材料的供应； 好想你枣食品品种多样，质量有保障，加工方法科学，是老字号品牌，有一定的消费基础； 有政府的大力支持
W分析（劣势分析）	原产地枣类品种较少； 与其他品牌相比，价格略高； 消费者对于枣的认识，在一定程度上存在片面性，对于好想你品牌了解不多
O分析（机会分析）	红枣的种植和加工过程都没有附带任何有机化学成分，是完全自然种植生长的； 枣果营养丰富，传统中医一直将红枣作为价格实惠的补品，具有保肝、健脾、强壮、镇静、降压等功效，具有很高的食用和药用价值，在人们注意养生和提倡绿色食品的今天，红枣的市场空间很大； 枣的深加工市场还不是很成熟，我国市场上的枣还没有形成强有力的国际市场品牌，在这方面，好想你枣业有很大的提升和发展空间
T分析（威胁分析）	竞争对手低成本、低价钱的销售构成威胁； 枣类品牌、品种众多； 众多水果品牌使枣类市场的竞争压力增大

15.3 目标对象分析

1. 目标对象

好想你品牌面向注重个人品位及生活质量的人群，男女老少皆可食用，属于绿色健康食品。在本次广告推广中，主要根据不同人群和节假日策划不同方案。

(1) 情侣。消费需求个性化特征十分明显、受社会习俗的约束最少、购买过程带有较强的冲动性、耐用消费品、高档商品消费需求的比重较大。

(2) 妇女。消费需求集中稳定、有较高的消费能力。

(3) 儿童。从纯生理的需要逐步发展为带有社会内容的需要、消费需求带有半自主性、消费行为带有明显的模仿性、消费行为从受家庭影响逐渐转向受社会影响。

(4) 老人。消费需求有明显变化，有稳定的消费习惯，消费行为趋于保守。

2. 购买决策过程

在购买决策过程中，不同的人群受不同因素的影响，这主要看决策人在社会中所处的位置。在整个枣产品市场的购买决策过程中，女性占很大的比例。有关调查结果显示，中国女性占消费品市场主导地位，在家庭消费中，女性完全掌握支配权的比例为44.5%；与家人协商的比例为51.6%，女性不做主的比例只有3.9%。另外，女性个人消费在家庭支出中占一半的比例，甚至高达53.8%。女性不仅对自己所需的消费品进行购买决策，还有很高的替代性消费，在家庭中，她们承担了母亲、女儿、妻子等多种角色，因此，决定了女性消费的高替代性。购买决策流程图，如图15.1所示。

图15.1 购买决策流程图

15.4 营销提案

1. 营销目标

好想你品牌的营销目标是打造"充满温馨的、人间真情的、高质量的、有责任的、以健康中国人为己任"的民族品牌形象，建立与消费群体良好的品牌关系和品牌的社会公众形象。其具体目标如下。

(1) 推广品牌与产品信息的统一。

(2) 着力提升品牌的美誉度和忠诚度。立足于品牌的长远发展，通过公益活动、公关策划提升品牌的公众形象。

(3) 建立良性品牌关系。通过多样化的传播工具与消费者有效沟通，针对目标群体进行有效的、有特色的传播与沟通。

(4) 切实提升市场影响力。通过与销售专卖的密切配合，形成宣传声势，提高销售额和市场份额。

2. 市场战略

(1) 扩大总市场。注重宣传好想你品牌的目标消费者是男女老少，有利于扩大好想你品牌的市场容量。

(2) 正面进攻。目前，红枣的深加工市场还不算很成熟，消费者还只是处于想起来就买，想不起来就不买的层面，更不用说把红枣当作健康绿色食品来专门购买食用或送礼。因此，要扩大红枣的健康宣传，以此来扩大市场份额。

(3) 侧面进攻。针对不同年龄、不同地域、不同层次的消费者制定不同的购买优惠策略。

表15-3 爱子篇组织结构

镜号	场景	人物	情节	对白、画外音	时间
1	早晨，家中	妈妈、男孩	妈妈将一盒枣片塞进男孩的书包	—	2秒
2	课间休息，教室里	同学们	男孩从书包里拿出一盒枣片，嘴角绽放出欣喜的笑容，然后美滋滋地吃了起来	—	4秒
3	（同上）	（同上）	周围的同学看着男孩吃，兴奋地议论着	同学们：哇！是好想你枣片！我们也想吃……	4秒
4	（同上）	（同上）	同学们都拿着一片枣片美滋滋地吃着	同学们：酸酸甜甜的，真好吃	5秒
5	放学后，学校门口	同学们、家长	男孩迅速地扑到妈妈的怀中，深情地拥抱	—	3秒
6	（同上）	（同上）	好多同学都拉着家长的手	同学们：妈妈、妈妈，我也要吃"好想你枣"。画外音："好想你枣"关爱健康每一刻	5秒

② 爱情篇组织结构见表15-4。

表15-4 爱情篇组织结构

镜号	场景	人物	情节	对白、画外音	时间
1	寒冷而嘈杂的火车站	女青年	女青年搓着手焦急地盼望着火车	—	2秒
2	（同上）	男女青年	男青年奔下火车，捧着女青年的脸，与她的头相抵着	—	3秒
3	（同上）	（同上）	男青年从包里拿出一盒好想你枣片温柔地放到女孩的手里	男：这是特意带给你的……	5秒
4	（同上）	（同上）	女青年露出甜美的笑容	—	3秒
5	场景切换到女孩回想的手机通信时	（同上）	女青年露出含羞的笑容	女：呃……"好想你"	3秒
6	（同上）	（同上）	男青年坏笑着	—	2秒

③ 恩爱篇组织结构见表15-5。

表15-5 恩爱篇组织结构

镜号	场景	人物	情节	对白、画外音	时间
1	温馨的家中	一对中年夫妇	丈夫正一如既往地在电脑前工作着	—	2秒
2	（同上）	男女青年	妻子默默地端来一杯热咖啡，并小心地放上了一盒好想你枣片	—	4秒
3	（同上）	（同上）	丈夫与妻子心有灵犀地相视而笑	画外音：多年的守候，不曾改变的真情……	4秒
4	（同上）	（同上）	清晨，丈夫拿着外套准备出门，又返回卧室	—	3秒
5	（同上）	（同上）	在床头放了一盒好想你枣，然后轻轻地在妻子额头吻了一下，这才出门去上班	画外音：好想你枣，陪伴你每一个温馨时刻	4秒
6	（同上）	（同上）	中年夫妻依偎在一起	中年夫妻：爱他（她）就送他（她）好想你枣	4秒

④ 敬老篇组织结构见表15-6。

表15-6 敬老篇组织结构

镜号	场景	人物	情节	对白、画外音	时间
1	家中电脑前	老年夫妇、儿子、儿媳	老年夫妇正与儿子儿媳视频中	儿子与儿媳：爸妈，您二老一定要注意好身体啊	4秒
2	（同上）	（同上）	老年夫妇一直乐呵呵地盯着视频中的孩子们	老年夫妇：嗯，嗯，你们在外面就放心吧，你们也要好好照顾好自己啊	5秒
3	（同上）	（同上）	老年夫妇依偎在一起，儿子与儿媳依偎在一起	同时说道：记着多吃好想你枣，记着我们都在想你	6秒
4	家中	（同上）	老年夫妇打开门，露出惊喜的笑容	儿子与儿媳：爸妈，祝您二老健康长寿	5秒
5	（同上）	（同上）	儿子与儿媳各捧出两盒好想你枣	画外音：好想你枣，健康每一刻，想你每一刻	4秒
6	（同上）	（同上）	一家人紧紧依偎在一起	—	4秒

(2) 杂志广告案例。在杂志上，用简洁明了的标识人物来表达故事情节，画面简洁，容易记忆。画面文案是"健康每一刻，想你每一刻！"

(3) 广播广告案例如下。

广播广告	【舒缓温情的背景乐曲渐起】 女（独白）（声音甜美，陶醉在自己的回忆里）：还记得几年前的那个夏天，我们相遇了。他健康、有特点，浑身散发着大自然的气息……和他在一起，总让人感觉踏实、舒服 【舒缓温情的音乐随着话语的结束而渐渐隐去】 【紧接着节奏较快的音乐渐起】 男（关切地）：那……他现在在哪里啊 女（不解地）：不就在我手上吗 男（大悟）：哈，你说的是好想你枣啊 男（不解）：你不是说他健康、有特点，还浑身散发着大自然的气息吗 女（耐心地）：对呀，好想你枣绿色、健康、天然，加上现代化的生产加工工艺和独特的包装，是现代化与大自然的完美结合 男：没错。好想你枣，吃的就是放心，买的就是舒心，送的就是关心 女（独白）：好想你枣，健康每一刻，想你每一刻

（4）平面广告案例如图15.3～图15.5所示。

图15.3　平面广告——传递篇

图15.4　平面广告——手机篇

图15.5　平面广告——邮件篇

15.6　媒介提案

1.电视广告（表15-7和表15-8）

表15-7　电视广告第一阶段

媒体选择	这一阶段是开发全国市场且保持原有市场，树立品牌形象的阶段，此时的广告要面向全国的目标受众，广告也应该在全国范围内投放。选择中央电视台和湖南卫视、浙江卫视等具有全国影响力的卫视台投放，确保广告能够到达全国目标受众； 针对特殊消费群体，如针对中老年市场，通常会选择戏曲频道
播放时间频率选择	这一阶段的广告最好是集中在周五、周六、周日的晚上，每天晚上放两次（19∶00—20∶30一次，20∶30—23∶00一次），19∶00—20∶30一般为新闻、娱乐节目阶段，受众群体广泛； 针对个别特殊消费群体，如针对中老年市场的广告，应分配在周一至周五7∶00—10∶00，周六和周日每晚一次； 投放1个月

表15-8　电视广告第二阶段

媒体选择	这一阶段的电视广告是为了开发中小型城镇的消费市场，在大多数的一线、二线城市，好想你枣占据一定的市场份额，在这个阶段的电视广告不需要在全国范围内全面投放，只选择市场占有率低的地区或尚未开发的地区——西南省份和东部个别省份； 选择个别省份和市级电视台
播放时间频率选择	这一阶段的广告最好是集中在周五、周六、周日的晚上，每天晚上放两次（19：00—20：30一次，20：30—23：00一次），19：00—20：30一般为新闻、娱乐节目阶段，受众群体广泛； 投放1个月

2. 广播广告（表15-9和表15-10）

表15-9　广播广告第一阶段

媒体选择	这一阶段的广告，要面向所有目标消费群体，应投放在中央人民广播电台等具有全国效应的广播电台或省级广播电台
播放时间频率选择	播放时间：广告播放选在新闻、娱乐、访谈、保健节目之前或中间播放，具体时间为7：00—8：00广播一次，11：30—12：30广播一次，22：00以后再广播一次； 播放频率为一周21次，每天播放，平均一天3次，早、中、晚各1次； 投放2个月

表15-10　广播广告第二阶段

媒体选择	这一阶段的广告是要开发中小城镇，广播媒体应该选在部分市场覆盖率低和消费率低的省级广播电台和市区电视台。由于广播电台具有很明显的地域性质，所以这一阶段可以选择在这些地区做广告，在广播上投放广告，应选择交通、调频、短波类广播电台
播放时间频率选择	播放时间应选择在交通、调频或短波类广播电台的娱乐、音乐或新闻类节目之前或中间进行，7：30—8：00，12：00左右，22：00—23：00； 播放频率为一周12次，隔天播放，平均一天3次，早、中、晚各1次； 投放2个月

3. 户外广告（表15-11）

表15-11　户外广告

第一阶段	该阶段的户外广告主要选择在中小城市进行投放，选择公共汽车车身做产品车身广告，在闹市区做户外广告牌，在经销处、超市等做平面海报。大中型城市为了保持消费者市场开发目标的潜在消费者，也应适当地做平面广告，在公交站牌、个别大型超市等人口集中的地方做海报宣传； 中小型城市户外投放2～4个月，大中型城市投放1～3个月
第二阶段	这一阶段的广告主要针对中老年人市场，选择投放在中老年活动比较多的地方，如公园附近、老年人活动中心附近，有选择地投放； 投放3～5个月
第三阶段	相对于前两个阶段，这一阶段的广告没有针对某一人群，广告投放在受众多的闹市区、商业区和公交停靠站； 投放5个月

4. 网络广告（表 15-12）

表 15-12　网络广告

网站选择	在搜狐、新浪、网易等国内大型综合性网站上发布广告，保证产品信息传达到目标受众；在九天音乐网、猫扑等时尚、音乐、娱乐、论坛等网站上发布广告，目标受众是年轻人；在健康、教育类网站上发布广告，确保关怀中老年人生活的年轻群体能够接收到
时间选择	投放 2 个月

5. 杂志广告（表 15-13）

表 15-13　杂志广告

媒体选择	《妇女生活》《家庭》《读者》和地方性 DM 杂志等
规格与板面、时间	跨页整版，周期 3 个月

15.7　广告预算

广告预算见表 15-14。

表 15-14　广告预算

项目		规格或时间长度	预算额／万元
广告制作费用	电视	胶片，15s	20
	广播	15s	0.05
	网络	矩形广告，GIF 格式	0.05
	车身	全车喷绘	2
	海报	四开 157g，四色胶印	0.02
	杂志	跨页整版	0.05
广告刊播费用	电视	1 个月	500
	广播	2 个月	80
	网络	2 个月	138
	车身	6 个月	10
	杂志	3 个月	50

项目	预算额／万元
营销配合费	4
促销活动费	6（具体根据促销实地效果而定）
广告总预算	810.17

附录 1

好想你枣情人节特别活动

1. 活动背景

一年一度的情人节，是巧克力和玫瑰被爱融化的日子，但现在的年轻人追求个性与浪漫，好想你枣可以给情侣们一个浪漫独特的情人节，借此打入情人节市场，形成情人节一道亮丽的风景线。

2．活动主题

健康每一刻，想你每一刻！

3．活动推广目标

继春节期间推广之后，再创销售的新高，进一步扩展市场。

4．产品诉求

以情人节的礼盒包装来传达礼品绿色健康的产品诉求。配合各种媒体和卖场促销，向情侣、夫妻传达产品的独特口味及独特内涵，让消费者感受到好想你的甜蜜。

5．活动准备

在每个卖场的门前搭建舞台，组织一些活动，选出最佳情侣，赠送礼品，扩大宣传。

确保在每个销售点有充足的库存量。

活动地点安排充足的促销人员。

6．活动时间

2月10日—2月15日。

7．活动方式

在搭建的舞台上，以情侣对唱情歌的方式选出最佳情侣，并送出好想你枣的特别礼品（一个专门为情人节设计的礼盒，上面写着"好想你，我最爱的天使"，打开之后里面是个小镜子，下面写着"好想你，特别的爱给特别的你"）。

强调在情人节送好想你枣的独特与浪漫。

买赠活动。

8．活动产品

好想你枣片、好想你红枣酪、幸福情红枣粉、好想你鸡心枣。

附录2

河南好想你枣业股份有限公司问卷调查

感谢您抽出宝贵的时间参与本次问卷调查，您的宝贵意见将为我们的工作和服务提供重要依据。此次调查活动结束后，我们将选出10份答题认真、意见中肯、建议合理的答卷，赠送精美礼品1份。

1．您的性别是？

男（ ） 女（ ）

2．您的年龄是？

10～19岁（ ） 20～34岁（ ） 35岁及以上（ ）

3．您平常主要接触哪种媒体？（多选）

上网（ ） 户外（ ） 广播（ ）

电视（ ） 书籍杂志（ ）

4．您喜欢吃红枣吗？（单选）

喜欢（ ） 不喜欢（ ） 无所谓（ ）

5．您吃红枣是因为什么？（单选）

它是一种滋补食品（ ）

觉得香甜可口，可作为休闲食品（ ）

其他（ ）

6．您平时食用红枣的方式是什么？（单选）

生吃（ ）　　　　冲饮枣茶（ ）　　煲汤（ ）　　　　其他（ ）

7．您觉得什么季节吃红枣比较好？（单选）

春（ ）　　　　夏（ ）　　　　秋（ ）　　　　冬（ ）　　　　都可以（ ）

8．您在买红枣产品时，最注重哪些因素？（多选）

产地（ ）　　　价格（ ）　　　　质量（ ）　　　品牌（ ）　　　口感（ ）

包装（ ）　　　其他（ ）

9．您一般在哪里购买枣类制品？（多选）

大卖场　（ ）　　超市或便利店（ ）　　　　　专卖店（ ）

水果市场（ ）　　游商或小贩（ ）　　　　　　其他（ ）

10．在您购买红枣时，会倾向于选择哪种规格？（单选）

散货（ ）　　　带有包装的（ ）

11．您最喜欢吃哪些枣类产品？（多选）

原枣类（ ）　　　焦枣类（ ）　　　枣片类（ ）　　　枣干、枣条类（ ）

枣粉类（ ）　　　枣饮类（ ）　　　其他（ ）

12．您最喜欢哪个产地的红枣？（多选）

新郑枣（ ）　　　新疆枣（ ）　　　山西枣（ ）　　　陕西枣（ ）

金丝枣（ ）　　　黄河滩枣（ ）　　其他（ ）

13．常吃红枣有很多好处，您知道哪些？（多选）

美容、健脾、抗衰老（ ）　　　　　扩张血管、抗过敏（ ）

抗癌、抗突变（ ）　　　　　　　　补充维生素（ ）　　　　　　　其他（ ）

14．您觉得哪个年龄段的人更热衷于食枣类保健品促进健康？（单选）

老人（ ）　　　　小孩（ ）　　　　孕妇（ ）　　　其他（ ）

15．您觉得把红枣作为礼物送给家人和朋友感觉如何？（单选）

档次太低，价值不够（ ）　　　　　适合且对身体健康有宜，是个很好的选择（ ）

从未见过也从未想过（ ）

16．您购买健康红枣是出于什么考虑？（单选）

自己吃（ ）　　　送家人朋友（ ）　以上都有（ ）　　　其他（ ）

17．您对哪种形式的促销活动最感兴趣？（单选）

专门的服务员推销介绍（ ）　　　　有奖销售（ ）　　　送礼品（ ）　　　打折（ ）

18．您是否会在意产品上相关的有奖促销活动？（单选）

经常（ ）　　　　偶尔（ ）　　　　从不（ ）

19．在此次调查前，您对好想你枣类产品是否有所了解？（单选）

有（ ）　　　　　没有（ ）

20．您认为好想你产品的价格怎么样？（单选）

太贵（ ）　　　　比较贵（ ）　　　一般，还可以接收（ ）　　　便宜（ ）

21．与同类产品相比，您觉得好想你的产品怎么样？（单选）

口味更好（ ）　　价格较贵（ ）　　差不多，没特别优势（ ）　　　其他（ ）

22．您选择好想你产品的原因是什么？（单选）

新产品，想尝试一下（ ）　　　　　随便购买（ ）

购买时被包装吸引（ ）　　　　　　　　朋友推荐（ ）

其他（ ）

23．请选出您知道的红枣产品品牌。（多选）

好想你（ ）　　　　　　　　　　　　真的常想你（ ）

山东鼎力（ ）　　　　　　　　　　　西域圣泽（ ）

古枣园（ ）

24．以下品牌中您最喜欢哪个？（多选）

好想你（ ）　　　　　　　　　　　　真的常想你（ ）

山东鼎力（ ）　　　　　　　　　　　西域圣泽（ ）

古枣园（ ）

25．您会选择以上品牌的原因是什么？（多选）

了解并喜欢这个品牌（ ）　　　　　　被它的包装所吸引（ ）

知名度高，随大流　（ ）　　　　　　看重该产品独特的营养价值（ ）

价格比较满意（ ）

26．您对好想你的评价是？（多选）

广告做得好（ ）　　　　　　　　　　品质好，符合大众需求（ ）

服务态度好（ ）　　　　　　　　　　新产品推出快，包装好（ ）

价格合理（ ）　　　　　　　　　　　其他（ ）

27．您希望我们还生产哪些枣类产品？对我们有什么建议？

_____

_____

_____

姓名：　　　　　　　　邮箱：　　　　　　　　电话：

非常感谢您抽出宝贵的时间答卷，谢谢您对我们工作的支持！

单元训练和作业

1．优秀案例赏析

案例一：SK Telecom 企业形象篇（图 15.6）。

(1) 制作背景。

SK 作为信息通信业的第一大企业，在文化影响方面还存有不足，有待提高，鉴于此情况有必要提升企业品牌的文化力量。

图 15.6　SK Telecom 企业形象篇

(2) 策划思路。

SK Telecom 的企业哲学是"技术与信息通信要以人为本"，在重视科学技术的现代社会中提高对人的关注度，与消费者取得更广泛的共识。

(3) 作品分析。

将企业的说明蕴含在以各种角度观察人们的话语及生活的细微之处。

案例二：Renault Samsung Motors SM7/Time Creator（图 15.7）。

图 15.7　Renault Samsung Motors SM7/Time Creator

(1) 制作背景。

在大型号的汽车里，晚于 SM7 上市的 GrandeurTG 的销售量剧增。

豪华车型 GrandeurTG 有明确的"成功与财富的象征"定位，相形之下，SM7 不仅没有明确的形象定位，与本公司迟一阶段推出的车型 SM5 也没有明显的差别。

以"SM7 Premiere"限量版车型上市为契机，提高消费者对 SM7 的钟情度及产品的销售量。

(2) 策划思路。

宣传的目标是通过强调产品的品质来重新确立 SM7 是雷诺三星汽车的旗舰车型这一定位。采用"更多"与"更少"战略，"享受在车内的驾驶时间"（更多）是经济车型的口号，与此形成对比，制定了"节省您的驾驶时间，从而拥有更多做自己想做的事的时间"（更少）的战略方向。

因此，宣传理念为"Time Creator——SM7"（为忙碌的您节省驾驶时间，使您拥有更多可自由支配的时间）。

(3) 作品分析。

单调地罗列 SM7 自身的品质极易引起人们的腻烦，因此将重点放在能为消费者带来的便利上。通过孩子的第一次演出、与客户见面等情节，从消费者的角度来表现生活中的每一分钟是多么宝贵，从而感性地传达出产品的优点。

案例三：Minoxyl 品牌 Turn back your time 篇（图 15.8）。

(1) 制作背景。

回来吧——我的青春！脱发——还有比这更令人苦恼的事吗？脱发使自己看上去比实际年龄老了 10 岁，如果您在为试用了各种治疗脱发的产品却不见疗效而苦恼的话，您一定需要"Minoxyl"生发剂，它能使"不毛之地"重新焕发生命活力。

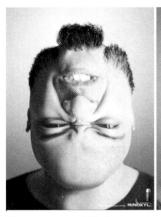  

图 15.8　Minoxyl 品牌 Turn back your time 篇

(2) 策划思路。

一群正在为脱发苦恼的男子忽然意识到了一件事——胡须从不脱落！即虽然头发在不停地脱落，胡须却总是安然无恙，并拥有自己专有的帅气的须型。于是他们抱着"如果我的头发像胡须一样的话……"这样的希望开始了荒诞而幸福的幻想，怎么样？看看他们帅气的发型！是不是看起来年轻了许多！现在就用"Minoxyl"生发剂让青春重现吧。Turn back your time！

(3) 作品分析。

将人的头部与胡须的视觉效果进行对比，同时将脸部旋转 180°，从而更加引人注目。

案例四：Nexon 企业广告（图 15.9）。

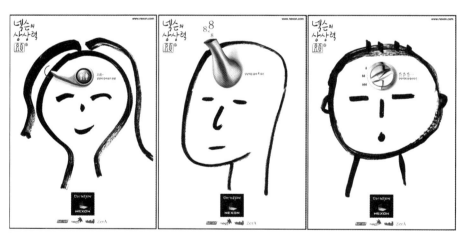

图 15.9　Nexon 企业——洗手间、水壶、玩火篇

(1) 制作背景。

开发出的每个游戏都极受欢迎的 Nexon 公司的潜力（Nexon 的想象力）正是来源于创作者的奇思妙想、燃烧的热情、沸腾不息的创意。马桶手闸、茶壶嘴、煤气阀门正是这种头脑的象征。广告用苍劲的笔触和简单的表现方式将 Nexon 的形象准确定位于轻松快乐的企业。

(2) 策划思路。

制作比 Nexon 公司本身更有趣的 Nexon 广告！只要解决这个课题，就可以提高 Nexon 公司的知名度和消费者对 Nexon 的喜爱。

超越人们所理解的"游戏公司广告"的标准，创造让人们对 Nexon 更加期待的力量，这股力量就是 Nexon 广告要表现出来的"Nexon 的想象力"。

通过"Nexon 的想象力"广告活动，Nexon 企业希望给人们注入"Nexon 等于想象力集团"的观念，并得到"Nexon 就是名副其实的想象力集团"的认可。

(3) 作品分析。

在"想象力与玩火游戏篇"中，"火"的韩语发音与实际火的燃烧的声音是一样的。这暗含着激情的创意如燃烧的火花这一意义。红色的落款"头"是韩语"头"的汉字词，它与 Nexon 的标语"Do"发音相同，所以 Do Nexon 就是"开动头脑"的意思。"让想象力沸腾篇"中数字 8 的韩语发音与水沸腾的声音相同，象征着奔腾不息的激情创意。"想象力的爆发篇"中表现出了创意与想象力的痛快宣泄。

2. 课题内容

课题时间：8 课时。

教学方式：结合本章的两个案例进行深入分析，进行广告策划书的撰写工作。

训练目的：学会运用广告策划与创意的理论方法，撰写广告策划书。

3. 其他作业

(1) 案例一。

命题单位：云南白药集团股份有限公司。

产品名称：云南白药口腔治愈礼盒。

广告主题：围绕"治愈礼盒"自拟主题，诠释品牌"治愈感"及"治愈力"。

传播营销目的：在目标人群中打造云南白药口腔健康专业口腔护理品牌的认知；充分发掘云南白药百年品牌的治愈因子，传达云南白药治愈口腔的产品理念；贴近目标人群的个性化消费观，实现产品在目标人群中的快速渗透。

企业产品简介：1902 年，一代名医曲焕章成功创制云南白药，其具有化瘀止血、活血止痛、解毒消肿之功效。问世百余年来，云南白药以其独特、神奇的功效被誉为"中华瑰宝，伤科圣药"，蜚声海内外。云南白药发展至今已有 120 多年的历史，已研发出云南白药气雾剂、云南白药创可贴、云南白药牙膏等家喻户晓的产品，无一不渗透着百年白药的"治愈基因"。

在口腔健康领域，尼尔森数据显示，自 2019 年云南白药牙膏已连续 4 年成为中国口腔护理行业市场份额第一的品牌。云南白药为给消费者带来更全面、更专业的口腔呵护，新品上市推出劲爽薄荷香型牙膏，养护口腔的同时附加美白、防蛀、清新等功能的漱口水系列，专为脆弱口腔研发的彩虹牙刷系列。培养国人科学周全护理口腔的使用习惯，同时提升国人口腔健康品质，进一步引领口腔健康生活新方式。

目标消费群：Z 世代大学生、"颜值控"、新锐白领等年轻人群；牙龈出血、牙龈肿疼、口腔溃疡、口腔黏膜损伤等口腔问题人群。

主要竞争者：黑人牙膏。

命题类别：平面广告作品、短视频作品、影视动画作品、广告文案作品。

Logo 元素如图 15.10 所示。

(2) 案例二。

命题单位：中国联合网络通信集团有限公司。

产品名称：联通 5G^n。

广告主题：联通 5G^n，让未来生长。

传播营销目的：围绕联通 5G 网络覆盖更广、能力

图 15.10　云南白药口腔健康 Logo

更强、品质更佳、体验更好的优势为核心，结合视频彩铃业务产品，通过创意内容的表现和阐述，传递联通 5G 网络实力。

企业产品简介：2019 年 4 月 23 日，中国联通正式发布了品牌标识"5Gⁿ"及主题口号"让未来生长"。品牌标识上的 5G 右上角的"n"，代表了无限、无穷、指数级增长及 5G 多场景应用的无限可能，象征着未来的新体验、新机遇和新梦想；品牌标语寓意让用户在 5G 时代，体验更多超乎想象的精彩。让用户对于未来的想象，总有联通 5G 清晰准确的回应，让所有对于智能生活的期望，都可以在联通 5G 世界自由地生长。

中国联通 5G 网络具有超快速率、超低延迟、超广覆盖等特征。截至 2022 年 12 月，中国联通已累计开通 5G 共享基站 100 万站，实现了对乡镇及以上区域的全覆盖。从南沙群岛到北方万里平原，从幽深矿井到巍峨珠峰，从繁荣乡村到智慧城市，都有联通 5G 网络的身影。联通 5G 网络可以让人们在飞驰的高铁列车上，也能获得畅快无卡顿的游戏和娱乐体验。

联通双千兆具体包括联通 5G 网络和联通宽带千兆网络。联通宽带千兆网络具有全光接入、全域千兆、全屋 Wi-Fi、全天候服务等优势，消费者可以在户外使用联通 5G 网络，室内使用联通宽带千兆网络，享受高速、低延迟的优质网络体验。

目标消费群：以 18～35 岁的学生及年轻白领人群为核心。

主要竞争者：中国移动。

命题类别：平面广告作品、短视频作品、影视动画作品、广告文案作品。

Logo 元素如图 15.11 所示。

图 15.11 中国联通、联通 5Gⁿ、5Gⁿ 视频彩铃 Logo

(3) 案例三。

命题单位：纳爱斯集团有限公司。

产品名称：100 年润发。

广告主题："新润发美学"（传播层面）；"植物轻调理，润发不油腻"（功效层面）。

传播营销目的：围绕"新润发美学"主题，创造丰富的创意形式，与年轻人搭建沟通桥梁，传递"植物润养东方美"品牌理念与"植物轻调理，润发不油腻"功效卖点，具备购买打动力，促进动销转化。

企业产品简介：100 年润发，东方植物养护创领者。以"植物润养东方美"为品牌理念，专注于研究东方发质的需求，传承东方植物养护智慧，结合现代自然科技，针对性解决头皮和头发健康问题，打造天然、安全、高品质、专业的"植物养护"秀发健康调理体系，以天然植物氨基酸科学复配多种珍贵植物精华成分，帮助平衡头皮微生态，实现"植物轻调理，润发不油腻"的完美平衡，焕活秀发原生之美。

作为经典国货洗护发品牌，100 年润发依托中国日化领军企业纳爱斯集团，国务院政府津贴专家领衔行业一流研发团队，持续推动与多所大学、权威机构及 15 位专家合作共研。20 多年来匠心沉淀，顺应时代需求不断锤炼专业技术，推动品牌不断焕新升级。

目标消费群：18～35 岁追求天然健康、时尚热点的年轻消费人群（以年轻时尚的女性群体为主）。

主要竞争者：海飞丝。

命题类别：平面广告作品、短视频作品、影视动画作品、广告文案作品。

Logo 元素如图 15.12 所示。

图 15.12 100 年润发 Logo

（4）案例四。

命题单位：纳爱斯集团有限公司。

产品名称：雕牌除菌有氧洗衣液。

广告主题：主题一（功效卖点方向），围绕"SRP 剥渍甩渍＋除菌除螨"自拟广告主题；主题二（女排精神方向），围绕"中国女排精神＋国民品牌雕牌"自拟广告主题（强关联中国女排精神故事与中国品牌领跑力量，用冠军精神诠释国货品质）；主题三（不限方向），自拟广告主题。

传播营销目的：提升品牌形象，以中国女排官方独家供应商与杭州亚运会官方独家供应商为背书，与中国女排强关联，彰显中国品牌的责任与担当；吸引年轻消费群体，通过年轻化的营销内容与玩法，迅速拉近品牌与年轻消费群体的距离。

企业产品简介：雕，素有卫生清道夫的美誉。20 世纪 90 年代初，雕牌以专业强劲的清洁功效风靡全国，开启国人品质洗涤新时代。一直以来，以"守护家庭洁净健康"为使命，不断匠心钻研、与时俱进，探究专业家庭清洁洗护解决方案，以健康除菌的强大优势，守护您和家人的健康。

在 2022 年度中国 500 强最具价值品牌榜单中，雕牌连续 19 年蝉联日化行业榜首，彰显中国品牌的责任与担当。2023 年雕牌正式与中国女排合作，将中国女排精神与中国品牌领跑力量结合，用冠军精神诠释国货品质，以专业实力传递健康中国理念。

目标消费群：大众消费群体。

主要竞争者：蓝月亮。

命题类别：平面广告作品、短视频作品、影视动画作品、广告文案作品。

Logo 元素如图 15.13 所示。

图 15.13　雕牌 Logo

4．相关知识链接

曹陆军，陈文．影视广告策划与创意 [M]．南京：南京大学出版社，2022．

李霞．影视广告策划与创意制作的创新研究 [M]．长春：吉林出版集团有限责任公司，2022．

卫军英，顾杨丽．现代广告策划：新媒体导向策略模式 [M]．2 版．北京：首都经济贸易大学出版社，2022．

参 考 文 献

曹陆军，陈文．影视广告策划与创意[M]．南京：南京大学出版社，2022．
金卓，伊永华，李梦黎．广告设计与创意[M]．南京：南京出版社，2022．
克洛，巴克．广告、促销与整合营销传播[M]．王艳，等译．8版．北京：中国人民大学出版社，2021．
李东进，秦勇．广告学：理论、方法与实务[M]．2版．北京：人民邮电出版社，2022．
李静．影视广告创意与制作[M]．北京：中国建筑工业出版社，2018．
李锰．广告创意与策划[M]．哈尔滨：东北林业大学出版社，2019．
李燕临．影视广告[M]．上海：上海人民出版社，2020．
李志红，蒋宏伟．广告策划与创意[M]．北京：中国轻工业出版社，2014．
刘春雷．广告创意与设计：设计师必备广告策划手册[M]．北京：化学工业出版社，2021．
骆正茂，李谷伟，王雪蓉．平面广告设计与生产制作案例教程[M]．北京：电子工业出版社，2018．
孟克难．广告策划与创意[M]．2版．北京：清华大学出版社，2021．
潘君，冯娟．广告策划与创意[M]．武汉：中国地质大学出版社，2018．
曲超．广告创意策划文案写作指要[M]．北京：北京工业大学出版社，2015．
孙丰国，黎青．广告策划与创意[M]．3版．长沙：湖南大学出版社，2018．
孙广平，许小欣，何莲娣，等．广告策划与创意[M]．武汉：华中科技大学出版社，2022．
卫军英，顾杨丽．现代广告策划：新媒体导向策略模式[M]．2版．北京：首都经济贸易大学出版社，2022．
徐刚．广告理论与实务教程[M]．北京：科学出版社，2016．
杨效宏．广告策略与实务案例教程[M]．成都：西南交通大学出版社，2015．
杨正昱．广告策划[M]．北京：北京工业大学出版社，2020．
尹彬．广告策划[M]．2版．苏州：苏州大学出版社，2022．
余明阳，陈先红，薛可．广告策划创意学[M]．4版．上海：复旦大学出版社，2021．
张建军．网络营销：策略方法案例与实践[M]．南京：东南大学出版社，2022．
郑建鹏，张小平．广告策划与创意[M]．北京：中国传媒大学出版社，2018．